# 远方图物

## 早期中国神灵考古探索

王青 著

上海古籍出版社

**图书在版编目(CIP)数据**

远方图物:早期中国神灵考古探索/王青著.—
上海:上海古籍出版社,2021.11
ISBN 978-7-5732-0044-0

Ⅰ.①远… Ⅱ.①王… Ⅲ.①神-考古-研究-中国
Ⅳ.①B933

中国版本图书馆CIP数据核字(2021)第226755号

### 远方图物:早期中国神灵考古探索
王 青 著
上海古籍出版社出版发行
(上海市闵行区号景路159弄A座5F 邮政编码201101)
(1) 网址:www.guji.com.cn
(2) E-mail:guji1@guji.com.cn
(3) 易文网网址:www.ewen.co
苏州市越洋印刷有限公司印刷
开本787×1092 1/16 印张20.5 插页5 字数378,000
2021年11月第1版 2021年11月第1次印刷
印数:1—1,300
ISBN 978-7-5732-0044-0
K·3035 定价:88.00元
如有质量问题,请与承印公司联系

二里头81ⅤM4：5

二里头84ⅥM11：7

二里头87ⅥM57：4

1991年伦敦流散品

彩版一　镶嵌铜牌饰举例

彩版二 龙形器面部纹饰复原图

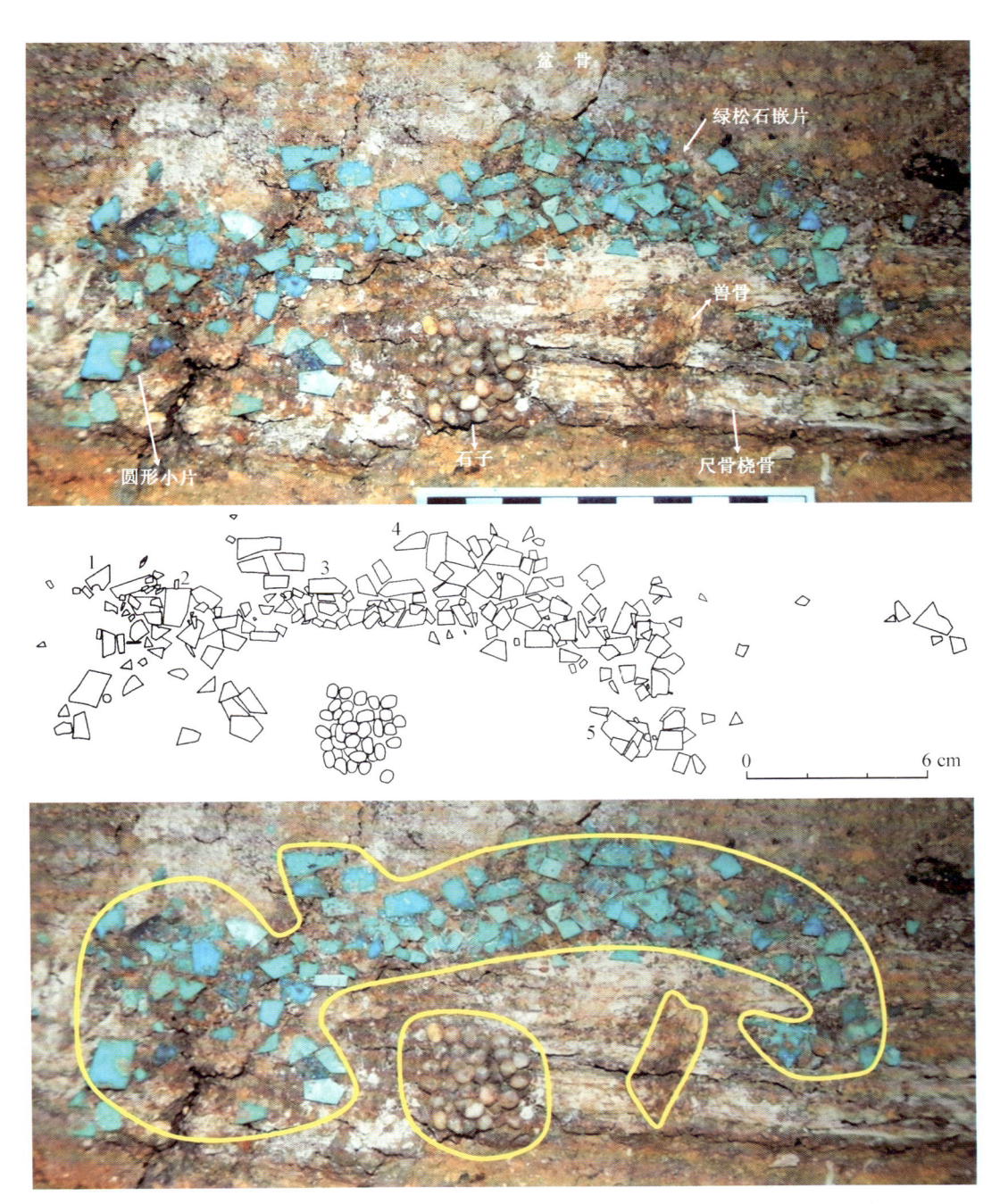

彩版三 两城镇 M33 镶嵌绿松石器及石子、兽骨的出土场景（下为笔者勾勒形象）

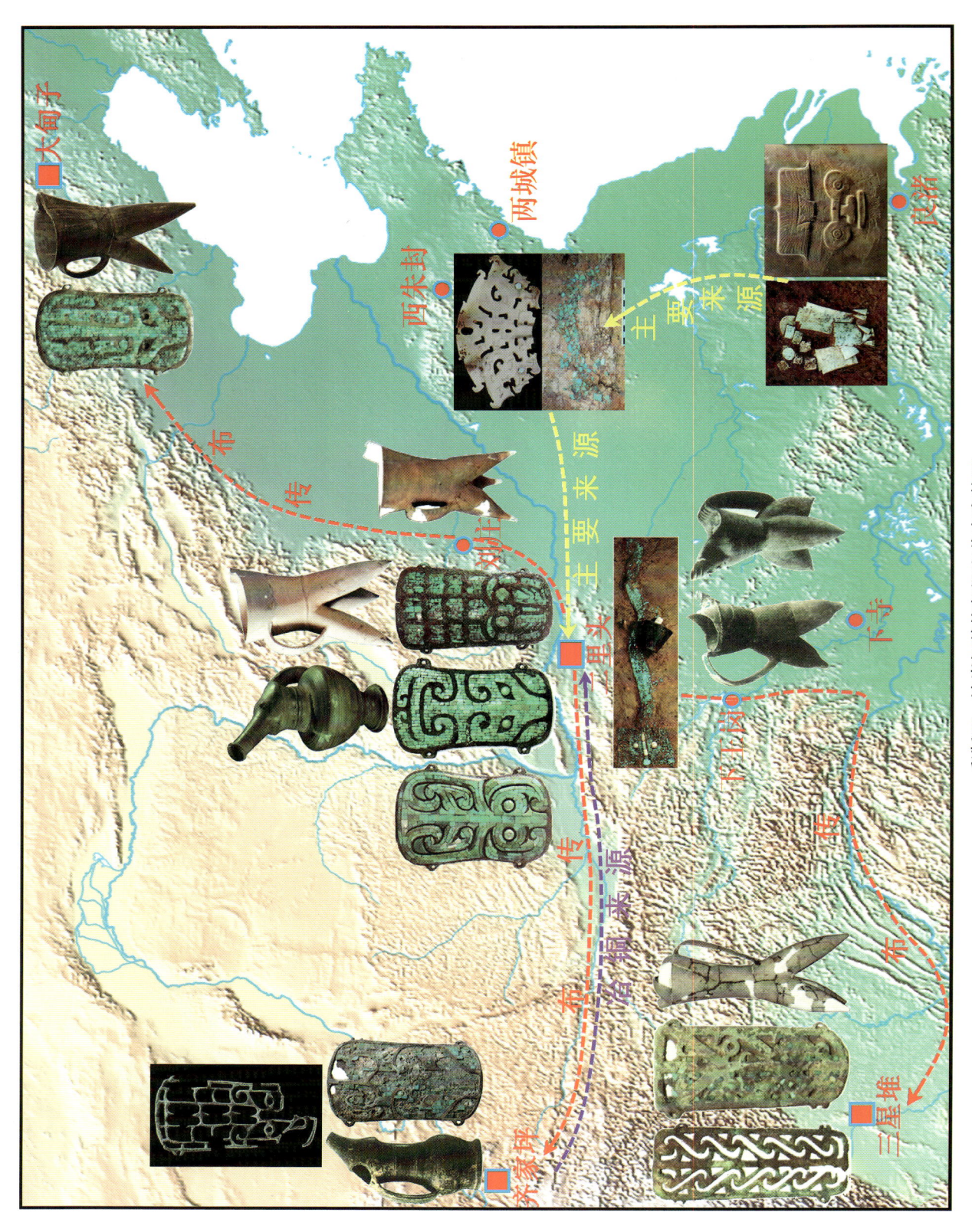

彩版四 镶嵌铜牌饰起源和传布态势图

# 序

山东大学历史文化学院考古系王青教授的著作《远方图物:早期中国神灵考古探索》即将付梓,我有幸事先拜读书稿,并获王青教授惠予机会,说点我的认识和感想。

我与王青教授相识,缘于我和他是山东大学校友、他执教于我的母校,且我们都从事夏商周考古研究;我与王青教授相知,起于和他共同关注史前玉器和二里头文化嵌绿松石青铜牌饰研究,相互之间有所切磋和启发;我与王青教授相熟,始自我近年承担中国社会科学院"创新工程"项目《古代玉器综合研究》,邀请他就考古出土玉器的有关问题进行共同探讨。

本书所收论文共计20篇,是王青教授前后历经20多年的探索与积累,主要分为古代玉器研究和嵌绿松石青铜牌饰研究两部分,此外也涉及夏代陶器纹饰等研究。而其研究核心,是这些玉器、铜器所蕴含的古代社会信息——主要与神灵崇拜有关的思想信仰。

关于本书内容的学科归类,按照以往认识可归为玉器考古、青铜器考古,也可纳入美术考古或宗教考古范畴,具体怎样归类主要看分类标准。近年考古界提出了"精神文化考古"的概念——我的同事何驽研究员在其新著《怎探古人何所思——精神文化考古理论与实践探索》(科学出版社2015年)中认为:精神文化考古即是"考古探索人类社会认知能力的主流成果所形成的文化内涵,即社会心理和社会意识形式","社会心理是社会意识形式的心理基础,社会意识形式以自然观、社会观、宗教观为核心,以符号、艺术为两大表达体系"。他指出:精神文化的核心内容有两种表达形式系统,"一是符号包括文字系统,即有关自然观、社会观、宗教观以及艺术和社会心理的符号或文字表现。二是艺术系统,即有关自然观、社会观、宗教观以及符号系统和社会心理的艺术表现系统"。

在这一学术背景之下,此书显然可以归入精神文化考古之列,而且就我而言也更愿意将其归属于精神文化考古,因为玉器考古、青铜器考古的概念,更多偏向考古学基础研究,多属就物论物;宗教考古包含了宗教建筑和造像画像考古研究,美术考古则更多体现为艺术形式以及工艺技术研究。其实,王青教授将本书冠以"早期中国神灵考古探索",便已归入精神文化考古了。

王青教授的神灵考古和精神文化考古研究,在山东大学具有极好的历史渊源。山东大学考古专业创始人、我和他的共同业师刘敦愿先生,早年曾多次从事山东地区考古调查,如20世纪50年代在日照两城镇遗址和五莲丹土遗址的田野调查均发现了珍贵玉器,揭开了山东史前玉器的神秘面纱,尤其是在两城镇遗址发现的著名玉器兽面纹玉锛,所刻两幅神徽图像,已成为山东龙山文化玉器的标志性纹饰,也是研究此类玉器及其纹饰的最珍贵材料之一。王青教授的研究可以说是刘敦愿先生的学术传承,也是山东大学考古人的学术传统。他在文章中屡屡提及刘敦愿先生关于龙山玉器研究之贡献,便是一种自觉的学术传承。

通观这本书,我认为主要有以下几个特点值得称道:

第一,专而深。该书就玉器研究而言,无非是前代遗玉研究和神徽玉器研究;而青铜器研究则只限于镶嵌绿松石的青铜牌饰一类文物。其研究可谓专注,但是从这些数量不多、品类单一的文物身上,却能深入挖掘出古代人类的自然观、社会观、宗教观,乃至社会发展和变迁轨迹,可谓用心一矣。

第二,透物见人。一般而言,上述玉器和青铜器研究,常常属于考古学基础研究或文物学研究范畴,也常常就物论物——类型源流、文化属性、时代考辨、工艺技术,大致如此。王青教授则并未止步于此,而是把目光投向了玉器、铜器背后的"人"——思想观念、社会形态、文化交流,使其文物价值陡然高升。

第三,融会贯通。习惯上,人们通常把二里头文化青铜牌饰归为青铜器,其实,此类文物更为重要的应是绿松石和玉石(在勾勒神灵形象、反映神灵神态方面,绿松石和玉石至少与青铜起到同等作用)。因此,如果将其归为宝石器也说得过去。王青教授对古代玉器、陶器上面的神徽与嵌绿松石青铜牌饰的研究,归根结底都是对于古人之神灵观念的研究。因此,在他的文章中,从陶器纹饰,到玉器造型和纹样,再到青铜器造型与纹饰,从史前到夏商周,所见所论,统合归一,最终归结为中国古代精神文化的讨论。

第四,逐步深入。无论是遗玉还是嵌绿松石铜牌饰研究,都有一个逐步走向深化的过程。王青教授对遗玉的研究堪称典范,从海岱地区商周墓葬史前遗玉入手,经过豫南地区商周汉墓遗玉研究,再到妇好墓遗玉,其研究方法、角度和力度,都在逐步提升。尤其是妇好墓遗玉研究,不但资料发掘细致,论辩入微,且眼界宽阔,多有创新。如他认为妇好墓遗玉中除了拿来主义的现成制品,还有利用旧器分解改制的旧玉新器,以及从遗玉演化而来的仿古复古作品,把遗玉研究推向新高度。

关于嵌绿松石铜牌饰研究,他在《神秘精灵:夏代镶嵌铜牌饰掠影》及其姊妹篇《海外遗珍——国外收藏的五件镶嵌铜牌饰》两文集中讨论了16件考古出土和传世品文物,开始了他镶嵌绿松石铜牌饰的系列研究。尔后的《发现解读——镶嵌铜牌饰的分类、年代和寓意》、《辨伪求真——纽约新见的两件镶嵌铜牌饰》属于跟进的考古学基础研究,及至《时代骄子——镶嵌铜牌饰所见中国早期文明化进程》和《移植汇聚——镶嵌铜牌饰的起源和传布》,则跃升为一个新的认识高度,从精神内涵透视了社会进化,大致描绘出中国文明形成过程中十分可能的一条演进脉络——从良渚文化经由大汶口文化、陶寺文化到中原龙山文化再到夏商周的一条文明因素移植与汇聚之路。

第五,客观谨慎。在大胆探索与小心求证的结合上,王青教授做得比较出色,提出了一些很有启发性的见解,但他对于这些见解采取了客观谨慎的态度,体现了一个严谨学者的治学态度。如《镶嵌神灵——西朱封龙山文化大墓出土玉冠饰纹饰的复原》一文,在过去我把神徽细分为冠、目、口、鼻、翼、珥六个组成部分的基础上,每个部分再进行饰纹复原,细腻而科学。但是他同时声明:"由于笔者没有亲自接触到这件神徽实物,所以本文的复原就不可避免地带有保守与大胆的双重色彩,这决定了本文的复原只能是想象复原,而非实测复原。"运用类型学方法对考古出土和传世玉器进行排比分期,现在也是考古研究的常见做法,但王青教授也指出,这种方法存在不确定性,"用纯类型学方法排比这些特殊用途的且是传世的神徽,而且玉神器本身的形制特征能在多大程度上反映它的原本演变脉络也不很清楚。这两点决定了本文关于神徽演变的认识尚有待更多的考古发现来检验"。

关于这本书的学术创新和精湛论述,我觉得主要有以下一些表现:

王青教授研究"遗玉"始于《东夷遗珠——海岱地区商周墓葬出土的史前遗玉》,此文资料翔实,梳理清晰,年代和文化性质判别有据,来源分析可信,是一篇很好的古玉研究论文。遗玉概念的提出和遗玉现象的确认,在文物及考古研究上有重要意义。尽管"晚期文物组合中可包含早期文物个体"是大家熟知的考古现象,学术界也早已关注到了商周时期存在史前遗玉,如林继来先生的《山东济阳刘台子西周墓的史前遗玉》明确提出了"遗玉"概念,但是比较深刻地揭示这种古代社会现象,应该是王青教授的《东夷遗珠——海岱地区商周墓葬出土的史前遗玉》、《玉传千年——豫南地区商周西汉墓出土的前代遗玉》、《巾帼藏家——妇好墓出土的前代遗玉》这三篇大作,由此彻底打破了部分人固守的什么时代的墓葬(及窖穴、灰坑等)出土文物都是这个时代的产物之观念,玉器(以及青铜器)作为一种特殊遗产,得到古人的特别关爱而得以传世,应该比较容易理解了。其实就连很容易破碎而不易流传的陶器,其幸运者也可以千年流传,我们在汉墓中发现仰韶文化彩陶罐,可以为证。这些都在考古研究中足以给我们一种科学启发。遗玉不仅是一种考古学现象,更是一种影响深远的古代社会现象——这种爱玉惜玉的观念,至今仍深深扎根于中国人心中!

在《镶嵌神灵——西朱封龙山文化大墓出土玉冠饰纹饰的复原》一文中,他提出史前玉器神徽的特征有"阴阳或雄雌的分别",其中"把口生两对獠牙和臣字眼神徽看成是兽面或人面的形象",而口无獠牙圆形眼之神徽"所表现的很可能就是'鸟面'"。这是一个极其到位的发现和论述!日照两城镇出土的玉锛就同时装饰了这两种神徽纹样,而有些传世玉器上的神徽纹样,显然继承了两城镇玉锛神徽之精髓。二里头遗址出土的镶嵌绿松石铜牌饰之神灵图像,有臣字目和圆形目之分,其身形也有相应区别,应该也是互相关联的——既有密切关系又截然不同,它们共同构成了当时人们神灵崇拜的主要对象或内涵。

本书的开篇之作《北玉南史——莒县陵阳河出土小玉片背后的南国讯息》,从很不起眼的小玉片看到了太湖地区与海岱地区史前人群迁徙和文化交流,很是令人赞叹。确实,陵阳河遗址出土的大汶口文化小玉片,系三级神坛形象,与良渚文化玉器上面的神坛图像如出一辙。结合其他考古学现象,良渚文化曾经北上侵入原属大汶口文化地盘,形成两地人员及文化的交流、交融,从而为后来的早期中国酝酿、华夏文明形成打下了一根基桩。

《匠心独运——早期中国组合式玉器上的神灵形象》一文以山西羊舌晋侯墓出土的一件组合式遗玉入手,将早期中国存在的神灵形象组合式玉器分为三大类共计六种,指出:这三类组合式玉器应起源于良渚文化,后经大汶口文化晚期的过渡,在龙山—二里头时期的山东和中原地区繁荣开来,有些组合形式又为商代所继承和发展,基本覆盖了早期中国的历史发展进程。这些组合式玉器的寓意,则基本是以象形和转喻的思维模式,围绕鸟(鹰)崇拜制作出各种大小不同的神物作品,拥有这些神物作品就意味着拥有了通神法力,亦即拥有了统治社会的合法权力,这实际上就反映了早期中国社会不断走向复杂化的进程,王室贵族阶层就此产生。

我在赞同王青教授观点的同时,也有一些不同意见。如王青教授指出,在早期中国的龙山时代、二里头文化时期,即已奠定了龙崇拜之民族信仰,可谓一语中的!只是,如果更进一步研究便可发现,在龙崇拜形成的同时,还有鸟崇拜的流行(尤其是在早期文明重要发祥地的东部沿海地区,即黄河下游至长江下游一带),无论良渚文化那娟秀的鸟儿,还是山东龙山文化之凶猛的鹰,均与古代文献所说东方民族为"鸟夷"(岛夷)相合。除了神坛上的鸟图腾,用鸟羽装饰的王冠,也充分说明人们对鸟的崇拜。到夏商周时代,鸟崇拜演化成凤鸟崇拜,中华民族之龙凤文化,终于定型。可以引出上述结论的考古资料,本书论文中多已涉及。

目前,神灵考古和精神文化考古在我国只是初步发展,王青教授现在已经有了丰厚积累和深入研究,希望他今后能继续在这一领域深耕细作。为此我的一点建议是:研究方向可进一步拓展,研究方法与手段可进一步提升。例如:遗玉研究应突破考古类型学之单一手段,从材料的实验室检测分析、加工和使用的微痕观测分析等角度,就年代判断、文化定性、传承历史等进行更全面的研究;青铜牌饰研究,可把比较研究的目光投向商代动物形象。此外,可将研究范畴扩展至青铜铸造技术和宝玉石加工、镶嵌技术的科学研究。尤其是关于传世文物的辨伪,除了从考古类型学角度入手,更加有说服力的可能是以科技手段提取的信息进行相关分析。显然,这是跨学科综合研究,对于一个考古学者来说有些勉为其难,但也正是因为有跨界之难,才更具挑战性和突破性。

总之,通观王青教授本书,给我的感觉是:文如其人——老老实实,踏踏实实。一句话,学风稳重,视角独特,论述有力,值得一读。

杜金鹏<br>2018 年 5 月识

# 目　　录

序（杜金鹏）········································································ 1

## 沟通天地：早期中国玉器上的神灵

**壹　由微知著**

北玉南史——莒县陵阳河出土小玉片背后的南国讯息·································· 3
镶嵌神灵——西朱封龙山文化大墓出土玉冠饰纹饰的复原······························ 7
　　　　　　西朱封遗址龙山文化玉冠饰纹饰的复原补正······························ 20
饕餮先声——新砦遗址出土残器盖纹饰的复原与思考·································· 23

**贰　美玉流芳**

东夷遗珠——海岱地区商周墓葬出土的史前遗玉······································ 28
玉传千年——豫南地区商周西汉墓出土的前代遗玉···································· 46
巾帼藏家——妇好墓出土的前代遗玉·················································· 71
匠心独运——早期中国组合式玉器上的神灵形象······································ 97
象形转喻——早期中国玉礼器创作的思维模式········································ 122

# 神巫世界：以镶嵌铜牌饰为中心

**叁　夏代遗宝**

神秘精灵——夏代镶嵌铜牌饰掠影 ……………………………………………… 153
海外遗珍——国外收藏的五件镶嵌铜牌饰 ……………………………………… 159
发现解读——镶嵌铜牌饰的分类、年代和寓意 ………………………………… 167
时代骄子——镶嵌铜牌饰所见中国早期文明化进程 …………………………… 179
辨伪求真——纽约新见的两件镶嵌铜牌饰 ……………………………………… 195
一首双身——保罗·辛格所藏第二件镶嵌铜牌饰 ……………………………… 198
多源融合——镶嵌铜牌饰的寓意诸问题 ………………………………………… 201

**肆　见龙在田**

寻龙——二里头遗址镶嵌绿松石龙面部纹饰的复原 …………………………… 224
释龙一——二里头遗址出土雕刻类神灵形象的复原 …………………………… 234
释龙二——二里头遗址出土的镶嵌绿松石牌饰 ………………………………… 262
移植汇聚——镶嵌铜牌饰的起源和传布 ………………………………………… 288

**后记** ………………………………………………………………………………… 317

# 沟通天地：

## 早期中国玉器上的神灵

# 北 玉 南 史

## ——莒县陵阳河出土小玉片背后的南国讯息

2004年10月,在山东枣庄山亭区召开"小邾国文化学术研讨会"期间,笔者呈莒县博物馆原馆长苏兆庆老先生赐赠他的新作《古莒遗珍》[1],其中第75页披露了莒县陵阳河遗址出土的小玉片。共有7件,表面略凸起、底面或平或凹,颜色为浅绿、灰绿或灰黄色,有多层台形、近条形、弧边菱形和弧边梯形等不同形状,最大的一件台形小玉片高2.98、宽2.09、厚0.27厘米(图一,图二上;表一)。据村民介绍,这些小玉片发现于1960年,系因河水冲刷墓葬出土,很可能与那件刻画"日月山"图案的大口尊出于同一座墓中。

图一  陵阳河出土小玉片(序号与表一序号一致)

表一　陵阳河小玉片的尺寸数据（单位：厘米）

| 序号 | 长 | 宽 | 厚 |
| --- | --- | --- | --- |
| 1 | 2.98 | 2.09 | 0.27 |
| 2 | 2.41 | 1.65 | 0.16 |
| 3 | 2.15 | 1.45 | 0.22 |
| 4 | 2.67 | 1.73 | 0.12 |
| 5 | 2.55 | 2.53 | 0.17 |
| 6 | 2.85 | 1.51 | 0.16 |
| 7 | 2.05 | 2.03 | 0.18 |

在目前的考古资料中，可与陵阳河小玉片相对比的都是与良渚文化有关的遗址出土物。如浙江遂昌好川遗址，在M60、M10等多座墓葬出土了漆器，漆器上就镶有各种小玉片，大小多与陵阳河小玉片相仿，少数大的有8.5厘米高，多数在表面也略凸起，形状除了陵阳河的之外，还有圆形、三角形、尖顶梯形、弧边正方形和长方形等[2]（图二中）。江苏新沂花厅遗址，在M20、M50等墓中出土了小玉片（含绿松石片），表面也略凸起，大小也多与陵阳河小玉片相仿，形状有圆形、弧边长方形和正方形、圆角条形、平行四边形等（图二下）[3]。

这三个遗址出土的小玉片在形状上非常相似，说明它们应是同时期的，所以可从出土小玉片形状较多的好川来推测，陵阳河和花厅还应有更多形状的小玉片有待发现。陵阳河的小玉片是采集所得，其原来用法已无从知晓，但从好川和花厅看，小玉片是镶在漆器、玉钺木柄或某种彩绘物品上的，所以，陵阳河小玉片也应是用来镶嵌的。至于其镶嵌的原本物品，也可从良渚文化的有关发现得到启发。最明显的例子，好川出土的小玉片以一种多层台形最受人关注，因为在浙江余杭安溪出土和国外所藏的玉璧上都发现了形状相同的刻画图案[4]（图三左），说明这种多层台形图案实际应是对相同形状的实物的摹画。而在莒县的陵阳河等遗址出土的大口尊上也刻画了多种图案，其中有些图案里有数量不等的小圆圈（图三右）。经研究，这种小圆圈应是对某种神像的眼睛等部位或佩戴坠饰的摹画[5]。由此可见，大口尊上的刻画图案应是对相同形状的实物的摹画，而小玉片则是这种实物上的镶嵌物。根据李学勤等先生的研究，这些实物有冠、羽冠、权杖等，有些冠或羽冠上还画有神像或神徽，都是社会上层贵族用以表明身份地位的象征物[6]。好川和花厅发现的小玉片也可如是观。

陵阳河、花厅和好川都是大汶口和良渚文化的重要遗址，小玉片的出土与这两种文

图二　小玉片相关资料比较

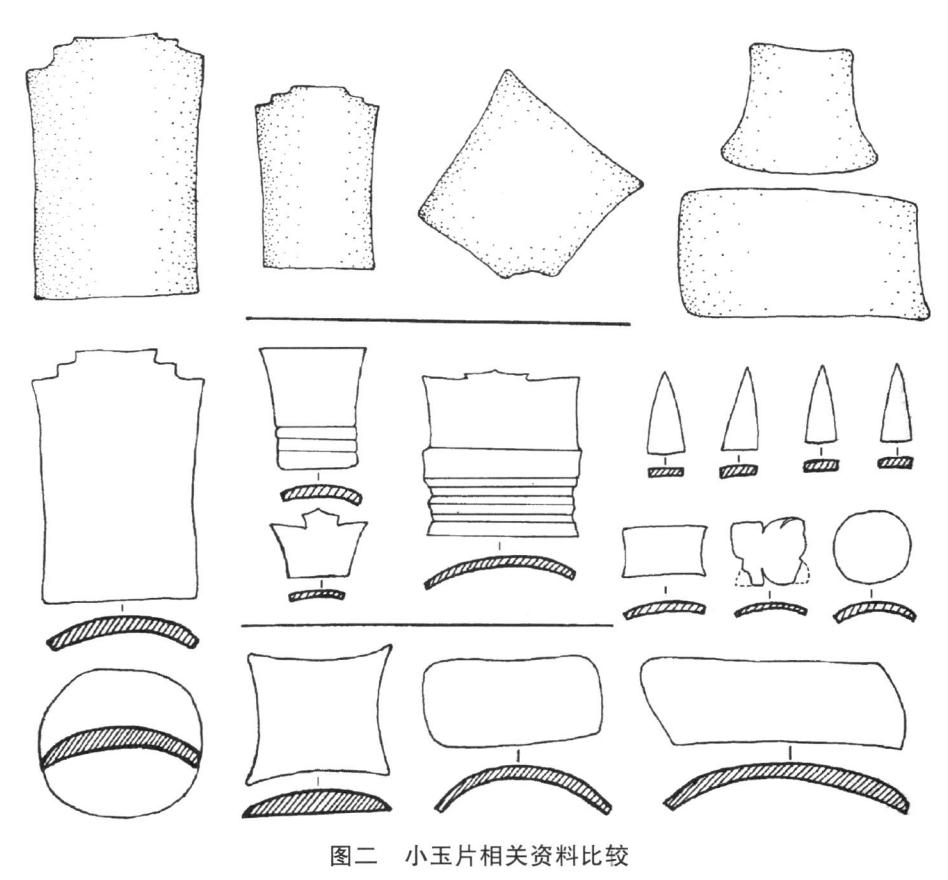

上. 陵阳河出土（笔者线描）　中. 好川出土　下. 花厅出土

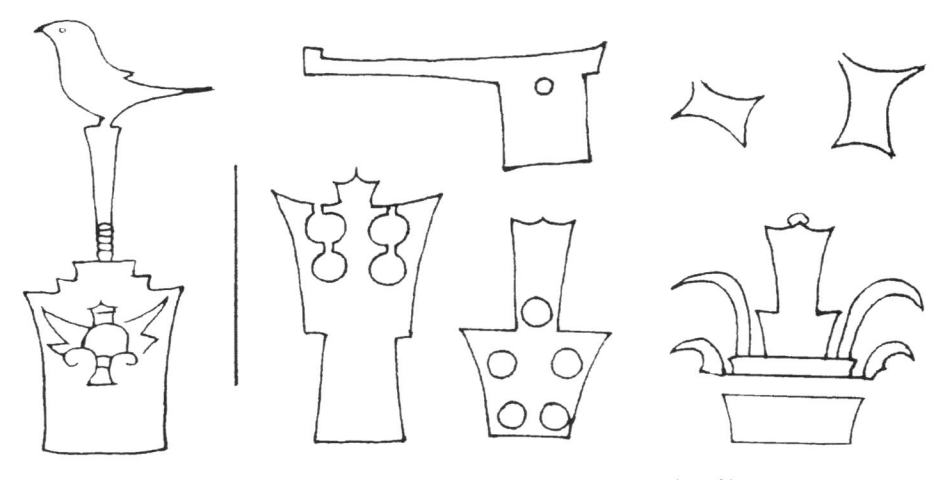

图三　大汶口文化（右）与良渚文化刻画图案比较

化的关系有关。我们注意到，以往学术界多根据花厅等地的考古发现，认为良渚和大汶口文化在距今 5 500—5 000 年间关系最密切，距今 5 000 年之后关系已比较微弱。现在看,这一观点有待深化。据栾丰实先生的研究,莒县的陵阳河等遗址属于大汶口文化晚期阶段,总体年代在距今5 000—4 600年间[7]。而陵阳河出土的小玉片以不同方式见于好川和安溪等良渚文化遗址,证明在距今5 000—4 600年间,良渚和大汶口文化的关系仍很密切(好川墓葬的年代应距此不远)。根据学界近些年的研究表明,良渚文化曾因自然环境或社会自身原因而急剧衰落和分裂,原来至高无上的良渚中心聚落被分处各地的地域性中心聚落所取代[8]。如果把良渚文化的整体年代限定在距今5 300—4 500年间,则开始衰落的时间约在距今5 000年前后。这样,我们就可以勾画出良渚文化衰落后的一些情景:随着良渚社会的衰落与分裂,有大批良渚人向外迁移,这些良渚人以自身所拥有的先进礼器和礼制给迁入地的社会造成强烈冲击;如向南迁移的最终在浙南山区好川一带建立中心据点,又南下深入到江西和福建、广东沿海,对昙石山和石峡等文化造成冲击;而北上迁移的良渚人则先在苏北花厅一带建立中心据点,然后进一步北上进入鲁东南一带,给当地的大汶口文化以剧烈冲击,极大改变了原有社会面貌,最终和土著大汶口人一起创造出更为繁荣的山东龙山文化。

**注释:**

[1] 苏兆庆:《古莒遗珍》,人民美术出版社2003年。
[2] 浙江省文物考古研究所等:《好川墓地》,文物出版社2001年。
[3] 南京博物院:《花厅:新石器时代墓地发掘报告》,文物出版社2003年。
[4] 邓聪:《东亚玉器》(第三册),香港中文大学中国考古艺术研究中心1998年;江伊莉等:《玉器时代:美国博物馆藏中国早期玉器》,科学出版社2009年。
[5] 栾丰实:《东夷考古》190—192页,山东大学出版社1996年。
[6] 李学勤:《论新出大汶口文化陶器符号》,《文物》1987年12期。
[7] 栾丰实:《大汶口文化的分期和类型》,《海岱地区考古研究》,山东大学出版社1997年。
[8] 赵辉:《良渚文化的若干特殊性——论一处中国史前文明的衰落原因》,《良渚文化研究——纪念良渚文化发现六十周年国际学术讨论会文集》,科学出版社1999年。

(原载《中国文物报》2004年12月3日第7版,原题为《关于山东莒县陵阳河出土的小玉片》,与苏兆庆先生合著。此次收入文集时,承莒县博物馆刘云涛馆长惠助,重新拍摄了陵阳河7件小玉片的合照,编为图一,并测量了尺寸数据,编为表一,第1件小玉片的尺寸数据相应改为新数据。此次并补充了注释资料。在此向莒县博物馆同仁表示感谢!)

# 镶 嵌 神 灵
## ——西朱封龙山文化大墓出土玉冠饰纹饰的复原

　　1989年秋，中国社科院考古所山东队在山东临朐县西朱封遗址发掘了两座海岱龙山文化(即山东龙山文化)大墓，其中M202出有一件"玉头(冠)饰"，由蝶状首部和笄状柄部组合而成[1]。这件玉器(首部见图一左)被杜金鹏先生论定为神徽[2]。与神徽同出一墓的还有玉钺、玉刀、玉簪、绿松石坠、绿松石串珠，以及980余件已散乱的小绿松石片等。笔者认为这980余件小绿松石片应为这件神徽蝶状首部上的镶嵌物，并用以表现神徽饰纹。以下拟在杜文基础上对神徽镶嵌物所表现的纹饰作想象复原，并就相关问题提出初步看法，不妥之处敬请批评指正。

**图一　西朱封神徽首部图(涂黑部分为镂孔)**
左：神徽及其镶嵌记号　右：神徽分解图(1.冠　2.目　3.口　4.鼻　5.翼　6.珥)

## 一、绿松石片用于镶嵌的理由

　　促使笔者认为这些绿松石片应是神徽上的镶嵌物并用以表现纹饰的理由，主要有以下几条：

　　(一)海岱地区在此之前已有绿松石镶嵌技术与传统。目前所知，海岱地区最早的镶嵌绿松石作品属于大汶口文化中晚期,如泰安大汶口、邹城野店所见者。其中大汶口 M22:10 骨质指环,凸面上 5 个圆窝中出土时有 1 个镶有绿松石饼,推测其他 4 个原也应镶嵌绿松石饼,年代属大汶口文化中期。另一件骨质雕筒(M4:10)上下两排共 10 个圆窝中,出土时有 4 个镶有绿松石饼,其余已脱落[3]。邹城野店 M62:47 象牙雕筒"上段有 4 个等距小窝,原为镶嵌绿松石者,出土时已脱落"。M61:3 象牙雕筒的情况与之相同[4]。这三件雕筒的年代属大汶口文化晚期。值得注意的是,早年在日照两城镇遗址发掘时,曾在一座龙山文化大墓中出土了"由绿松石凑成的东西,大约是头部的一种装饰品"[5]。这表明海岱龙山文化时期也存在绿松石镶嵌技术,且是承自它之前大汶口文化传统的。

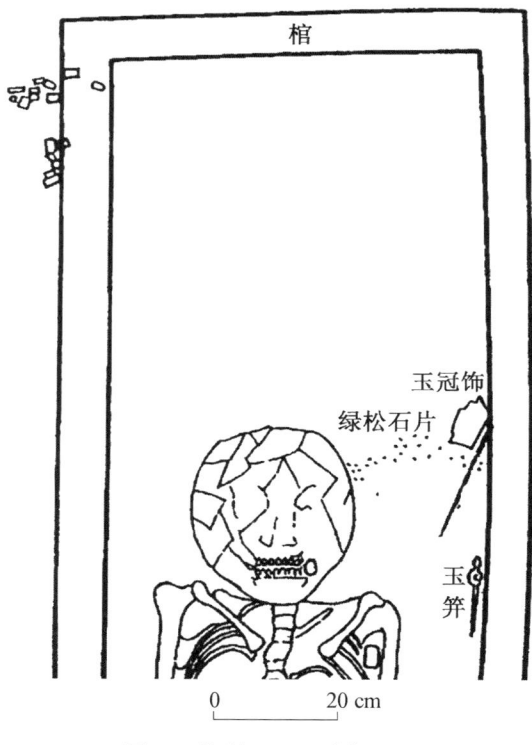

**图二 朱封 M202 头部平面图**

(二)朱封 M202 号大墓的这些小绿松石片与神徽出于同一位置。从简报平面图看,它们同在墓主头部左侧,神徽位于绿松石片散落范围的右上角,总的看两者处在同一位置,但也稍有偏离,推测是由于棺椁顶板及填土坍塌、神徽被撞击滚落造成的(图二)。出土位置与原陈放位置有所位移,这在发掘中是常见的情况。因此,我们认为绿松石片与神徽出在一起并不是偶然的,两者应有某种内在联系,即可能原为一件器物。

(三)二里头文化中镶嵌绿松石的铜牌饰为我们提供了用绿松石片表现纹饰的实例。二里头遗址已出土的三件铜牌饰的一大特征,是把小绿松石片做成不同形状,以适应在镶嵌中表现纹饰不同走向的需要[6]。这些绿松石片表现出的纹饰与两城玉圭的刻纹存在一望便知的渊源关系,并且杜文已经证明两城玉圭神像一类的刻纹实为朱封神徽之类玉神器实物的摹刻图像。朱封大墓的这些绿松石片形状都很小,只有几毫米,而且除一件之外都没有穿孔,可以排除串成串饰的可能,故只能用于粘贴与镶嵌。因此,由二里头铜牌饰的实例可以推测,这些绿松石片应是用来镶嵌并表现类似纹饰的。

(四)朱封神徽上细浅的工字形、丁字形、凸字形刻纹原本并不是用来装饰神徽的,而是镶嵌程序中的记号并可起到固定镶嵌物的作用。这件神徽本身的造型及两城玉圭等几件摹刻神徽图像的玉神器,已经确凿反映出海岱龙山文化的治玉水平是相当高超的,可以看到装饰玉神器用的是像两城玉圭那样遒劲流畅的线条,而不应是这些细浅零乱、互不相连的工字形、丁字形、凸字形线条。同时,这些艰涩线条又隐约显示出某种纹饰走向,如周缘的线条与神徽边廓相平行,里面的线条又以基本对称的大小镂孔为中心展布。联系同出的只能用于镶嵌的小绿松石片,可以断定这些线条应是镶嵌工序中的记号并能起到增加胶粘、固定绿松石片的作用。至于这些绿松石片在埋藏过程中与神徽分离散落的原因,不外乎两种情况。一是这些做记号用的线条非常细浅,不是神徽珥部镶嵌绿松石珠的那种透雕镂孔,所以在胶粘剂逐渐腐烂失去粘性的情况下,这些绿松石片就会自然脱落;二是神徽受棺椁顶板重物撞击时,绿松石片在外力作用下分析散落。

以上四条已足能证明朱封 M202 号大墓的 980 余件小绿松石片原应是神徽上的镶嵌之物,并是用来表现神徽所饰纹饰的。

## 二、赖以复原纹饰的依据

既有以上分析,而且杜文已证明两城玉圭之类所雕神像应是对朱封神徽一类玉神器的摹刻,那么找出与之有关的神像资料就成为赖以复原纹饰的第二步。这些依据主要有:

(一)有明确出土地点的海岱龙山文化玉器和陶片。主要包括刘敦愿先生在两城遗址征集的那件著名的两面刻饰神像玉圭(图三,2、3)[7]以及 1958 年在该遗址采集的 4 件刻纹陶片,这些陶片除刻饰神像(图三,8)外还有云雷纹[8]。另外,在茌平尚庄和长岛大钦岛北庄等龙山文化遗址也发现了零星的饰兽面纹、云雷纹陶片[9]。两城玉圭虽属采集品,但由于该遗址为较单纯的龙山文化遗址,而且早年的发掘在龙山文化墓葬中也出过这种形制的玉圭,所以自它公布以来鲜见怀疑其时代者。该遗址的刻纹陶片也是这种情况,而且刘敦愿先生根据自己的观摩早已精辟指出,"这类纹样极为罕见,它们大多刻划比较细弱、潦草、拙稚,很像从什么东西上临摹下来的",并推测可能"是从某种工艺品上仿效而来"[10]。刘先生的这一推断给笔者以很大启发。这些玉器和陶片时代明确,所刻神像特征鲜明,与朱封神徽神气相投,成为我们复原神徽纹饰的基本参考资料。

(二)已不知确切出土地点,但与海岱龙山文化有密切关系的雕饰神像作品。主

**图三　西朱封神徽与诸神像的细部比较和复原纹饰走向（虚线）**

1、4. 台北故宫玉圭 A、B 面　2、3. 两城玉圭 A、B 面（以上为冠、翼部比较）　5. 傅忠谟藏品　6. 弗利尔玉刀　7. 赛克勒藏品（以上为梭形眼、口生一对獠牙比较）　8. 两城陶片（鼻部比较）　9. 斯密塞纳美术馆立体神像（鼻下小孔比较）　10. 斯密塞纳立体高羽神像 B 面（目部旋纹比较）　11. 二里头 81M4∶5 铜牌饰（丁字形记号比较）

要包括台北故宫收藏的一件玉圭，一面刻圆眼神像，一面刻写真的臣字眼神像（图三，1、4）；美国弗利尔美术馆藏的一件管状玉器，上下两端有与两城玉圭两面神像非常相似的神像，中间有一写真人首像（图六，8）；香港傅忠谟先生藏品中的一件立体神像（图三，5）；美国斯密塞纳美术馆藏一件立体神像，两面均刻图案相同的人面神像（图三，9、10）[11]。这些传世品经诸家多年探讨，特别是刘敦愿先生报道了两城玉圭后，已基本认为是海岱龙山文化的作品或与海岱龙山文化关系密切的同时代作品。这些玉器上的神像与上举第一条的玉器陶片神像形神俱同，因此也是我们复原朱封神像饰纹的重要参考依据。

（三）二里头文化的镶嵌绿松石铜牌饰以及与之相似的一些铜牌饰传世品。包括二里头遗址出土的三件，两件表现出圆形眼神像（图三，11），一件表现出臣字眼神像。流于海外的八件传世品,根据李学勤先生的介绍,多与这两件表现的神像相似[12]。这些铜牌饰虽然时代可能较朱封神徽略晚些,但绿松石片的具体镶嵌状况及所反映的神像图案都与朱封神徽神似,从而为我们复原朱封神徽饰纹提供了难得的参考实物。

(四)最后一点,也是最重要的一点,就是朱封神徽本身所留下的这些细浅记号和纹路。杜金鹏先生曾亲自观摩这件神徽,因此他在文章中披露的神徽纹路图应是基本可信的(参见图一左),我们在正式发掘报告未刊布之前,就以杜文所示纹路显示的纹饰走向作为复原纹饰的基准。

## 三、复原的主要过程和初步结果

朱封神徽由冠、目、口、鼻、翼和珥六部分组成(图一右),以下就以神徽上的细浅记号为基础,与上节所列有关神像资料作细部比较,进行神徽所饰纹饰的具体复原。

(一)冠部。神徽的冠部有一大一小两对透雕曲尺形镂孔将冠与目部隔开,并将冠部分成上下两层而呈介字形,在冠的上层正中还有一椭圆形大镂孔。这种双层冠与图三之1～4等诸神像所示冠的介字形轮廓相同,唯后者只是轮廓,没有表现冠内的细部纹样。图三之3的冠中虽有一倒介字形图案,但推测那只是对冠外形的缩小,大约是玉工为补冠内之白空刻上装饰的,并不一定就是实物神徽冠上原有的饰纹。现在唯有图二之5那件立体神像的冠部正中的一个圆孔与朱封神徽冠部正中的大镂孔可作比照。所幸的是神徽冠部本身的细浅记号显示的纹饰走向还是比较清楚并有规律可寻的。这些记号都与那两对曲尺形镂孔相平行,可以看出应是些起于冠缘向中部汇集的纹饰,其中上层以那对小镂孔为底界、围绕圆形大镂孔可见有四至五层纹饰,下层以那对大镂孔为底界可见有三至四层纹饰。在两对曲尺形镂孔之间有一个大的工字形记号,对于它的复原,我们参照了图三之1、2、3等神徽目部几条连接双眼的横线,在朱封神徽目部的两眼之间不见这些横线的记号(而是些向下的竖条方块记号),所以推测冠部两对镂孔之间的那个大工字形记号应该就是诸神像所见双眼连线的纹饰,只不过玉工将它移到神徽冠中表现了。由这些多层细窄纹饰推测,冠部所表现的应是插饰羽毛的实物羽冠。

(二)目部。神徽的目部由中间表现眼睛的镂孔和四周的几对镂孔及工字形、丁字形记号可显现其大致轮廓。在对诸神像的观察中,可知眼睛的形状大致有圆形、梭形和臣字形三种,朱封神徽的眼睛镂孔呈椭圆勾状,因此可以排除它是圆形眼的可能。诸神像臣字形眼的眼球都突于下眼皮之外,且包于眼睛之内的眼球部分都是半圆形的,另外内眼角都直接向下弯。而朱封神徽的眼睛由镂孔可知,其内眼角都向下然后转而向后弯,且眼球不是半圆形的,这样的形状可以肯定不是明显的臣字眼,而应该是梭形眼。在已知的几例神像中,图三之5、6、7的眼睛都是梭形的,眼球则都没有突出下眼皮,因此朱封神徽的梭形眼的眼球也不太可能突于眼皮之外。

在眼睛镂孔与目部边缘一排记号之间有10个工字形、丁字形记号(每目5个),乍看上去这些记号似乎可连成一个与眼睛同心的圆圈,但细究起来并不那么简单。问题的关键是位于眼睛上下方的两对丁字形记号。丁字形记号由二里头铜牌饰的镶嵌实例来看应是隔断纹饰的记号,即纹饰从丁字的下部上来后应止于丁字头的横划处,而不会从丁字头中间穿过继续前行(见图三之11加粗部分)。以这样的原则来看这10个记号所显示的纹饰,就不会是只有一层纹饰的圆圈,而应是围绕眼睛部位从里向外旋转而出的二至三层纹饰,现在看来,只有右目下方的那个丁字形记号有些例外,因为它的位置刻得太靠前靠上,所以从外眼角旋出的纹饰可能要穿过丁字头中间。这种情况从这些记号不是绝对对称的特点看应是允许的。需要提及的是,在目前已知的所有神像中,有梭形眼、臣字眼的目部都没有表现细部的纹饰,这种情况固然可能给我们的复原带来不便,但复原结果仍与图三之10的圆眼目部的外圆纹饰基本相同,都是从眼睛旋出、顶上有折角的螺旋纹。至于玉工不对梭形眼和臣字眼神像目部进行细致纹饰表现的原因,推测可能是由于这种眼的扁长形状已占据了目部的大部分空间,再去表现细部纹饰已显得容纳不下了。朱封神徽目部的记号可补诸神像目部细部纹饰之阙。

将上述目部纹饰复原的结果与两城玉圭一类神像的目部纹饰(主要为两条从眼睛旋出的、分别与翼相连的上旋线和与鼻子相连的下旋线)相比较,就会发现我们的复原可能并不能算是"正规",但如果与口部的獠牙联系起来考虑,则可能正反映了这件神徽的时代特征(详后)。

(三)口部。口部主要是由目下的一对下弯曲尺形镂孔和表现鼻孔的一对镂孔连线所圈定的范围,其主要部分是中间的一对圆形小孔和它旁边的一对略呈长条形块状记号。那对小圆孔应为缚系笄状柄部的系孔,这一点是可以肯定的,而且在图三之9神像的鼻下我们也能看到这样一对小系孔,这更增加了断定神像应是对实物神徽的摹刻的证据。系孔相对的区域据杜文说是浅槽,那是柄部与神徽首部卯合的部位,因此应为没有记号,即不镶嵌绿松石的地方。

对口部复原的关键是位于系孔之外的一对长条形方块记号。右边的那个长条形方块还向上挑与右眼下的丁字形记号相连,这样它就呈现出弯曲的形状,这一点使我们想起了獠牙的形状。同时,在对诸神像观察过程中,我们发现这样一个规律,即已知的几件梭形眼神像的口中都只有一对向上的獠牙,如图三之5、7等;而所有呈臣字眼的口中都有一上一下两对獠牙,如图三之4、9,图六之12、13等。以这一规律来考察梭形眼的朱封神徽,则它的口中也应有一对向上的獠牙,而右边长条方块与右眼丁字形相连的勾状记号又无疑为这一判断提供了肯定的信息,并且它的尖端已插入目中。至于獠牙之外处于那对下弯镂孔下面的空白处,我们推测应是些竖条形纹饰,并与外面翼部的竖条形连成一片,这样的布局使口部表现嘴唇的线条不很清晰。

(四) 鼻部。鼻部为冠(以那对曲尺形大镂孔为底界)、目和口部中间的部位,它的底界应是那对表现鼻孔的镂孔。这一区间多是些工字形、凸字形记号,左边靠近左目的地方还能看到一个不很清楚的大凸字形记号。在已有的诸神像中,圆形眼者多有一条从眼睛旋出的下旋线与鼻子相连,但朱封神徽目部下面那对下弯镂孔和獠牙的存在实际上已排除了有这样一条下旋线的可能。而梭形眼和臣字眼的神像对鼻子的表现多是写真的,即呈半圆内弯形,在朱封神徽的鼻部看不出有这种纹饰的记号,因为这一区间都是些表现直线的竖条形记号。在已有的神像资料中,我们发现两城遗址所出的一件陶片上的神像,其鼻部就是竖行的直线条(图三,8)。这样看来,把朱封神徽鼻部的工字形,凸、凹字形记号复原成竖行的几条直线估计应是能够成立的(二里头铜牌饰也与此类似)。

(五) 翼部。即处于目和口部之外的部分,并把珥部也包含在内。以深入翼内的两个镂空为界可分成上、中、下三段,这与诸神像翼部的轮廓基本相同。在翼部的周缘多有一些与玉身边缘相平行的细浅勾勒线纹,这应是绿松石镶嵌到边的记号。翼部的记号中关键是处于最上方与目部相连接的那对丁字形记号。根据丁字为隔断纹饰的原则,目部的旋线不应从这一对丁字的头中间穿过。同时,这对丁字是伸向翼内的,那么,丁字所显示的纹饰只能是伸向翼部最上角的翘角。这样复原之后,就会发现翼的三对翘角与诸神像所表现的翼部翘角是最像的。至于翼部的其他纹饰,由记号看多是些辅助的条形纹。

(六) 珥部。即翼内圆孔中镶嵌的一对大绿松石珠,所表现的应是诸神像圆形的珥饰。由于是透雕的圆孔,所以镶嵌的绿松石珠十分牢固,到出土时也在原位。这从另一个角度也可以说明,与神徽出于同一位置的绿松石片原来正应是镶嵌在神徽上的。

以上是我们对神徽与诸神像资料作细部比较的复原过程,复原的纹饰结果见图四之1。需要说明的是,由于笔者没有亲自接触到这件神徽实物,所以本文的复原就不可避免地带有保守与大胆的双重色彩,这决定了本文的复原只能是想象复原,而非实测复原。

**图四　西朱封神徽镶嵌效果复原**
1. 神徽饰纹复原　2. 绿松石片镶嵌效果想象

关于镶嵌绿松石的具体过程,笔者也想谈点认识。由简报可知,神徽的两面都刻有镶嵌记号,从神徽的造型与镂孔判断,另一面的纹饰不会与我们复原的这一面有很大出入。出土的小绿松石片共980多件,则每面应镶嵌490多片。要在高4.9、宽9厘米,并扣除镂孔所占面积的空间内嵌进这490多片绿松石表现纹饰,所要求的技术精度是可想而知的,即使是现在的玉工如不作记号,想必也不会圆满完成这件绿松石镶嵌作品的。这可能就是龙山玉工在神徽上刻细浅记号的初衷。

这些小绿松石片,由二里头铜牌饰的镶嵌实例可知,是要根据纹饰走向的需要做成不同形状的。可以想象,它们需经过切割、打磨和粘嵌等一系列程序,并且对重要部位还可能做一些特殊处理。从二里头铜牌饰还能看到,绿松石片多是错缝镶嵌,很少有顺缝石片,这不仅是出于美观的考虑,更是为了分解上排石片对下排石片的重量压力的需要。我们推测朱封神徽也应是这样处理的。同时,二里头牌饰的纹饰虽是对称的,但不是绝对对称,具体到每片绿松石的形状位置,更是如此。朱封神徽的记号本身就不是完全对称,所以它所显示的纹饰也只能是基本对称,至于每片绿松石的镶嵌就更不会是完全对称了。

依据上述几条原则,我们对朱封神徽绿松石镶嵌的大致效果也做了初步想象,示意图见图四之2。图上的绿松石片数量不足250片,与每面490片相差一半,这大概是因为笔者只是根据这些镶嵌记号的长度做的想象复原,而没有对绿松石片做实测,估计神徽的细部还应有些辅助纹记号没有显示,而且像冠与目相接的左角所刻小F形记号所显示的极小绿松石片肯定不在少数,因为作记号的大多是神徽本身和镶嵌过程的关键部位,在这些部位嵌上较大的石片做中坚支撑,在其他部位嵌细小石片做陪衬,应是这件作品镶嵌布局的一大特点。如果把这些情况考虑进去,每面镶嵌490片可能不会与实际有太大出入。

至于说这980多片是不是都镶在这件神徽上,是不是墓主头部还有可能镶嵌这些绿松石片的其他如头巾之类的易朽有机质物品,我们在简报中没有见到这样的现场发掘线索,所以在正式报告未发表之前只能暂作上述复原。

## 四、几点相关认识

朱封神徽在很多方面都具有重要的学术价值,这一点是大家共同意识到的,所以它一经出土就引起各方关注。朱封神徽可以深化和修正很多已有认识,这是笔者在复原过程中最深的体会,但限于资料和笔者学力,以下仅提出几点粗浅认识。

(一) 对两城玉圭 A 面神像图案的恢复。目前所能见到的几件圆形眼神像,目部的纹饰构图都呈现出这样一条最基本的原则,即都有两条出自眼睛的旋线,一条与翼相连的上旋线,一条与鼻孔相连的下旋线。两城玉圭 A 面神像违背了这一原则,它没有与翼部相连的上旋线,而在目部最外侧却多出一条旋自眼睛的下曲线;同时,它又没有翼部,而在冠两侧多出一对极像翼的图案(图五,1、2)。综合这些情况,我们认为,那冠两边的图案实际上原应是神像的翼部,只不过玉工出于装饰窄长玉圭的总体考虑将这对翼刻在了冠两侧,这样就把原本是扁长的神像处理成竖长形状。至于目部外侧的那条少见的下曲线,则是由于翼部既已刻到了冠旁,造成那条原应与翼相连的上旋线无所连属,所以,玉工为了达到均衡、丰满的装饰效果,就把它下引处理成下曲线。下面我们就把它的本来面目恢复过来,见图五之3。这样复原的结果就会看到一幅合乎规范的神像,并且是无獠牙神像的标准者,其整体效果也与 B 面神像更加相似相通了。另外,B 面神像也有玉工出于装饰原因而做例外处理的情况,如口部旁边靠近圭身边缘的直立线纹,现在看来也应是一对翼的形象。

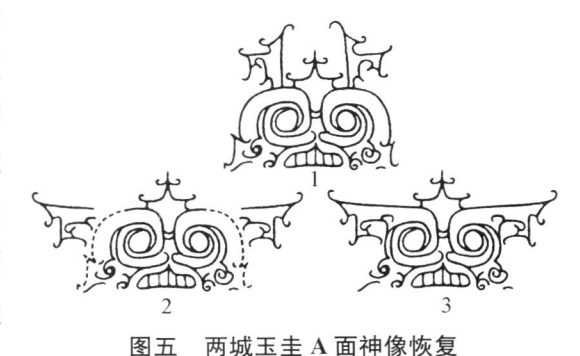

**图五 两城玉圭 A 面神像恢复**
1. 恢复前神像  2. 翼部的原本位置  3. 恢复后的神像

(二) 海岱龙山文化时期的神徽与神像有阴阳或雌雄之分以及单层冠和双层冠之分。关于国内外陆续披露的一些玉器上不同于三代时期的奇异纹样及圆雕立体神像,学者对它们所属时代的意见近年来已渐趋一致,现在从两城玉圭,特别是朱封这件神徽实物看,应多是海岱龙山文化的作品或与海岱龙山文化有密切关系的同时代作品。笔者在对它们作仔细排比之后发现,它们在形制上存在明显不同。

首先看阴阳或雌雄的分别。这样的例证最明显的是斯密塞纳美术馆藏的两件刻饰双面神像的立体神像,一件头戴平顶冠,A面为臣字眼、口中有一上一下两对獠牙,B面则是圆形眼、口中无獠牙(参见杜文图八之7)。另一件头戴高羽冠,A面臣字眼、口中有一上一下两对獠牙,B面为圆形眼、口中无獠牙(图六,13、14)。这两件都有明显的翼部,而且口中无獠牙者的口部形状与两城玉圭A面神像的口部非常相似,因此,我们认为这两件立体神像应为海岱龙山文化的作品。它们展现出这类神像最显著的规律,即圆形眼与口中无獠牙、臣字眼与口中两对獠牙的对应规律。而口中有獠牙在兽类中都是雄性的特征,那么可以反向推测,与它相对的圆眼没有獠牙的纹饰就应是雌性的形象。如此就形成了雌雄或阴阳之分。而且我们发现,圆形眼神像的口部形状与鸟喙的截面形状非常相似,而圆形的眼睛也与鸟眼相同,因此,这种圆形眼神像所表现的很可能就是"鸟面"。同时,把口生两对獠牙的臣字眼神像看成是兽面或人面的形象也不致大谬。这样一件鸟面与兽(人)面合一的立体雕像,很容易使人想到"天命玄鸟,降而生商"之类卵生神话,至于它们之间的准确联系,从目前的考古发现来看,似不宜遽作结论。

在朱封神徽饰纹复原中,我们还发现梭形眼与口中只有一对獠牙之间存在对应关系,如图三之5、7等神像(包括朱封神徽)。这种有一对獠牙的梭形眼神像如上推测应是雄性兽(人)面的形象,与它相对的雌性鸟面的形象目前虽未见到,但朱封神徽的另一面可能有这种迹象,因为据目前所知,凡两面相背的神像都是兽(人)面与鸟面的组合,而神像又是对神徽的摹刻。另外,两城玉圭A面的神像,从它的口部与图六之14神像口部形状相同看,也应是一幅雌性鸟面的形象,则这件玉圭可能是鸟面与兽(人)面正处于形成阶段的作品,而朱封神徽已复原的一面已是眼呈梭形、口生獠牙的兽人形象了。

再看单层冠与双层冠之分。如本文上节所述,双层介形冠主要见于两城玉圭、台北故宫玉圭等玉神器的神像上。单层冠又有平顶与尖顶之分,前者如芝加哥美术馆立体神像(参见杜文图八之3)以及斯密塞纳美术馆上述两件立体神像所见者,后者主要有傅忠谟先生收藏的一件立体神像(图三,5)、香港亚洲美术馆藏立体神像(图六,12)以及《古玉图录初集》玉钺(参见杜文图四之6)等。至于单层冠与双层冠以及单层冠内部是否与兽面、鸟面有某种对应规律,目前还没有这样的充分证据。

(三)海岱地区史前神徽的演变。对于这一问题现有资料尚不足以得出准确结论,但在对诸神像进行类型学比较分析之后,笔者认为,上述神像眼睛与獠牙的差别可能正是其时代特征先后演变的显现。据历年的调查与试掘,日照两城镇遗址所出

**图六　海岱地区史前神徽演变略图**

1、2. 莒县陵阳河　3. 武进寺墩M3∶43(良渚文化)　4. 福格博物馆玉钺　5. 圣路易斯博物馆玉钺　6、7. 两城玉圭A、B面　8. 弗利尔美术馆管状玉器(疑为骨之摹刻)　9. 赛克勒博物馆立体神像　10. 傅忠谟藏品　11. 西朱封神徽　12. 亚洲美术馆立体神像　13、14. 斯密塞纳美术馆立体神像A、B面(1～4. 大汶口晚期至大汶口、海岱龙山之交　5. 海岱龙山早期　6～10. 海岱龙山中期　11～14. 海岱龙山晚期及其以后)

遗物多属海岱龙山文化中期,龙山早、晚期的遗存很少,这样我们大致可以说两城玉圭属海岱龙山中期的可能性很大,则圆字眼和口无獠牙应是这一时期的特征。朱封神徽的年代由墓中同出陶器看属海岱龙山晚期偏早阶段,或可早到中、晚期之交,则大致说明梭字眼和口生一对向上獠牙是这一时期的特点。臣字眼按照一般的看法应是由梭形眼演化而来的,与它相似的可能还有一对向上獠牙到一上一下两对獠牙的相应演变关系,那些有臣字眼、口生一上一下两对獠牙的神像或其大部分(图六,12～

14)约应是海岱龙山晚期及其以后的作品。

从类型学角度看,以上所列海岱龙山文化中、晚期神徽神像的前后演变还是比较清晰的,同时,早于海岱龙山文化中期的龙山文化早期和大汶口文化时期的神徽神像也有迹象可寻。大汶口文化墓葬中出土的獐牙勾形器是比较奇特的随葬品,它由一段骨柄上部嵌入两支獐牙组合而成。对它的用途,王永波先生认为"是对獐崇拜衍生而来的护身或压胜之类的瑞符"[13]。这种勾形器在大汶口文化早期墓中出土最多,到中期已不常见,到大汶口文化晚期绝迹,而且早期的勾形器多出于鲁西南随葬品丰富的墓葬,所以不妨认为它也有标识墓主生前社会地位、权力的功能,至于能否把它看成是神徽此处不便深论,但它与神徽都反映了死者生前权力这一点则是相通的。到大汶口文化晚期,可以说真正的神徽已初具雏形,这就是山东莒县陵阳河、大朱村以及诸城前寨等遗址出土的尖首形刻划陶文,有的还外加羽冠(图六,1、2)[14]。这类尖首形象与福格博物馆收藏的一件玉钺上的神像头上所戴尖首物非常相似,而根据海岱龙山神像应是对神徽的摹刻这一点推测,福格神像上的尖首物也应是对神徽的摹刻,从而形象地说明这类尖首图像应是对相同形状的神徽实物的摹刻。李学勤先生曾认为,这种符号"显然是象形的,所象的可能是一种饰有羽毛的冠"[15]。如此推断,神徽在大汶口文化晚期应已出现。至于尖首里的圆圈,诸家也多有看法[16],笔者认为应是对绿松石饼镶嵌的摹画(当然,它要表现的可能是神徽的眼睛等部位),或可说它开了海岱龙山用绿松石镶嵌神徽的先河。同时,与莒县大朱村一类尖首神像不同的是,福格博物馆玉钺上的神像还有口、眼及双眼之间的连线等,从良渚文化已深入海岱地区的鲁南苏北看,这应是受了同时代良渚文化玉神器(如玉琮、冠状饰)的影响所致,其时代可能要在大汶口文化末期。圣路斯博物馆收藏的一件玉钺上也刻有一幅神像,所用线条与两城玉圭神像非常相似,这当是对福格者的再度概括,其口、珥、翼部已初具了两城的形状(图六,5),由此可推测它当是对已较大汶口文化晚期之末发展的神徽的摹画,其时代大约已在海岱龙山文化早期。

以上我们对海岱地区大汶口至龙山文化时期神徽与神像的演化作了初步勾勒。需要指出的是,根据近年来不断披露的新发现和相关研究[17],本文所涉及的传世品可能并不都属于海岱龙山文化。再者,用纯类型学方法排比这些特殊用途的且是传世的神徽,而且玉神器本身的形制特征能在多大程度上反映它的原本演变脉络也不很清楚。这两点决定了本文关于神徽演变的认识尚有待更多的考古发现来检验。然而,通过以上所述无疑已能看出,海岱地区以神徽为代表的玉器传统是源远流长且特征鲜明的,由此,笔者认为邵望平先生近年提出的"海岱系古玉"的观点[18]是确能成立的。

最后,我们可以自信地预测,由于史前海岱地区的神像都是对神徽实物的摹刻,那么,不久的将来定会在像朱封 M202 之类大墓中陆续出土与诸神像形状相似的多种神徽实物。

【附记】

本文草成于 1996 年 7 月,经导师林沄先生审读并提出修改意见后,笔者又于 8 月寄送恩师刘敦愿先生审阅。9 月 15 日,接先生来信,始知他已患病住院,并说文稿只能"等冬日我能坐立生活自理时看了"。不想,事仅四个月之后,先生已经仙逝,得知这一噩耗之后,我几次展读先生的这封最后的来信,回想起在校期间先生对我的亲切教诲与热情帮助,心情久久不能平静。我想,此稿能刊于这部文集,是我纪念先生最有意义的一件事。先生的谆谆教诲将永远激励我不断前行。

1997 年 5 月 12 日谨识

## 注释:

[1] 中国社科院考古所山东队:《山东临朐朱封龙山文化墓葬》,《考古》1990 年 7 期。
[2] 杜金鹏:《论临朐朱封龙山文化玉冠饰及相关问题》,《考古》1994 年 1 期。以下皆称杜文。
[3] 山东省文物管理处等:《大汶口》,文物出版社 1974 年,第 100 页图八四,4;第 101 页图八五,1。
[4] 山东省博物馆等:《邹县野店》,文物出版社 1985 年,第 95 页。
[5] 尹达:《新石器时代》,生活·读书·新知三联书店 1979 年。
[6] 中国社科院考古所二里头队:《1981 年河南偃师二里头墓葬发掘简报》,《考古》1984 年 1 期;《1984 年秋河南偃师二里头遗址发现的几座墓葬》,《考古》1986 年 4 期。
[7] 刘敦愿:《记两城镇遗址发现的两件石器》,《考古》1972 年 4 期。
[8] 山东省文物管理处:《山东日照两城镇遗址勘察纪要》,《考古》1960 年 9 期。
[9] 山东省文物考古研定所:《茌平尚庄新石器时代遗址》,《考古学报》1985 年 4 期;北京大学考古实习队:《山东长岛县史前遗址》,《史前研究》1983 年创刊号。
[10] 刘敦愿:《论山东龙山文化陶器的技术与艺术》,《山东大学学报》1959 年 3 期。收入《山东龙山文化研究文集》,齐鲁书社 1992 年。
[11] 本文所论诸传世品神像资料俱转引自杜金鹏《论临朐朱封龙山文化玉冠饰及相关问题》一文,以下不一一注出。
[12] 李学勤:《论二里头文化的饕餮纹铜饰》,《中国文物报》1991 年 10 月 20 日。收入《走出疑古时代》,辽宁大学出版社 1994 年。
[13] 王永波:《獐牙器——原始自然崇拜的产物》,《北方文物》1988 年 4 期。
[14] 王树明:《谈陵阳河与大朱村出土的陶尊"文字"》,《山东史前文化论文集》,齐鲁书社 1986 年。
[15] 李学勤:《论新出大汶口文化陶器符号》,《文物》1987 年 12 期。
[16] 如杜金鹏认为这种圆圈可能脱胎于良渚文化冠状饰上神人神兽的眼睛,文见《考古》1992 年 10 期《关于大汶口文化与良渚文化的几个问题》。王树明认为它"表示滴酒之义,不是为表示图像美观而刻画的装饰"(《谈陵阳河与大朱村出土的陶尊"文字"》)。刘斌认为它"应是对祭祀

现场某些器具的描绘或对祭祀仗式的某种抽象的暗示",文见《大汶口文化陶尊上的符号及与良渚文化的关系》,《青果集》,知识出版社1993年。
[17] 汪青青:《溧阳出土的良渚文化玉器珍品——神人兽面鸟纹圭》,《东方文明之光——良渚文化发现60周年纪念文集》,海南国际新闻出版中心1996年;吕本昌:《关于殷墟妇好墓玉凤的归属问题——兼谈楚文化的渊源》,《东南文化》1996年4期;杨建芳:《一件珍贵的石家河文化残玉鹰》,《中国文物报》1997年4月13日。
[18] 邵望平:《海岱系古玉略说》,《中国考古学论丛》,科学出版社1993年。

(原载《刘敦愿先生纪念文集》,山东大学出版社1998年,原题为《西朱封龙山文化大墓神徽饰纹的复原研究》,本次依据《临朐西朱封》报告新增图二)

# 西朱封遗址龙山文化玉冠饰纹饰的复原补正

1989年秋,在山东临朐西朱封遗址的一座龙山文化大墓中出土了一件造型独特的玉冠饰[1],引起学术界的广泛关注。这件玉器已经被杜金鹏先生论定为东夷人的神徽[2]。笔者在1998年曾著文专门讨论了这件玉器,认为它上面的浅乱刻线并非装饰纹饰,而是镶嵌绿松石片以表现纹饰的记号,出在这件玉器周围的980多片小绿松石片就是它的镶嵌物,并对其镶嵌绿松石所表现的纹饰做了初步复原[3]。如此这件玉器就成为东夷人的镶嵌玉神徽。

这件玉神徽迄今仍是经考古发掘出土的唯一一件,所以要对它的纹饰进行复原,必须参考一些传世品玉器上的相关纹饰。近年来,随着笔者对这些玉器的进一步揣摩与推敲,认为先前对这件镶嵌玉神徽的眼睛部位纹饰的复原需要修正,现提出以下相关认识。

当时笔者在复原时就发现,眼睛部位的纹饰应是这件玉神徽饰纹的关键,但由于传世品玉器上眼睛部位的纹饰大都非常简单,只雕出眼睛的外部轮廓,所以尽管这件玉神徽的眼睛部位内部刻的镶嵌记号比较多,但对眼睛部位的纹饰结构并无整体把握。在这种情况下，笔者就把其眼睛复原成内有三到四层旋纹的近似桃形的梭式眼(图一)。这种眼虽然在良渚文化的玉器上比较常见，但在时代稍晚的龙山文化玉器上却并不多见，所以显得不太规范。现在看来，单从一些传世品玉器的眼睛纹饰的外部轮廓，也可以对理解朱封这件玉神徽的眼睛纹饰结构有重要启示。

图一　西朱封玉冠饰镶嵌复原图

美国哈佛大学福格艺术博物馆收藏有一件温索普早年藏品玉圭(或称玉钺)，上面刻着一个高羽冠神像，其眼睛轮廓比较清晰，呈现出眼角多层并向外拉伸的形状，林巳奈夫先生曾经称之为卜字形眼(图二)[4]。美国哈佛大学赛可勒博物馆收藏有一件大玉刀，上面刻着一个倒高羽冠的神像，其眼睛也是卜字形的(图三)。而仔细观察朱封玉神徽的眼睛部位轮廓就会发现，在最外面靠近两层翼分界镂空的位置，特意向外凸出一小块，如果我们沿这里向上向外与第一层翼的顶端连线，不仅能使翼的形状更完整，而且还能把眼角上的大丁字形记号也包括在内，从而构成一对与上述两件传世玉器的眼睛纹饰非常相似的卜字形眼(图四)。

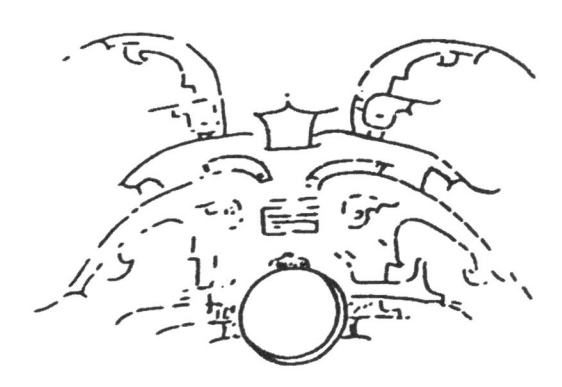

图二　美国福格艺术馆藏玉圭上的神像

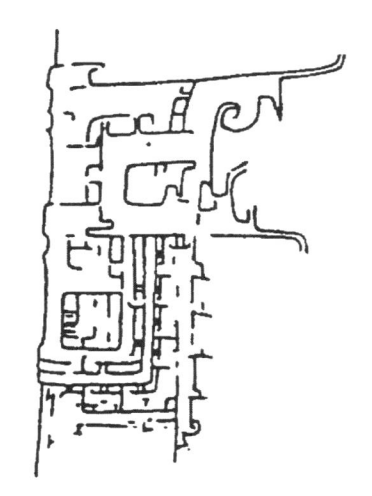

图三　美国赛可勒博物馆藏玉刀上的神像

图四　临朐西朱封出土玉冠饰上的眼睛纹

笔者在复原朱封玉神徽时,曾经推测温索普玉圭可能属龙山文化早期,赛可勒大玉刀学界一般认为也是龙山文化时期的,林巳奈夫先生同时还认为大玉刀所饰神像的两层扁翼与商代饕餮纹的所谓"剪刀尾"相似,可见赛可勒大玉刀很可能在龙山文化偏晚或其以后。而朱封玉神徽根据同出陶器的分析,应在龙山文化晚期偏早或中晚期之交。所以笔者认为,卜字眼应是龙山文化时期神像眼睛的典型形态之一。从这一角度看,把朱封玉神徽的眼睛复原成卜字眼还是比较符合其时代特征的。

根据以上分析,我们把朱封玉神徽的纹饰做了重新复原,其中主要是对眼睛部位纹饰以及翼部的相关改动与修正(图五)。这一结果至少在笔者看来,应是更接近其本来面目了。

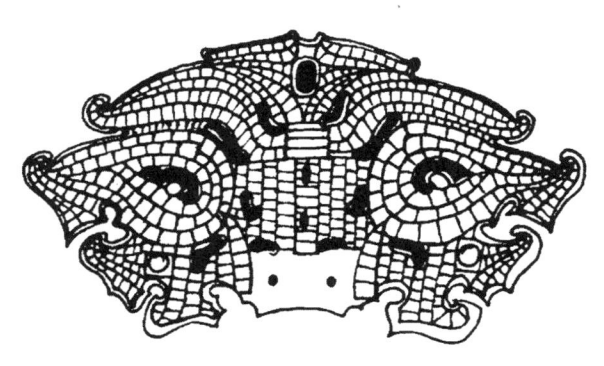

图五 西朱封玉冠饰镶嵌补正复原图

1972 年,刘敦愿先生报道了著名的日照两城龙山文化玉圭[5],从此使一大批传世玉器的时代得以明晰,这是对此类玉器研究的重大贡献。朱封玉神徽的出土证实了刘先生早年的论断,而且知道这些玉器的饰纹实际上应是对各种神徽实物的摹刻。笔者对朱封镶嵌玉神徽的纹饰复原,则不仅使上述观点更加可信,而且还能为三代时期大量镶嵌绿松石作品找到史前的工艺源头。

**注释:**

[1] 中国社科院考古研究所山东队:《山东临朐朱封龙山文化墓葬》,《考古》1990 年 7 期。
[2] 杜金鹏:《论临朐朱封龙山文化玉冠饰及相关问题》,《考古》1994 年 1 期。
[3] 王青:《西朱封龙山文化大墓玉神徽饰纹的复原研究》,《刘敦愿先生纪念文集》,山东大学出版社 1998 年。
[4] [日] 林巳奈夫:《所谓饕餮纹表现的是什么》,《日本考古学研究者考古学研究论文集》,香港东方书店 1990 年。
[5] 刘敦愿:《记两城镇发现的两件石器》,《考古》1972 年 4 期。

(原载于《中国文物报》2004 年 1 月 26 日,原题为《再议朱封镶嵌玉神徽的纹饰复原》,此次补充了注释资料)

# 饕餮先声
## ——新砦遗址出土残器盖纹饰的复原与思考

1999年秋,北京大学考古文博院与郑州市文物考古研究所对河南新密市新砦遗址进行了联合发掘[1],在编号T1H24的灰坑中发现一件泥质磨光黑皮陶平顶器盖残片,上面刻有奇异纹饰(图一,1、2)。发掘者顾万发同志意识到这件饰纹残盖的重要学术价值,特撰文对饰纹做了初步复原(图一,3),并就其内涵、文化因素做了分析(以下简称顾文)[2]。本文拟在此基础上对残盖饰纹的复原做进一步探讨,希望能对这类奇异纹饰的研究有所裨益。

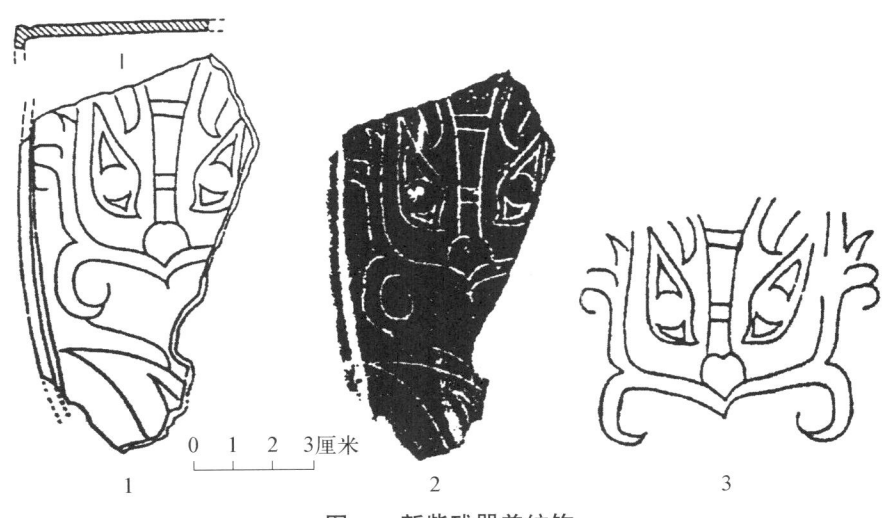

**图一　新砦残器盖纹饰**
1、2. 摹本与拓本　3. 顾文复原结果

新砦残盖上的纹饰可分为上下两段,上段即以梭形眼为中心展布的兽面纹,下段即形似柳叶状的双勾线及其上方的一条弯弧线,两段以兽面纹底缘表现阔口的上挑双勾线为界。就整体而言,这两段纹饰都不完整,这显然是器盖残断所致,也是我们

要对它进行复原的缘由。

中国古代的饕餮纹表现的都是左右对称的正视形象,新砦残盖上的兽面纹就是正视的形象,所以也应是左右对称的,这是我们复原此盖因残断缺失的右侧纹饰的重要原则与依据。另一条重要依据就是现在已为学术界熟知的众多玉神器,这些玉神器上雕有与新砦残盖纹饰相通的奇异纹饰[3]。

为方便起见,先从下段纹饰开始复原。其柳叶状双勾线虽然只占很小空间,但意义非同一般。经反复检核推敲,我们发现,台北故宫藏鹰纹圭上也有这种纹饰。这件玉圭与鹰纹相对一面的神像戴高羽冠,由上下排列、左右对称的三对鸟羽构成,其中中间那对鸟羽即呈柳叶形(图二,1)。另外,在目前所知的美国温索普藏玉圭、美国弗利尔美术馆藏大玉刀、上海博物馆藏玉刀上也有这种纹饰(图二,2、3、5),可见其还是比较常见的,对此邓淑苹先生近来已作了归纳[4]。在最近的文章中,邓先生进一步指出,这种柳叶状纹饰"最像孔雀的尾羽"[5],据此我们可以进一步地说,它表现的应是孔雀特有的带眼状斑的长尾羽,可称为凤羽纹。

以此可知,新砦残盖下段的柳叶状纹饰应即凤羽纹,其残失往下的部分应渐收渐细,并且根据左右对称的原则,其右边还应有这样一个凤羽纹(图二,4)。同理,右侧凤羽纹上方也应有一条同样的弯弧线与左侧的弯弧线对应(见图二,4)。而从台北故宫鹰纹圭高羽冠神像上三对鸟羽对应的空间有双层冠看,这两条弯弧线对应的空间也应是表现这种冠形的地方(见图二,1),但在新砦残盖上并不见冠的形象,这很可能是时代使然。

新砦残盖上段的兽面纹,其目、鼻均较完整。表现阔口的上挑双勾线在左侧也很完整,根据左右对称原则,在右侧的也不难复原(见图二,4)。至于梭形眼上方那对下弯双勾线,实即台北故宫鹰纹圭高羽冠神像的"弯月眉",也不难复原(见图二,4)。左侧梭形眼的外侧即顾文所说"鬓至耳"的部位,有几条侧弯勾线,因盖缘那条刻槽的阻隔而稍显残缺,对它的复原,我们参考了台北故宫鹰纹圭高羽冠神像之圆形眼外侧的纹饰,因为无论所饰部位还是要表现的形象,两者都是很相似的。根据左右对称原则,右侧梭形眼的外侧也应有这样一个纹饰(见图二,1、4)。而通过对诸多神像的比较发现,这种纹饰最完整的形象实即两城玉圭、台北故宫人面圭一类神像上比较丰满的翼部(图二,6、7),新砦残盖和台北故宫鹰纹圭的这种纹饰则是翼形的退化形式,这也可视为时代使然。

对新砦残盖兽面纹的复原,最关键的是双眼及双眉对应空间里那两条长竖线向上如何展布的问题。经对诸神像反复比较推敲,我们发现台北故宫鹰纹圭的高羽冠神像最值得注意,即它的凤羽纹位于兽面纹上方,两者是连为一体的完

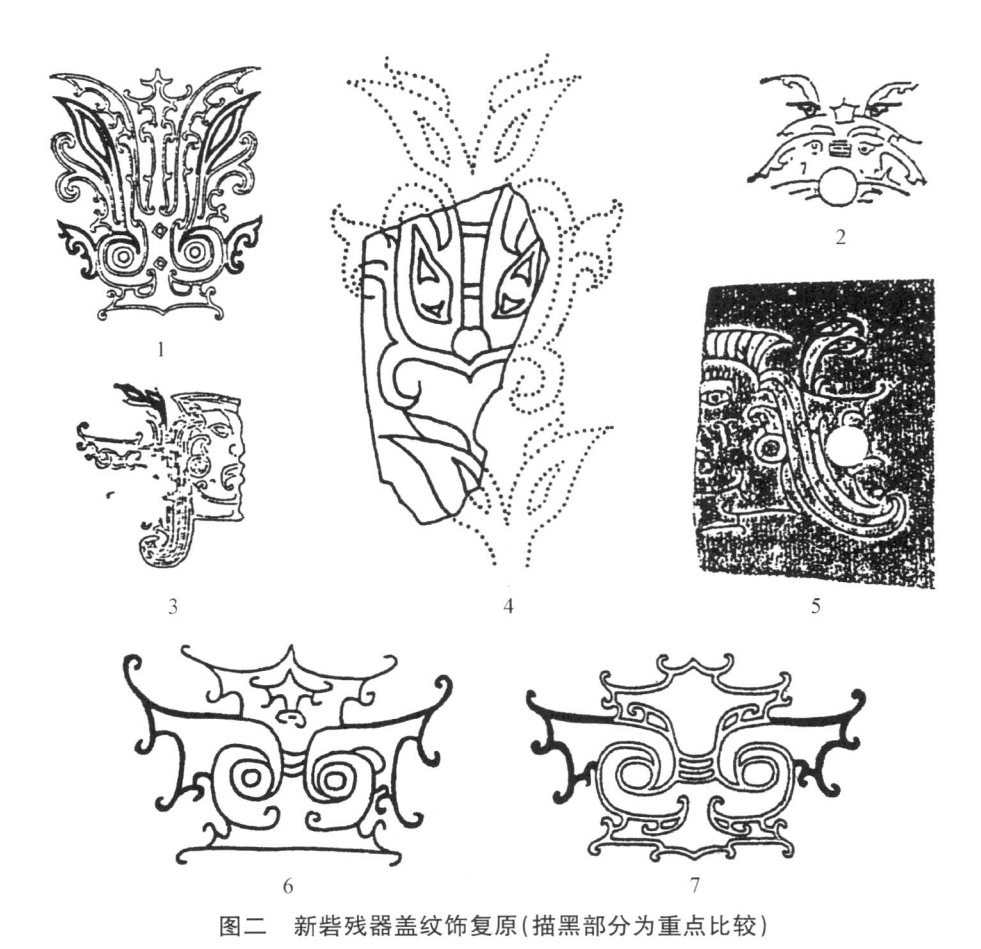

·饕餮先声——新砦遗址出土残器盖纹饰的复原与思考·　　　　　　　　　　　　　　·25·

**图二　新砦残器盖纹饰复原(描黑部分为重点比较)**
1. 台北故宫鹰纹玉圭高羽冠神像(凤羽纹、"弯月眉"、翼部比较)　2、3、5. 温索普玉圭、弗利尔玉刀、上海博物馆玉刀(凤羽纹比较)　4. 新砦残盖纹饰复原(点线为本文复原)
6、7. 两城玉圭、台北故宫人面纹玉圭(翼部比较)

整图像(见图二,1)。新砦残盖上既有兽面纹又有凤羽纹,那么它们是否也能组成一个类似图像呢？也就是说,兽面纹能否是一个这种类似图像的下半部,而凤羽纹能否是另一个这种类似图像的上半部呢？这个问题的实质就是,新砦器盖上原来是不是刻了不止一个这样的图像。答案是肯定的。岳石文化和夏家店下层文化等进入夏代的考古学文化,目前都发现有彩绘陶,其中岳石文化的彩绘多绘在器盖、尊形器和豆上,在山东泗水尹家城和牟平照格庄等遗址都有发现[6],其中绘于圆形器盖上的多由三个以上逗点纹构成(图三)。新砦的兽面纹和凤羽纹也是表现在圆形器盖上的。据顾文可知,这件器盖的盖缘残长约6厘米,虽然不能据此复原原盖的直径,但从盖缘弧转不明显这一点看,完全有理由推测,它应有足够的空间来表现两个以上由兽面纹和凤羽纹组成的图像。这样看来,新砦残盖上现在残留的纹饰正好应是两个相同图像的下半部和上半部,换言之,它的兽面纹上方也应有凤羽纹。由此,新砦残盖兽面纹那两条长竖线向上就应和那对凤羽纹相连,从而构成了一个与台北故宫鹰纹圭高羽冠神像非常相似的图像(见图二,4)。

图三 岳石文化彩绘陶(泗水尹家城出土)

图四 校正后的新砦残盖纹饰
(点线为本文推测)

以上为本文复原的大致过程。需要指出的是,本文所复原的饰纹并非绝对完整,因为其凤羽纹与兽面纹的"弯月眉"之间还有较大空白,无论从单纯的装饰角度还是与台北故宫鹰纹圭高羽冠神像相比照看,这里的空白处很可能还应有其他纹饰。遗憾的是,由于器盖残断过甚,我们已无从知晓其细节,但推测很可能只是些辅助性纹饰,对于把握图像的整体结构并无大碍。还要说明的是,由于新砦残盖上的图像是刻在圆形器盖上的,刻工要在扇面形的空间里表现数个这样的图像,必然使得图像只能按弧形而非垂直的中轴线上下展布,图像与图像之间,甚至图像内部总会有所错位。明白了这一情况,我们就不难校正出刻工心目中那个规范的图像(图四)。

据顾文,出新砦残盖的灰坑堆积属新砦二期晚段,则残盖上的饰纹至少不应晚于这一期段。按学术界目前的观点,新砦二期处于龙山晚期与二里头文化的过渡期,距今4 000年前后。我们的复原也能看出,新砦残盖饰纹具有非常鲜明的时代特征,对于探讨二里头文化铜牌饰乃至商周青铜器上较常见的"高羽冠饕餮纹"的渊源具有重要学术价值。与此有关的问题留待以后再予讨论。

**注释:**

[1] 北京大学考古文博学院、郑州市文物考古研究所:《河南新密市新砦遗址1999年试掘简报》,

《华夏考古》2000年4期。
[2] 顾万发：《试论新砦陶器盖上的饕餮纹》，《华夏考古》2000年4期。
[3][4] 邓淑苹：《雕有神祖面纹与相关纹饰的有刃玉器》，《刘敦愿先生纪念文集》，山东大学出版社1998年；《论雕有东夷系纹饰的有刃玉器》（上、下），《故宫学术季刊》1998年3、4期。
[5] 邓淑苹：《晋、陕出土东夷系玉器的启示》，《考古与文物》1999年5期。
[6] 山东大学历史系考古专业：《泗水尹家城》，文物出版社1990年。

（原载《中原文物》2002年第1期，原题为《浅议新砦残器盖纹饰的复原》，本次根据残盖的实物照片对图二、图四复原纹饰的最顶端两侧各补画了一条小弧线，特此说明）

# 东 夷 遗 珠

## ——海岱地区商周墓葬出土的史前遗玉

海岱地区处于黄河下游,以今山东省境为中心,兼及邻近省份的交界地带,是先秦时期非常重要的文化区,曾经强盛一时的东夷族群就主要活动在这里。学界一般认为,这一地区的大汶口文化和龙山文化是史前东夷人发展的鼎盛时期,其鲜明的文化特征和深远的对外影响,都为中国文明起源和"早期中国"文化传统的形成做出了重要贡献。这当中,在一些高等级聚落和墓葬中出土的玉器,以其独特的形制、纹饰特征及用玉礼俗,成为史前东夷文化的典型代表和重要象征。进入历史时期以来,随着自然环境的变迁和中原王朝的不断东进,东夷文化逐渐走向衰落,到战国时期最终融入华夏文化之中。尽管如此,在海岱地区一些商周墓葬中仍不时出土史前流传下来的玉器,成为反映这段曲折历史的重要见证。这一现象近年来逐渐引起学界的注意,邓淑苹、林继来、陈启贤先生和郎剑锋博士等先后著文,讨论和分析了部分遗址出土的遗玉[1]。本文拟在此基础上,结合对部分实物的观察和体会,就海岱地区商周时期墓葬出土的史前遗玉谈几点认识,谬误之处还请批评指正。

## 一、出土资料的梳理

就笔者所见资料,海岱地区目前所知约有7处遗址的商周墓葬出土了史前遗玉,共计约有10件,器形有神人头像、立鹰、C形龙、虎头、冠饰、璇玑、鸟形饰和玉琮等。以下分别予以梳理和介绍。

### (一)济南大辛庄商代墓出土的玉神人头像和玉龙

大辛庄遗址位于济南市东郊,20世纪80年代以来由山东大学考古系主持进行了多次大规模发掘,收获颇丰[2]。其中 2010 年的发掘,在一座商代中期墓 M141 中出土了 1 件玉神人头像,最近收入公开出版的相关图录[3]。笔者承发掘者方辉先生和陈雪香博士惠允,对这件头像的实物做了仔细观察并绘出线图初稿。其器身较扁平,高近 6 厘米,厚约 0.5 厘米,体呈浅绿色,表面受沁略泛白。采用减地技法以阳纹勾勒出一个侧视神人头像,外轮廓有多个不同方向的歧尖;神人有醒目的臣字眼,高鼻阔口,口含一对上下獠牙,宽颔略尖出,颔下附粗高颈和矮座;其头戴介字形矮羽冠,耳戴圆形大珥玦,脑后戴高耸的简化鹰形宽翼。尽管器表局部略有磨损,个别歧尖也有残失,但圆方折线条走势遒劲流畅,神人刻画生动形象(图一,1、2)。

此外,该遗址 1984 年的发掘中,于一座商代晚期墓葬 11 区 M5 中出土了 1 件侧视玉龙,编号 M5:8,体呈黄绿色,局部受沁略泛白,并有黄褐斑,全长 12 厘米。器身扁平,身体呈卷曲的 C 形,吻部突出,弓背,尾尖内卷。以单线阴刻出口、鼻、耳、角及背脊(图一,3)[4]。近年,郎剑锋博士著文予以讨论,认为是来自安徽凌家滩文化的史前遗玉[5]。

## (二) 滕州前掌大商周之际墓出土的玉立鹰残件和玉虎头

前掌大遗址位于滕州(原滕县)县城以南 20 余公里,20 世纪八九十年代由社科院考古所主持进行了多次大规模发掘,发现商代晚期和西周早期墓葬 100 多座,其中 M3 随葬了 1 件"玉兽面",2005 年整理出版了发掘总报告[6]。邓淑苹、林继来分别考察了此器实物,认为是改制后留有鸟翼和鸟足的"神祖面"玉饰或龙山—石家河文化的"玉兽面"[7]。我们可以在此基础上对它进行更仔细地观察和描述。这件玉器编号 BM3:60,呈淡黄色略带青灰色,表面可能有朱砂,整体略呈长条形,两侧略外弧而呈瓦状,背面上下两端各有一个贯通小斜孔;高 3.8、宽 3.2、厚 0.45—0.8 厘米。这是 1 件上半部残失后经过改制的立鹰残件,现存部分主要是立鹰的下半部,可见是以减地法用阳纹勾勒出鹰的利爪、尾羽和部分翼羽,腹部则是一个高浮雕兽头,不过兽头的面部已残失磨平;利爪之下以一条突棱相隔是一个矮座,改制时加刻了三道竖槽(图一,4—6)。

总报告还公布了 1981 年发掘的 M2 随葬的 1 件"长方形器",不过线图与照片相对比画得不太准确,经过和湖北石家河城址出土的玉器相比较,笔者认为名为"玉虎头"可能更稳妥一些。此器编号 M2:1,为小扁方体,黄绿色,局部受沁严重有白斑;高 2.2、宽 2.7、厚 1.7 厘米,器身中部纵穿一圆孔,孔径 0.78 厘米。采用圆雕手法雕出虎头外轮廓,采用浅浮雕技法勾勒出一对大虎耳和臣字眼,吻部较宽较突出(图一,12)。

**图一　海岱地区商周墓葬出土的史前遗玉（一）**

1、2. 济南大辛庄玉神人头像（线图为笔者初绘）　3. 济南大辛庄玉龙　4—6. 滕州前掌大玉立鹰残件（线图为笔者初绘）　7—9. 济阳刘台子玉立鹰残件（线图为笔者初绘）　10、11. 济阳刘台子玉冠饰　12. 滕州前掌大玉虎头

## （三）济阳刘台子西周墓出土的玉立鹰残件和玉冠饰

刘台子遗址位于济阳县城以北20公里，20世纪七八十年代进行了较大规模发

掘,清理西周早中期墓葬4座,其中M6出土了大批精美玉器[8]。2002年,林继来通过对实物的观察,认为M6:109这件玉器是龙山—石家河文化的遗玉[9]。2010年佟佩华(发掘者)和陈启贤主编的专刊出版,对这批玉器做了全面介绍和深入研究[10]。专刊共认定4件史前遗玉,其中2件特征比较明确,属于史前遗玉(其余2件玉琮详后)。

玉立鹰残件,编号M6:109,专刊称为"玉兽面",并断为石家河文化"玉虎首鹰饰"改制而来。其整体呈扁平长条形,淡绿色,局部有黄斑,底缘有三个纵穿的圆孔,中间一个较大较深,背面顶端有一个贯通的斜孔;高3.8、宽3.5、厚1.3厘米。仔细观察可知,此器与上述前掌大的立鹰残件相似,也是上半部残失后经过改制的(以作为牌饰使用),现存立鹰的下半部是以减地法雕成,用阳纹勾勒出立鹰的利爪、尾羽和部分翼羽;立鹰之下的"兽面"实际应是虎头,与上述前掌大的圆雕虎头也较为相似,采用浅浮雕技法勾勒出一对大虎耳和臣字眼,以及一个宽吻(图一,7—9)。

玉冠饰,编号M6:80,专刊称为"镂空玉璜",并推断可能是龙山时期之物。呈青白色,有黄斑,体呈扁平的近半圆弧状,长13.7、宽1.9、厚0.7厘米。我们通过与相关资料的对比,认为称为"玉冠饰"更合适一些。此器采用圆雕技法勾勒出冠饰的整体轮廓,外缘是不同方向的多个歧尖,上弧中央是两个较大歧尖相对组成的介字形冠,矮冠两侧的几个歧尖大致对称布列,矮冠的下方有三个透雕镂孔,雕刻时多已错位;下弧两端以透雕勾勒出比较简化的鹰形宽翼,尤以左边的宽翼保存较为完整,右边的略残,仍能看出这两个宽翼大致是左右对称的(图一,10、11)。西周改制时在右边有残缺的宽翼上加刻了一个近圆孔,可能是改为玉璜使用的。

(四) 沂水纪王崮春秋墓出土的玉琮

纪王崮遗址位于沂水县城西北40公里,2012年初在建设施工中发现一座春秋时期大墓(M1),山东省考古所随即开展考古发掘,出土大批铜器和玉器,次年发掘简报发表,部分器物照片也见于有关图录中[11]。在随葬的众多玉器中,有1件玉琮引起笔者注意并对实物做了仔细观察。此件玉琮编号M1:190,呈米黄色,局部有朱砂及黄褐斑,高5.2、边长8.1厘米;其器体较矮,射口很薄也较矮,而且呈现出内为圆形、外为六角形的奇怪形状,琮体的四面刻有春秋玉器常见的双钩阴线蟠螭纹。射口很薄且形状奇特的原因,应是春秋时期将玉琮四面原有的纹饰磨平,再刻上新的流行纹样蟠螭纹,而且在玉琮另一端的射口上还加了至少4个两两对称的小孔,可能是用于佩挂的系孔,改制的痕迹都很明显(图二,1)。

图二　海岱地区商周墓葬出土的史前遗玉(二)

1. 沂水纪王崮玉琮　2、3. 涟水三里墩墓玉琮(银座和器盖为后配)　4. 沂水刘家店子玉鸟饰　5—7. 济南千佛山墓玉璇玑残件(线图为笔者初绘)

### (五) 沂水刘家店子春秋墓出土的玉鸟形饰

刘家店子遗址位于沂水县城西南20公里,1978年山东省博物馆在此发掘了两座春秋时期大墓,出土了大批铜器和玉器,1984年发表的简报公布了部分随葬品[12]。后来林继来在亲见实物后发现,M1随葬有1件玉鸟形饰(编号 M1:135),认为这件玉器属于史前龙山—石家河文化的遗玉,并公布了黑白照片(图二,4)[13],但详细资料尚未发表。

### (六) 济南千佛山战国墓出土的玉璇玑残件

1972年,济南博物馆在济南千佛山北麓拖拉机厂附近清理了一座战国墓,出土了一批青铜器和玉器,其中有1件玉"兽面饰",编号 JCZ72:042,体呈扁平的三角形,青黄色,长4.65、最宽1.35、厚0.4厘米[14]。近年笔者承李晓峰馆长惠允仔细观察了这件玉器实物,认为可能是1件经过改制的史前璇玑残件,其一面素地无文,另一面采用减地法勾勒出一个立鹰,以及三个表现翼羽的圆方折涡纹,立鹰和涡纹的下部因残失已被磨平,鹰头的右侧纹饰空白处也特意改制凹进,使整个残件更像鱼形或鸟形,其尾部也相应地磨平上翘,并在立鹰的上腹部加刻了一个小圆孔。这些改制的目的显然是要做成一件可以佩挂的饰品(图二,5—7)。

## （七）涟水三里墩战国墓出土的玉琮

三里墩遗址位于江苏涟水县城以北约12公里，1965年南京博物院在此清理了一座古墓葬，出土物比较丰富，其中有1件带银制鹰座的玉琮，简报将此墓断在西汉时期[15]。后来，夏鼐先生指出这件鹰座玉琮是利用旧玉改制而成的，《中国玉器全集》图录从之，并发表了此器照片[16]。此器编号第8号，通高8.4厘米，浅黄色，方柱体，射口略高，四面平素无文；射口上后来加了一个鎏金银盖（盖顶并镶有一颗水晶珠），底下又配了一个鎏金的银制圈足矮座，并以四只立鹰为矮座的支足，器盖器座都做得非常精美（图二，2、3）。

除上述10件玉器之外，还有几件玉器也可能属于史前遗玉，只是目前还不能确定。如济阳刘台子西周墓出土的2件玉琮，M6∶42为白色，玉质较好，琮体略高，制作精良，通高4.1、射高0.6、内径3.3厘米；M2∶13，为棕红色有较多白斑块，受沁较为严重，琮体较扁，无射口，高2、边长约3.5厘米。沂水纪王崮春秋墓还出土了另1件玉琮，编号M1∶158，米黄色并有较多斑块和朱砂，器体较厚重，高5.2、边长5.9厘米。济南千佛山战国墓也出土了1件玉琮，编号JCZ72∶032，土黄色，受沁较为严重，高4.7、边长5.9、内径4.6厘米（图三）。另外，青州（原益都）苏埠屯晚商大墓和临淄郎家庄战国墓等也出土过玉琮[17]。这几件玉琮器体都较矮，射口也较矮，与某些龙山时期的玉琮很相似，陈启贤就认为刘台子的2件可能来自西北地区的齐家文化。但这几件玉琮的四面都素面无文，经后世磨平改制的痕迹也不明显，不好遽断为史前遗玉。

**图三　4件可能属于史前遗玉的玉琮**
1、2．济阳刘台子M6出土　3．沂水纪王崮春秋墓出土　4．济南千佛山战国墓出土

# 二、年代和文化性质

上述7处商周遗址的墓葬出土的10件玉器中，大辛庄的玉龙郎剑锋博士近年已

著文探讨,认为是来自安徽凌家滩文化的史前遗玉,目前看这是有道理的,此不赘述。其余9件玉器笔者认为应属于海岱地区土著夷人的龙山文化或略晚。以下就此展开讨论。

大辛庄的神人头像为侧视形象,类似形象在现藏于海内外博物馆、艺术馆的不少传世品玉器上比较多见,如上海博物馆收藏的1件大玉刀边刃两面装饰的侧视形象[18]。它们与大辛庄的神人头像一样,大多也是用阳纹勾勒出神人形象,线条为圆方折,遒劲有力,有臣字眼和介字形矮冠或高羽冠,及或高或矮的简化鹰形宽翼和圆形大珥珰,林巳奈夫、邓淑苹等先生已详为稽证,年代和文化性质多断为山东龙山文化(按即海岱龙山文化)或略晚[19]。而安阳殷墟出土的类似头像,纹饰多为双阴线勾勒,线条多为方折或方圆折,臣字眼更加形象,如早年在殷墟小屯丙区墓发掘出土者[20],都表现出典型的商代晚期特征,与大辛庄及相关传世品神人头像差别很大,所以我们总体上赞成林、邓等人的判断(图四,1—3)。

**图四　大辛庄玉神人头像、前掌大圆雕玉虎头与部分对比玉器**

1、4. 大辛庄玉神人头像及拼合正视图　2. 上海博物馆大玉刀边刃饰纹　3. 殷墟丙区墓出土玉神人头像　5. 石家河出土玉神人头像　6. 殷墟妇好墓出土玉神人头像　7. 前掌大出土圆雕玉虎头　8. 石家河出土玉虎头　9. 前掌大出土晚商玉兽面

现藏海内外的不少传世品玉器上，还多见一种正视的神人头像，基本可视为上述侧视神人头像的拼合，其阔口含一对獠牙、头戴矮羽冠和鹰形宽翼的形象更为典型，对此林、邓等人也曾稽证，性质也多断为海岱龙山文化或略晚。在发掘品中，湖北石家河遗址群曾出土了类似玉器，年代应在龙山文化晚期[21]。大辛庄侧视神人的拼合正视形象与之比较相似。在殷墟也出土了不少类似玉器，如妇好墓出土者（M5：576）[22]，但羽冠和宽翼已蜕化成方折的大角，珥玦消失，阔口里多不含獠牙，都是晚商时期比较流行的式样，与上述神人相比时代已经大大发展了（图四，4—6）。

刘台子玉冠饰的显著特点是器身呈较薄的环形和有较矮的介字形冠，在已知的发掘出土品中，出于临朐西朱封大墓 M202 和殷墟侯家庄 M2099 的 2 件玉冠饰是比较典型的对比标本[23]，其中西朱封冠饰的矮介字形冠比较明显，经笔者复原其装饰的神人面部形象上矮介字形冠也比较明显[24]，歧尖和镂孔都是圆方折的雕刻风格也比较相近，但这件冠饰的器身比较短粗，与刘台子冠饰差别较大。而殷墟冠饰的器身比较细长，与刘台子的比较近似，但歧尖和镂孔已经蜕变成方折，介字形冠也变形不显了，时代上显然差别较大。所以，就整体而言，刘台子和西朱封这 2 件玉冠饰的风格更接近。邵望平先生曾经认为，晚商的玉器传统继承了海岱地区的史前古玉传统，并举西朱封和侯家庄这 2 件玉冠饰为例说明[25]。现在看来，刘台子玉冠饰可作为这 2 件之间的过渡形态，年代和文化性质自然也可作如是观（图五）。

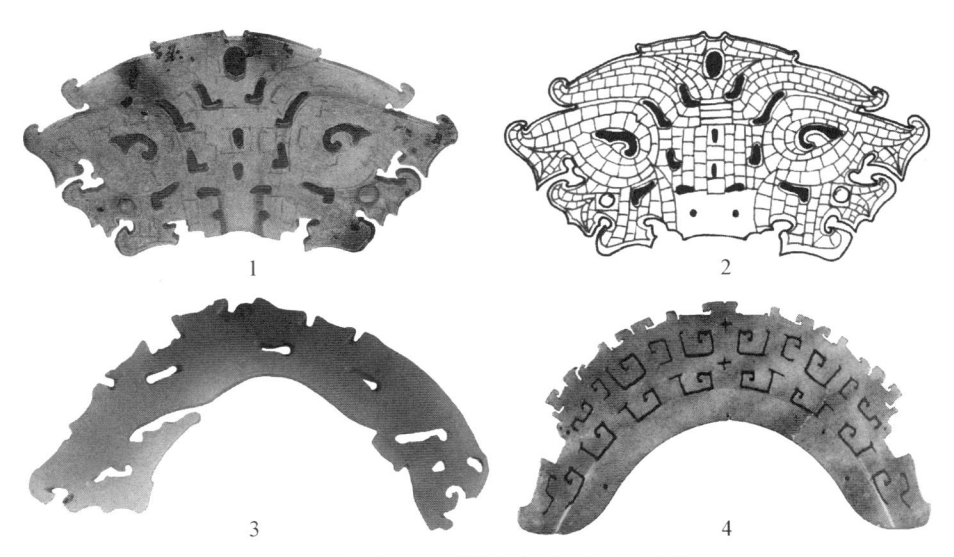

**图五　刘台子玉冠饰与部分对比玉冠饰**

1、2. 西朱封出土玉冠饰及绿松石镶嵌饰纹复原图　3. 刘台子出土玉冠饰　4. 殷墟出土玉冠饰

前掌大和刘台子出土的2件玉立鹰残件比较近似,唯后者的鹰下还有虎头形象。在可资对比的标本中,现藏台北故宫的1件玉圭上的立鹰形象无疑是最典型的[26],我们试着以此玉圭的立鹰形象为样本,对前掌大和刘台子这2件立鹰残失的纹饰走向进行初步复原,结果也都非常接近。所以,它们属于海岱龙山文化或略晚应该没有多大问题(图六,1—3)。与之相关的,还有前掌大出土的那件圆雕玉虎头。这件虎头与刘台子立鹰下的虎头形象非常相似,与石家河的龙山晚期玉虎头也比较接近,但和晚商时期的玉兽头(如前掌大M40∶12,原称玉斧帽)相比则差异明显,后者的臣字眼和大弯角已是典型的晚商式样了(图四,7—9)。

关于刘家店子出土的玉鸟形饰(图六,8),林继来认为其与石家河出土的玉鸟形饰很相似(图六,7)[27],所以主张是从石家河文化传入的。但实际上,在海岱地区已出土了年代更早的类似玉器,如五莲丹土采集品和胶州三里河发掘品(M203∶11),年代在大汶口和龙山文化之交(图六,5、6)[28],就器形来看无疑应是刘家店子鸟形饰的源头。尤其刘家店子和丹土这2件鸟形饰,其尾端都经过了特殊加工修整,还有一个小销孔,显然是用来固定或铆合到其他器物上的。而我们发现,在天津博物馆收藏的1件结构比较复杂的立鹰玉器上,鹰下就表现了这样一对鸟形饰,形状、姿态相同而且左右对称,明显伸出玉器本身以作为立鹰翼羽的支撑(图六,4)[29]。这对鸟形饰与刘家店子和丹土的鸟形饰玉器很相似,我们推测,这种鸟形饰玉器应是固定在某种结构更复杂的玉器组合上的,组合出来的整体效果就类似于天津馆的立鹰玉器。天津馆这件玉器林、邓等先生认为和台北故宫玉圭一样,也是海岱龙山文化或略晚的作品,孙机先生甚至主张是史前东夷人的始祖神"少昊鸷"[30]。这都说明,刘家店子玉鸟形饰应是海岱本地的史前玉器产品,很有地域特点。

与此有关的,还有济南千佛山战国墓出土的玉璇玑残件(图六,11)。这件玉器的阳纹立鹰整体风格与上述诸立鹰玉器非常相近,具有相同的时代特征,所以断在海岱龙山或略晚也应该没有歧义。而且其立鹰纹饰的外缘线条基本保持完整,可知立鹰原本应是一件玉器靠近外侧的装饰。而在美国芝加哥艺术研究院藏的1件玉璜和法国巴黎吉美博物馆藏的1件玉璇玑上,也都有一只姿态和风格相近的立鹰,并且也是装饰在玉器的外侧(图六,9、10)[31],这不但说明它们的年代应相近,而且说明当时确有这种造型及装饰传统。我们通过进一步观察发现,千佛山这件玉器的立鹰右侧的回字形翼羽尽管略有磨损,但复原后整体还比较完整,这就使立鹰看起来是以三角形立于玉器的外侧,很像是璇玑的三个大机牙中的一个,从而与吉美馆玉璇玑的立鹰有相通之处。其实山东出土的龙山文化玉璇玑上已经有类似线索,如五莲丹土和临朐西朱封出土者,其外侧都有比较明显的介字形机牙或扉牙

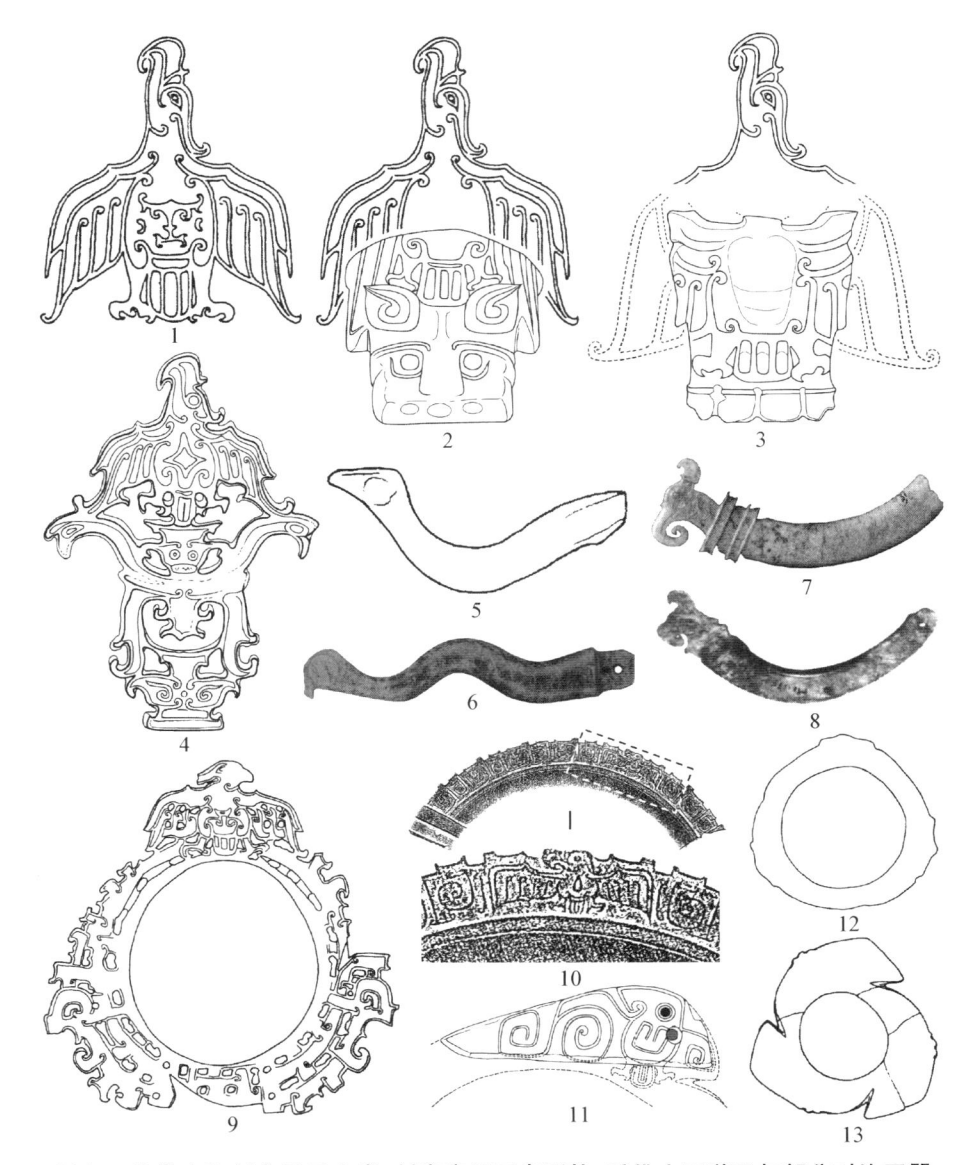

**图六 前掌大和刘台子玉立鹰、刘家店子玉鸟形饰、千佛山玉璇玑与部分对比玉器**

1. 台北故宫玉圭的立鹰形象 2. 刘台子玉立鹰残件 3. 前掌大玉立鹰残件 4. 天津艺术博物馆立鹰玉器 5—8. 三里河、丹土、石家河、刘家店子玉鸟形饰 9. 芝加哥艺术研究院玉璇玑 10. 吉美博物馆玉璜 11—13. 千佛山、丹土、西朱封玉璇玑

(图六,12、13)[32],这种介字形表现的应是类似西朱封玉冠饰的神面形象。换言之,海岱龙山的璇玑已经出现了在机牙或扉牙上表现纹饰的做法。综合这些考虑,我们推断千佛山战国墓出土的玉残件原本很可能是璇玑的一部分,而且是海岱龙山文化的璇玑。

关于沂水纪王崮春秋墓和涟水三里墩战国墓出土的2件玉琮,其总的特征是琮体和射口都较矮(图七,4、5)。新石器时代的玉琮尤以良渚文化最发达,学者们已经进行了深入研究,多认为其琮体和射口经历了由矮渐高再变矮的演变过程,纹饰也由繁缛逐渐简化[33],如江苏武进寺墩出土的矮体琮就属于良渚晚期,近年又在上海广富林遗址发现了略晚于良渚的玉琮,也是纹饰简化的矮体琮,年代相近的五莲丹土出土的玉琮也大致如此(图七,1—3)[34]。而从殷墟商王陵 M1001 和西安丰镐张家坡 M170 等发现看,商周时期的玉琮射口和琮体又有增高的趋势,纹饰也趋于复杂(图七,7、6)[35]。由此来看,纪王崮和三里墩这 2 件矮体琮与丹土和广富林者最相近,应属于龙山早中期,显然是本地产品而不是外来的。

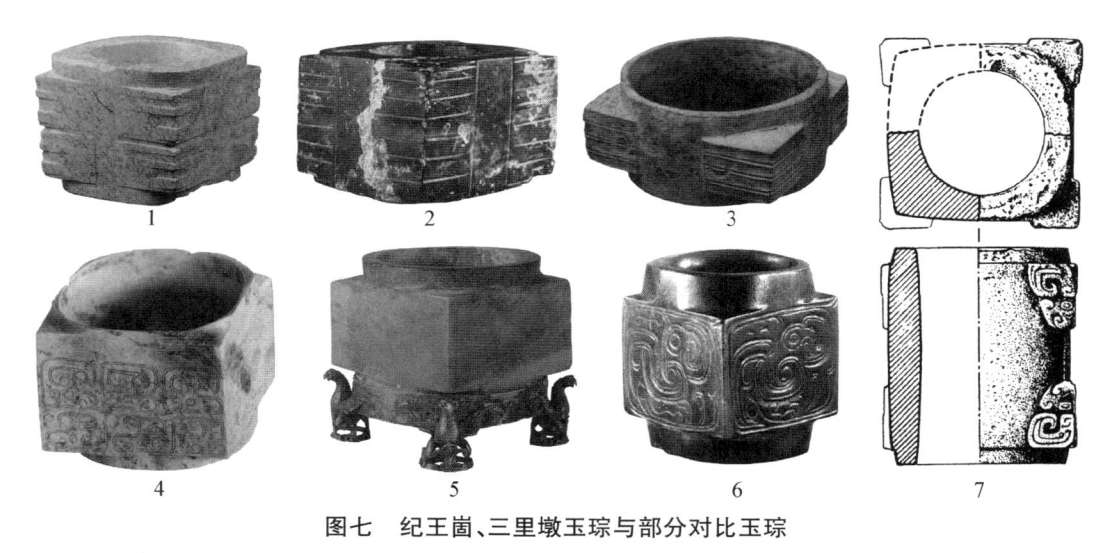

**图七 纪王崮、三里墩玉琮与部分对比玉琮**
1—3. 寺墩、广富林、丹土出土玉琮　4、5. 纪王崮、三里墩出土玉琮　6、7. 丰镐张家坡、殷墟出土玉琮

## 三、来 源 途 径

基于以上分析,并结合商周时期海岱地区的政治文化背景,我们认为这 10 件遗玉的来源途径主要有三个。

一是由中原王朝赏赐而来。目前看主要是大辛庄出土的那件属于凌家滩文化的 C 形玉龙。历年的考古发现表明,海岱地区的史前玉器中缺乏龙及 C 形龙这类题材和形制,而且凌家滩文化与同时代的大汶口文化也基本未见交往的迹象,因此这件玉龙首先可以排除海岱自产或史前从南方输入的可能性。我们注意到,济阳刘台子和沂水刘家店子等周代墓葬还出土了不少晚商遗玉,如玉鸟、玉璧、玉戈、玉璇玑等,孙庆伟等已分析认为是周王朝分封赏赐而来[36]。同理,大辛庄商代墓出土的这件玉龙则应是商王朝赏赐而来的。近年的考古发掘表明,大辛庄遗址是商王朝在东方海岱地区建立的军事重镇之一,与商王室的关系非常密切[37],出土的大量铜玉礼器多是商王赏赐而来,这件外来的玉龙就应包括在内。

二是从土著夷人直接传承而来。此类遗玉数量最多,主要有大辛庄玉神人头像、前掌大玉立鹰残件和玉虎头、刘台子玉立鹰残件和玉冠饰、纪王崮玉琮、刘家店子玉鸟饰等7件,诸墓年代在中商至春秋时期。我们首先可以确定,出土这些史前遗玉的遗址或墓葬当时都属于土著夷人之地,或者插花式居于土著夷人之中,而不在齐、鲁等外封来的诸侯国境内(图八)。如滕州前掌大是晚商至西周早期的薛国贵族墓地,济阳刘台子则是西周逢国的贵族墓地,这两个墓地出土的有铭青铜器都证明了这一点。沂水纪王崮与刘家店子墓葬的形制和随葬陶铜器都比较相似,和莒南大店出土有铭铜器的莒国贵族墓也比较近似[38],应属于莒文化的贵族墓葬。而根据《左传》、《史记》等文献记载及历代梳理考证,逢和莒都是海岱地区土著夷人建立的国家,并一直延续到周代。薛国尽管传为黄帝之后(任姓),但三代时期一直活动于海岱西南部,所以也可视为东夷土著。至于济南大辛庄遗址,由考古发现看出土了较多由岳石文化发展而来的土著遗存,此类遗存在商周时期的海岱北部分布很普遍,可知这个商王朝建立的军事重镇应是插花式存在的,其周围大部分地域都是土著夷人之地。

其次,这些土著夷人国家在商周时期仍保留了大量传统文化因素。笔者此前曾对海岱地区的周代墓葬做了综合研究,发现莒、薛、纪、莱等国保留的夷人文化因素最为浓厚,这在墓葬形制、葬俗和随葬品等方面都有明确体现。例如周代夷人文化中继承了较多的传统陶器器形,如素面鬲、锥足鬲、鼓腹素面簋、锥足鼎、乳丁纹壶等,这些器形在莒、薛、纪、莱等国尤其多见,莒国和莱国的贵族墓甚至还出土了仿制传统陶器的青铜锥足鬲、鼓腹素面簋等,这在海岱东半部的胶东和临沂等地都多有发现(图九,右)[39],表明夷人的社会上层对传统文化有某种特意的维护与传承[40]。又如史前大汶口和龙山文化盛行的随葬獐牙习俗到商周时期仍有孑遗,在青州赵铺[41]、滕州前掌大、济阳刘台子、栖霞杨家圈[42]等地的墓葬中都有发现,年代从晚商延续到战国早期。其中青州赵铺遗址的一座晚商时期约属纪国的墓葬(M1),随葬陶素面鬲、簋、罐各1件,墓主右手握有1枚獐牙,与史前手握獐牙的情形基本相仿,显然也是一种刻意保存下来的葬俗(图九,左)。在这一时代背景下,上述7件史前夷人的遗玉能保存和流传下来就是很正常的,如果认为这些遗玉是外来的(石家河或齐家文化等),那反倒是不可思议的。

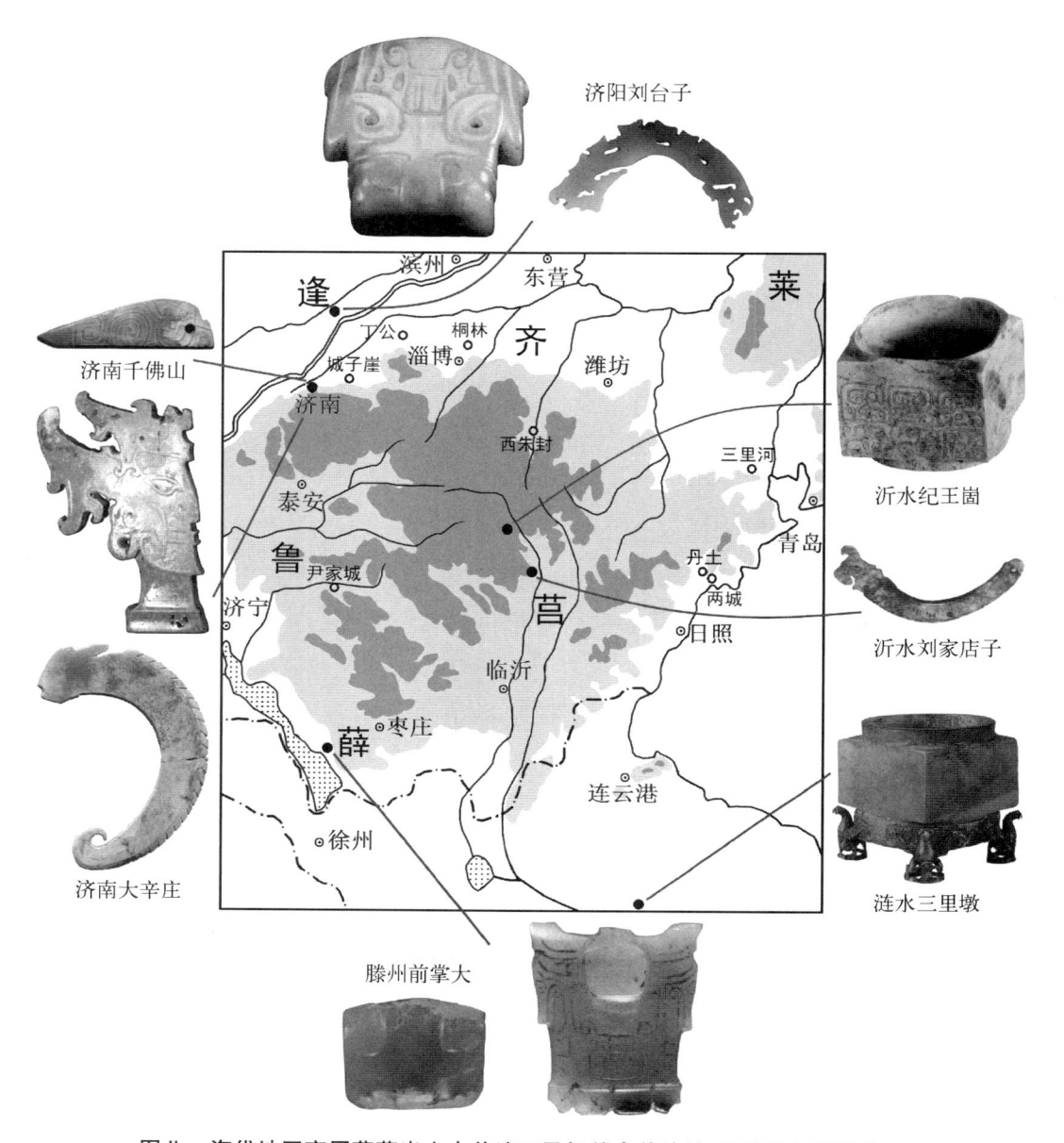

**图八　海岱地区商周墓葬出土史前遗玉及相关史前遗址、周代诸侯国分布图**

三是"好古之人"有意收集赏玩。主要有济南千佛山墓出土的 1 件玉璇玑残件和涟水三里墩墓出土的 1 件玉琮,两墓年代都在战国时期。其中千佛山墓简报断在战国中期,笔者则认为是战国晚期的齐国墓葬[43]。通过对实物的观察,此墓除了随葬当时的铜礼器兵器和玉璧外,还有晚商至西周时期的玉鱼、蚕、璜,以及这件史前玉璇玑残件等,共计 20 余件,另有 130 余枚战国燕国"明"刀币(图一〇,上)。这些随葬品不但种类多样,年代跨度也很大,为海岱北部的商周墓葬所仅见,若非特意收集应不

**图九 青州赵铺 M1 及其随葬品(左)和土著夷人仿陶铜器举例(右)**

1. 陶鬲  2. 陶簋  3. 陶罐  4. 龙口归城 M2 陶簋  5. 栖霞吕家埠 M2 陶簋  6. 海阳嘴子前 M4 铜簋  7. 临沂中恰沟墓采陶鬲  8. 莒县杭头 M2 陶鬲  9. 沂水刘家店子墓铜鬲

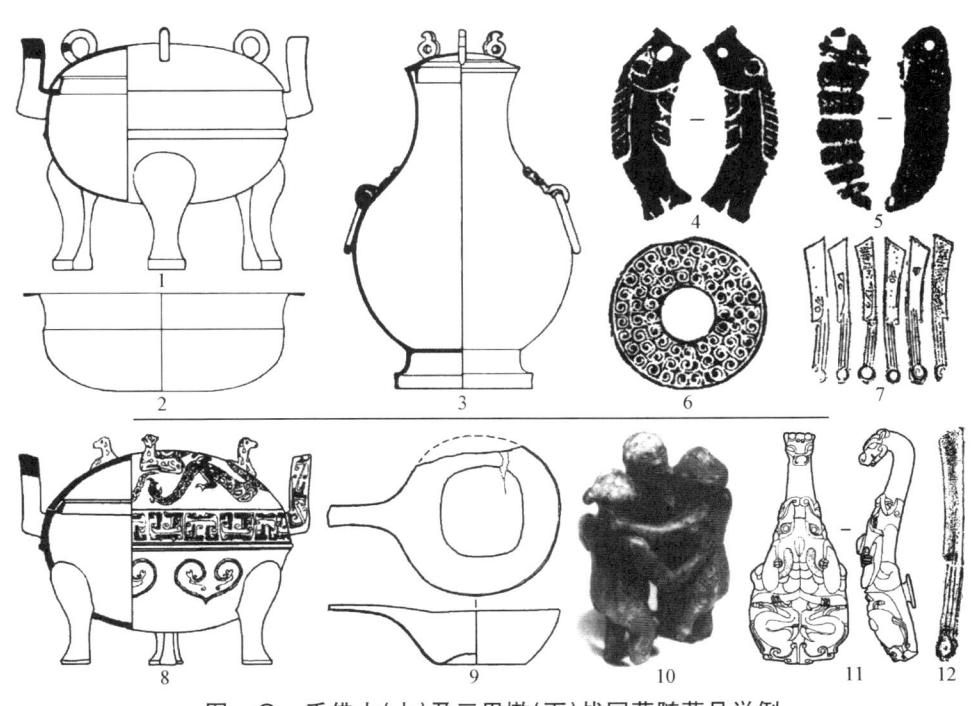

**图一〇 千佛山(上)及三里墩(下)战国墓随葬品举例**

1. 铜鼎  2. 铜鉴  3. 铜壶  4. 玉鱼  5. 玉蚕  6. 玉璧  7. 燕"明"刀币  8. 铜鼎  9. 银匜  10. 三人戏俑  11. 金带钩  12. 齐小刀币

会如此。三里墩墓简报断在西汉后期,但后来王恩田根据五铢钱出土层位和刀币的形制,认为应属于战国晚期的齐墓[44]。笔者赞同这一意见,从墓圹四周用大石块垒砌看,这实际是一座东周齐国王室贵族常用的石椁大墓。此墓的随葬品比千佛山墓更为精美又庞杂,包括透雕蟠螭纹铜镜、三人环抱铜戏俑、镶嵌绿松石铜鹿、错金银铜鼎和牺尊、金带钩、银匜,以及这件史前玉琮等,共计90余件,另有300余枚齐小刀币(图一〇,下)。这些随葬品多是奢侈品和观赏品,尤其这件玉琮还特意加配了鎏金银鹰座和镶水晶珠的银盖,据说器内还有烟熏残迹,显然是改制兼作香薰的陈设观赏品。这些情况表明,这两墓出土的玉璇玑残件和玉琮应是墓主作为"好古之人"有意收集赏玩的。

## 四、结论和余论

综合本文的分析,海岱地区目前约有7处遗址的商周墓葬出土了史前遗玉,总共约有10件,即济南大辛庄商代墓出土的玉神人头像和玉龙、滕州前掌大商周之际墓出土的玉立鹰残件和玉虎头、济阳刘台子西周墓出土的玉立鹰残件和玉冠饰、沂水纪王崮春秋墓出土的玉琮、沂水刘家店子春秋墓出土的玉鸟形饰、济南千佛山战国墓出土的玉璇玑残件、江苏涟水三里墩战国墓出土的玉琮等。其中除了大辛庄的玉龙是来自安徽凌家滩文化之外,其余9件玉器应属于海岱地区土著夷人的龙山文化或略晚文化。结合商周时期海岱地区的政治文化背景,这些史前遗玉主要有三个来源途径,即由中原王朝赏赐而来、从土著夷人直接传承而来和"好古之人"有意收集赏玩。总之,这些史前遗玉从一个侧面反映出商周时期海岱地区经历的历史变迁,也是史前东夷文化传统在商周时期继续传承的重要体现,并对东夷传统艺术的延续和演变产生了重要影响。

回顾海岱地区史前玉器的发现和研究历程不难发现,在20世纪90年代以前,由于刘敦愿先生在日照两城镇遗址发现了兽面纹玉圭[45],以及临朐西朱封和五莲丹土出土的诸多重要玉器,学界一致认为包括海内外众多传世的此类玉器(如上述台北故宫藏玉圭)应属于海岱龙山文化或略晚。邵望平先生还曾依据这些发现提出,海岱地区的史前玉器无论器形和装饰都独具特色,并对商周王朝的玉器传统产生了重要影响,可称为"海岱系古玉"[46]。但后来随着湖北石家河、山西陶寺、陕北石峁等地史前城址及相关玉器的发现,而海岱地区近年的发现却归于沉寂,所以最近几年陆续有学者主张,海岱地区的此类玉器是从外地如江汉平原或中原地区传入的[47]。本文的分析则表明,这些商周墓葬出土遗玉中的 9 件实际上应是史前东夷玉器的重要组成部分,有的精品如大辛庄玉神人头像则堪称代表作,为今后海岱地区史前遗址出土类似玉器提供了重要线索,也为进一步研究提供了重要新资料。

**注释:**

[ 1 ] 邓淑苹:《再论神祖面纹玉器》,《东亚玉器》(第一册),香港中文大学中国考古艺术研究中心 1998 年;林继来:《山东济阳刘台子西周墓的史前遗玉》,《东南文化》2002 年 3 期;佟佩华、陈启贤:《山东济阳刘台子玉器研究》,台北众志美术出版社 2010 年;郎剑锋:《谈大辛庄遗址出土的一件史前古玉》,《中原文物》2012 年 3 期。
[ 2 ] 详见方辉:《大辛庄遗址研究》(资料篇),科学出版社 2013 年。
[ 3 ] 黄河と泰山展实行委员会:《黄河と泰山展——中华文明の源と世界遗产》,日本山口县 2013 年 6 月 29 日发行;方辉《远古神思——山东大学博物馆藏品精选》,青岛出版社 2015 年。
[ 4 ] 山东大学东方考古研究中心:《大辛庄遗址 1984 年秋试掘报告》,《东方考古》(第 4 集),科学出版社 2008 年。
[ 5 ] 郎剑锋:《谈大辛庄遗址出土的一件史前古玉》,《中原文物》2012 年 3 期。
[ 6 ] 中国社科院考古研究所:《滕州前掌大墓地》,文物出版社 2005 年;又见中国社科院考古研究所山东队:《滕州前掌大商代墓葬》,《考古学报》1992 年 3 期。
[ 7 ] 邓淑苹:《再论神祖面纹玉器》,《东亚玉器》(第一册),香港中文大学中国考古艺术研究中心 1998 年;林继来:《山东济阳刘台子西周墓的史前遗玉》,《东南文化》2002 年 3 期。
[ 8 ] 山东省文物考古研究所:《山东济阳刘台子西周六号墓清理报告》,《文物》1996 年 12 期。
[ 9 ][13] 林继来:《山东济阳刘台子西周墓的史前遗玉》,《东南文化》2002 年 3 期。
[10] 佟佩华、陈启贤:《山东济阳刘台子玉器研究》,台北众志美术出版社 2010 年。
[11] 山东省文物考古研究所等:《山东沂水县纪王崮春秋墓》,《考古》2013 年 7 期;山东省文物考古研究所等:《山东沂水县纪王崮一号春秋墓及车马坑》,《海岱考古》(第 6 辑),科学出版社 2013 年;山东博物馆:《考古山东》,青岛出版社 2013 年。
[12] 山东省文物考古研究所等:《山东沂水刘家店子春秋墓发掘简报》,《文物》1984 年 9 期。
[14] 李晓峰等:《济南千佛山战国墓》,《考古》1991 年 9 期。
[15] 南京博物院:《江苏涟水三里墩西汉墓》,《考古》1973 年 2 期。
[16] 夏鼐:《汉代的玉器——汉代玉器中传统的延续和变化》,《考古学报》1983 年 2 期;杨伯达主编《中国玉器全集》,河北美术出版社 2005 年。
[17] 山东省博物馆:《山东益都苏埠屯第一号奴隶殉葬墓》,《文物》1972 年 8 期;山东博物馆:《临淄郎家庄一号东周殉人墓》,《考古学报》1977 年 1 期。
[18][26] 邓淑苹:《雕有神祖面纹与相关纹饰的有刃玉器》,《刘敦愿先生纪念文集》,山东大学出版社 1998 年。
[19][日] 林巳奈夫:《中国古玉研究》(杨美莉译),台北艺术图书公司 1984 年;邓淑苹:《雕有神祖面纹与相关纹饰的有刃玉器》,《刘敦愿先生纪念文集》,山东大学出版社 1998 年。
[20] 石璋如:《小屯丙区墓葬》(上),"中研院"史语所 1980 年。
[21] 荆州博物馆:《石家河文化玉器》,文物出版社 2008 年。
[22] 中国社会科学院考古研究所:《殷墟妇好墓》,文物出版社 1980 年。
[23] 中国社会科学院考古研究所山东队:《山东临朐西朱封龙山文化墓葬》,《考古》1990 年 7 期;杜金鹏主编:《临朐西朱封玉器研究》,科学出版社 2015 年;杜正胜:《来自碧落与黄泉——"中

研院"史语所文物精选录》,台北文渊企业有限公司1998年。

[24] 王青:《西朱封龙山文化大墓玉神徽饰纹的复原研究》,《刘敦愿先生纪念文集》,山东大学出版社1998年。

[25][46] 邵望平:《海岱系古玉略说》,《中国考古学论丛》,科学出版社1993年。

[27] 马秀银:《中国历史博物馆珍藏石家河玉器小记》,《中国历史文物》2002年4期。

[28] 杨波:《山东五莲县丹土遗址出土玉器》,《故宫文物月刊》1996年2期;郭公仕:《五莲文物荟萃》,齐鲁书社2011年;山东博物馆:《玉润东方——大汶口—龙山·良渚玉器文化展》,文物出版社2014年;中国社会科学院考古研究所:《胶县三里河》,文物出版社1988年。

[29] 张志:《天津博物馆文物精华》,天津杨柳青出版社2005年。

[30] 孙机:《龙山玉鸷》,《远望集——陕西省考古研究所四十周年华诞纪念文集》,陕西人民美术出版社,1998年。

[31] [日]林巳奈夫:《神与兽的纹样学——中国古代诸神》(常耀华等译),生活·读书·新知三联书店2009年。

[32] 安志敏:《牙璧试析》,《东亚玉器》(第一册),香港中文大学中国考古艺术研究中心1998年。

[33] 牟永抗:《关于琮璧功能的考古学观察——良渚古玉研究之一》,《东方博物》,浙江大学出版社1999年;吴荣清:《良渚文化玉器分期》,《东方文明之光——良渚文化发现60周年纪念文集》,海南国际新闻出版中心1996年。另有学者对此有不同认识,参见方向明:《神人兽面的真像》,杭州出版社2013年。

[34] 南京博物院:《1982年江苏常州武进寺墩遗址的发掘》,《考古》1984年2期;陈燮君等:《文明之光——申城寻踪:上海考古大展》,上海书画出版社2014年;郭公仕:《五莲文物荟萃》,齐鲁书社2011年。

[35] 梁思永、高去寻:《侯家庄第3本1001号大墓》,"中研院"史语所1965年;中国社会科学院考古研究所:《张家坡西周玉器》,文物出版社2007年。

[36] 孙庆伟:《周代用玉制度研究》,上海古籍出版社2008年。

[37] 方辉:《商王朝对东方的经略》,《海岱地区青铜时代考古》,山东大学出版社2007年。

[38] 山东省博物馆等:《莒南大店春秋时期莒国殉人墓》,《考古学报》1978年3期。

[39] 图九之4—9陶器分别采自李步青等:《山东黄县归城遗址的调查与发掘》,《考古》1991年10期;栖霞县文物管理所:《山东栖霞县松山乡吕家埠西周墓》,《考古》1988年9期;烟台市文物管理委员会:《山东海阳县嘴子前春秋墓的发掘》,《考古》1996年9期;临沂市博物馆:《山东临沂中洽沟发现三座周墓》,《考古》1987年8期;山东省文物考古研究所等:《山东莒县杭头遗址》,《考古》1988年12期;山东省文物考古研究所等:《山东沂水刘家店子春秋墓发掘简报》,《文物》1984年9期。

[40][43] 王青:《海岱地区周代墓葬研究》,山东大学出版社2002年;《海岱地区周代墓葬与文化分区研究》,科学出版社2012年。

[41] 青州市博物馆夏名采:《青州市赵铺遗址的清理》,《海岱考古》(第1辑),山东大学出版社1989年。

[42] 山东省博物馆:《山东栖霞县战国墓》,《考古》1963年8期。

[44] 王恩田:《对三里墩出土齐小刀币铸行年代的讨论》,《中国钱币》1993年3期。

[45] 刘敦愿:《记两城镇遗址发现的两件石器》,《考古》1972年4期。

[47] 参见林继来:《山东济阳刘台子西周墓的史前遗玉》,《东南文化》2002年3期;朱乃诚:《时代巅峰 冰山一角——夏时期玉器一瞥》,《玉魂国魄——玉器·玉文化·夏代中国文明展》,浙江古籍出版社2013年;朱乃诚:《关于夏时期玉圭的若干问题》,《玉魂国魄——中国古代玉器与

传统文化学术研讨会文集》(六),浙江古籍出版社 2014 年;朱乃诚:《牙璋研究与夏史史迹探索》,《夏商都邑与文化(二)——纪念二里头遗址发现 55 周年学术研讨会论文集》,中国社会科学出版社 2014 年;孙庆伟:《再论"牙璋"为夏代的"玄圭"》,《玉魂国魄——中国古代玉器与传统文化学术研讨会文集》(六),浙江古籍出版社 2014 年。

(原载《玉器考古通讯》2016 年 2 期,原题为《海岱地区商周墓葬出土的史前遗玉略论》)

# 玉 传 千 年

## ——豫南地区商周西汉墓出土的前代遗玉

豫南地区大致包括河南南部的南阳盆地和淮河上游一带，据笔者所见资料，该地区目前共有5处遗址的商周西汉墓出土了前代遗玉，主要包括罗山县天湖晚商墓地、光山县宝相寺春秋黄君孟夫妇墓、桐柏县月河春秋养子墓、淅川县下寺春秋楚墓M7，以及南阳市麒麟岗西汉墓M8等(图一)，共计出土约45件遗玉。杨建芳、林继来、孙庆伟和丁哲等先生曾著文讨论了部分墓葬出土的遗玉[1]，月河春秋墓的发掘者对此墓出土的牙璋也做了讨论[2]。2014年，笔者借承担"月河春秋墓出土玉器研究"子课题的机会，有幸对这批玉器实物做了仔细观察，并与发掘者和课题组其他成员做了相关交流，从中甄别出一批新的遗玉。在此基础上，又对豫南地区其他遗址墓葬出土的

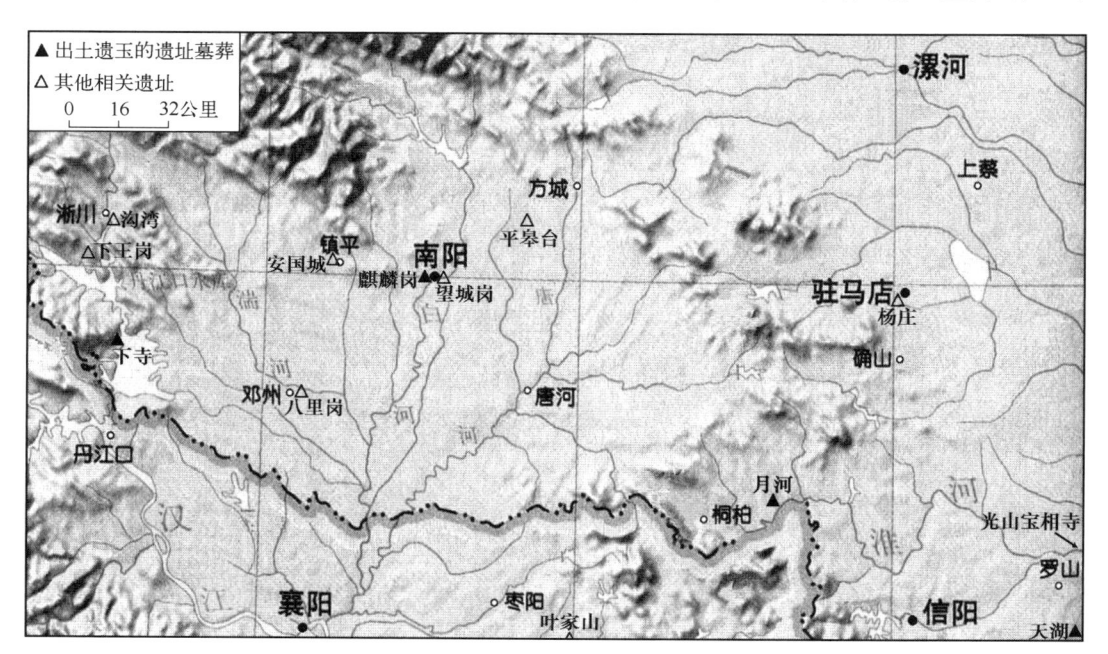

图一 豫南地区出土遗玉的遗址墓葬及其他相关遗址位置分布图

遗玉资料做了初步收集和分析。本文即是此次专题研究的初步成果,现在提出来供学界进一步探讨,不当之处还请批评指正。

## 一、桐柏月河春秋养子墓出土遗玉分析

以下就从出土遗玉最多的月河春秋墓开始予以梳理和介绍,并对其所属年代展开讨论。月河遗址位于桐柏县东 13 公里的月河镇左庄村北,1993—1994 年在此发掘了一座大型竖穴土坑墓(编号 M1),出土的有铭青铜器表明,这是一座春秋晚期养国国君养子"受"的墓葬(图二)[3]。此墓出土了大批精美玉器,共有 400 余件组,简报只发表了少量有代表性玉器,2005 年出版的《南阳古玉撷英》(以下简称《撷英》)图录发表了 100 余件玉器图片、拓片、线图,以及质料、形制、尺寸等信息,为研究提供了重要

图二 月河春秋养子墓及其玉器出土场景

参考资料[4]。通过 2014 年对实物的仔细考察,从中共甄别出约 31 件前代遗玉,年代在龙山至夏商、西周时期。这些遗玉的存在状态可分为三种情况,一是原器保存基本完整,二是已加工待用,三是已改成新器。

### (一) 原器保存基本完整的遗玉

共 13 件,除残断修磨外基本未见明显的后世加工或改制痕迹。

基本完整牙璋 2 件,其中 1 件编号 M1:86,蚀变基性岩,黑色。整体完整,琢磨精细,呈扁平窄条形,器身一侧略凹收束,刃端略宽出,一面有刃,末端有一单面钻孔。长 31.4、宽 4.1—5.9、厚 0.7 厘米(图三,1);另 1 件编号 M1:142,次闪长化辉长岩,黑色。整体大部较完整,刃部略残失并经磨平,琢磨精细,呈扁平窄条形,器身两侧出阑明显,阑间有扉牙,并刻有 3 组 15 道凹弦纹连接两侧的扉牙,内上近阑处有一圆孔。长 25.7、体宽 5.4—6.2、内宽 5—5.2、厚 0.4 厘米(图三,2、3)。

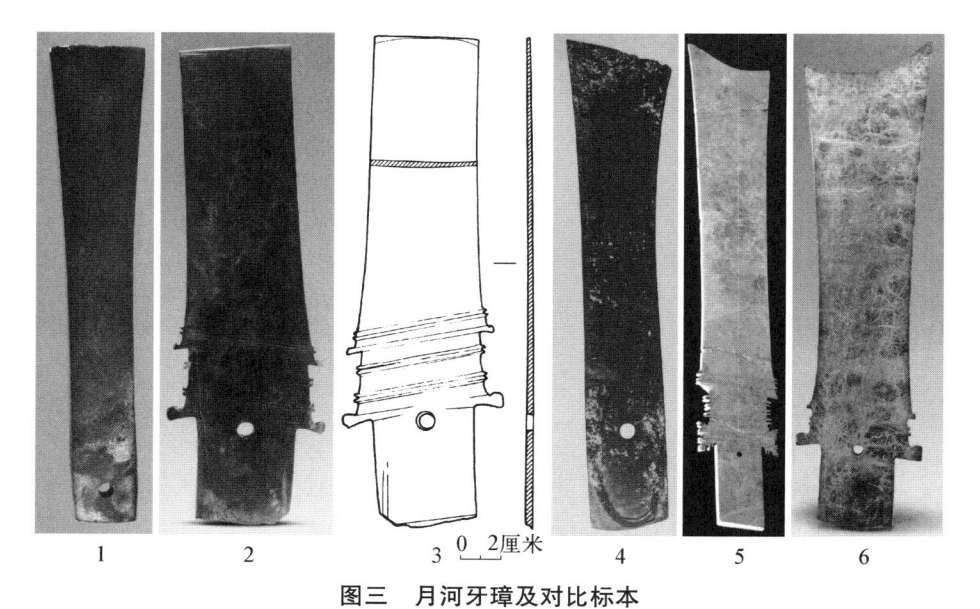

**图三 月河牙璋及对比标本**

1. 月河 M1:86 牙璋  2、3. 月河 M1:142 牙璋  4. 石峁牙璋  5. 二里头牙璋  6. 望城岗牙璋

这 2 件牙璋是最为引人注目的遗玉,其形制不完全一样,M1:86 这件较为简单,下部不出阑,刃端也不出歧牙,在可对比资料中,其与山东五莲上万家沟、沂南罗家圈、山西神木石峁(图三,4)等地发现的牙璋[5]很相似(唯后者的尺寸都较小)。M1:142 这件的形制则较为复杂,出阑明显,阑间并有扉牙及弦纹,与河南偃师二里头遗址出土者(如 80VM3:5)(图三,5)[6]比较近似。月河墓的

发掘者赵成甫、董全生先生已指出,这2件牙璋应属于龙山至二里头时期,年代略有早晚[7]。笔者赞同这一意见。早年在淅川下王岗已发掘出土了1件属于二里头文化的牙璋(原称玉戈)[8],另据《撷英》发表的资料,在南阳宛城区望城岗早年也出土了1件牙璋,都与二里头者很相似(图三,6),可知也应是这一时期的。

基本完整玉钺1件(《撷英》称锛形器),编号M1:227,中性火山岩类,青色,有褐色及灰白色沁斑。体呈扁平近长方形,上端一侧略弧,弧形单面刃,上部有一单面钻小圆孔。长25、宽9.85、厚0.4厘米(图四,1)。完整玉钺1件(《撷英》称玉锛),编号M1:103,白玉,大部遗有黑漆古,通体磨制精细。体呈扁平梯形,单面刃,上部有一单面钻圆孔。长11.9、宽4.6—5.3、厚0.3厘米(图四,2)。基本完整玉圭(《撷英》称玉匕)1件,编号M1:187,青白玉,有褐色沁斑。体呈扁薄窄条形,尖首平底,中部略起脊,脊部遗有多条切割台痕(可能经过修磨加工)。长31.7、宽4.7、厚0.2厘米(图五,1、2)。完整有领玉环1件,编号M1:165,蚀变辉绿岩,黑色。内厚外薄,内缘有一周薄领明显高出环面,外缘等距离装饰有四个小介字形冠。直径9.6、孔径5.5、领厚1.4、肉宽0.25—0.2厘米(图六,1、2)。

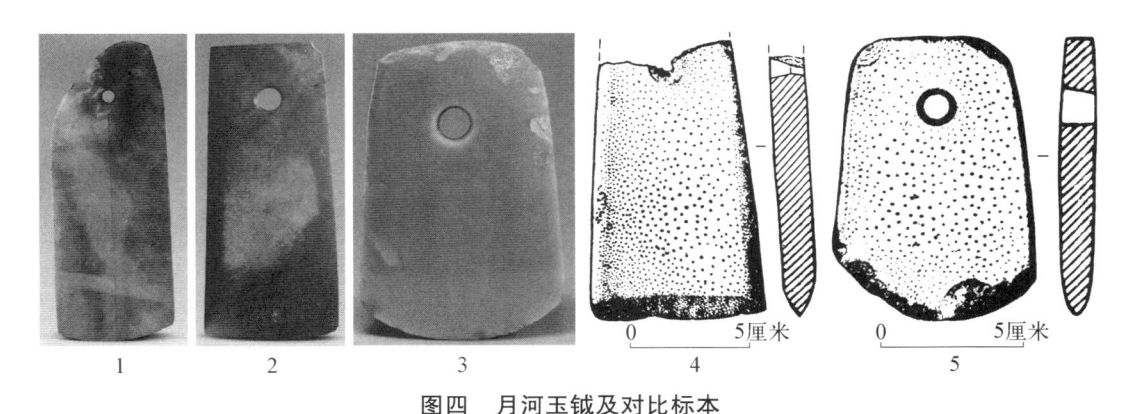

**图四　月河玉钺及对比标本**
1、2. 月河玉钺　3. 南阳黄山玉钺　4、5. 下王岗石钺

以上4件玉器总体年代属于龙山至夏代。在南阳一带的考古资料中,玉石钺、铲或斧是新石器遗址比较常见的器物,对此《撷英》已做了集中统计和分析,如南阳卧龙区黄山遗址出土的玉钺(图四,3),以及淅川下王岗遗址龙山和二里头文化层中发掘出土的石钺等(图四,4、5),其形制都比较规整,钺身上部都有大圆孔,与月河M1:227和M1:103这2件玉钺比较相近,说明年代应在龙山至夏代。M1:187玉圭的形制不太规整(可能与修磨有关),但尖首仍较为明显,在可比资料中,山西襄汾陶寺遗址就出土过这种尖首圭(如M3032:2,图五之3、4)[9],而二里头

**图五　月河玉圭、玉矛及对比标本**

1、2. 月河玉圭　3、4. 陶寺玉圭　5. 月河玉矛　6. 二里头玉矛(戈?)

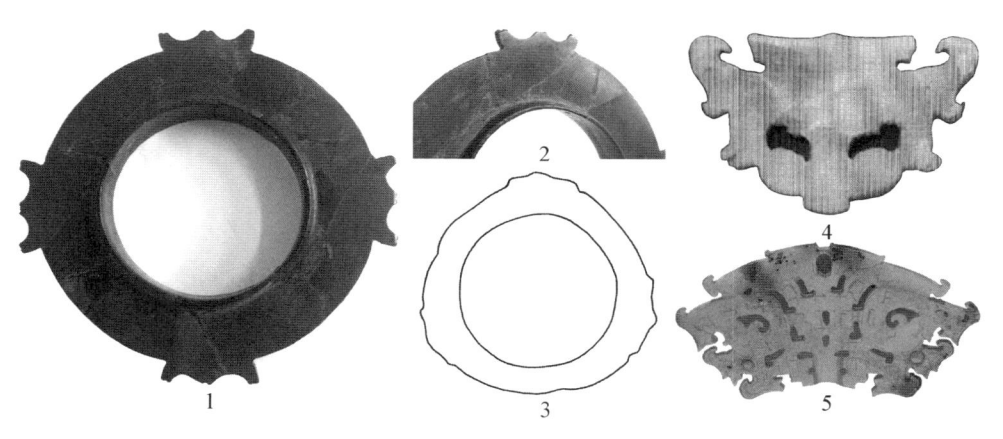

**图六　月河有领玉环及对比标本**

1、2. 月河有领玉环　3. 丹土玉环　4. 六合玉神面　5. 朱封玉神面

遗址出土的玉圭多是平首的,据此推测月河这件圭很可能是龙山时期的。有领玉环多见于黄河中下游地区,年代一般断在龙山至夏商时期,M1:165这件有领玉环还可见到4个明显的小介字形突出物,这种做法目前所知最早见于山东五莲丹土遗址出土的玉环上(图六,3)[10],年代约在龙山文化早期。这种介字形装饰应是神人(或兽面)羽冠的简化表现,其完整形式的神人羽冠作品已在山东临朐西朱封、山西陶寺及湖北天门石家河、钟祥六合等地有所发现(图六,4、5)[11],年代多在龙山晚期。月河这件的介字形比较发达粗壮,年代应在龙山晚期或略晚。在广东石峡

文化和台湾一带也发现了这种带介字形小冠饰的玉石环或玦,不过多认为与东南亚有更多联系[12]。

完整玉戈2件,其中1件编号M1∶106,蚀变微晶辉长岩,有黑色及灰白色沁斑。援部较直较长,三角锋较短,内部略显并有一圆孔。援部一面有切割台痕。长23.9、援宽4.5—4.8、厚0.6厘米(图七,1);另1件编号M1∶北20,细晶岩,青白色。援部较直较长,近内处有一小圆孔,三角锋尖长,内部略显。加工精致,外缘出刃较明显。长24.9、援宽4.1—4.5、厚0.35厘米(图七,2)。完整玉矛1件,编号M1∶191,南阳独山玉质,黑色,较大。体呈扁平柳叶形,两侧出刃明显,锋尖利,骹部略收,并以V形台痕与矛身分界明显。骹上有两个单面钻孔。长21.3、宽5、厚0.8厘米(图五,5)。

以上3件玉器的年代约在夏代前后。其中2件戈的形制都比较简单,直内略显,无阑无胡,援身也不起脊,与圭的形制有些相似。在可资比较的材料中,二里头遗址发掘出土了2件玉戈,但形制已有较大发展,内部较为明显,三角锋也明显上翘并饰扉牙及弦纹,如87ⅥM57∶21玉戈(图七,7)[13]。不过该遗址早年曾采集了1件铜戈[14],内部不显,直援无胡。研究者已指出,这种铜戈是目前所知形制最早的铜戈,年代在二里头文化三期[15]。月河戈的形制与之比较近似,可据此推测年代约在夏代。二里头遗址还曾出土了1件玉矛(72ⅢKM1∶2,或称戈),矛身为柳叶形,长近22厘米(图五,6)[16],与月河M1∶191玉矛较为近似,可推测年代应在夏代。

完整玉虎1件,编号M1∶384,白玉,局部有黑漆古和褐色沁斑。体呈卧虎形,头硕大、口略张、长卷尾,腹下有两只小足。头尾各有一个较大钻孔,颈后有一小穿孔。长4.55、宽1.95、厚0.32厘米(图七,9)。残玉戈2件,编号M1∶北12、M1∶69,体均泛绿色,并有白斑,前者内部已残,援部明显出脊,后者援部残失,可见有阑线及两个长方形穿,内部基本完整,并有一个长方形穿。2件残玉戈的尺寸暂不详(图七,3—6)。完整玉璜1件,编号M1∶329,青白玉,质密微透,有褐色沁斑。正面饰纹较复杂(背面光素),为两条弧形三角身夔龙交错相叠,组成环形璜身,龙冠(或角)上各有1个小系孔。长8.25、肉宽1.65、厚0.2厘米(图七,12、13)。

以上4件遗玉中,玉虎和残玉戈应在晚商时期,玉璜应在西周晚期。玉虎的造型很有时代特点,巨首、张口、长卷尾,外轮廓简洁疏朗,转折处为方折或方圆折,应属于晚商玉器的风格,妇好墓就出有不少类似玉虎(图七,10)[17]。而月河墓出土的当世玉虎都是几字形造型,身饰春秋中晚期流行的蟠螭纹,整体风格比较肥满圆滑,应是楚国玉器特点,此类玉虎在豫南地区出土较多,月河墓就出土了10件左右(如M1∶239,见图七之11)。两相比较,月河M1∶384这件玉虎显然应属晚商遗

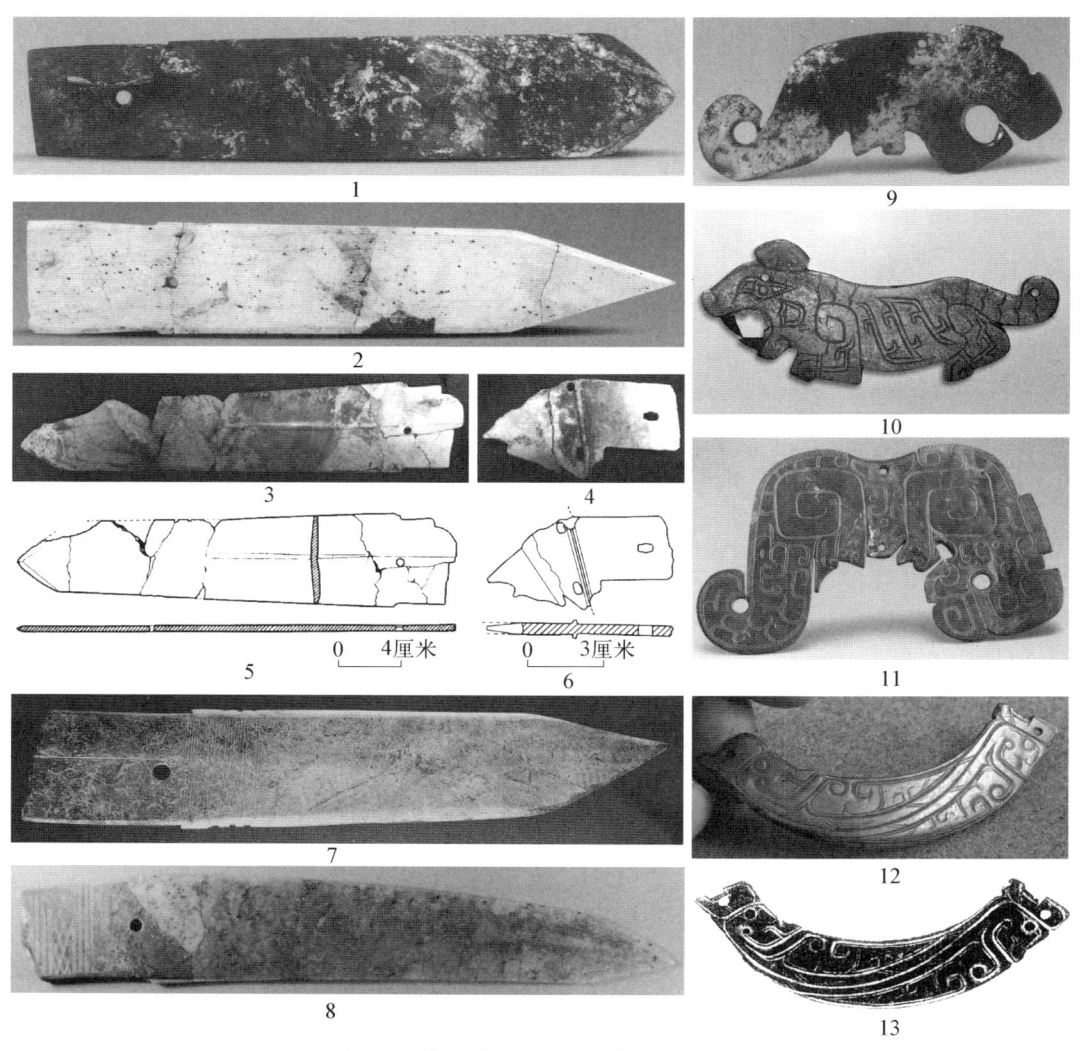

**图七　月河玉戈、玉虎、玉璜及对比标本**

1、2. 月河完整玉戈　3—6. 月河残玉戈　7. 二里头玉戈　8. 郑州白家庄玉戈　9. 月河玉虎　10. 妇好墓玉虎　11. 月河玉虎（当世玉器）　12、13. 月河玉璜

玉，其身上原有纹饰很可能已被磨平。月河的2件残玉戈与前述2件完整玉戈的形制不同，援上出脊、援内间出阑就是比较显著的特点，残失较大的那件还有长方形穿和类似胡的迹象也值得注意。在可对比材料中，前述二里头那件铜戈有长方形穿，郑州白家庄早年出土的玉戈上援部则出脊比较明显（图七，8）[18]，而晚商以来的铜戈才开始出现长方形穿和胡。鉴于这些情况，把这2件残玉戈断在晚商前后为宜。月河 M1∶329 玉璜的最大特点是身饰三角交错夔龙纹，根据相关考古发现，这种夔龙纹玉璜应是西周晚期流行的玉器，常见作为玉组佩的组件，这在陕西

丰镐遗址张家坡、山西曲沃晋侯墓地、河南三门峡虢国墓地等地都有较多出土[19]，而春秋以来的玉璜则多饰蟠螭纹，与西周晚期的玉璜明显不同。所以，我们认为月河这件玉璜应属于西周晚期。

## （二）原器已加工待用的遗玉

共9件，多两两成对出现，两件的质地、形制、尺寸及纹理均基本相同，相对的两面比较平整，可知应是对剖所致，原本为1件完整的玉器。只是改制尚未完成，作为坯料待用。

对剖待用玉斧2件（《撷英》称玉铲），编号M1：北21、M1：224，其中之一为青白玉，有多条白色斜条状纹理。弧背，斧身两侧较平直，单面弧刃略宽。近顶端有一单面钻圆孔，顶端及刃部略有崩残。长14、宽3.55—4.1、厚0.75厘米（图八，1、2）。对剖待用玉钺形器2件（《撷英》称玉圭），编号M1：214、M1：18，为青玉，色润微透，有多条黑色斜条状纹理。体呈长梯形，顶端较尖并切磨出刃，略有崩残，刃部略宽，为单面斜直刃，出刃明显。相对的两面可见明显的竖直解玉线（台痕），钺身下端有一个对钻大圆孔。前者长14.1、刃宽5.1、厚0.5厘米，后者长14.1、刃宽5.5、厚0.4厘米（图八，4）。另有1件半椭圆形玉器，编号M1：35，灰黑色蚀变辉绿岩，体呈半椭圆形，一端磨为弧形，另一端已截平并开有解玉凹槽，表面则遗有切割痕，显然是对剖未完成的遗玉。长10.9、最宽8.2、厚0.65厘米（图八，3）。

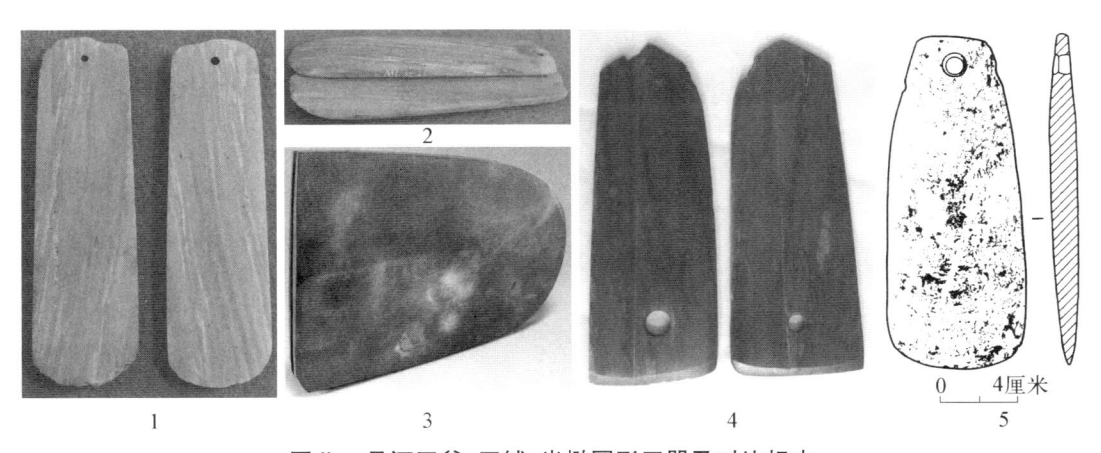

**图八　月河玉斧、玉钺、半椭圆形玉器及对比标本**
1、2. 月河玉斧　3. 月河半椭圆形玉器　4. 月河玉钺　5. 镇平安国城玉斧

这5件玉器应属新石器时代。如前所述，南阳地区出土的史前玉石钺、铲、斧较多，除了形制规整、棱角较为分明的钺、铲之外，还有弧背、舌形刃的斧类，如淅川下王岗、镇平安国城（图八，5）[20]等遗址都有出土，与月河墓那2件对剖待用玉斧的

形制基本相同,下王岗发掘出土的玉石斧以仰韶和龙山文化为多,月河斧的年代也应如此。参照上文对原器保存比较完整的 2 件玉钺的分析,月河 2 件对剖待用玉钺的年代也可断在龙山时期。月河那件半椭圆形玉器改制加工较甚,两面都磨得较为平整,原器的器形已不能确知,推测可能是钺或铲类,可笼统断在新石器时代。

对剖待用的玉牌饰 4 件(《撷英》称蝉形饰),编号 M1∶临 1、M1∶临 2、M1∶临 3、M1∶临 4,可分为一大一小两对,每对的质料、形制、大小都基本相同,应是对剖一分为二所致。每件的边缘都有数个刻进的小凹槽,位置保持对称,器身中部上下各有一个小系孔,应是没有改制完成的小牌饰。大者一面还刻两道横行凹槽,可能是制作新纹饰的定位线。小者一面原有的浅浮雕式类似羽冠的纹饰尚有保留。大者高 1.75、宽 1.4—1.6、厚 0.15 厘米,小者高 1.4、宽 0.8—1.3、厚 0.15 厘米(图九,1)。

**图九 月河玉牌饰及对比标本**
1. 月河玉牌饰　2. 肖家屋脊玉虎头　3. 光山黄君孟夫妇墓玉牌饰

在可资对比的材料中,出土于湖北石家河城址肖家屋脊遗址的玉虎头小牌饰值得注意(图九,2)[21],月河牌饰与之相比形制比较近似,小者的浅浮雕工艺也见于虎头上,大者的浅浮雕纹饰应已被磨平。同时,这些已对剖待用的玉牌饰的外轮廓与春秋以来常见的玉牌饰也很相似,如下述光山黄君孟夫妇墓即有出土,其表面装饰的蟠螭纹就是春秋时期很流行的样式(图九,3),尤其这些小牌饰的两个小系孔、大者牌饰表面的两条纹饰定位线,在春秋流行牌饰上也都能见到。这表明,这4件小牌饰应是龙山时期的遗玉,到月河墓所在的春秋晚期被剖开,又对外缘稍作加工并钻孔,说明原有的浅浮雕纹饰也被磨去,准备就原器做成春秋时流行式样的新牌饰,只不过改制未完成。

### (三)原器已改制成新器的遗玉

共9件,已就原器的形状改成了新器,或对剖,或分割,或开槽,或钻孔,有的还加刻了新的纹饰。

原器为玉环2件,其中1件编号M1∶66,另1件编号暂不明(见《撷英》图版165),两件质地、尺寸、大小及形制均相同,应是对剖而成。M1∶66为蚀变辉长岩,黑色,有灰白色沁斑。均一面饰蟠螭纹,一面素面。外缘有4个介字形小冠饰。直径7.5、孔径5.15、厚0.3厘米(图一〇,1、2)。原器为玉环2件(《撷英》称玉玦),编号M1∶265、M1∶399,两件质地、尺寸、大小及形制均相同,应是对剖而成。花褐色,有黑色及灰白色沁斑。外缘有5个介字形小冠饰,一侧开有平直窄槽,显然已改成玉玦使用。直径6.8—6.9、孔径3.55、厚0.15厘米(图一〇,3、4)。原器为玉环1件(《撷英》称玉玦),编号M1∶256,花褐色,有黑色及灰白色沁斑。原有断裂,断口两侧有6个小连缀孔,一侧开有斜直窄槽,槽两侧也有2个小连缀孔,显然已改成玉玦使用。直径6.85、孔径3.4、厚0.15厘米(图一〇,5)。

图一〇 月河已改制成新器的玉环和有领玉环

原器为有领玉环3件(《撷英》称前2件为玉环,第3件为玉镯),编号M1∶99、M1∶386、M1∶300。第1件为黑色蚀变岩,环身有7个小系孔,其中2个为相邻的连缀孔。内缘一周尚未磨平的矮领痕迹较为明显,可见原器应为有领环,领已被切去他用。直径7.4、孔径5.3、厚0.55厘米。第2件黄褐色,环身有3个小系孔。直径4.5—4.6、孔径3.35、厚0.4厘米。第3件为蚀变岩,褐色,呈矮桶状,厚薄略有差异,有6个成对的小连缀孔。应是以有领环切下的矮领做成的新玉环。直径6.2—6.5、孔径5.8—5.95、厚0.6—0.7厘米(图一〇,6—8)。

根据前文对M1∶165完整有领玉环的分析,以上8件遗玉多可断在龙山晚期或略晚。只不过从形制上看也有些差异,如环身有宽有窄,外缘的介字形小冠饰或有或无,领也是或有或无,这是否意味着年代有早晚,或者有晚至夏代的可能,还有待更多出土资料的验证。

原器为玉璧戚1件(《撷英》称玉瑗),编号M1∶268,细晶岩,乳白色,有少量灰色沁斑。外轮廓不太规整,可见有多个略呈弧形的窄刃,尤其两侧及下部较为明显。直径11.9—12.6、孔径6、厚0.35厘米(图一一,1)。经过与已有考古资料的比较,这件玉器的原形应是玉璧戚,如二里头遗址即发掘出土了至少3件(如84ⅥM11∶5,图一一,2)[22],其形制基本相同,都是弧顶、两侧有扉牙、刃部为数个略内弧的大齿。月河这件下部遗留的三四个略呈弧形的窄刃应是这种大齿的残迹,其钺身两侧的弧形窄刃则是磨去扉牙的残迹。而下述罗山天湖晚商墓出土的玉钺,钺身已经变得瘦长,并饰有晚商时期流行的饕餮纹,两侧的扉牙更加粗壮(图一一,3、4),与二里头的玉璧戚及玉钺相比已经大大发展了。由此可知,这件玉器原本应是夏代的玉璧戚,在改制成玉瑗或环的过程中被磨去了外边缘的修饰,又因为这些修饰比较突出而磨得不彻底,所以造成外形不是太规整。

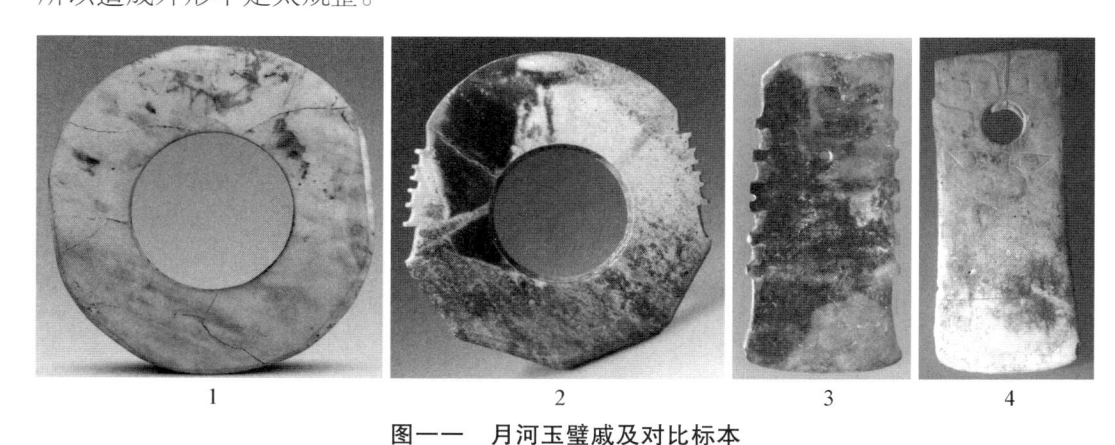

1　　　　　2　　　　　3　　　　　4

**图一一　月河玉璧戚及对比标本**

1. 月河玉璧戚　2. 二里头玉璧戚　3、4. 罗山天湖晚商墓出土玉钺

## 二、其他墓葬出土遗玉分析

除了月河这座养子墓,豫南地区还有罗山天湖晚商墓地、光山黄君孟夫妇墓、淅川下寺楚墓 M7、南阳麒麟岗西汉墓 M8 等,也出土了前代遗玉,数量较少,计有 14 件。

### (一)罗山天湖晚商墓地

天湖墓地(又称后李墓地)位于罗山县蟒张乡天湖村南竹竿河西岸,西北距县城 20 余公里。20 世纪七八十年代,信阳地区文管会等单位在这里进行了三次发掘,清理商周时期墓葬 45 座,出土了大量青铜器和玉器等。根据有铭铜器的分析,这里应是晚商时期息国墓地[23]。经过对发表资料的检核分析,约有 3 件前代遗玉。

原器为有领玉环 1 件(报告称玉镯),编号 M9:12,磨光硬玉,器表灰白并泛玛瑙红光泽。呈矮桶形,腹壁略内束。应是将有领玉环的高领切下改作玉镯的。直径 6.6 厘米(图一二,1、2)。玉环 1 件(报告称玉璜),编号 M12:32,灰白色粗玉,仅余半环部分,外缘可见有 2 个类似介字形小装饰。断口两端各有 1 个系孔,可能是用作玉璜

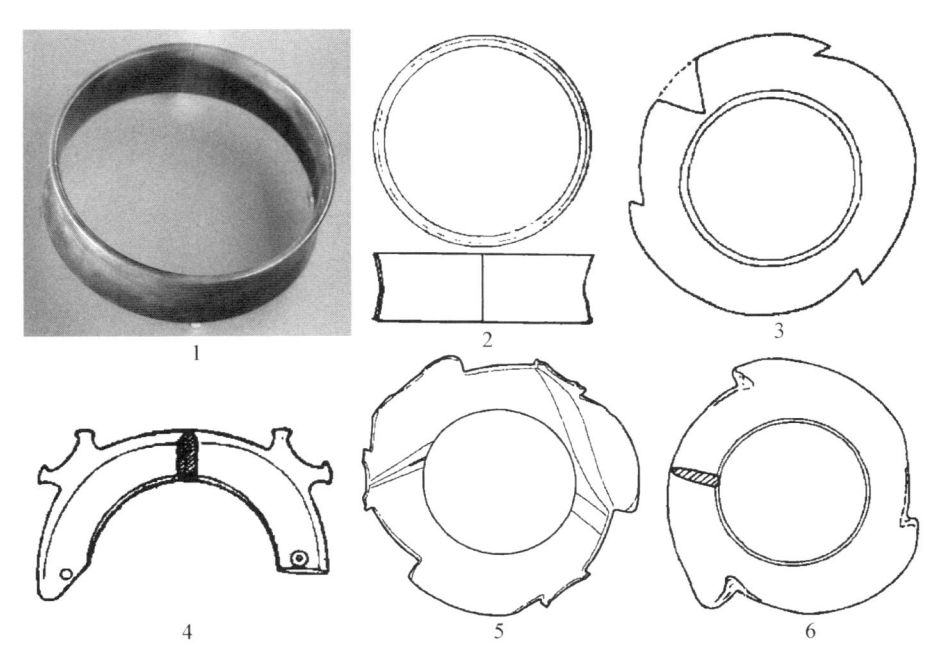

**图一二 天湖晚商墓出土玉环、璇玑及对比标本**
1、2. 天湖有领玉环 3. 天湖玉璇玑 4. 天湖玉环 5、6. 殷墟小屯及老峒峪玉璇玑

的。长6.4、宽1.1、厚0.3厘米(图一二,4)。玉璇玑1件(简报称环形玉饰),编号M43:6,原器基本保持完整,灰白色粗玉,体呈环形,内侧可能有领,外缘上有3个大致等距离分布的机牙(图一二,3)。

以上3件玉器中2件玉环的年代,参照前文对月河墓有领玉环和外有介字形小冠饰玉环的分析,可断在龙山晚期或略晚。M43:6这件璇玑的造型比较简单古朴,与山东海阳司马台、安丘老峒峪等遗址出土者(图一二,6)[24]比较相似,根据近年栾丰实先生的综合研究,这种璇玑不会晚于龙山时期[25]。此类璇玑在陕西石峁等地也有发现。反观殷墟出土的几件当世玉璇玑,机牙和扉牙都做得非常规整,有的还做得比较粗壮简化,已现退化之势(如小屯M232出土者,见图一二之5)[26],天湖这件与之相比显然差异较大。所以,我们可以把天湖这件玉璇玑断在龙山时期。

## (二)光山黄君孟夫妇墓

1983年,信阳地区文管会在光山县宝相寺遗址发掘了一座春秋中期偏早大墓,此墓有封土、墓道和复杂的棺椁结构,出土一批精美青铜器和玉器,根据有铭铜器可知为黄国国君"黄君孟"夫妇的合葬墓。随葬品中包括185件玉器,1988年发表的简报公布了主要玉器[27],林继来、孙庆伟、丁哲等先后著文讨论了其中包含的前代遗玉[28]。我们在此基础上共分辨出9件遗玉。

玉卷尾神人2件(简报称人首玉饰),编号G1:B8、G1:B9,二者的形制、质料、尺寸基本相同,显为1件完整玉器对剖而成。黄色,体呈圆形,两面均饰有卷尾神人形象,整体是一个头戴平顶垂冠的披发神人,其眼睛分别是圆形眼和臣字眼,长颈和长尾向上卷曲与冠顶相连。仔细观察,2件神人的纹饰结构尽管比较近似,但细部纹饰和雕刻技法并不相同,其中1件的神人头部采用减地技法雕出阳纹,颈及尾部则采用阴刻技法雕出蟠螭纹,另1件则都采用阴刻技法雕出全部纹饰。其中1件外径3.8、厚0.2厘米(图一三,1)。玉神人头像1件(简报称玉雕人头),编号G2:27B107,黄褐色,整体呈柱形(颈后切半)。采用圆雕技法表现出一个头戴平顶垂冠、耳戴双珥、长颈的神人,五官刻画比较形象。高3.8、宽2.5、厚1.8厘米(图一三,4)。

以上这3件玉神人或神人头像,其最大特点是重在表现神人的头部,类似头像在湖北石家河城址肖家屋脊遗址有较多出土,北京故宫博物院和上海博物馆也各藏有1件(图一四,1、2、4)[29]。这几件头像尽管细部特征不尽一致,但整个神态所要表达的意境是相同的,所以学界多认为黄君孟这3件应是遗玉,并以石家河的发掘品将其断

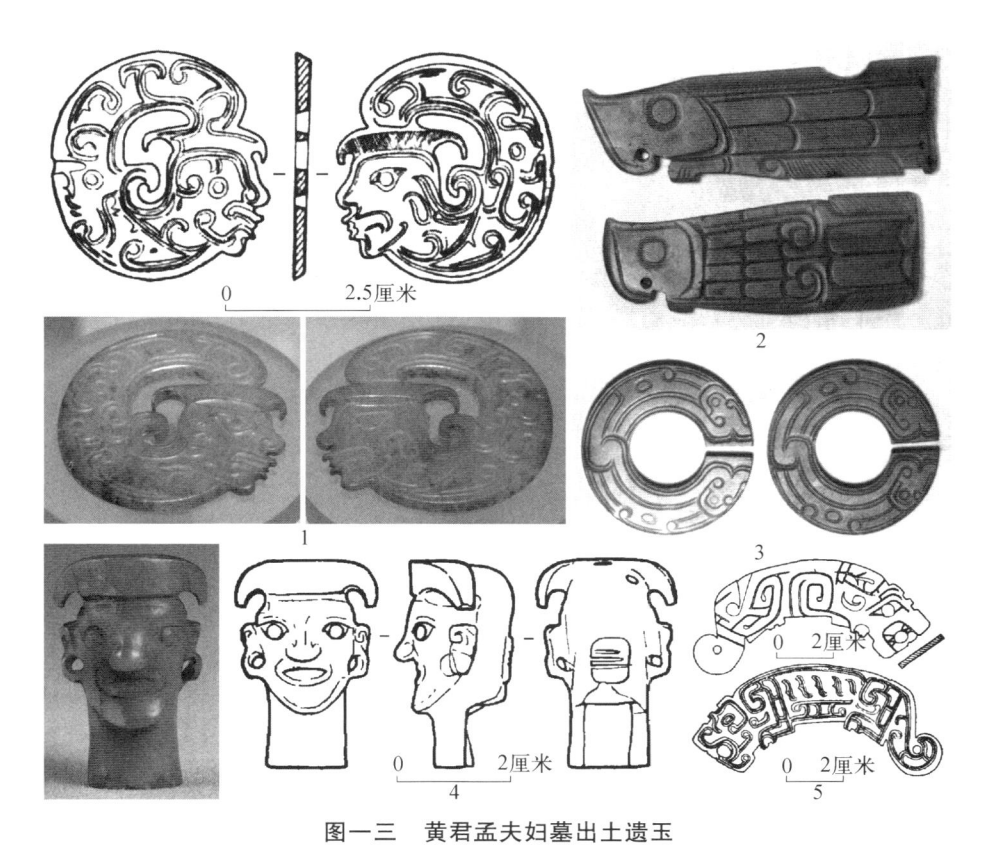

**图一三 黄君孟夫妇墓出土遗玉**
1. 玉卷尾神人 2. 玉鱼 3. 玉玦 4. 玉神人头像 5. 玉虎

为属于石家河文化。不过仔细观察又能发现,黄君孟卷尾神人的眼睛存在明显差异,就是每件的正反两面分别是圆形眼和臣字眼,并不相混,而石家河目前的发现都是单面表现的臣字眼,不见圆形眼和臣字眼共存的作品。其实早年流散到海外的古玉中就有不少圆形眼和臣字眼共存的作品,著名的如美国国家艺术博物馆藏的1件附有虎头握柄的玉器(图一四,3)[30]。此类作品学界多断为山东龙山文化或略晚,杜金鹏先生也主张石家河发现的此类玉器与山东龙山文化有着密切联系[31]。在黄君孟玉器中1件卷尾神人的头部,还可见到减地法阳纹雕刻技法,这应是遗玉原有的纹饰技法,其身上的阴刻纹饰则是春秋时期磨去原有阳纹之后仿刻的,这种阳纹技法在山东龙山和石家河的玉器上都有。

玉虎2件,编号G2:25B8、G2:25B9,2件的形制、质料、尺寸基本相同,显为1件完整器对剖而成。黄色,造型为巨首、张口、长躯、卷尾。前者身上阴刻方圆折纹饰表现各部位,后者则以阴刻技法雕出蟠螭纹。长9.1、宽2.5、厚1.5厘米(图一三,5)。玉玦2件,编号G2:25B24、G2:25B25,黄色,为环形,开窄直槽缺口。一面阴刻雕

**图一四　黄君孟夫妇墓遗玉的对比标本**

1、2. 肖家屋脊玉神人头像　3. 美国藏玉神人头像　4. 上海博物馆藏玉神人头像　5、6. 张家坡蟠虺纹玉龙及玉鱼　7. 前掌大玉虎

出卷曲蟠虺纹。外径5.28、内径2.3、厚0.3厘米(图一三,3)。玉鱼2件,编号G2:25B22、G2:25B23,其质料、工艺相同,饰纹和尺寸略有差异,推测可能是1件完整器对剖解开后,再按照鱼的雌雄差别雕出不同形状和大小。翠绿色,体呈长条形,一面饰纹,采用大斜刀阴刻雕出较粗纹路表现各部位。长5.5—6.1、宽2、厚0.2厘米(图一三,2)。

以上6件玉器两两成对,显然都是对剖所致,其中玉虎是一分为二之后对1件的原有饰纹磨去再刻上新纹饰,另1件的饰纹则保持原样不动,改制的情形与上述卷尾神人类似;玉鱼和玉玦则解开后基本保持原样,改制的痕迹不明显。玉虎的整体造型不是东周流行的几字形造型,而且巨首张口、口含獠牙、臣字眼等特征都非常明显,这种风格应属于晚商玉虎的风格特点,在殷墟和山东滕州前掌大等地都有出土(图一四,7)[32],所以可断为晚商遗玉。玉鱼采用大斜刀技法刻出的粗线条格外显眼,这种技法是西周时期流行的雕刻技法,在陕西张家坡西周墓地等地都有大量出土,而且也多是两面刻饰相同的纹饰(图一四,6)[33],所以尽管造型上略有差异,也仍可断为西周遗玉。玉玦的最大特点是装饰有蟠虺纹,由两条变形的夔龙相对组成,类似的夔龙也是西周新出现的造型,在陕西张家坡西周墓地(图一四,5)、山西晋侯墓地等地也有出土[34],据此也可断为西周的遗玉。

## (三) 淅川下寺楚墓 M7

下寺楚国墓地位于淅川仓房镇下寺东沟村丹江口水库西岸,北距淅川县城40公里。1978—1979年河南省博物馆等在此发掘清理了25座楚墓,出土了大批珍贵青铜器和玉器[35]。其中M7随葬青铜器和玉器共61件,年代应在春秋中期偏晚。

经过分析,此墓有1件牌饰为遗玉,编号M7:21,乳白色,约呈方形,外缘有数个凹槽。两面均刻纹饰,一面为大斜刀雕出的臣字眼、大耳、方颔、披发神人首,另一面刻饰蟠螭纹。牌饰的上下端各有3个相对的斜钻系孔。长2.3、宽1.4—2.2、厚0.2厘米(图一五,1、2)。这件玉牌饰的神人纹饰已不完整,被凹槽和系孔所破坏,可知应是就旧玉残存的部分改制成新的牌饰。在可比资料中,晚商时期这种大斜刀雕刻的臣字眼神人比较流行,在殷墟就有较多发现,如妇好墓出土者(M5:518,见图一五之3)[36],所以可断为晚商时期的遗玉,春秋时期在另一面又刻上蟠螭纹,并加刻凹槽和系孔,改制成了新式样的牌饰。

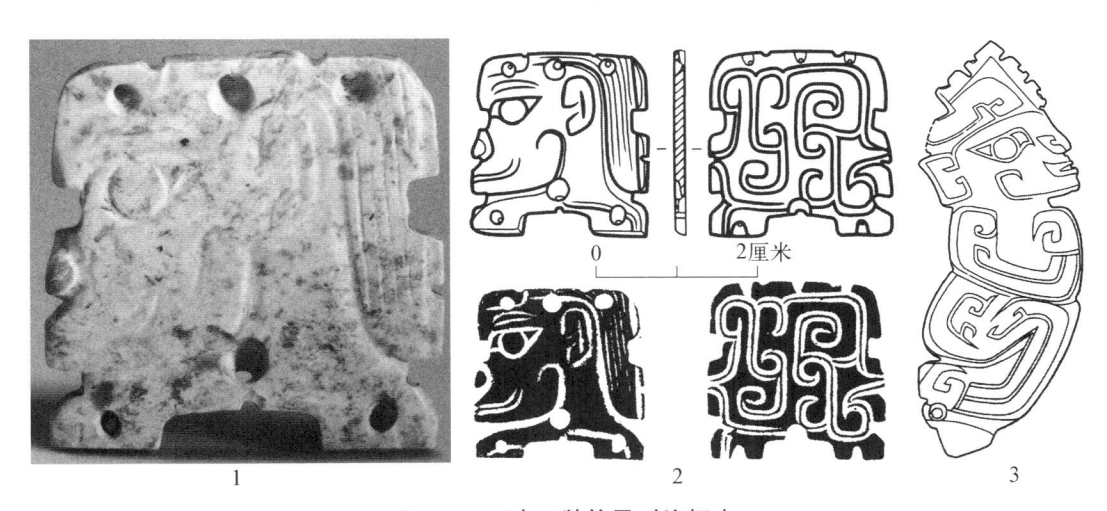

**图一五 下寺玉牌饰及对比标本**
1. 下寺玉牌饰　2. 妇好墓玉神人

## (四) 南阳麒麟岗西汉墓 M8

1989年,南阳市文物工作队在南阳西郊宛城区麒麟岗清理了一座规模较大的木椁墓(M8),出土了30余件随葬品,年代为西汉早期[37]。其中有1件遗玉,即玉立鹰残件(简报称玉佩,《撷英》称玉鹰),出于棺内人骨胸前位置(图一六),编号 M8：27,表面灰黑色,有浅色沁斑,体呈片状。残失较甚,轮廓不规整,上部边缘经打磨后向上弧出,鹰足也是雕刻突出,由此推测应是1件圆雕作品。其一面饰纹,较为清晰,可见采用减地法阳纹雕出一只立鹰,仅余尾羽和左侧鹰足及部分翼羽,头及其他部分已残失。上部中央有两个上下排列的系孔,应已改制成了可以佩挂的小饰件。残高6.5、残宽6.8、厚0.7厘米(图一七,1)。

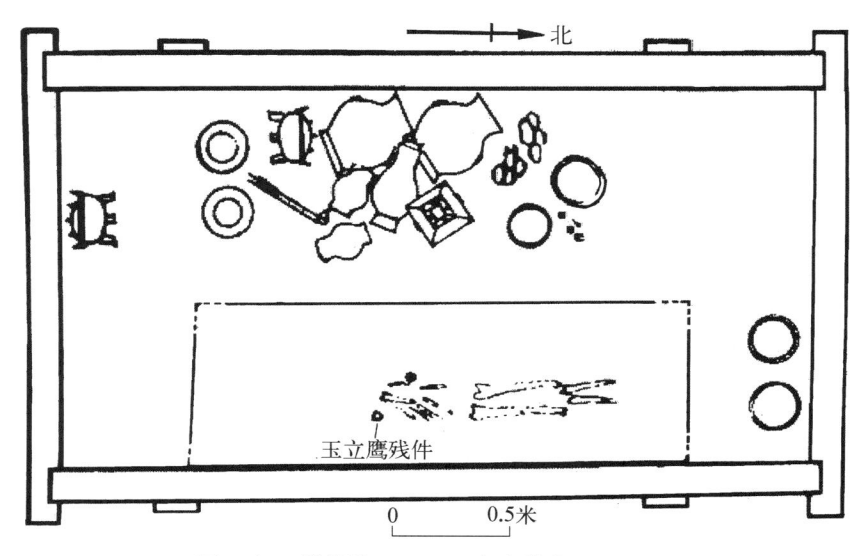

图一六 麒麟岗 M8 玉立鹰残件出土位置图

杨建芳先生最早甄别出这件玉鹰,并认为是来自石家河文化的遗玉[38],林继来从之[39],我们在肯定这是1件遗玉的基础上再做分析。与这件立鹰最像的是台北故宫藏的1件玉圭上的立鹰形象(图一七,2),无论是雕刻技法还是刻画的纹饰结构,都很相似,不同的只是一为圆雕作品,一为刻在其他玉器上的单纯纹饰。目前学界一般多认为,台北故宫这件玉圭属于山东龙山文化或略晚[40]。目前,在石家河文化所在的江汉地区尚未发现这种形制和姿态的立鹰玉器作品,在山东龙山文化中也没有这样的考古发掘品,但在山东地区的商周墓葬中已经出土了2件这种立鹰的发掘品,分别出自滕州前掌大商周之际墓和济阳刘台子西周墓中(图一七,3、4)[41],与麒麟岗这件及台北玉圭神似。最近笔者对山东地区商周墓中出土的史前遗玉做了综合分析,认为山东在商周时期仍保留了大量史前东夷人的文化传统,这在埋葬习俗、日用陶器和铜器上都有体现,在这一时代背景下,前掌大和刘台子这2件玉立鹰就应该是土著夷人流传下来的遗玉,如果认为来自石家河文化,那是不可思议的[42]。

·玉传千年——豫南地区商周西汉墓出土的前代遗玉·

**图一七　麒麟岗 M8 玉立鹰残件及对比标本**

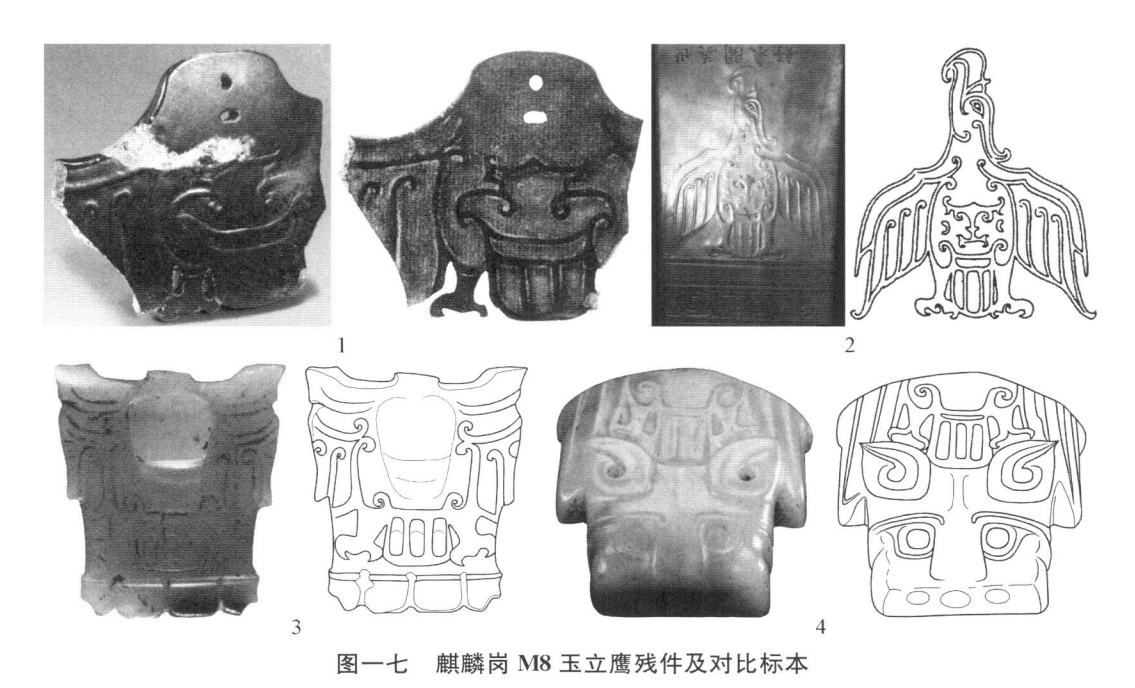

1. 麒麟岗玉立鹰　2. 台北故宫藏玉圭之立鹰形象　3. 前掌大玉立鹰残件　4. 刘台子玉立鹰残件（3、4 之线图为笔者初绘）

但笔者这样说并不意味着麒麟岗这件立鹰一定来自于山东地区，因为有些过去多发现于江汉地区、被断为石家河文化的玉器，包括玉虎头、介字形冠玉神人、鹰形玉笄等，近年来也开始在中原地区陆续有所发现，如山西芮城清凉寺、襄汾陶寺、陕西神木石峁、河南禹州瓦店、偃师二里头等遗址都出土过[43]，而这些遗址出土的玉璜、玉圭、玉璇玑、玉璧戚等其他表达权力的重要礼器，在石家河文化遗址中却不见或少见。在这一背景下，原来定性为属于石家河文化的玉器，现在看来反而有可能是从中原地区腹地传入的。以此观之，出在中原地区南边缘南阳麒麟岗的立鹰（以及黄君孟夫妇墓的玉神人等）就未必是石家河文化的玉器，而很有可能与中原腹地的龙山期文化有更密切关系。

## 三、来源途径及历史背景分析

从以上分析可知，豫南地区出土的遗玉是比较多的，这在中原地区显得较为突出。作为前代遗留下来的旧器，遗玉本身的流传应是经历了辗转的过程，也就决定了其来源途径应是比较复杂的。基于前文的分析，并联系豫南地区先秦时期的历史发展背景,我们认为这些遗玉的来源途径主要有三个。

一是当地龙山期至夏代土著人历代流传而来。豫南地区处于中原和江汉两大文化区的交汇地带,现有考古资料证明,先秦时期这里就已成为重要的文化繁荣之地和南北交通要道。从邓州八里岗、淅川下王岗、沟湾等遗址的发掘看[44],早在仰韶文化时期豫南地区就成为中原文化区的重要组成部分,当然,江汉平原的屈家岭文化也曾北上这里。到龙山文化时期,这里先是石家河文化的分布区,但龙山晚期来自中原地区的王湾三期文化占据这里,经过发掘的重要遗址有下王岗、方城平皋台等[45]。而且王湾三期文化还继续南下,占据了石家河文化所在的江汉平原腹地,并形成了新的"后石家河"文化面貌,有学者近年经过系统研究主张应称为肖家屋脊文化,而不再属于石家河文化的范畴(图一八)[46]。到夏代,中原地区的二里头文化接续占据豫南地区,经过发掘的重要遗址有下王岗及驻马店杨庄等[47],并进一步南下江汉平原,在湖北荆州荆南寺、黄陂盘龙城等遗址都见有明显的二里头文化影响[48]。

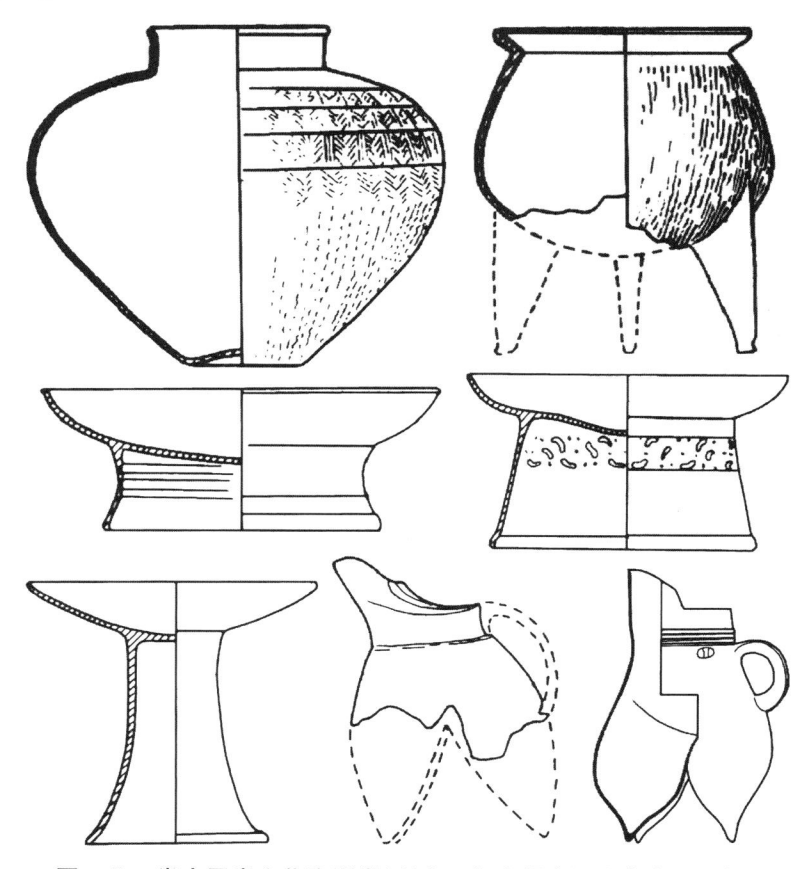

**图一八 肖家屋脊文化陶器举例(右下角陶鬶应属山东龙山文化)**

基于这些情况,近年陆续有学者指出,在石家河城址肖家屋脊、罗家柏岭等遗址,以及钟祥六合、荆州枣林岗、湖南澧县孙家岗等遗址出土的众多玉器,在当地并无发展的源头,应是从中原腹地的龙山期文化传入的,而非原来认为的石家河文化[49]。还有学者进一步认为,晚于石家河文化的肖家屋脊文化的出现应与文献记载的"禹征三苗"有关,是王湾三期文化南下征服石家河文化的结果[50]。笔者认为这都是值得重视的意见,能够解释有关考古遗存的表象和成因。以此观之,前文分析的龙山期至夏代的遗玉就很可能来自中原地区,即王湾三期文化和二里头文化。此外,肖家屋脊、六合等遗址出土的玉神人与山东临朐西朱封出土的玉神人很相似(参见图六之4、5),肖家屋脊还出有山东龙山文化晚期流行的粗颈敞流陶鬶(见图一八),这说明肖家屋脊文化的玉器还受到了山东龙山文化的强烈影响。

据《左传》《史记》等文献记载,淮河流域在先秦时期一直是淮夷的主要活动地域,他们多是嬴姓皋陶向南迁徙的后裔,皋陶原为山东东夷人的首领,与大禹处于同一时代,这与上述有关认识基本相符。延至东周时期,淮河流域还有不少土著嬴姓小国,其中分布在淮河中下游的有六、英、蓼、葛、徐等,分布在淮河上游豫南地区的则有黄、养、江、柏、樊等[51]。由此可知,黄国和养国是由土著嬴姓建立的国家,其上层贵族保持自身悠久的文化传统是理所当然的,而珍藏自己先祖流传下来的玉器也就是自然而然的了。所以我们认为,像桐柏月河墓和光山黄君孟夫妇墓出土的多数龙山期至夏代遗玉,应是当地嬴姓土著人历代流传而来,月河墓不少改制的遗玉也说明其珍爱程度,以至破损也不忍遗弃。至于南阳麒麟岗西汉墓出土的玉立鹰残件,应是当地由来已久的保藏遗玉的余绪。

第二个来源途径是有些墓主人因特殊国情境遇而对遗玉着力收藏而来。这主要是指月河养子墓及黄君孟夫妇墓的墓主人。这两座墓出土的遗玉数量占到豫南所有遗玉的绝大多数,尤其月河墓随葬的遗玉达到30余件,占所有遗玉的一半以上,数量甚至超过了出土遗玉较多的曲沃晋侯墓地、三门峡虢国墓地,尤其随葬的龙山期至夏代遗玉之多,为商周时期墓葬所罕见。若不是特意收集,恐怕不会如此。造成这一现象的原因,我们推测应与春秋时期黄、养等小国面对的特殊历史境遇有直接关系。西周王朝建立之初,对控扼南北交通的豫南鄂北一带极为重视,分封了姬姓的蒋、息、唐、曾和姜姓的吕、申等诸侯国,再加上土著的嬴姓诸国,这里成为周王室控制的重要地域和屏障,以形成对南方荆楚之地的军事优势。近年发掘的鄂北随州叶家山西周早期曾国墓地,其罕见的高规格也说明了这一点[52]。但后来随着楚国的崛起,淮上(及汉东)诸侯的发展受到强烈抑制,逐渐沦为楚国的附庸,以致到春秋中晚期相继被楚国吞并。

据研究,黄国在公元前 648 年灭于楚,养国在公元前 559—538 年间灭于楚,黄君孟夫妇墓和月河养子墓的下葬年代都在亡国前不久[53]。可以想见,这两墓的墓主人生前应面临着十分窘迫的内外局面,长期作为楚国的附庸而无力扭转,随时面临着灭国危险。为了寄托忧国情怀,遂好古收藏,刻意收集先祖留下的遗玉等旧物,通过这种隐喻的方式来显示自身古老的文化传统。从月河墓随葬的龙山期至夏代遗玉看,原器保存基本完整的遗玉较多,加工待用和已改成新器的遗玉也为数不少,并且多是采用对剖工艺一分为二,对原器的形状并无大的改动。这都说明,墓主人生前刻意收集并珍藏的程度。黄君孟夫妇墓的 3 件完整玉神人作品也是这种行为的体现,说明黄国及其国君也面临着与养国同样的境遇,也就有了同样的寄托爱好。

第三个遗玉来源途径是商周王朝朝聘赏赐及诸侯之间交往而来。这主要是指诸墓葬中属于晚商和西周时期的遗玉。罗山天湖晚商墓地出土了龙山期玉环、有领玉环、璇玑等遗玉,分别出自 3 座墓,这些墓葬(以及其他 20 余座晚商墓)具有比较明显的商文化特征,包括墓底设腰坑、殉人殉狗,以及随葬的大量青铜器和陶器的形制与组合等,大多数玉器也是典型的商文化特征,与殷墟文化有着高度一致性。从有铭铜器可知,这里是晚商时期息国的贵族墓地,殷墟甲骨文中曾见有"妇息"的记录,有学者研究认为息国与商王通婚,是与商王朝保持密切联系的异姓方国[54]。另从妇好墓随葬了不少来自各地的史前遗玉看[55],商王室应保存有各地入贡的前代遗玉。因此,可推测天湖这些龙山期遗玉可能是从商王室赏赐而来,当然也可能是息国在当地收集的土著遗玉。

黄君孟夫妇墓是春秋中期偏早黄国国君的墓葬,从此墓夫人棺椁(G2)中出土 14 件铜器的铭文可知,黄君孟的夫人"孟姬"是姬姓女子。此女可能来自附近淮上或汉东诸姬姓国家,也可能来自周王室。另据《逸周书》和《左传》等文献记载,武王克商时曾在殷都掠获了大批玉器,并在封邦建国时赏赐给各地诸侯。由此可推测,黄君孟夫妇墓的 6 件晚商玉虎和西周玉鱼、玉玦,可能是朝觐周天子时赏赐而来,也可能是与周围其他诸侯国之间聘问交往过程中馈赠而来。月河墓除了随葬大量土著遗玉外,还有 2 件晚商玉虎和西周玉璜,国势弱小的养国几乎不见于文献记载,已有的几件青铜器铭文也很简短,透露的信息有限,推测养国很可能没有朝觐受恩的礼遇,这 2 件玉虎和玉璜应来自与周围其他诸侯国交往过程中馈赠之物。另外,月河墓随葬的龙山期至夏代遗玉数量较大,玉料来源也比较复杂,显非养国一国所产,这些土著遗玉中应有相当部分是与周围其他诸侯国,尤其嬴姓诸国交往过程中专门收集而来。当然,也有可能是墓主死亡时周边诸侯国前来助葬的"赗赙"行为。

淅川下寺楚墓 M7 没有兵器和车马器随葬,表明墓主人为女性,与其南北并列的

M8墓主人为男性,此墓的规格更高,并有车马坑祔葬,据有铭铜器可知墓主人为"楚叔之孙以邓",是楚国的高级贵族,研究认为,这2座墓应是夫妇异穴合葬墓[56]。据此推测,M7随葬的晚商玉牌饰可能是与其他诸侯国交往过程中馈赠而来,或者是从周围小国中掠夺来的。

## 四、结论和余论

综合本文的分析,豫南地区目前所知共有5处遗址的商周西汉墓出土了前代遗玉,主要包括罗山县天湖晚商墓地、光山县宝相寺春秋黄君孟夫妇墓、桐柏县月河春秋养子墓M1、淅川县下寺春秋楚墓M7,以及南阳市麒麟岗西汉墓M8等,共计出土约45件遗玉[57],其中月河墓出土最多,约有30余件。遗玉的存在状态可分为三种情况,一是原器保存基本完整,二是已加工待用,三是已改成新器。遗玉的年代也大致有三种情况,一是龙山期至夏代的牙璋、璇玑、玉圭、玉钺、玉斧、玉戈、玉矛、玉环、立鹰、卷尾神人、神人头像等,二是晚商文化的玉虎、玉戈、玉牌饰等,三是西周文化的玉璜、玉鱼、玉玦等。遗玉的来源途径主要有三个,一是当地龙山至夏代土著人历代流传而来,二是有些墓主人因特殊国情境遇而对遗玉着力收藏而来,三是商周王朝朝聘赏赐及诸侯之间交往而来。

在这些遗玉中,龙山至夏代的玉礼器占了大多数,其中包括引人注目的卷尾神人、神人头像和立鹰等,此前学界多认为其文化性质属于江汉地区的石家河文化,是从石家河文化传入的玉器。本文通过结合考古文化背景的分析提出,这些龙山至夏代的遗玉应属于中原地区龙山期文化即王湾三期文化,以及夏代的二里头文化,并受到山东龙山文化的强烈影响,传至商周时期则属于当地土著文化传统的遗玉。尽管有些遗玉也不排除来自南邻的江汉平原"后石家河"肖家屋脊文化的可能,但数量应是很少的。与此有关的问题,还涉及商周时期南阳盆地和淮河上游土著嬴姓方国的复杂历史发展背景,值得今后深入研究。此外,本文通过对玉器实物的观察发现,月河春秋墓随葬的土著遗玉数量众多,为商周时期墓葬所罕见,这一独特的文化现象和社会背景也值得进一步研究。总之,豫南地区出土的前代遗玉数量是比较多的,分布也比较集中,这在中原地区显得较为突出,本文的分析只是初步的,权作引玉之砖,以待识者。

**注释:**

[1] 杨建芳:《一件珍贵的石家河文化残玉鹰》,《中国文物报》1997年4月13日;林继来:《论春秋

黄君孟夫妇墓出土玉器》,《考古与文物》2001年6期;孙庆伟:《周代用玉制度研究》,上海古籍出版社2008年;丁哲:《考古出土改制玉器浅识》,《东方收藏》2014年1期。
[2][7] 赵成甫等:《试论桐柏月河春秋墓出土的牙璋》,《中原文物》1997年4期。
[3] 南阳市文物研究所等:《桐柏月河一号春秋墓发掘简报》,《中原文物》1997年4期。
[4] 南阳市文物考古研究所:《南阳古玉撷英》,文物出版社2005年。本文对月河墓出土遗玉的器物描述主要依据此书,少数依据简报和目验。下寺墓和麒麟岗墓同此。
[5] 参见山东博物馆等:《玉润东方:大汶口—龙山文化·良渚文化玉器文化展》,文物出版社2014年;中华玉文化中心等:《玉魂国魄——玉器·玉文化·夏代中国文明展》,浙江古籍出版社2013年。
[6] 中国社科院考古所二里头队:《1980年秋河南偃师二里头遗址发掘简报》,《考古》1983年3期。
[8] 河南省文物研究所等:《淅川下王岗》,文物出版社1989年。
[9] 参见中华玉文化中心:《玉魂国魄——玉器·玉文化·夏代中国文明展》,浙江古籍出版社2013年。
[10] 杨波:《山东五莲县丹土遗址出土玉器》,《故宫文物月刊》1996年2期。
[11] 参见山东博物馆等:《玉润东方:大汶口—龙山文化·良渚文化玉器文化展》,文物出版社2014年;中华玉文化中心等:《玉魂国魄——玉器·玉文化·夏代中国文明展》,浙江古籍出版社2013年;荆州博物馆等:《肖家屋脊》,文物出版社1999年;荆州博物馆:《石家河文化玉器》,文物出版社2008年。
[12] 杨式挺:《广东史前玉石器初探》,《东亚玉器》(第一册),香港中文大学中国考古艺术研究中心1998年;陈仲玉:《台湾史前的玉器工业》,《东亚玉器》(第一册),香港中文大学中国考古艺术研究中心1998年。
[13] 中国社科院考古所二里头队:《1987年河南偃师二里头遗址墓葬发掘简报》,《考古》1992年4期。
[14] 中国社科院考古所二里头队:《偃师二里头遗址新发现的铜器和玉器》,《考古》1976年4期。
[15] 陈国梁:《二里头文化铜器研究》,《中国早期青铜文化——二里头文化专题研究》,科学出版社2008年;井中伟:《早期中国青铜戈·戟研究》,科学出版社2011年。
[16] 中国社科院考古所二里头队:《河南偃师二里头遗址三、八区发掘简报》,《考古》1975年5期。
[17] 中国社科院考古研究所等:《妇好墓玉器》,岭南美术出版社,2016年。
[18] 河南省文物工作队第一队:《郑州市白家庄商代墓葬发掘简报》,《文物参考资料》1955年10期。图片见杨伯达:《中国玉器全集》(上),图版18,河北美术出版社2005年。
[19] 中国社会科学院考古研究所:《张家坡西周玉器》,文物出版社2007年;北京大学考古系等:《1992年春天马—曲村遗址墓葬发掘简报》,《文物》1993年3期;北京大学考古系等:《天马—曲村遗址北赵晋侯墓葬第二次发掘》,《文物》1994年1期;河南省文物考古研究所等:《三门峡虢国墓地》,文物出版社1999年。
[20] 南阳市文物考古研究所:《南阳古玉撷英》,图版7,文物出版社2005年。
[21] 荆州博物馆等:《肖家屋脊》,文物出版社1999年;荆州博物馆:《石家河文化玉器》,文物出版社2008年。
[22] 中国社科院考古所二里头队:《1984年秋河南偃师二里头遗址发现的几座墓葬》,《考古》1986年4期。
[23] 河南省信阳地区文管会等:《罗山天湖商周墓地》,《考古学报》1986年2期;信阳地区文管会等:《罗山天湖后李商周墓地第三次发掘简报》,《中原文物》1988年1期。

[24] 王洪明：《山东海阳县史前遗址调查》，《考古》1985 年 12 期；郑岩等：《山东安丘老峒峪遗址再调查》，《考古》1992 年 9 期。

[25] 栾丰实：《牙璧研究》，《文物》2005 年 7 期。

[26] 石璋如：《小屯丙区墓葬》（上），"中研院"史语所 1980 年。

[27] 河南信阳地区文管会等：《春秋早期黄君孟夫妇墓发掘报告》，《考古》1984 年 4 期。

[28] 林继来：《论春秋黄君孟夫妇墓出土玉器》，《考古与文物》2001 年 6 期；孙庆伟：《周代用玉制度研究》，上海古籍出版社 2008 年；丁哲：《考古出土改制玉器浅识》，《东方收藏》2014 年 1 期。

[29] 荆州博物馆等：《肖家屋脊》，文物出版社 1999 年；荆州博物馆：《石家河文化玉器》，文物出版社 2008 年；杨伯达：《中国玉器全集》（上），图版 134，河北美术出版社 2005 年。

[30] 江一莉等：《玉器时代：美国博物馆藏中国早期玉器》，科学出版社 2009 年。

[31] 杜金鹏：《石家河文化玉雕神像浅说》，《江汉考古》1993 年 3 期。

[32] 中国社科院考古研究所：《殷墟妇好墓》，文物出版社 1980 年；中国社科院考古研究所：《滕州前掌大墓地》，文物出版社 2005 年。

[33] 中国社科院考古研究所：《张家坡西周玉器》，文物出版社 2007 年。

[34] 中国社科院考古研究所：《张家坡西周玉器》，文物出版社 2007 年；山西省考古研究所等：《天马—曲村遗址北赵晋侯墓葬第三次发掘》，《文物》1994 年 8 期。

[35] 河南省文物研究所等：《淅川下寺春秋楚墓》，文物出版社 1991 年。

[36] 中国社科院考古研究所：《殷墟妇好墓》，文物出版社 1980 年。

[37] 南阳市文物工作队：《河南南阳市麒麟岗 8 号西汉木椁墓》，《考古》1996 年 3 期。

[38] 杨建芳：《一件珍贵的石家河文化残玉鹰》，《中国文物报》1997 年 4 月 13 日。

[39] 林继来：《论春秋黄君孟夫妇墓出土玉器》，《考古与文物》2001 年 6 期。

[40] [日] 林巳奈夫：《中国古玉研究》（杨美莉译），台北艺术图书公司 1984 年；邓淑苹：《雕有神祖面纹与相关纹饰的有刃玉器》，《刘敦愿先生纪念文集》，山东大学出版社 1998 年；杜金鹏：《石家河文化玉雕神像浅说》，《江汉考古》1993 年 3 期。

[41] 中国社科院考古研究所山东队：《滕州前掌大商代墓葬》，《考古学报》1992 年 3 期；中国社科院考古研究所：《滕州前掌大墓地》，文物出版社 2005 年；山东省文物考古研究所：《山东济阳刘台子西周六号墓清理报告》，《文物》1996 年 12 期；佟佩华、陈启贤：《山东济阳刘台子玉器研究》，台北众志美术出版社 2010 年。

[42] 王青：《海岱地区商周墓葬出土的史前遗玉略论》，《玉器研究通讯》2016 年 2 期。

[43] 参见中华玉文化中心等：《玉魂国魄——玉器·玉文化·夏代中国文明展》，浙江古籍出版社 2013 年；方燕明：《禹州瓦店遗址龙山文化玉鹰笄及相关问题》，《玉魂国魄——中国古代玉器与传统文化学术研讨会文集》（六），浙江古籍出版社 2014 年。

[44] 北京大学考古实习队等：《河南邓州八里岗遗址发掘简报》，《文物》1998 年 9 期；北京大学考古文博学院等：《河南邓州八里岗遗址 1998 年度发掘简报》，《文物》2000 年 11 期；河南省文物研究所：《淅川下王岗》，文物出版社 1989 年；郑州大学历史学院考古系等：《河南淅川县沟湾遗址仰韶文化遗存发掘简报》，《考古》2010 年 6 期。

[45] 河南省文物研究所等：《淅川下王岗》，文物出版社 1989 年；方城平皋台遗址的发掘资料现存河南省文物考古研究院，2006 年笔者曾参加该遗址的发掘实习。

[46] 何驽：《试论肖家屋脊文化及其相关问题》，《三代考古》（二），科学出版社 2006 年。

[47] 河南省文物研究所等：《淅川下王岗》，文物出版社 1989 年；北京大学考古学系等：《驻马店杨庄——中全新世淮河上游的文化遗存与环境信息》，科学出版社 1998 年。

[48] 荆州博物馆：《荆州荆南寺》，文物出版社 2009 年；湖北省文物考古研究所：《盘龙城：1963—

1994年考古发掘报告》,文物出版社2001年;向桃初:《二里头文化向南方的传播》,《考古》2011年10期。

[49] 韩建业:《禹征三苗探索》,《中原文物》1995年2期,收入《五帝时代——以华夏为核心的古史体系的考古学观察》,学苑出版社2006年;朱乃诚:《长江中游地区早期龙文化遗存的来源与炎帝的传说》,收入《中华龙:起源和形成》,三联书店2009年。

[50] 韩建业:《禹征三苗探索》,《中原文物》1995年2期,收入《五帝时代——以华夏为核心的古史体系的考古学观察》,学苑出版社2006年。

[51] 徐少华:《周代南土历史地理与文化》,武汉大学出版社1994年;徐少华:《荆楚历史地理与考古探研》,商务印书馆2010年。

[52] 湖北省文物考古研究所等:《湖北随州叶家山西周墓地发掘简报》,《文物》2011年11期。

[53] 河南信阳地区文管会等:《春秋早期黄君孟夫妇墓发掘报告》,《考古》1988年4期;南阳市文物研究所等:《桐柏月河一号春秋墓发掘简报》,《中原文物》1997年4期;董全生等:《桐柏月河一号春秋墓相关问题研究》,《中原文物》1997年4期。

[54] 河南省信阳地区文管会等:《罗山天湖商周墓地》,《考古学报》1986年2期。

[55] [日]林巳奈夫:《中国古玉研究》(杨美莉译),台北艺术图书公司1984年。

[56] 河南省文物研究所等:《淅川下寺春秋楚墓》,文物出版社1991年;河南省文物研究所编:《河南考古四十年》,河南人民出版社1994年。

[57] 豫南地区部分遗址墓葬还有些玉器如柄形器等,因为形制较驳杂,改制痕迹也不明显,学界对其年代和属性尚有争议,本文暂不纳入讨论。

(原载《中原文物》2017年1期,原题为《豫南地区商周西汉墓葬出土遗玉研究》)

# 巾帼藏家

## ——妇好墓出土的前代遗玉

  1976 年在安阳殷墟小屯发现的妇好墓（发掘编号 76AXTM5），是目前所知唯一一座未被盗掘的商王室大墓，年代在武丁前期。出土青铜器和玉器等近 2000 件（组），尤其出土了 750 余件（组）玉器，是先秦时期随葬玉器数量最多的墓之一。1980 年此墓发掘报告正式出版，详细介绍了各种玉器的基本信息，1982 年主要收录该墓玉器的《殷墟玉器》图录出版，公布 100 多件玉器的图像资料，为相关研究提供了重要基础资料[1]。根据这些资料，林巳奈夫先生于 1986 年首次指出"妇好墓玉器中掺有前代之物"，并通过与其他考古资料的比较甄别出数十件遗玉，年代主要属于大汶口、龙山至二里头时期，包括现在大家熟知的 350 号（为 M5 出土器物编号，下同）玉凤、964 号钩形器、1029 号璇玑等[2]。受此启发，以及后来出土的可比资料不断增多，学界继续对妇好墓中的遗玉做过一些探讨[3]。近年来，妇好墓出土玉器开始大规模对外展出，尤其 2016 年，在首都博物馆、山东博物馆和广东博物馆举办了三场妇好墓出土玉器的专题展览，使研究者可以近距离观察这批玉器实物。首博和粤博还出版了高质量的玉器图录，分别收入妇好墓玉器 300 余件（组）和 700 余件（组），全面介绍了这批玉器的图像信息，为研究提供了极大便利[4]。这两本图录还收入了部分研究论文，其中粤博图录发表的朱乃诚先生长文，全面深入研究了妇好墓出土的玉器，尤其是集中探讨了其中包含的遗玉，共甄别出武丁前期之前的遗玉 200 余件[5]。这是目前为止研究妇好墓出土遗玉用力最深的成果，建立在仔细目验实物的基础之上，有关认识多可信从，为今后的研究奠定了重要基础。

  2015 年，杜金鹏先生主持的"妇好墓玉器研究"课题获得中国社科院"创新工程"立项和国家社科基金立项，并于当年秋季在北京组织了妇好墓玉器实物标本的现场考察和检测分析。2017 年 1 月，本项课题的阶段性成果已先期出版图录，发表了 100 件玉器的观测结果和初步认识（包括高清晰特写图像）[6]。笔者作为该项目子课题的承担者,参加了这次现场观摩,通过仔细观察和分析,并与课题组其他成员做了充分沟通交流,从考察的 100 余件玉器标本中甄别出 28 件前代遗玉。在此基础上又收集相关图录资料及研究成果,对此墓出土的其他遗玉做了概要分析。本文即为此次遗玉实物考察的主要成果[7],因为考察的玉器数量比较有限,只能就部分遗玉标本及其反映的相关问题进行初步讨论,谬误之处还请批评指正。

# 一、遗玉标本辨析

根据笔者的观察和前人的研究成果,这 28 件遗玉的文化性质及年代主要属于兴隆洼文化、红山文化、夏家店下层文化、齐家文化、陶寺文化、龙山文化和二里头文化等,地域上主要来自燕山以北地区、西北地区、中原地区与海岱地区等。

## (一)来自燕山以北地区的遗玉

约有 4 件。标本 1108 号玉玦,玉质温润细腻,黄绿色,局部可见沁染朱砂的痕迹。体呈圆环形,一侧有窄缺口,断面呈六棱形,缺口处不太规整,线(绳)切割的痕迹明显。直径 3.9、孔径 1.7、厚 0.6 厘米(图一,1)。标本 964 号玉钩形器,玉质温润,浅蓝色,局部有沁斑。以中部的两道凸箍为界,上部为钩状扁圆柱体,下部为扁圆柱状柄,柄的下端有小圆孔。长 9.1、后段宽 1.9、厚 0.5 厘米(图一,2)。标本 948 号玉

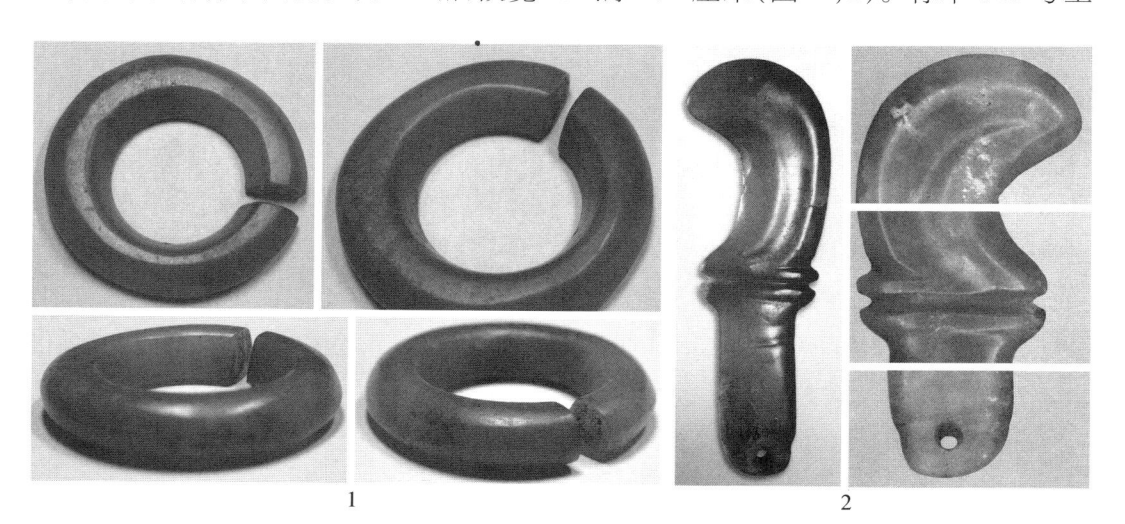

**图一 妇好墓 1108 号玉玦和 964 号钩形器**

·巾帼藏家——妇好墓出土的前代遗玉·　　　　　　　　　　　　　　　　　　　　·73·

勾云形佩，玉质温润，黄绿色，局部有褐色沁斑。圆角长条形，上端中央有一小豁口，两侧各有一个桯钻小圆孔，下端中部为三个内凹的弧形缺口，形似横列的锐齿。器身上可见几个横向的柳叶形凹槽，应是经过打磨和再加工将原有纹饰磨去的遗留。长 6.2、宽 1.9、厚 0.4 厘米(图二，1)。标本 1029 号玉璇玑，玉质细腻温润，呈绿色，局部有沁斑和崩残、切割痕迹。体呈环形，内圆呈梨形，外缘上有 3 个大致等距离分布的机牙，机牙沿同一方向旋转，其中一个机牙遗有明显的片切割刀痕。环体外侧和内侧靠近边缘处，逐渐变薄的趋势比较明显。周缘长径 6.1、孔径 2.3、厚 0.3 厘米(图二，2)。

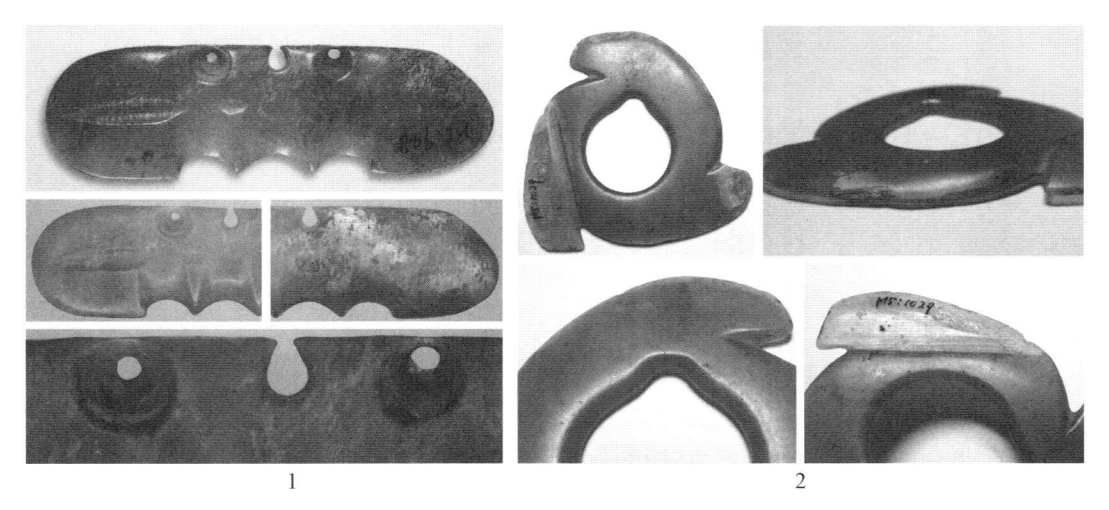

**图二　妇好墓 948 号勾云形佩和 1029 号璇玑**

　　以上 4 件玉器的工艺和形制等项特征，大多符合燕山以北地区玉器的特点。如玉玦的环体较粗并呈六棱形断面，内圆为逐渐下陷的盘形大孔，缺口的断面不整齐，应是采用线切技术打口的痕迹。这些都是时代很早的工艺特点，尤其与兴隆洼文化的玉玦很相似，在内蒙古敖汉旗兴隆洼、辽宁阜新查海等遗址都有出土(图三，1)[8]。而商代的玉玦与这件明显不同，如妇好墓就出有不少新做玉玦，尺寸普遍较大，片状环体的断面呈扁平长方形，且装饰着典型的晚商玉器双钩阴线纹饰，这些都是晚商时期很流行的样式，像 1108 号这种素面粗体小玦基本不见。所以，1108 号玉玦应是一件兴隆洼文化的遗玉。964 号钩形器和 948 号勾云佩这两件玉器，仅就器形就可判断是红山文化的遗玉，在辽宁朝阳牛河梁、东山嘴、内蒙巴林右旗那斯台等红山文化遗址已多有出土(图三，3、5)[9]，是很流行的红山玉器样式，不见或少见于其他考古文化。

　　但值得注意的是，在夏家店下层文化的大甸子墓地也有类似玉器发现(图三，

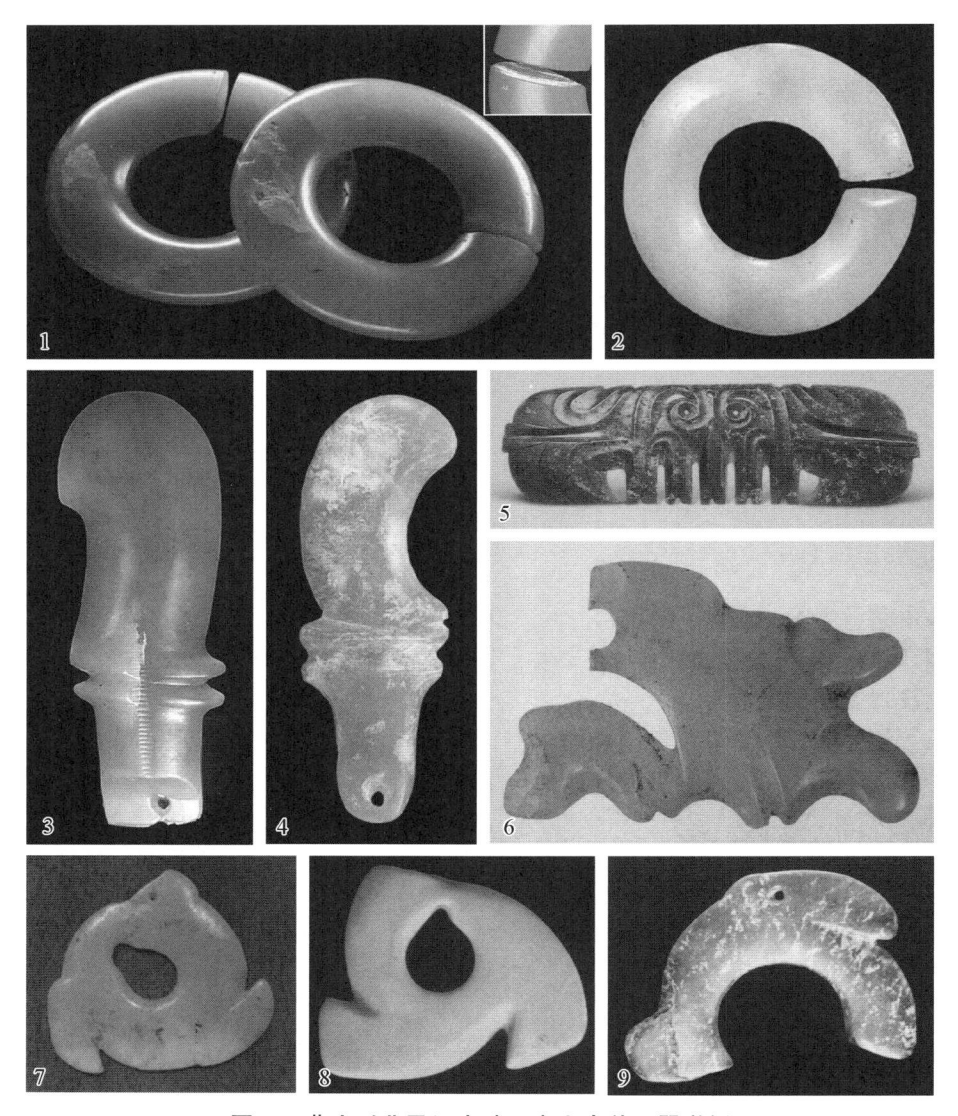

**图三　燕山以北及辽南地区出土史前玉器举例**

1. 兴隆洼玉玦　2、4、6、9. 大甸子玉玦、钩形器、勾云形佩、璇玑　3. 那斯台钩形器　5. 牛河梁勾云形佩　7. 吴家村璇玑　8. 南宝力皋吐璇玑

2、4、6)[10]。大甸子的这些玉器早已引起学界关注,但过去多从工艺和文化的传承上讨论[11],近年来随着研究不断深入,陆续有学者指出,大甸子这几件玉器应是兴隆洼文化和红山文化的遗玉,而非继承工艺和文化因素制作的新玉[12]。笔者对此表示赞同,换言之,妇好墓的3件遗玉应是先由夏家店下层文化在当地收集起来,再辗转进入殷墟成为妇好的随葬品。大甸子墓地还出土了1件玉璇玑残件,环体靠近边缘处逐渐变薄(图三,9),另在内蒙扎鲁特旗南宝力皋吐新石器晚期墓地也出土了1件玉璇玑,除了环体边缘逐渐变薄,内圆呈现梨形(图三,8)[13],与

妇好墓1029号玉璇玑相同。在辽东半岛南部沿海也较多见,如小珠山、四平山等相当于大汶口和龙山时期遗址即有出土(图三,7)[14]。可见,这种形制和工艺的玉璇玑应流行于燕山以北至辽东一带,其他地区尚不多见。综合这些情况,我们认为这件玉璇玑应属于北方草原地带的遗玉,再由夏家店下层文化获得并输入殷墟。

兴隆洼文化、红山文化和夏家店下层文化基本都在燕山以北地区,主要分布于赤峰、朝阳为中心的内蒙东部和辽西一带,年代都早于妇好墓所在的晚商时期(殷墟文化二期早段),这4件玉玦、钩形器、勾云佩和璇玑从遥远的北土来到殷商王朝,期间必定经历了辗转曲折的过程,尤其是1108号玉玦,距离妇好墓的年代已有5 000年左右,而且形状基本保持完整,成为妇好墓中年代最古老的遗玉。以大甸子墓地的相关发现看,很可能是夏家店下层文化的某些高级贵族收集的前代遗玉,再贡献给商王朝,最后葬于妇好墓中。

## (二) 来自西北地区的遗玉

约有3件。标本1244号玉琮,整体呈黄绿色,局部受沁发白。琮体较矮,射口较厚并呈较规整圆形,四个角面光滑素面,原来应无饰纹,也未经后来打磨改制。通高4.9、射径6.5、射高0.5、射壁厚0.4厘米(图四,1)。标本519号玉鱼,淡绿色,局部受

**图四　妇好墓1244号玉琮、519号玉鱼、1026号玉兔**

1. 1244号　2. 519号　3. 1026号

沁呈褐色。以阴刻单线勾勒鱼身,鱼尾为双钩阴线,纹饰较浅不流畅,可能未完工。长 10.9、宽 3.7、厚 0.3 厘米(图四,2)。标本 1026 号玉兔,黄褐色,局部受沁严重颜色较深。以双钩阴刻线勾勒兔子的主要部位,纹饰较浅不流畅,应是未完工的打稿线。长 10.2、宽 3.7、厚 0.4—0.5 厘米(图四,3)。

1244 号玉琮属于矮体琮,目前所知龙山时期的玉琮多为矮体(详后),齐家文化前期的年代落在龙山晚期,已发现的齐家文化玉琮也多为矮体(也有高体者),基本符合这个时代的总体特征,而且齐家玉琮多见素面者。从这一背景看,1244 号玉琮很可能属于齐家文化。对此,朱乃诚的判断也基本相同。朱氏还列举妇好墓出土的数十件弧形玉璜、玉鱼等,认为是利用齐家文化的玉璧、多璜联璧改制而成。从考古发现看,齐家文化的墓葬以素面的玉璧、多璜联璧或玉璜随葬比较多见,如甘肃武威皇娘娘台、天水师赵、青海民和喇家等遗址所见(图五)[15]。而 519 号玉鱼和 1026 号玉兔都呈明显的弯弧形,局部可见原器的弯弧老边,显然是以玉璧或璜片改制而成。而

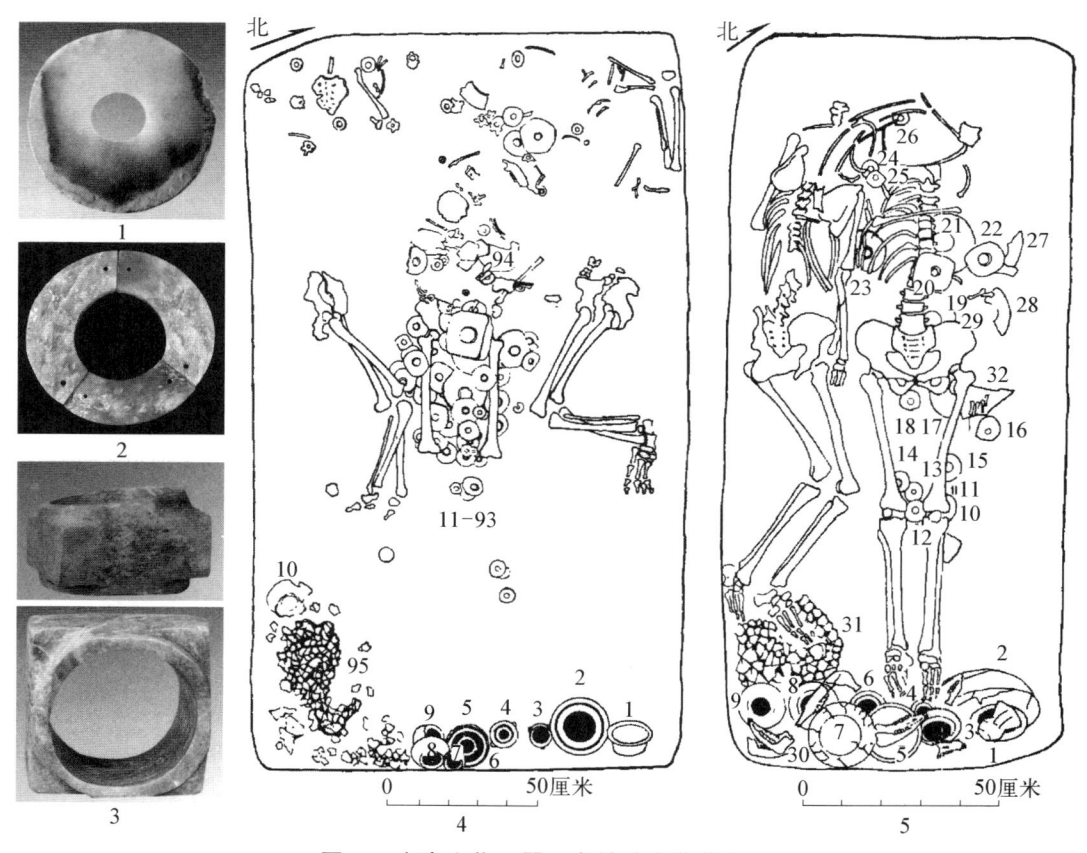

**图五　齐家文化玉器及皇娘娘台墓葬举例**

1. 皇娘娘台玉琮　2. 师赵三璜联璧　3. 喇家玉琮　4. 皇娘娘台 M48 平面图(图中编号 11—93 为玉石璧,94 为玉璜)　5. 皇娘娘台 M52 平面图(图中编号 10—29 为玉石璧)

且 1026 号玉兔和另一件玉兔(471号)的质料、尺寸和形制都基本相同,明显是把一件旧器对剖而成。另外,妇好墓还出土了 20 余件璜形玉片(图六),与齐家文化的宽体玉璜或多璜联璧的璜片很相似,朱氏也断为齐家文化的遗玉。这样看来,妇好墓随葬的齐家文化遗玉应不在少数,只不过多已被分解改成它器了。

图六　妇好墓出土齐家文化璜形玉片举例

## (三) 来自中原和海岱地区的遗玉

约有 21 件。其中玉钺 4 件。标本 1325 号,下部已残失,上部为褐色,大部受沁严重颜色较深。中部有一大圆孔,孔壁较直较规整,应是管钻工艺打孔。孔下饰两道较粗的凸棱。残高 8.3、宽 5.1、厚 0.5 厘米(图七,1)。标本 15 号,白色泛黄,含较多灰色小花斑。钺身窄长,弧刃,上部有一大圆孔,孔外可见绑缚木柄的条带状磨痕,比较明显。长 22.2、宽 5.2、厚 0.6 厘米(图七,2)。标本 1094 号(原称铲),黄绿色,局部受沁颜色发深。钺身一面较平整,另一面多有不平,可能是玉料原皮。钺身上部有一大孔,孔径上大下小,孔壁也不规整,孔底圆钝,应是桯钻打孔工艺。长 17.7、刃宽 7、厚 0.7 厘米(图八,1)。标本 462 号,重量较轻,钺身因受沁严重呈深绿色和褐色,局部染

图七　妇好墓 1325 号和 15 号玉钺

有朱砂。上部有一大圆孔,孔壁较直较规整,应是管钻工艺。光下检测未见装柄绑缚痕迹。长16.1、顶宽4.2、厚0.4厘米(图八,2)。

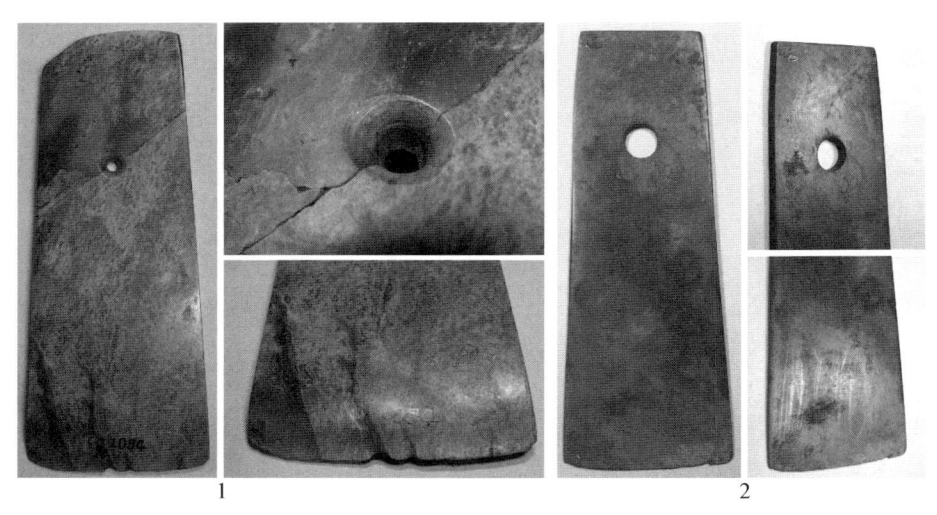

**图八 妇好墓1094号和462号玉钺**

以上4件玉钺中,1094号、462号均为窄身薄材,打孔采用桯钻或管钻工艺,将这种形制和工艺特点综合考虑,应是龙山至二里头时期的遗玉,因为这种玉钺在这一时期最多见(或称玉铲),如山东临朐西朱封、山西襄汾陶寺、陕北石峁、芦山峁、河南巩义花地嘴、偃师二里头等遗址都有出土(图九,1—4)[16]。1325号玉钺装饰两道突棱,目前以二里头遗址发现突棱玉器较多,应是从这一时期开始流行的。15号玉钺钺身窄长,与二里头遗址72ⅢKM3:3比较近似(见图九,3)[17],过去多认为这件是圭,但朱乃诚近年通过仔细目验,在穿孔周围发现了木柄绑缚的磨痕,可知应是装柲使用的钺[18]。15号身上也发现了这种磨痕,再加上窄长的形制,所以也可断定是玉钺,并且是二里头时期的遗玉。

玉戚2件。标本560号,淡蓝色,局部受沁泛白。弧刃较宽,戚身呈明显的凤字形。器形不规整,两面凹凸不平,可见多道弧形线切割槽痕,槽痕宽浅而长,两侧扉牙粗壮粗糙。上部一个稍大圆孔应为管钻工艺,孔壁较规整,一侧扉牙和刃部一角分别可见一个小圆孔,孔径上大下小,孔底圆钝,应是桯钻工艺打孔。长9、宽3.6—7.3、厚0.3厘米(图一〇,1)。标本585号,重量较轻,墨绿色,局部有褐色矿物结晶斑块。狭长戚身两侧各有两对扉牙,中部偏上有一个一面桯钻圆孔,左上角残留有一个更大圆孔的部分弧形,为两面桯钻,表明原来应有一大一小两个钻孔。推测原应是有两孔的玉钺,残断后改制成玉戚。长11.2、宽4.5—5.2、厚0.3厘米(图一〇,2)。

图九 中原及海岱地区出土玉钺、玉戚举例

1. 西朱封玉钺 2. 石峁玉钺 3. 二里头玉钺 4. 陶寺玉钺 5. 黎城玉戚 6. 丹土玉戚
7. 二里头玉戚

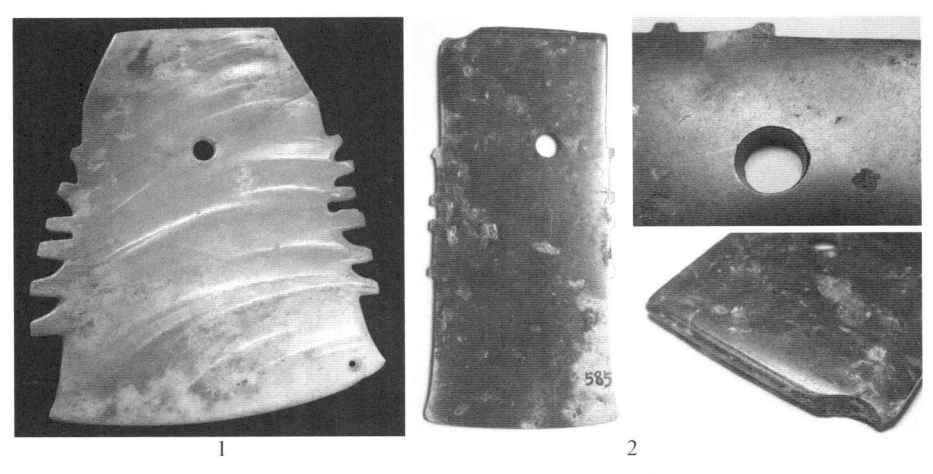

图一〇 妇好墓560号、585号玉戚

1. 560号 2. 585号

以上 2 件玉戚中,585 号材质较薄,还有矿物结晶斑块,这与山西黎城发现的玉戚比较相近,黎城戚多认为属于龙山时期(图九,5)[19],而 585 号左上角残留的圆孔表明,其应是就旧器改制的,亦即旧器应该属于龙山时期。玉戚以两侧装饰扉牙为最大特点,也是龙山时期最为流行,而且也多有两孔,目前所知以山东五莲丹土遗址发现的玉戚年代较早,两侧的介字形扉牙还比较纤弱,约在龙山早期(图九,6)[20],到二里头时期扉牙变粗,介字形已不显,如二里头遗址发现者(图九,7)[21],到商代则扉牙普遍变得粗壮,就如 585 号所见的扉牙。所以我们推断 585 号戚应是龙山时期的遗玉,在晚商时期被改制。560 号戚有三个穿孔,其中两个桯钻小孔分别打在侧边和刃角,都不合乎玉戚或玉钺的规制,所以也可断定是一件遗玉。从采用比较原始的线切割开片工艺看,原器的年代应该很早,约在龙山时期或更早。从扉牙粗壮看,改制的时间应在晚商时期,只是因为改制过甚,原器形已不可知。

玉璧和有领玉璧 4 件。标本 487 号有领璧,玉质一般,重量明显较轻,黄褐色,局部有深褐色沁斑。整体呈规整的环形,内圆上有一周矮领,环体上隐约可见两三周同心圆浅痕。直径 10.5、孔径 5.1、孔壁高 0.7 厘米(图一一,1)。标本 339 号玉璧(环),绿色略暗,局部受沁有褐斑,环体上可见数周规整的同心圆纹,沿环体内侧一圈颜色明显较浅较新,应是切去矮领遗留的痕迹,光下看切领留下的矮台也比较明显。可知此璧原来应是有领璧。直径 9.5、孔径 5.7、孔壁高 0.5 厘米(图一一,2)。标本 451 号

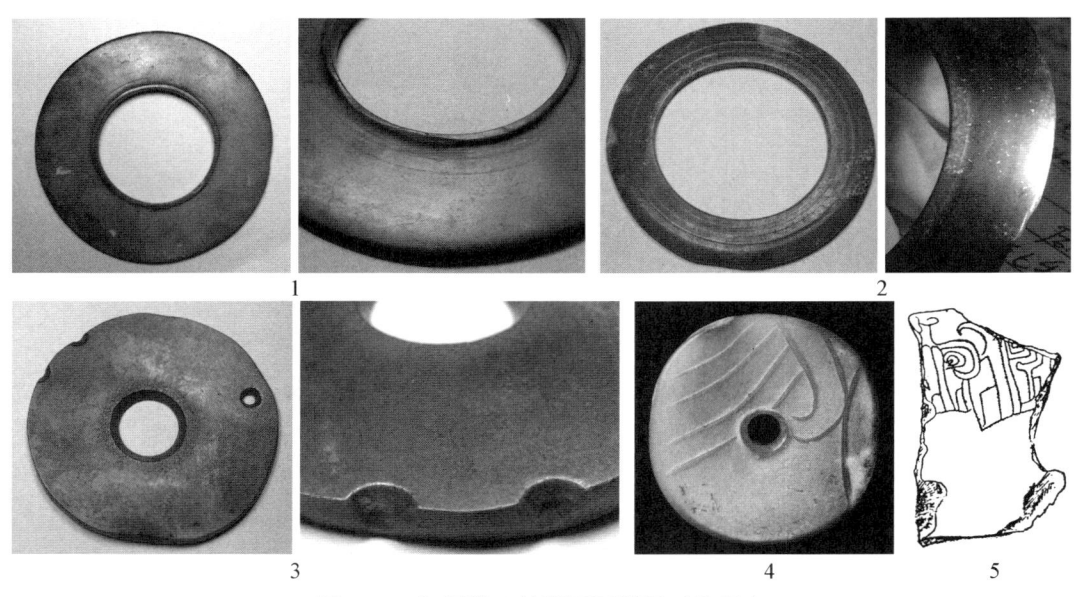

**图一一 妇好墓 4 件遗玉玉璧及对比标本**

1. 487 号　2. 339 号　3. 451 号　4. 455 号　5. 两城镇出土刻纹陶片

玉璧,浅绿色,局部有黄色沁斑。整体为圆形,中央大圆孔的周围有密集的小琢点,应为琢制再桯钻,外缘有两个桯钻小圆孔的弧形残断凹窝,靠近外缘还有一个完整小圆孔,也是先琢制再桯钻。以边缘的两个残孔看应为改制器,原来应是钺铲之类,残断后改成璧用。直径7.2—7.6、孔径1.7—2.2、边厚0.3—0.7厘米(图一一,3)。标本455号玉璧,个体较小,白色,局部受沁有红斑。两面可见刻饰有类似卷云纹的纹饰,但都已不完整,中央的圆孔也打破纹饰(图一一,4)。

以上4件玉璧和有领玉璧中,487号有领比较明显,339号切领后的遗痕也较明显。目前所知,有领玉璧约产生于龙山时期,在山西芮城清凉寺、临汾下靳和山东海阳司马台等遗址都有出土(图一二,1、2)[22]。而且487号的玉质一般,重量较轻,与有些龙山玉器类似,应是一件保存完整的龙山期遗玉。339号从切领改制推断很可能也是遗玉,但其环体上的同心圆纹饰比487号更粗壮规整,应是晚商时期的工艺,即晚商时将矮领切掉后,又在环体加刻同心圆纹,可能是改做玉环。451号玉璧用桯钻打孔的工艺较原始,目前多见于龙山玉器上,所以推测是在龙山时期将残断的钺或铲改制成玉璧,制成的玉璧上另有一孔,看似不太规范,但已知在襄汾陶寺已发现过这种环体有穿孔的玉璧(图一二,3)[23]。455号玉璧从饰纹已不完整看应是旧器,其饰纹类似卷云纹,刻的比较流畅但不太规整,与商代已经程式化的规整卷云纹不同,具有龙山时期的某些风格,如山东日照两城镇遗址即出过这种风格的刻纹陶片(图一一,5)[24],所以推断455号原器应属于龙山时期,残断后改为小玉璧使用。

玉琮4件。标本594号,浅绿色,局部受沁严重泛白,一角质地粗糙并已破碎残损。四个角面经打磨较光滑,仍遗有细浅弦纹,其中一面下部可见至少4道弦纹刻线,应是磨去原有纹饰的遗留。射口外缘略呈六边形,而非规整圆形,显然是打磨角面纹饰使琮身减损所致。角面顶端等部位遗有较厚朱砂。通高6.5、射径5.7、射高0.6、射壁厚0.2—0.4厘米(图一三,1)。标本307号,绿色有灰斑,琮体较矮,圆角方形,略现射口,四角较厚,角面较直较薄,角面上可见细浅竖线,有些大致可组成长方形框,应是磨去原有纹饰的遗留。长径7.7、高4.1、壁厚约0.4厘米(图一三,3)。标本997号,浅绿色,大部受沁发白呈褐色,矮体琮,四角突出略呈内圆外方,角上装饰规整的变体兽面纹,每两个兽面上下相对构成一组,浅浮雕式,做工较精致。射径6.7、通高2.8、射高0.4、射壁厚0.5厘米(图一三,4)。标本1003号,绿色,局部受沁有褐斑。圆角方形,射口略显,四角装饰简化蝉纹,四角面装饰变体兽面纹,每两个兽面上下相对构成一组,有两面的纹饰结构较复杂,另两面较简单,都为浅浮雕式,做工不精。射径5.5、高4.2、射壁厚0.2—0.4厘米(图一三,2)。

**图一二　中原及海岱地区出土有领玉璧、玉璧及玉琮举例**

1. 清凉寺有领玉璧　2. 司马台有领玉璧及璇玑　3、5. 陶寺玉璧及玉琮　4、7. 芦山峁玉琮
6. 丹土玉琮　8. 小屯玉琮　9. 张家坡玉琮

以上4件玉琮除了594号略高,其余较矮。纵观先秦时期玉琮的总体演化趋势,良渚文化的玉琮由矮渐高再渐矮的演变比较明显,纹饰也由繁缛逐渐简化,晚于良渚的龙山时期玉琮则继续变矮,纹饰也进一步简化,直至只有几道象征性的弦纹,如山东五莲丹土和陕西延安芦山峁、山西芮城清凉寺、襄汾陶寺等地出土者(图一二,4—7)[25],而能确定为商周时期制作的玉琮又趋变高,纹饰也再趋复杂,如殷墟和陕西西安张家坡等遗址出土者(图一二,8、9)[26]。由这一演化趋势看,594、307号两件装饰弦纹的较矮玉琮应属于龙山时期。997、1003号两件也是矮体琮,具有龙山时期玉琮的某些特点,其装饰的变体兽面纹尽管不见于龙山期,但与商代流行的饕餮纹也不相同。从目前的考古发现看,二里头文化的有些玉柄形器上装饰有阔口大眼兽面纹(详下),与这种变体兽面纹有相通之处,所以暂可推测997、1003号这两件玉琮可能是龙山至二里头时期的遗玉,或者是晚商模仿这种兽面做的复古纹饰。

**图一三 妇好墓 4 件遗玉玉琮**

1. 594 号  2. 1003 号  3. 307 号  4. 997 号

玉璜 1 件。标本 562 号,大部已残失,现存为长条形,两端已磨平并穿孔,内侧可见圆弧趋势,可知原器应为方形璇玑,残断后改制为玉璜佩戴。长 10.8、残高 3.3—4.2、厚 0.7 厘米(图一四,1)。由上文可知,璇玑这种器形早在大汶口和龙山时期就已出现,早先流行圆体璇玑,到龙山早期又出现另一种方形玉璇玑,如五莲丹土、芮城清凉寺、神木石峁等遗址出土者(图一四,3、4)[27],应是就方形玉材加工而成,以节省材料和时间。562 号器可复原成四角方形的形制(图一四,2)[28],与清凉寺墓地出土的

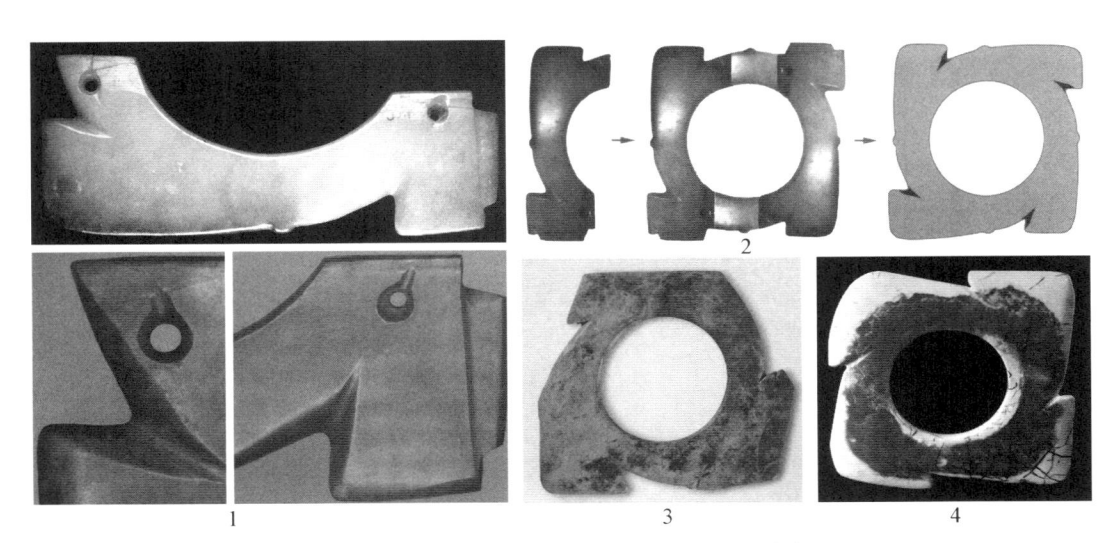

**图一四 妇好墓 562 号玉璇玑及对比标本举例**

1、2. 562 号及其复原  3. 丹土玉璇玑  4. 清凉寺玉璇玑

玉璇玑很相近,所以可断定是龙山早期的遗玉,后来就残断的一小段磨平并加刻穿孔,改成玉璜使用。

玉柄形器 5 件。标本 335 号,一面为绿色,一面因受沁有褐斑。柄身两面均装饰纹饰,纹饰的图案结构基本相同,为 6 个阴刻变体兽面纹,可分上下相对的两组,上部 3 个为正视兽面,下部 3 个为倒视兽面。纹饰做工精致,图案也较生动。侧面可见一道竖向刻槽,应是剖材刀痕。长 15.3、宽 1.1、厚 1 厘米(图一五,1)。标本 1075 号,大部受沁呈黄褐色,柄身较长较厚重,四面均装饰纹饰,纹饰的图案结构基本相同,为浅浮雕式丫形纹饰,做工较规整。长 14、宽 2.7、厚 1.5 厘米(图一五,3)。标本 565 号,浅绿色,局部染有朱砂,柄身较长较厚重,四面均装饰纹饰,纹饰的图案结构基本相同,为浅浮雕式丫形纹饰,做工较规整。长 21.4、宽 2.5、厚 1.3 厘米(图一五,2)。标本 554 号,黄色略泛绿,下部有褐斑。柄身细长,上下可见两层突出的丫形装饰,中部器身也隐约可见数个丫形装饰的浅痕,应是改制磨平的残留。长 20、宽 2.2、厚 1 厘米(图一五,4、5)。标本 1295 号,绿色,顶上有红褐斑,下部已残失,磨为斜刃。顶部可见三道细凸弦纹,其余大部素面。残长 5、宽 1.5、厚 1.4 厘米(图一五,6)。

以上 5 件柄形器中有 3 件装饰着丫形纹。目前所知,玉柄形器在二里头文化中比较常见,器身上也有丫形装饰,如二里头遗址就有出土,尤其是 75ⅥK3 出土的一

**图一五　妇好墓 5 件遗玉柄形器**

1. 335 号　2. 565 号　3. 1075 号　4、5. 554 号　6. 1295 号

件,雕刻精美,四面都有三组丫形纹和兽面纹清晰可见,堪称柄形器的精品(图一六,1、2)[29]。如果把相邻两面的纹饰合并,就可复原出完整图案,其中上部和中部的两组图案相同,即一个头戴高羽冠的阔口大眼兽面形象(图一六,3),由此可知所谓的"丫形纹"实际是高羽冠的简化形式,与565、1075、554号这三件的丫形纹相同,所以这三件应是二里头文化的遗玉。335号柄形器的形制与这三件基本相同,身上装饰的变体兽面纹与复原的高羽冠兽面有相通之处,很可能是二里头文化的遗玉(或者是晚商做的复古纹饰)。至于1295号素面柄形器,在二里头遗址也多有发现,如85ⅥK8出土者(图一六,4)[30],所以也可断为二里头文化的遗玉。

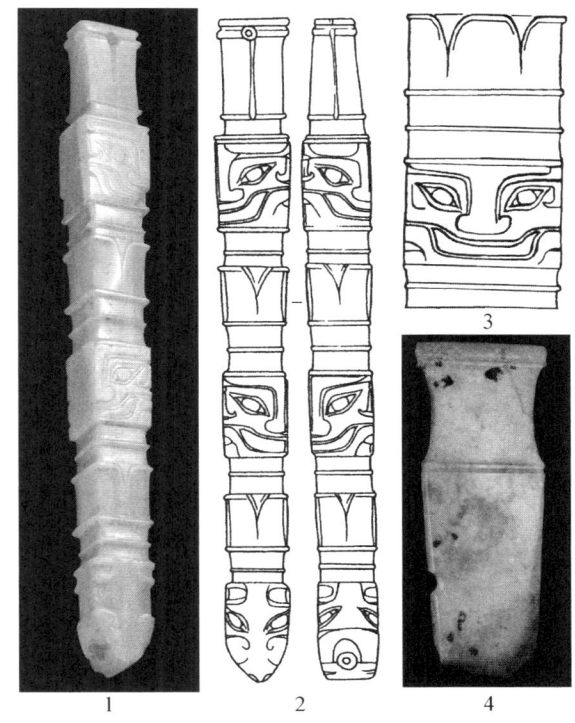

图一六　二里头遗址出土柄形器举例
1—3. 75ⅥK3出土及其兽面复原　4. 85ⅥK8出土

玉鹰形笄1件。标本942号,淡黄色,局部受沁有红斑。体呈细棒状,装饰着以减地法雕刻的立鹰形象,局部已磨损不清。直径0.6—1.5、长8.5厘米(图一七,1)。类似鹰形玉笄曾在湖北黄陂盘龙城商代遗址出土[31],但鉴于湖北天门石家河、荆州枣林岗等遗址从瓮棺葬中出土了更早的鹰形玉笄(图一七,2)[32],学术界长期将这种玉笄视为石家河文化的遗玉。近年来,中原地区也不断出土了类似玉笄,如河南禹州瓦店、偃师二里头、陕北石峁等遗址(图一七,3—5)[33],年代在龙山至二里头时期。与此同时,学者们通过研究认为,龙山晚期中原的王湾三期文化曾大举南下进入江汉平原(可能与史载的"禹征三苗"有关),极大改变了石家河文化的原有面貌,形成了新的"肖家屋脊文化",原来认为属于石家河文化的神人或动物造型的玉器,就是在这种背景下传入的[34]。这样看来,石家河、枣林岗等地发现的鹰形玉笄应是龙山晚期从中原传入的,进言之,妇好墓942号鹰形玉笄很可能是来自中原地区的遗玉。

以上将21件玉器笼统断为来自中原及海岱地区的遗玉,主要是考虑在龙山至二里头时期,中原和海岱两地的玉器传统比较近似,共性较多,有些甚至难以区分(柄形器等除外)。这在上述有领璧、矮体琮、璇玑、钺、戚等玉器上都有体现,其他如牙璋、

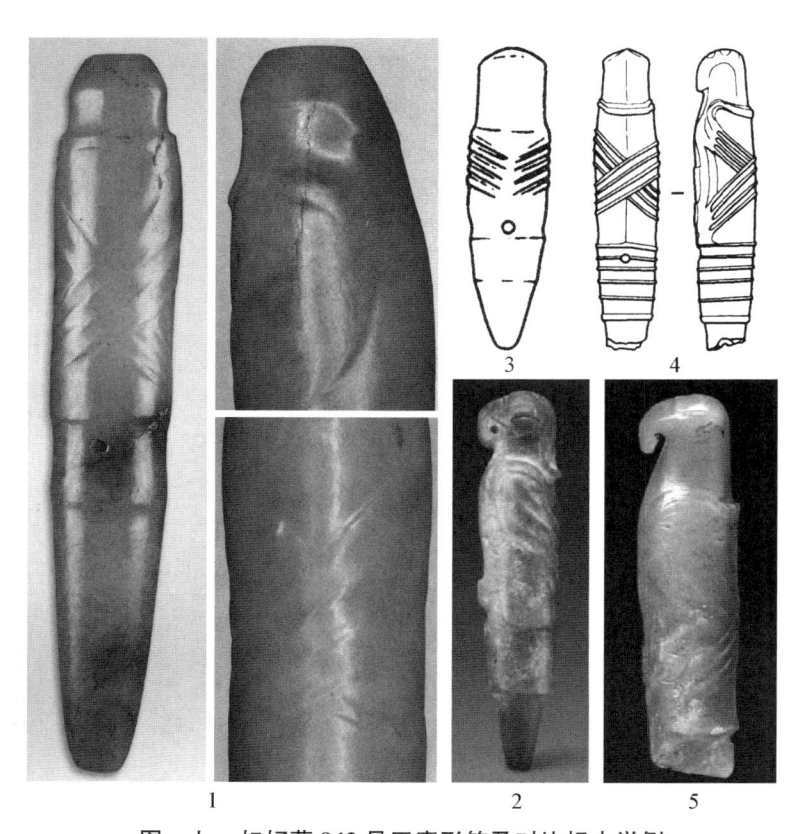

**图一七 妇好墓942号玉鹰形笄及对比标本举例**
1. 942号 2. 枣林岗出土 3. 瓦店出土 4. 二里头出土 5. 石峁出土

圭等也是如此。而且现在随着资料的增加，陆续有学者主张，这些玉器中的多数应起源于海岱地区，后来随着双方交往越来越密切，传入了中原地区并继续演化发展。如上文论及的主要分布在晋南和山东的有领玉璧，在更早的山东泰安大汶口遗址还发现了象牙质有领环，所以有学者认为晋南出现的有领璧（环）应与东方有关[35]。其他如牙璋、璇玑（又称牙璧）等可能也是如此[36]。正是在这一背景之下，本文将妇好墓出土的中原和海岱遗玉并在一起论述。另外，就整体而言，陕北石峁、新华、芦山峁等遗址出土的龙山晚期至二里头期玉器，与中原及海岱地区的玉器应属于同一个系统，至少以目前的考古发现来看尚未明显超出这一范畴，所以我们把陕北玉器也纳入比较的范围。

## 二、相关问题分析

学界早已认识到，妇好墓是迄今为止一次出土玉器最多的先秦时期墓葬之一，现在通过目验分析我们又知道，妇好墓还是一次出土遗玉最多的先秦墓葬之一，随葬的遗玉数量多达200余件。笔者通过实物考察，从100多件玉器中辨识出至少28件遗玉，具体结果即如上文所述。可见，妇好墓随葬的遗玉比例是很高的，数量也很大。这在很大程度上可能会改变以往对妇好墓玉器统而言之的传统认识，也就是说，首先需要区分出妇好当世新玉和前代遗玉，再去分析妇好所在的武丁前期的制玉工艺和水平；其次，需要仔细分析遗玉存在的各种不同形态，再考察遗玉在武丁前期的玉器特点形成过程中是否产生过影响。只有这样，才能更准确地评价和总结妇好墓出土玉器的历史地位，以及由妇好墓玉器所代表的晚商玉器的整体特征。本着这一认识，并结合此次玉器实物考察的体会及朱乃诚的研究成果，以下着重对妇好墓遗玉反映的两个问题做简要分析，以此来考察武丁前期玉器传统的形成过程。

**（一）分解改制的方式**

妇好墓出土的遗玉数量众多，通过观察实物可以发现，其中原器保持完整的数量较少，大多数遗玉都经过了或多或少的分解改制，以便充分利用老玉料和玉材，制作出适用于新使用目的的"新器"。从改制程度来看大致有三种情况，一是基本保持原貌的遗玉，二是已加工成半成品的遗玉，三是已改制成"新器"的遗玉。而具体的改制方式或做法更多更复杂，需要进行更细致的总结和考察。为此，在不考虑遗玉的原有文化属性和来源地的前提下，我们根据观察实物和相关研究，可初步总结出不同种类遗玉被分解改制的几种方式，而这些不同方式又对武丁前期的玉器传统的形成产生了重要影响。这当中玉璧（含多璜联璧）、有领玉璧和玉琮的数量又占多数，所以改制再利用的情况最多最典型。

有领玉璧有明显的矮领，所以可观察到的分解改制痕迹也较明显，总体而言主要有四种方式，其中两种又有几个具体的改制做法（图一八）。第一种方式是就原器稍作加工，制作出新的C形玉龙和半圆形玉鱼等，标本589号和1025、927号可视为代表，其中后两件的材质、颜色和尺寸都基本一样，可断定是把一件有领璧一分为二做成了两件半圆形玉鱼。第二种方式是就切去矮领的璧环再加工，具体又有两个做法，一是做成新的玉璧或玉环使用，如标本339号所见；二是截取璧环的一段做成弧形的玉人、鱼、鸟、虎、璜和嵌件等，如518、1256、385、1397号所见。第三种方式是将切下的矮领进行再加工，具体也有两个做法，一是做成玉镯等使用，如标本1049号所见（原称器座饰），底部还保留了有领璧环体的一小部分；二是截取矮领的一段做成拱形玉鱼等小件，如标本1425号所见。第四种是将璧芯加

(1105号)
璧芯做纺轮等

(589号)
就器做C形龙、半圆形鱼等

(1025、927号)

(487号)
完整原器

(339号)
去领做璧(环)等

(518号) (1256号) (385号) (1397号)
截璧环做弧形人、鱼、鸟、虎、璜、嵌件等

(1049号)
就领做镯等

(1425号)
截领做拱形鱼等

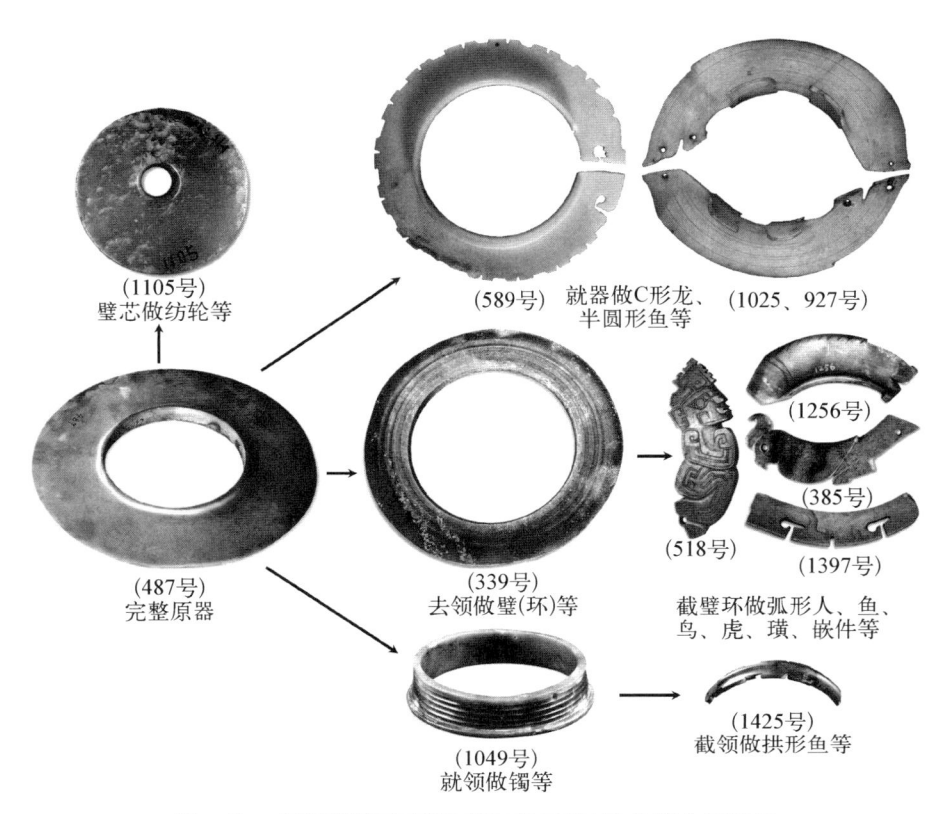

**图一八　妇好墓遗玉有领玉璧（及玉璧）的分解改制图示**

工成纺轮、坠饰等小件使用，或穿孔或不穿孔，如1105号标本所见。这四种改制方式中，除了第三种外其他方式也应适于无领的单纯玉璧，实际上，妇好墓出土的经过分解改制的遗玉玉璧数量更多，包括直接利用璜片的多璜联璧，不再多述。

　　妇好墓的遗玉玉琮数量也不少，但由于其形制比玉璧和有领玉璧复杂，改制比较费工，所以改制的方式不如玉璧或有领玉璧多。目前观察主要有三种方式（图一九）。一是就原器稍作加工，磨去原有纹饰刻上新的纹样，这些纹样有的是晚商流行的新纹样，有的可能是模仿前代做的复古纹样，如标本997号、1003号玉琮所见，装饰着可能是复古风格的变体兽面纹。二是截去原琮的四角做成玉镯等使用，如595号、999号玉镯所见，为了便于佩戴还加刻了一对小孔。三是截取原琮的一角做成兽面等小件，一般会对琮角做大的改动，圆雕出兽面的轮廓，并刻饰晚商流行的饕餮纹，如578号、1290号标本所见，可能是用于悬挂或嵌挂的小件。

　　进一步分析还能发现，这些分解改制方式对晚商玉器传统的形成应有重要影

·巾帼藏家——妇好墓出土的前代遗玉·

（1003号）就器做复古纹饰 （997号）

（丹土出土标本）
完整原器

（999号）磨去纹饰做镯等 （595号）

（578号）截角做兽面等 （1290号）

**图一九 妇好墓遗玉玉琮的分解改制图示**

响,改制后的"新玉"样式也就成了晚商玉器的重要新品种。以形制比较简单、数量较多、改制也较多的玉璧和有领玉璧为例,由于受环体为圆形的限制,分解改制的"新器"只能是圆形、半圆形或弧形的,甚至还因此出现了少见的拱形玉鱼。郑振香先生早年通过目验妇好墓等出土的玉器,发现殷商流行以圆为雏形设计出来的弧形玉器,玉工们"创造了利用圆形设计多种动物形象的构思,从而出现了各种优美的兽、畜、禽鸟、鱼、龙和人形玉饰",这样做不仅比较省工,还可利用同一图案做出成对、成套的动物形象,并可以别出心裁地做出不同的形象,进而认为"这是殷人在玉雕工艺上的创新,丰富了玉雕工艺品的内涵"(图二〇)[37]。这一观点精当可从。而我们看郑州商城遗址出土的早商时期玉鱼(及蚌鱼)时就会发现,其形制多是平板长条形的,尚未见到弧形或拱形玉鱼[38]。可见,晚商时期出现并大量流行的弧形或拱形玉鱼,以及弧形的玉人、虎、鸟等造型的玉器,显然是受了分解圆形遗玉的影响才产生的,并形成了一些很流行的玉器新样式,甚至直到西周时期这种形制的玉器仍有延续,如西安张家坡西周墓地就出土了弧形玉鱼(图二一,右)[39]。由此可见,对圆形的遗玉玉璧及有领玉璧的分解改制,对晚商流行弧形玉器这一传统的形成产生了重要影响。

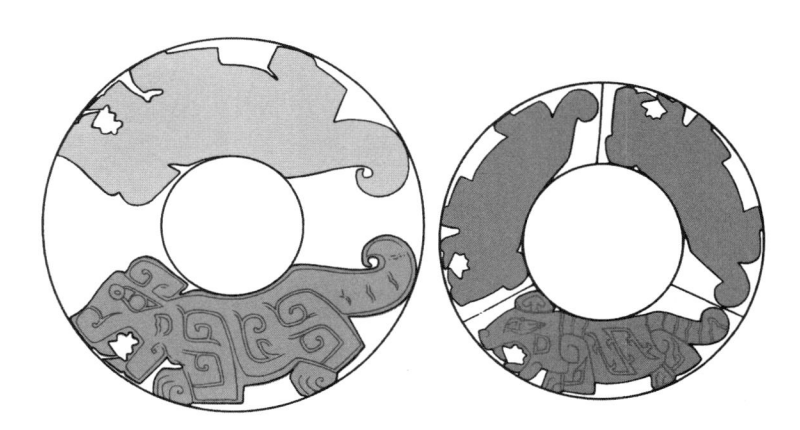

图二〇　晚商时期分解玉璧制作弧形玉虎图示（据郑振香文之图二改绘）

图二一　张家坡墓地出土的西周玉器举例（左为玉龙，右为玉鱼）

## （二）复古仿古之风

　　本文第一节将964号玉钩形器论定为红山文化的遗玉，其他各家的认识也基本如此。还有论者把妇好墓出土的另一件玉器也认定为红山文化的遗玉，即1120号钩形器（原称器柄形器），但这件玉器和964号相比只是器形近似，在细节上则差别较大，尤其板状片雕的做法与红山的圆雕做法不同，其内侧的一圈阴刻轮廓线也为红山钩形器所未见，而且经对这件实物的观察，改制的痕迹也不明显（图二二，2）。有鉴于此，我们倾向认为这是一件模仿红山钩形器的作品，而非真正的遗玉。石璋如先生早年曾根据殷墟的发现提出，殷人贵族流行头戴多枝玉笄组成的雀屏冠饰，状如孔雀开屏[40]，近年有学者以妇好墓出土的三四十件玉笄对此表示赞同[41]。我们受此启发认为，妇好墓同时出土的7件弯钩形小玉片也应是这种雀屏冠的组件(图二二,3、4),这些小玉片有的装饰晚商流行的双钩阴线,有的留有玉璧或有领玉璧的同心圆纹,可能是对遗玉的改制再利用。原报告称之为"眉形饰",并推测用作镶嵌或插嵌件。这种小玉片的弯钩形状与1120号钩形器比较相似,所以可推测1120号可能也是雀屏冠上的嵌插件,换言之,这也正是模仿红山钩形器的原因。又由于这种样式的仿制品在武丁之后不再出现,所以可称之为短暂的"复古仿古之作"。

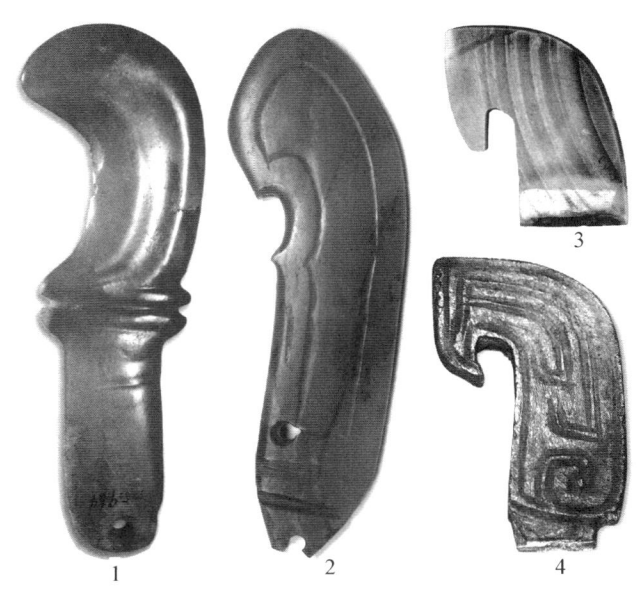

图二二　妇好墓出土的钩形器及类似玉器举例
1. 964号　2. 1120号　3. 1513号　4. 1432号

其实,妇好墓还出土了模仿红山玉器,并长期流行的"复古之作",这就是多达十五六件的玦形玉龙(又称C形龙)。这些玉龙可分为圆雕和片雕两类,仔细分析就会发现,其中的圆雕龙如413号标本(图二三,2),与红山文化的玦形玉猪龙如牛河梁出土者[42](图二三,1)很相似,例如都采用圆雕技法,圆粗体都比较明显,大耳、大眼和宽吻也明显突出,整体形象都比较立体生动。不同的是妇好墓的圆雕龙面部纹饰不如红山龙丰富,龙身纹饰则后者不如前者丰富。鉴于这种相似的程度,朱乃诚推测,可能是晚商玉工接触过红山玉猪龙,进而在造型设计和制作时受到了影响,或者是直接就红山玉猪龙遗玉进行的改制。这是很有道理的。根据有论者的辨析,目前已在陕西韩城梁带村芮国墓地、河南三门峡虢国墓地、北京琉璃河燕国墓地、山西侯马晋侯墓地等多处遗址出土了典型的红山文化遗玉,包括玉猪龙、勾云形佩、斜口器、龟等[43],并且鉴于这些墓地还出土了不少典型的晚商玉器(如玉琮、璧、戈、人、龙、象、鸮、牛等),以及这些遗址多是西周王朝重要诸侯国的都邑所在,所以研究者已指出,这些遗玉应是商末周初从殷墟俘获而来,再赏赐给诸侯国君的[44]。换言之,尽管妇好墓没有出土红山玉猪龙,但可以肯定当时的玉工应是接触过这种遗玉的[45],所以才有条件对它进行仿制。

不仅如此,妇好墓的片雕玦形玉龙的存在,还表明这种模仿已经发展成了新的玉器流行样式。这些片雕龙约有10件左右,个体较小,朱乃诚认为其中多数可能是用齐家文化的玉璧芯改成的。仔细观察可知,这种片雕龙的做工比较简便省工,薄板状

**图二三　妇好墓出土的复古 C 形玉龙及对比标本举例**
1. 牛河梁出土　2. 413 号　3. 422 号　4. 995 号

圆形玉材只有 0.4—0.7 厘米厚,只是在玉材上阴刻双钩线条,不再圆雕刻画龙的立体特征,反而显得造型简洁明快(如 995 号标本,图二三之 4)。值得注意的还有 422 号玦形龙,其龙身采用圆雕技法做成,但立体效果大减,因为用材改为了板状玉材,厚度比立体圆雕者薄(1.5 厘米),又比片雕者厚(图二三,3)。显然,这是从圆雕龙到片雕龙的过渡形态,形成了一个持续的演化序列,表明片雕者是圆雕者的进一步简化发展。我们检索资料还注意到,这三种玦形玉龙在比妇好墓年代稍晚的殷墟花园庄东地 54 号墓(属殷墟二期晚段)继续存在[46],在更晚的西安张家坡西周墓地则只见有片雕玦形龙,圆雕者已消失不见(图二一,左)[47]。这说明,做工省时省力的片雕龙后来逐渐取代了圆雕龙流行开来,并且一直延续到西周时期。可见,这是在模仿红山玉猪龙的基础上形成的一种新的玉器流行样式,并在后世长期使用,可称之为"复古仿古之风",是对晚商玉器传统的形成做出的又一大贡献。另据罗森先生的研究,妇好墓随葬的青铜器中有模仿早期形制和纹饰的铜盉,殷墟的其他贵族墓如郭家庄 160 号墓、花园庄东地 54 号墓等也有这种风格的铜器,说明在晚商青铜器上也出现了复古或仿古之风,是对一些早期铜器样式的复兴[48]。本文的研究从遗玉角度再次证实了这一点。

# 三、结 论 和 余 论

综上所述,本文根据对妇好墓出土 100 余件玉器的实物考察,并结合相关研究成果,共辨识出 28 件前代遗玉,种类包括玉玦、钩形器、勾云形佩、璇玑、玉钺、玉戚、玉琮、玉璧、有领玉璧、柄形器、鹰形笄等,主要来自燕山以北地区的兴隆洼文化、红山文化和夏家店下层文化,西北地区的齐家文化,以及中原及海岱地区的龙山文化、陶寺文化和二里头文化等。其中保存完整的遗玉不多,多数已被分解改制,如玉璧和有领玉璧多被改成了弧形的环、镯、璜、鱼、兔等。进一步分析还发现,这种分解改制对晚商流行弧形玉器的用玉传统产生了重要影响,而对红山玉猪龙的模仿还促使晚商出现了C形龙这种新的流行样式,是玉器复古仿古之风的典型代表。总之,对遗玉的改制和仿制都对晚商玉器传统的形成做出了重要贡献,值得今后进一步研究和总结。

通过近年对相关地区出土遗玉的研究实践[49],笔者逐渐认识到,要判断是否属于遗玉的基本逻辑,主要建立在工艺形制比较古老、时间间隔比较明显这两条依据之上。因此,要准确辨认出这两条依据留下的线索,就需要对实物进行仔细观察。但是本文观察的实物数量十分有限,有关认识结论也就必定受限,有的甚至不能十分肯定,有待考古新资料来验证。尽管如此,本文的研究已显示出研究遗玉所具有的重要意义,它有助于我们深化对古代玉器传统形成和发展的认识,避免在未区分新旧的情况下笼统言之。另外,遗玉的来源途径和历史背景等更复杂的问题也更需深入研究,针对妇好墓的遗玉就更是如此了,但是本文限于学识未能探讨,有待学界共同来研究。

**注释:**

[1] 中国社科院考古研究所:《殷墟妇好墓》,文物出版社1980年;中国社科院考古研究所:《殷墟玉器》,文物出版社1982年。

[2] [日]林巳奈夫:《殷墟妇好墓出土玉器若干注释》,《东方学报》第58册1986年,收入《中国古玉研究》(杨美莉译),台北艺术图书公司1997年。

[3] 袁永明:《商代西周墓葬中出土前代玉器初识》,《中原文物》2000年3期;丁哲等:《后代遗存出土的红山玉器》,《东方收藏》2012年8期;丁哲:《考古出土改制玉器浅识》,《东方收藏》2014年1期;高原:《浅论古代改制玉器》,《文物春秋》2014年4期。

[4] 中国社科院考古研究所等:《王后·母亲·女将——纪念殷墟妇好墓考古发掘四十周年·玉器篇》,科学出版社2016年;中国社科院考古研究所等:《妇好墓玉器》,岭南美术出版社2016年。

[5] 朱乃诚:《蛰伏升华 推陈出新——殷墟妇好墓出土玉器概论》,《妇好墓玉器》,岭南美术出版社2016年。

[6] 杜金鹏:《玉华流映——殷墟妇好墓出土玉器》,中国书店2017年。

[7] 本文讨论的28件遗玉的图片多数为笔者在实物考察现场拍摄,少量引自课题组先期成果《玉华流映——殷墟妇好墓出土玉器》一书,妇好墓出土的其他遗玉的图片资料引自《王后·母亲·女将——纪念殷墟妇好墓考古发掘四十周年·玉器篇》《玉华流映——殷墟妇好墓出土玉器》三本图录。用于对比的其他遗址相关玉器图片多引自考古报告或有关图录,另有部分图片转引自相关论著和图录,不能一一注出。特此说明。

[8] 中国社科院考古研究所等:《玉器起源探索:兴隆洼文化玉器研究及图录》,香港中文大学中国考古学研究中心2007年;辽宁省文物考古研究所:《查海:新石器时代聚落遗址发掘报

[9] 辽宁省文物考古研究所等：《辽宁省喀左县东山嘴红山文化建筑群址发掘简报》，《文物》1984年11期；巴林右旗博物馆：《内蒙古巴林右旗那斯台遗址调查》，《考古》1987年6期；辽宁省文物考古研究所：《牛河梁：红山文化遗址发掘报告（1983—2003年度）》，文物出版社2012年。

[10] 中国社科院考古研究所：《大甸子——夏家店下层文化遗址与墓地发掘报告》，科学出版社1996年。

[11] 刘国祥：《大甸子玉器试探》，《考古》1999年11期。

[12] 郭大顺：《大甸子墓地玉器再分析》；黄翠梅：《红霞翠影·瑶华缤纷：大甸子墓地的珠管串饰及玉石佩饰》，均载《玉魂国魄——中国古代玉器与传统文化学术研讨会文集》（六），浙江古籍出版社2014年。

[13] 吉平：《内蒙古扎鲁特旗南宝力皋吐墓地》，《2006年中国重要考古发现》，文物出版社2007年；内蒙古文物考古研究所等：《内蒙古扎鲁特旗南宝力皋吐新石器时代墓地》，《考古》2008年第7期。

[14] 辽宁省博物馆等：《长海县广鹿岛大长山岛贝丘遗址》，《考古学报》1981年3期；安志敏：《牙璧试析》，《东亚玉器》（第一册），香港中文大学中国考古学研究中心，1998年。

[15] 甘肃省博物馆：《武威皇娘娘台遗址第四次发掘》，《考古学报》1978年4期；中国社科院考古研究所：《师赵村与西山坪》，中国大百科全书出版社1999年；叶茂林等：《青海民和县喇家遗址出土齐家文化玉器》，《考古》2002年12期；甘肃省博物馆：《甘肃省博物馆文物精品图集》，三秦出版社2011年；邓淑苹：《从清凉寺墓地探史前西、东二系"璧、琮文化"的交汇》，《2015中国·广河齐家文化与华夏文明国际研讨会论文集》，文物出版社2016年。

[16] 中国社会科学院考古研究所山东队：《山东临朐西朱封龙山文化墓葬》，《考古》1990年7期；杜金鹏：《临朐西朱封玉器研究》，科学出版社2015年；中国社科院考古研究所：《襄汾陶寺：1978—1985年考古发掘报告》，文物出版社2015年；中华玉文化中心等：《玉魂国魄——玉器·玉文化·夏代中国文明展》，浙江古籍出版社2013年。

[17] 中国社会科学院考古研究所二里头队：《河南偃师二里头遗址三、八区发掘简报》，《考古》1975年5期。

[18] 朱乃诚：《关于夏时期玉圭的若干问题》，《玉魂国魄——中国古代玉器与传统文化学术研讨会文集》（六），浙江古籍出版社2014年。

[19] 邓淑苹：《雕有神祖面纹与相关纹饰的有刃玉器》，《刘敦愿先生纪念文集》，山东大学出版社1998年；邓淑苹：《再论神祖面纹玉器》，《东亚玉器》（第一册），香港中文大学中国考古艺术研究中心，1998年。

[20] 杨波：《山东五莲县丹土遗址出土玉器》，《故宫文物月刊》1996年2期；郭公仕：《五莲文物荟萃》，齐鲁书社，2011年；山东博物馆等：《玉润东方——大汶口—龙山·良渚玉器文化展》，文物出版社2014年。

[21] 中国社会科学院考古研究所二里头队：《1981年河南偃师二里头墓葬发掘简报》，《考古》1984年1期。

[22] 山西省文物考古研究所：《清凉寺史前墓地》，文物出版社2016年；山西省文物考古研究所等：《山西临汾下靳墓地发掘简报》，《文物》1998年12期；王洪明：《山东省海阳县史前遗址调查》，《考古》1985年12期。

[23] 中国社科院考古研究所：《襄汾陶寺：1978—1985年考古发掘报告》，文物出版社2015年。

[24] 山东省文物管理处：《山东日照两城镇遗址勘察纪要》，《考古》1960 年 9 期。
[25][27] 中华玉文化中心等：《玉魂国魄——玉器·玉文化·夏代中国文明展》，浙江古籍出版社 2013 年；山东博物馆等：《玉润东方——大汶口—龙山·良渚玉器文化展》，文物出版社 2014 年。
[26] 梁思永、高去寻：《侯家庄第 3 本 1001 号大墓》，"中研院"史语所 1965 年；中国社会科学院考古研究所：《张家坡西周玉器》，文物出版社 2007 年。
[28] 杜金鹏：《玉华流映——殷墟妇好墓出土玉器》，中国书店 2017 年。
[29] 中国社会科学院考古研究所二里头队：《偃师二里头遗址新发现的铜器和玉器》，《考古》1976 年 4 期。
[30] 中华玉文化中心等：《玉魂国魄——玉器·玉文化·夏代中国文明展》，浙江古籍出版社 2013 年。
[31] 湖北省文物考古研究所：《盘龙城一九六三年至一九九四年考古发掘报告》，文物出版社 2001 年。
[32] 荆州博物馆：《石家河文化玉器》，文物出版社 2008 年。
[33] 戴应新：《神木石峁龙山文化玉器》，《考古与文物》1988 年 5、6 期；河南省文物考古研究所：《禹州瓦店》，世界图书出版公司 2004 年；中国社科院考古研究所：《二里头（1999—2006）》，文物出版社 2014 年。
[34] 韩建业：《禹征三苗探索》，《中原文物》1995 年 2 期；何驽：《试论肖家屋脊文化及其相关问题》，《三代考古》（二），科学出版社 2006 年；方燕明：《禹州瓦店遗址龙山文化玉鹰形笄及相关问题》，《玉魂国魄——中国古代玉器与传统文化学术研讨会文集》（六），浙江古籍出版社 2014 年。
[35] 栾丰实：《简论晋南地区龙山时代的玉器》，《文物》2010 年 3 期。
[36] 栾丰实：《牙璧研究》，《文物》2005 年 7 期；邓聪等：《东亚最早的牙璋——山东龙山式牙璋初论》，《玉润东方——大汶口—龙山·良渚玉器文化展》，文物出版社 2014 年。
[37] 郑振香：《殷人以圆为雏形雕琢玉饰之探讨》，《考古》1993 年 10 期。
[38] 河南省文物考古研究所：《郑州商城：1953—1985 年考古发掘报告》，文物出版社 2001 年。
[39] 中国社会科学院考古研究所：《张家坡西周玉器》，文物出版社 2007 年。
[40] 石璋如：《殷代头饰举例》，《"中研院"史语所集刊》（28）下，1957 年。
[41] 杨晶：《刚毅与柔美的写照——略说殷墟妇好墓出土玉兵器与玉饰品》，《王后·母亲·女将——纪念殷墟妇好墓考古发掘四十周年·玉器篇》，科学出版社 2016 年。
[42] 辽宁省文物考古研究所：《牛河梁：红山文化遗址发掘报告（1983—2003 年度）》，文物出版社 2012 年。
[43] 袁永明：《商代西周墓葬中出土前代玉器初识》，《中原文物》2000 年 3 期；廖泱修：《试析大甸子玉器与红山及其他文化的关系》，《赤峰学院学报》2007 年 3 期；丁哲等：《后代遗存出土的红山玉器》，《东方收藏》2012 年 8 期。
[44] 商志谭：《论虢国墓中之商代玉器及其他》；姜涛等：《虢国墓地出土玉器的认识与研究》，均载《东亚玉器》（第二册），香港中文大学中国考古学研究中心，1998 年。
[45] 1996 年，在殷墟黑河路发掘的一座晚商墓中出土了一件玉龙残件（原称兽形璜形饰），与著名的三星他拉 C 形玉龙相似，很可能是红山文化晚期形态的玉猪龙遗玉。这是一个重要线索。图片参见中国社科院考古研究所：《安阳殷墟出土玉器》，科学出版社 2005 年。
[46] 中国社科院考古研究所：《安阳殷墟花园庄东地商代墓葬》，科学出版社 2007 年。
[47] 中国社会科学院考古研究所：《张家坡西周玉器》，文物出版社 2007 年。

[48] 杰西卡·罗森：《古代纹饰的复兴与过去的呈现——来自商周青铜器的例子》，收入《祖先与永恒：杰西卡罗森中国考古艺术文集》，生活·读书·新知三联书店2011年。
[49] 参见拙文《海岱地区商周墓葬出土的史前遗玉略论》，《玉器考古通讯》2016年2期；《豫南地区商周西汉墓出土遗玉研究》，《中原文物》2017年1期。

（原载《博物院》2018年2期，原题为《妇好墓出土的前代遗玉》。发表时略有删节，本次以全文刊出）

# 匠 心 独 运

## —— 早期中国组合式玉器上的神灵形象

在早期中国阶段,良渚文化的玉器出土数量最多,也是种类和纹饰最为复杂的玉器群,其中包括了出土时组装在一起的组合式玉器。这些玉器多装饰有神灵形象,目前所知主要有玉梳背(冠状器)和玉钺,数量已达数十件。如浙江海盐县周家浜 M30 出土了两件套的组合式玉器,为玉梳背和象牙梳身的嵌卯组合[1];良渚文化大墓出土数量众多的玉钺,从浙江余杭反山的发掘和相关研究看,也应是玉钺和木柲及玉柄饰组配在一起的组合式玉器[2]。到龙山文化时期,这种装饰神灵形象的组合式玉器已在山东临朐县西朱封大墓 M202 发现过,为玉冠饰和长柄玉笄的嵌卯组合[3]。另有湖北天门市石家河城址肖家屋脊瓮棺葬中出土了较多可能是组合式的玉器[4],唯因过于移位离散,其具体组合方式已不得而知。而现存海内外博物馆还有不少精美玉器传世品,其年代学界多主张在龙山时期或略晚[5],这些玉器也装饰着各种神灵形象,纹饰和结构都比较复杂,颇似组合式玉器,邓淑苹先生较早注意到这一点,称之为"嵌饰器"[6],只不过由于考古出土的可参照实物太少,一直不能确认。

直到 2006 年,在山西曲沃县羊舌一座春秋早期晋侯大墓中出土了一件玉神人头像,应是二里头时期前后的遗玉,这件玉器的上下两层之间明显可见两个短柱状连接物,使两层紧密结合成为一体。这是考古出土的明确属于组合式的玉器,并且是上下两层都装饰神灵形象的典型组合式玉器。这在目前所知的考古出土资料中是很罕见的发现,透露的信息弥足珍贵。受它的启发,再与考古出土的其他属于龙山时期前后的相关玉器相比较,以及与近年从商周贵族墓甄别出来的其他遗玉和海内外有关传世品玉器相比较,又能发现更多种类的组合式玉器,使得不少单件玉器显现出原本作为组合式玉器组成部分的模拟位置和状态。值得注意的还有,有些种类的组合式玉器又为后来的夏商周玉器所继承,这就为深入研究早期中国的此类玉器及其所反映的神灵形象等相关问题提供了珍贵资料。新近在湖北天门市石家河城址谭家岭瓮棺葬中出土了 200 余件龙山晚期玉器[7]，形态多样、时代特征鲜明，其中也有典型的组合式玉器，引起学界的极大关注，这又为进一步讨论提供了一批丰富资料。笔者思考这一问题有年，现在把初步认识提出来以为抛砖引玉，还请批评指正。

# 一、羊舌遗玉及其年代

2006 年，山西省考古研究所在曲沃县羊舌发掘了一座春秋早期的晋侯大墓，出土了一件玉神人头像（编号 M1：88），发掘者称为"玉神人面像"或"神人兽面牌饰"[8]。体呈片状，青白色，玉质纯净，保存完好，通高约 7、宽 4.8、厚 0.8 厘米。其正反两面均刻饰较为复杂的同一种神灵形象，正面为浅浮雕纹饰，纹饰清晰完整，背面纹饰为阴刻，刻得细浅不清晰。正面神灵形象的结构整体可分为上下两层，下层以减地技法雕出阳纹的神人头像，为大臣字眼和蒜头鼻，阔口中含两对长獠牙，并头戴平顶冠、耳戴圆珥，脸庞外缘则有数对向外卷起的侧立鹰形翼；上层为正立鹰形翼，呈宽展的介字形冠，眼睛等部位也是以减地技法雕出阳纹（图一）。经过观察，笔者认为它是考古出土的明确属于组合式的玉器，之所以这样判断，关键在于这件玉器的上下两层之间明显可见两个短柱状连接物，使上层高冠和下层神人组合在一起，成为一个更加形象的头戴高冠神人头像（图二）。由此可以确定，羊舌这件玉器是上下两

**图一　羊舌 M1：88 玉神人头像**

层都装饰神灵形象的典型组合式玉器，与以往发现的首部装饰神灵形象、柄部多无纹饰的比较简单的组合式玉器不同。

关于羊舌这件玉器的年代，2009年香港的林继来先生从文化背景及风格特征做了深入探讨，认为属于石家河文化/山东龙山文化系统的遗玉，是史前时期由江汉平原石家河文化传播而来[9]。笔者通过对有关出土和传世玉器的比较分析，认为这件玉器很可能是二里头文化时期的遗玉。在出土材料中，山东日照两城镇遗址玉圭[10]和临朐西朱封遗址大墓M202∶1玉冠饰、山西襄汾县陶寺大墓M22∶135"玉兽面"[11]，以及石家河城址肖家屋脊遗址和谭家岭遗址出土的众多玉器，是目前所知龙山时期最有代表性的装饰神灵形象的玉器，年代约在龙山中晚期，据此可看出此时期的神灵形象有两个显著特点，即神灵形象的眼睛还是不太典型的臣字眼，脸庞外缘的侧立鹰形翼则较为宽展(图三，1—5)。具备这两个特点的还有美国史密森研究院所藏一件神人头像下附虎头的长身玉器[12]，很可能也在龙山中晚期(图三，6)。

图二　羊舌M1∶88玉神人头像所见短柱状连接物(圆圈所示)

到了二里头文化时期，河南偃师市二里头遗址出土一件玉钺(编号80ⅢM2∶5)，上面刻饰有连续的横排菱格纹(图三，11)[13]，而陕西丰镐遗址沣西西周墓M17出土的一件玉神人头像，底座上也有这种风格的菱格纹(图三，7)[14]，很可能反映了共同的时代特征。另外，山东泗水县尹家城遗址曾出土一件岳石文化(年代相当于夏代)的彩绘陶器残片(编号H201∶1)，可见白地上有细密的红色圆卷转折线条(发掘者称为"虺龙纹")(图三，10)[15]，因残损其完整形象已不太清楚，但与台北故宫收藏一件玉圭[16]上所刻饰神人头像下方的细密冠形形象比较相似，而且这个冠形形象上下两侧是连续的连涡窄纹饰带(图三，8)，这种连涡窄纹饰带也见于大英博物馆所藏一件玉神人头像的顶端[17](图三，9)。这些可能也是共同时代特征的反映。由此就可以用出土资料把沣西玉神人头像、台北故宫玉圭、大英博物馆玉神人头像这三件玉器"系联"在一起，都应属于二里头时期前后。这三件玉器所饰神灵形象的眼睛已经是典型的臣字眼，脸庞外缘的侧立鹰形翼则明显收窄，比龙山时期的神灵形象有所发展。与之相似的还有台北故宫所藏两件玉圭，以及美国史密森研究院所藏一件头戴高羽冠的玉神人头像[18]，都比龙山时期的神灵形象发展比较明显(图三，13、14)，很

**图三　有关玉器的断代比较图**

1. 日照两城镇玉圭的饰纹　2. 临朐西朱封 M202 玉冠饰　3、4. 石家河城址谭家岭 W9 玉神人头像和展翼立鹰　5. 石家河城址肖家屋脊 W6 玉神人头像　6. 史密森研究院藏长身玉神人头像　7. 丰镐遗址沣西 M17 玉神人头像　8. 台北故宫藏玉圭饰纹　9. 大英博物馆藏玉神人头像　10. 泗水尹家城彩绘陶片　11. 偃师二里头玉圭　12. 羊舌玉神人头像　13. 台北故宫藏两件玉圭饰纹　14. 史密森研究院藏玉高羽冠长身神人头像　15. 新干大洋洲晚商大墓玉高羽冠神人头像

可能也都在二里头时期。此外,江西新干县大洋洲晚商大墓也曾出土一件高羽冠玉神人头像(图三,15)[19],但与史密森这件高羽冠神人头像相比,纹饰线条明显方折,臣字眼的眼角也向外方折,脸庞外缘的侧立鹰形翼也方折收窄,其神灵形象已经高度程式化,反映出鲜明的商代晚期风格,已与晚商青铜器上的"饕餮纹"无异,显然比二里头时期的神灵形象已经大大发展了。

把羊舌出土的这件玉神人头像置于这一年代框架中,就会发现它更多具有二里头时期的风格特点,如神人的眼睛是横置的典型臣字眼,眼珠巨大突出眼眶,眼角也夸张地内折,都已经比龙山时期的史密森那件长身玉器的眼睛明显发展;神人脸庞外侧的侧立鹰形翼也明显收窄,不过神人头上高冠的两翼仍比较宽展,还保留了龙山期如西朱封玉冠饰所见的风格特点。近年已有学者注意到沣西和羊舌这两件玉器的年代有晚到夏商时期的可能[20],沣西玉神人头像早年曾被发掘者张长寿先生断在龙山至汉代之间(倾向于西周当世)[21],近年有的论著则属意来自新石器时代晚期的江汉平原[22]。现在看来,羊舌和沣西这两件玉神人头像断在二里头时期是比较合适的,这一判断有助于我们重新认识此前多断在龙山时期的传世品玉器。另外,把这些玉器断在二里头时期,也意味着二里头遗址本身以后很可能会出土此类装饰神灵形象的玉器,甚至考虑到该遗址早年就有不少贵族墓被盗掘,随葬的珍贵镶嵌绿松石铜牌饰已有近十件流散海外[23],那么上述有关的玉器流散品或传世品原本就出在二里头遗址也是很有可能的。

## 二、组合式玉器的种类和形式

受羊舌这件玉器的启发,笔者对龙山—二里头时期的相关出土玉器和传世玉器做了反复对比分析,发现了更多种类的组合式玉器,初步可分为三大类,一类以神人头像为主,一类以展翼立鹰为主,另一类是嵌于圆柱上的组合,前两类又可分为若干种具体组合形式。以下基于出土资料(含商周墓葬出土的遗玉)、兼及传世品玉器,对此分别举例论之。

### (一) 以神人头像为主的组合式玉器

此类组合最典型的标本莫过于上述羊舌 M1∶88 这件玉器,可概括为神人头像+高冠的形式。以此为参照,可以发现至少两件单独出土的龙山时期玉器可以模拟组成类似的组合形式。一是 2002 年社科院考古所在山西襄汾县陶寺遗址一座大墓 M22，出土了两件"玉兽面"，保存基本完好，个体较小，其中一件已发表（编号为ⅡM22∶135），高 3.5、宽 6.4、厚 0.3 厘米（图四，上）[24]；二是 2015 年湖北省考古所在石家河城址的谭家岭一带清理了 5 座瓮棺葬，出土玉器 240 余件，其中 W9 出土的一件玉神人头像制作精美，保存完好，个体不大，具体尺寸暂不详（图四，下）。这两件玉器都以减地法或浅浮雕工艺雕刻出神灵形象，线条遒劲流畅，后者神像清晰，前者因为下葬前长期使用磨损，有些线条的走向已不太清晰，神像的完整模样有待进一步考察[25]。

关于这两件玉器的年代，前者据陶寺发掘者意见，此大墓属于陶寺文化中期偏晚，约当龙山晚期[26]。后者的年代比较复杂，从 20 世纪 80 年代以来，石家河城址的肖家屋脊等地就出土了较多玉器，多认为属于龙山时期的石家河文化；但近年已有学者指出，这些玉器都出在瓮棺葬中，而瓮棺葬是龙山时期中原地区王湾三期文化的葬俗，换言之，是王湾三期文化南下占据了石家河文化所在的江汉平原腹地，其历史背景与文献记载的"禹征三苗"有关，并形成了新的"后石家河"文化面貌，应称为肖家屋脊文化，而不再属于石家河文化的范畴，年代应属龙山晚期[27]。进言之，肖家屋脊和谭家岭等地出土的玉器应在龙山晚期，在当地并无发展的源头，应是从中原腹地传入的，而非原来认为的石家河文化[28]。略加对比不难发现，陶寺和谭家岭这两件玉器分别与羊舌遗玉的上层和下层神灵形象基本雷同，年代也基本一致，可知这两件可模拟组成类似羊舌的组合式玉器，而且陶寺"玉兽面"的底部有一个小圆孔，谭家岭玉神人头像的顶端很可能也有一个穿孔，都应是用来粘合连接或嵌卯连接的，再次说明模拟组合是有所依据的，并且可知陶寺"玉兽面"实际上相当于宽展的介字形冠，亦即这种神人头像＋高冠组合的高冠部分，所以称为"玉冠饰"可能比较合适。

与这种神人头像＋高冠形式类似的则是神人头像＋高羽冠组合，其典型标本为美国史密森研究院和赛克勒美术馆收藏的两件玉器[29]，前者为两面雕刻、后者为一面雕刻神灵形象，都为头戴高羽冠的神人头像，尤其下层神人头像与上文之羊舌玉器神似，表明应属于同一时期，很可能是龙山晚期至二里头时期的作品（图五，1、2）。这两件的

图四　陶寺ⅡM22 玉冠饰（上）和谭家岭 W9 玉神人头像（下）的模拟组合图

·匠心独运——早期中国组合式玉器上的神灵形象·

**图五 神人头像＋高羽冠组合式玉器举例**
1. 史密森研究院藏  2. 赛克勒艺术馆藏  3. 新干大洋洲大墓出土  4. 安阳殷墟小屯 M331 出土

羽冠都比较高耸,而且羽冠的中下部都另外刻饰着神面或兽面的图案,经过比较可知,这种图案应该与羊舌遗玉的上层高冠部分及陶寺玉冠饰相类似,是象形和转喻手法的体现(详后),换言之,这种组合形式的神人除了头戴高冠,高冠之上还衬饰有高羽冠,进言之,玉冠饰应是高羽冠上的饰物。因此,可以把这一形式与神人头像＋高冠形式合并,称为神人头像＋高(羽)冠形式。经过比较还能发现,这种形式的组合式玉器已被商代玉器所继承,如江西新干县大洋洲晚商大墓和安阳殷墟小屯 M331 都有出土类似玉器(图五,3、4)[30],其中前者的神人头像和高羽冠线条转折比较明显,臣字眼也很明显,都反映出晚商玉器的时代特点,所以彭适凡、杜金鹏等先生都把这件断在晚商时期[31]。至于小屯这件的晚商风格更加明显,断在晚商无疑义。这两件与史密森和赛克勒两件相比也有不同,如大洋洲的高羽冠上没有另外表现玉冠饰的象形和转喻形象,小屯的则是侧视形象,这应视为时代发展及玉工个性创作使然。由此可以断定,神人头像+高(羽)冠组合形式应已为晚商玉器所继承,其中间过渡环节的此种玉器还有待发现。

除了神人头像+高(羽)冠组合形式,还有一种神人头像+虎头(兽面)的组合形式。其典型标本如美国史密森研究院所藏另一件传世品,两面均雕刻有精美的神灵形象,其结构整体可分为上下两层,上层为平顶冠神人,下附高颈或粗柄,下层为虎头或兽面,上层的神人一面为臣字眼并口含獠牙,一面则为圆眼,口中无獠牙(图六,1)[32]。仔细比较不难发现,其不太典型的臣字眼和较为宽展的侧立鹰形翼都和谭家岭玉神人头像的风格特征神似,所以断在龙山晚期应该问题不大。其下层的虎头或兽面,以往在石家河城址的肖家屋脊等地频出土,形象基本一致。肖家屋脊出土的玉虎头有些有上下贯穿的圆孔(如W71)[33],谭家岭神人头像的顶端也有小圆孔,都应是起连接作用的,所以可以把这两件模拟组合,形成神人头像+虎头(兽面)的组合形式(图六,2、3)。不唯如此,我们通过比较发现,这种组合形式应至少已为相当于夏代的二里头文化所继承,如偃师二里头遗址2002年出土的一件刻纹陶片(编号VG10⑩：63)[34],笔者经过复原发现是一个高羽冠形象;该遗址早年还曾出过一件精美的玉柄形器(编号VKM4：1),高体方柱形,四面均以浮雕或浅浮雕刻画纹饰,刻饰出规整的神灵形象[35]。仔细观察可知,相邻两面的神灵能相连组成一个完整的形象,据此并对照此器的实物照片可复原出三层纹饰,上两层为头戴高羽冠的神像,宽大脸

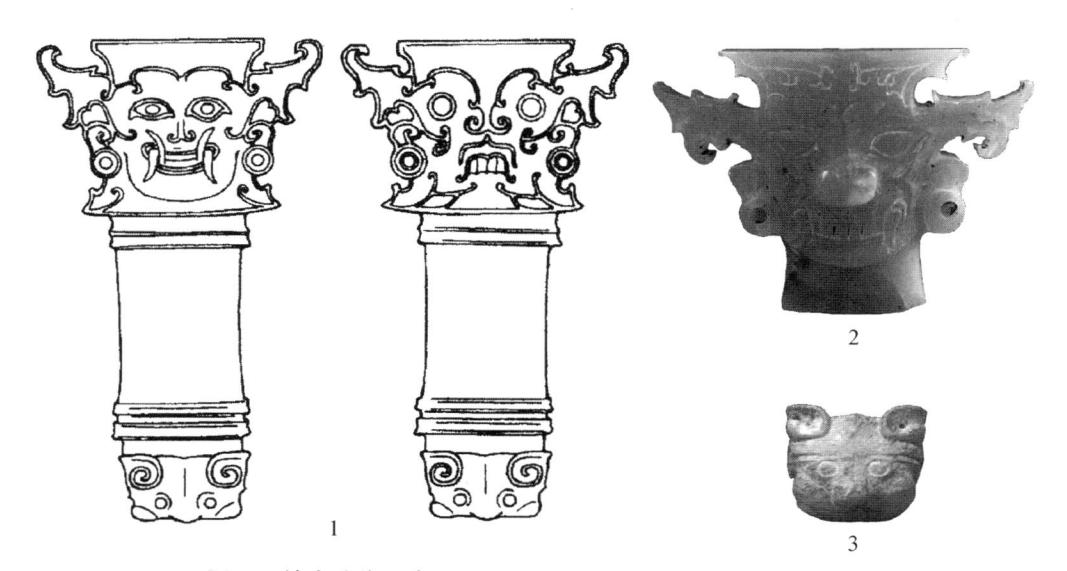

**图六 神人头像+虎头(兽面)组合式玉器及其模拟组合举例**
1. 史密森研究院藏传世品玉器  2. 谭家岭W9玉神人头像  3. 肖家屋脊W6玉虎头

庞、大臣字眼、阔口,下附短颈,下层为一个瘦长脸兽面,大耳大眼,向下为先宽后急收的吻部,这就形成了一个高羽冠神人头像+兽面的组合形式(图七)。尽管有些差别,仍可合理推测,这一形式的组合应是在龙山晚期神人头像+虎头(兽面)组合的基础上发展而来的。

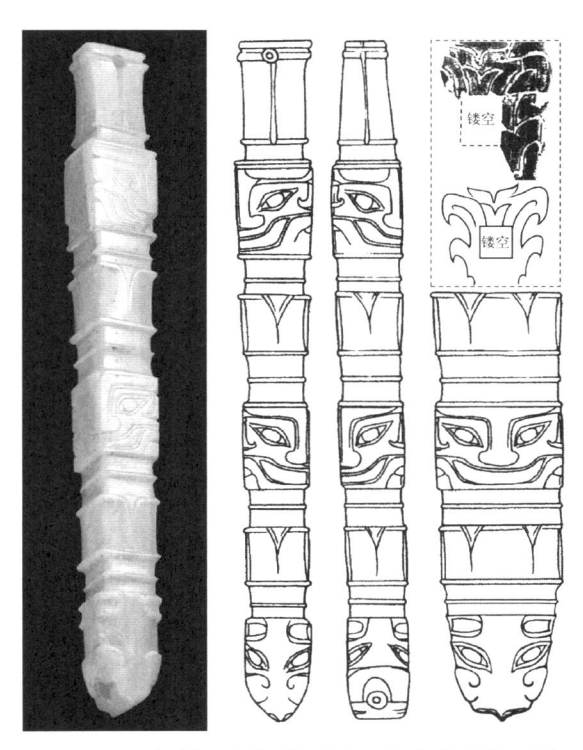

图七 二里头遗址出土刻纹陶片(右上虚线框内)和
玉柄形器及其神像复原图

## (二) 以展翼立鹰为主的组合式玉器

根据目前所见资料,此类组合式玉器大致可分为三种形式。一是展翼立鹰+虎头(兽面)组合。典型标本如山东济阳县刘台子西周大墓 M6∶109[36],此器采用减地工艺雕刻出神灵形象,上部已残失,现存可见立鹰的双爪和部分展翼,立鹰站在一个大耳臣字眼的虎头之上,构成展翼立鹰+虎头组合(图八,1、3)。仔细比较不难发现,立鹰部分的纹饰走势和构图与台北故宫所藏一件玉圭上的展翼立鹰形象神似,虎头部分则与石家河等地出土的玉虎头神似,所以林继来和笔者等已指出,这是一件龙山或略晚的遗玉[37],到西周时因残损而改为牌饰佩戴使用,其背面的上下贯穿孔就应是改制加上的,但底部另有三个圆孔,从佩戴看似无必要在底下穿孔,推测应是原有的,则这件玉器还要再与别的玉器组合在一起,可能类似下述第三种组合形式。与这件玉器的组合相似的,还有新近在石家河城址谭家岭瓮棺葬 W9 出土的一件玉器(原称"虎脸座双鹰玉牌饰")[38],为一对侧视鹰相对而立,双鹰立在一个大兽面之上(图八,4)。而且在双鹰的喙部还可见薄片状连接物,双鹰的鹰爪与兽面的交界处也隐约可见连接物,都是组合式玉器的证据。如此,也能组成展翼立鹰+兽面的组合,这种双鹰对立组合过去少有出土,是重要的新发现。另外,河南南阳市麒麟岗汉墓 M8 曾出土了一件玉展翼立鹰残件(图八,2)[39],形象与台北故宫玉圭上的展翼立鹰神似,杨建芳先生最先指出这是龙山期的遗玉[40]。这件玉器表明,圆雕的玉展翼立鹰也有单独存在的,与谭家岭 W9 出土的展翼对鹰玉器类似,也是重要发现。

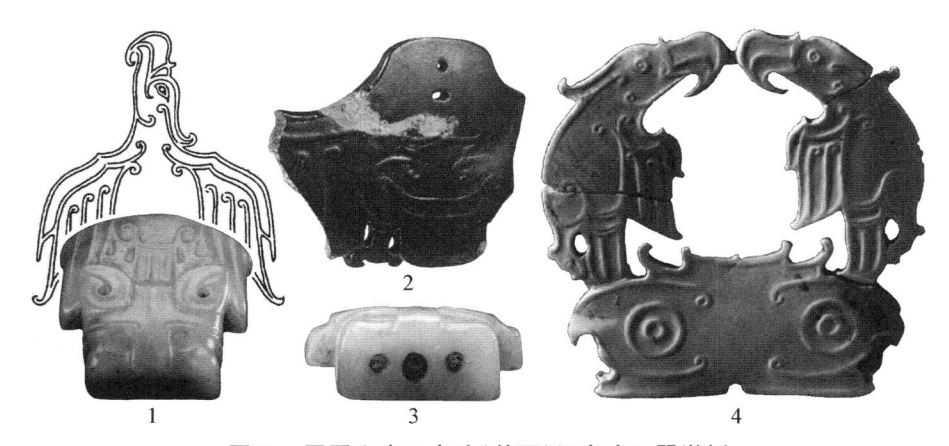

**图八　展翼立鹰＋虎头(兽面)组合式玉器举例**
1、3. 济阳刘台子出土　2. 南阳麒麟岗出土　4. 石家河城址谭家岭出土

二是展翼立鹰＋胸前兽头组合。典型标本如山东滕州前掌大商周之际墓 BM3∶60[41],现存部分主要是立鹰的下半部,形状已被改制成了左右对称的牌饰使用。从残存的纹饰看,雕出的立鹰形象与刘台子者基本相同,复原出来的完整形象也应大致相同,故应该是龙山期的遗玉[42]。不过其胸前明显可见一个高浮雕(或圆雕)兽头,惟兽头的面部已因残失而被改制磨平(图九,1)。这是与上述刘台子不同之处。经仔细对比,发现北京故宫收藏的一件"玉鸟饰"与前掌大这件比较相似,长 4.4、宽 2.6、最厚 1.5 厘米,原为清宫旧藏[43]。从刻纹已不全判断,这也是一件残品,并被改制成了左右对称的竖条形牌饰。从残留的纹饰看,也应是展翼立鹰形象,与前掌大者基本一致,可知也应是龙山或略晚的遗玉。其立鹰的胸前也明显可见一个圆雕的兽头,大耳大眼,吻部也很粗大,这一形象比较怪异少见,但也应属于展翼立鹰＋腹嵌兽

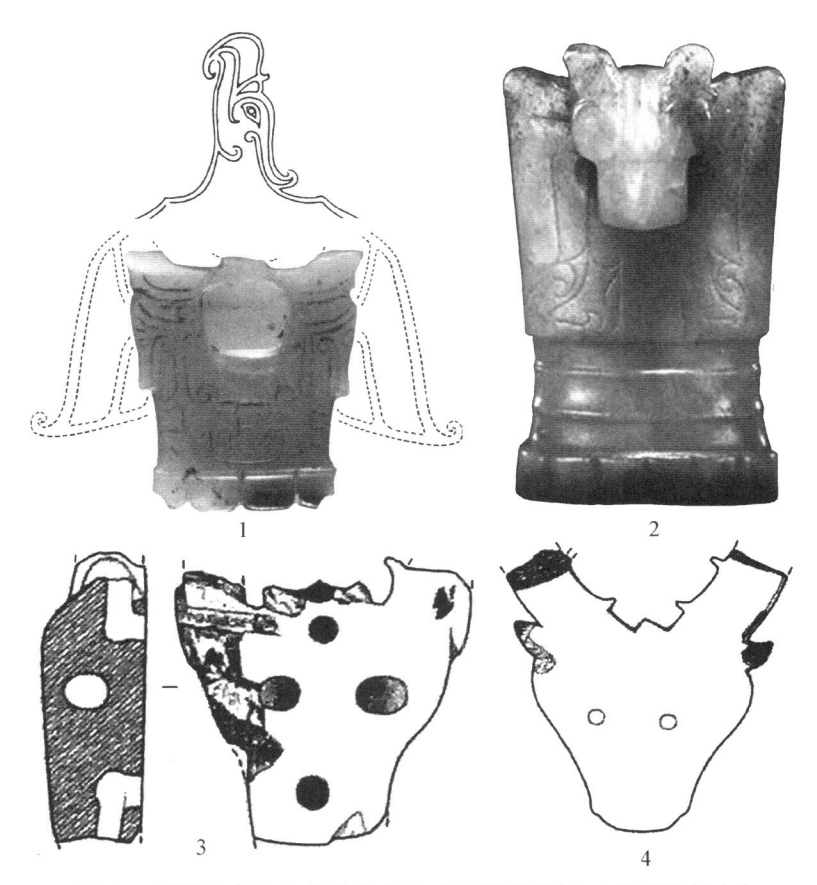

·匠心独运——早期中国组合式玉器上的神灵形象·    · 107 ·

**图九 展翼立鹰＋胸前兽头组合式玉器举例（3、4为对比标本）**
1. 滕州前掌大出土  2. 北京故宫藏品  3、4. 石家河城址肖家屋脊出土

头的组合（图九，2）。此前在石家河城址的肖家屋脊一带曾出土过玉鹿头[44]，有的鹿角较长，有的背面还有穿孔，可知是用来穿系连接的（图九，3），推测不排除系于类似前掌大立鹰胸前之可能。这样再来看北京故宫立鹰胸前怪异的兽头，其原本形象很可能就是带鹿角的鹿头，后来因为残损而把鹿角改成了兽耳，突出的吻部也随之磨平改造。

第三种是展翼立鹰＋神人头像等组成的结构复杂的多层组合形式。其典型标本如天津博物馆所藏的一件精美传世品"鹰攫人首玉佩"，长 6.8、宽 4.7 厘米[45]。总的看，这件玉器可分三大层次，最上层是形象突出的展翼立鹰，站在一个戴平顶冠的神人头像之上，中层是一对向外伸展的长而曲颈的鸟身，下层是几对倒垂长羽连接一个兽面（图一〇，1）[46]。对这件玉器诸家曾屡有讨论，一般都认为是龙山时期的玉器。现在随着考古资料的增加，已有出土实物与之参照进行进一步解读：

**图一〇　展翼立鹰＋神人头像等多层组合式玉器及其模拟组合举例**

1. 天津馆藏"鹰攫人首玉佩"　2. 南阳麒麟岗玉立鹰（外侧的黑实线为笔者复原）　3. 史密森研究院藏玉人头像　4—6. 胶州三里河、五莲丹土、天门石家河出土的"玉鸟形饰"　7. 石家河出土的玉虎头

展翼立鹰与上述南阳麒麟岗玉立鹰的形象相同,特征明显,并可以据此大致复原出麒麟岗玉立鹰的完整形象;神人头像则可以与美国国家博物馆所藏一件圆雕平顶神人头像相类比[47],参照前文对有关玉器的断代认识,这件玉神人头像约属龙山晚期;长曲颈鸟身则在山东胶州三里河、五莲丹土和石家河等遗址的墓葬中出土过"玉鸟形饰",年代都是龙山时期的[48],都有鸟头和弯曲的长身,有的还有穿孔,显然是用于嵌卯的;最下面的兽面与石家河出土的玉虎头类似,差别不大(图一〇,2—7)。如此就能模拟构成一个与"鹰攫人首玉佩"相似的组合式玉器,也使这件结构复杂的玉器的寓意得以明晰(详下)。还有两件现藏北京故宫和上海博物馆的"鹰攫人首玉佩"[49],前者长9.1、宽5.2、厚0.9厘米,后者长10.2、宽4.9厘米。分

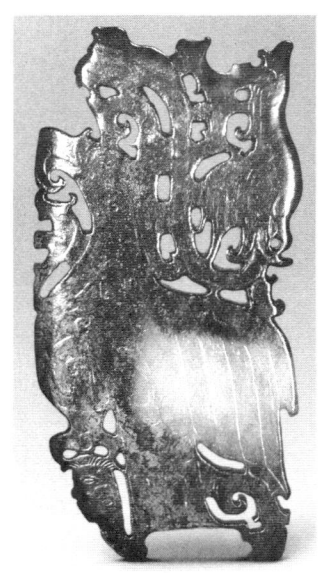

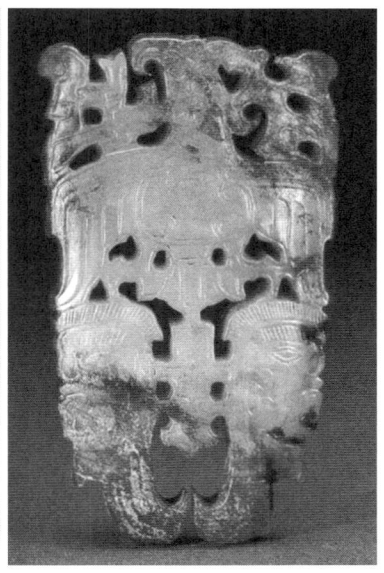

图一一　上海博物馆(左)和北京故宫(右)收藏的"鹰攫人首玉佩"

别为侧立和正立展翼形象,爪下都有侧立神人头像,鹰首和头像周围都有另外的装饰,使得结构很复杂精美(图一一)。这两件与天津馆藏玉佩相比尽管具体构图不一样,但都是展翼立鹰＋神人头像等组成的多层组合,所以也可归入第三种组合。

## (三) 嵌于圆柱上的组合式玉器

此类组合式玉器与前两类不同,最大的不同在于玉器的正面为瓦棱状,背面则是弧形,显然应是以多件组合在一起嵌在圆柱体上的。这种玉器发现不多,其典型者如石家河城址肖家屋脊 W6∶32,以及现存大英博物馆的一件传世品,前者高 3.7 厘米,后者宽 5.8 厘米(图一二,1、2)[50]。这两件正面以圆雕和浅浮雕工艺雕出的神灵形象属同类,都是头戴平顶冠的神人头像,与前述羊舌和张家坡的神人头像近似。并且两件的顶端都有一个较大圆孔,应是嵌插其他装饰物如羽毛的,则整体神灵形象又与上述的神人头像＋高羽冠组合相通。根据目前的考古资料可知,这种嵌于圆柱体上的组合做法已经被后来所继承。前述二里头遗址出土的那件玉柄形器,其头戴高羽冠和兽面神灵形象就刻在高体方柱上;殷墟商王陵 M1001 也有出土,如"石枭首"和玉琮等[51],都采用高浮雕技法在方柱体相邻的两面雕出瓦棱状的神灵形象,数量两个到八个不等(图一二,3、4)。我们受此启发,按照肖家屋脊 W6 这件玉神人头像背面的弧度,对其嵌在圆柱体上的效果做了模拟复原,发现应

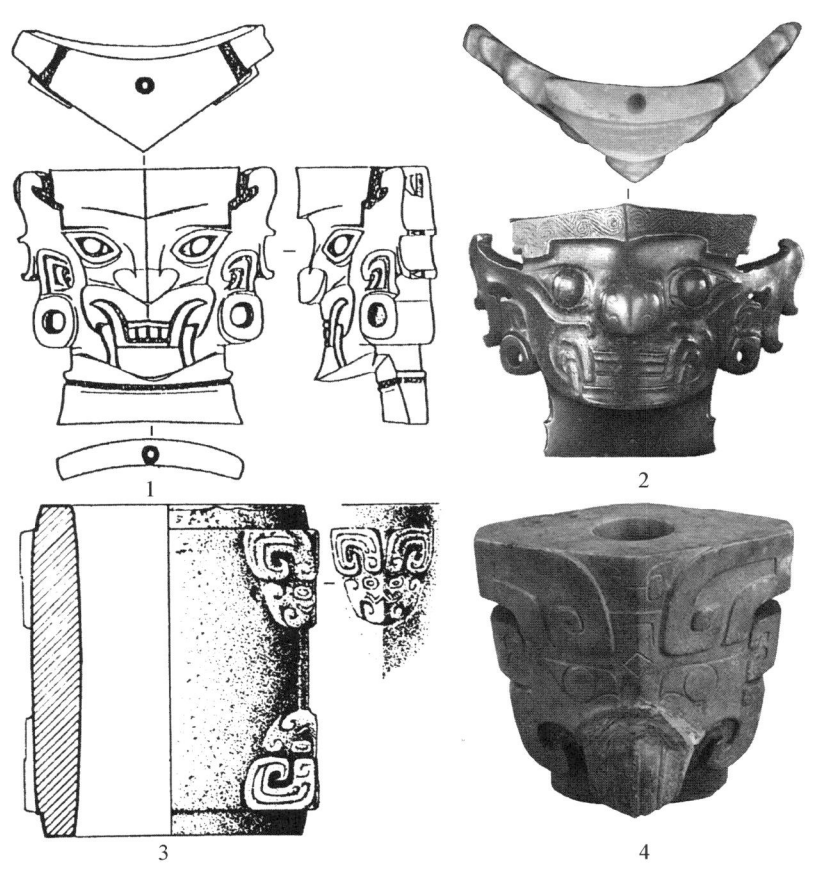

**图一二 嵌于圆柱上的组合式玉器举例（3、4 为对比标本）**
1. 肖家屋脊 W6 出土　2. 大英博物馆藏品　3、4. 殷墟 M1001 出土

该和商王陵玉琮类似，换言之，神人头像之所以做成瓦棱状，很可能就是要使嵌合后的圆柱体外观呈现方柱体，造成玉琮的"内圆外方"效果（图一三，左）。大英博物馆那件传世品的组合效果可能也应如是观。而肖家屋脊还出过一件类似玉柄形器（W71：5），是复杂的多层结构，每层好似神人头像的侧视图，头戴平顶冠（图一三，右）。笔者推测，这件复杂少见的玉器实际上要表现的就是多件神人头像嵌合在圆柱上的效果，类似印第安人的图腾柱，用来在祭祀场合渲染神灵的神圣性（详后）。

## 三、组合式玉器的起源和寓意

上文以商王陵玉琮为参照，复原了肖家屋脊玉神人头像的组合效果，但实际上中

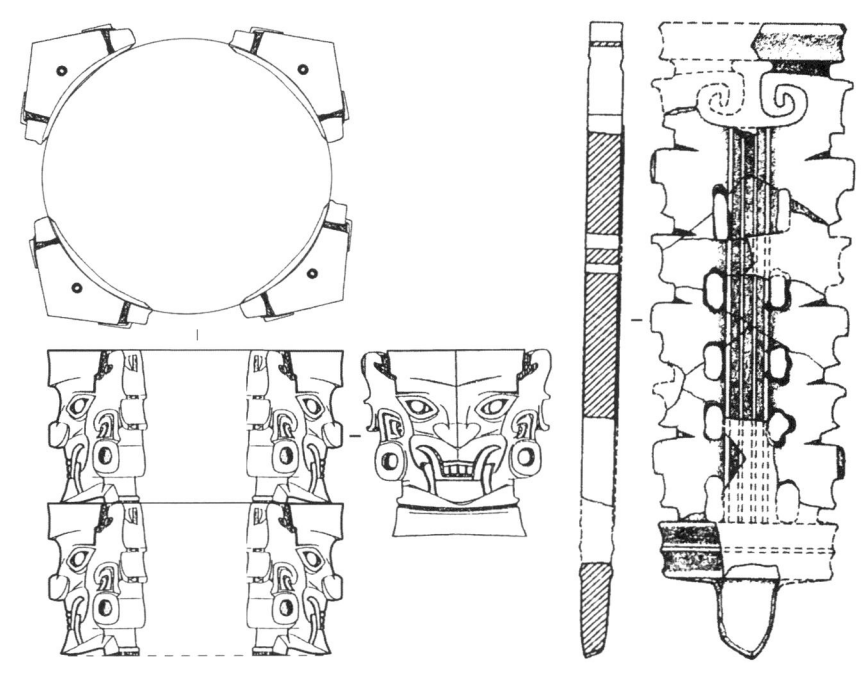

图一三　肖家屋脊 W6 玉神人头像的模拟组合复原图(左)及 W71 似玉柄形器(右)

国先秦玉器最兴盛发达的是史前的良渚文化,它的玉器不仅出土种类和数量多,而且纹饰和结构也最为复杂,装饰的神灵形象生动细致,年代又早于龙山时期,因此是我们探索组合式玉器起源的首选材料(图一四)。余杭反山墓地 M12 出土的"琮王"上雕刻的神灵形象最细致逼真[52],学界已早有研究,多称为"神人兽面纹"[53],一般认为可分为两三层,上层是头戴高羽冠的神人首,面部为显眼的倒梯形,羽冠的羽毛长而密,下层是一个大兽面,巨眼、宽鼻、阔口中含两对獠牙,最底下为蹲踞的足爪。近年有学者通过更深入的研究发现,这个神像实际就是组合而成的,并能"拆解"各部位再次组合出现于各种玉器上,形式或繁或简[54]。简化的形式如余杭瑶山大墓 M12∶1 玉琮上所示,上层仍可见倒梯形神人面[55]。杜金鹏先生较早注意到这种简化人面,认为与山东莒县陵阳河等地大汶口文化大墓出土的一种陶文属于同类[56]。这种陶文也可见两层倒梯形(上层顶端为介字形),旁边是左右对称的两对羽毛。由于陶文过于简化抽象,尤其倒梯形里没有像良渚那样的神人兽面形象,造成各种不同的解释。李学勤先生认为这"显然是象形的,所象的可能是一种饰有羽毛的冠"[57]。这与良渚"神人兽面纹"反映的信息是相通的,也是组合而成的,只不过把羽毛重新组合挪到了旁边,还有的省略了羽毛,只表现倒梯形神人面。安徽蒙城县尉迟寺甚至发现了陶制立鸟神器[58],学者研究多认为与陶文很相似,都是鸟崇拜的反映[59]。据此,并考

**图一四 良渚文化和大汶口文化有关神灵形象比较**
1. 反山 M12"琮王"饰纹  2. 瑶山 M12 玉琮饰纹  3、4. 陵阳河陶文  5. 尉迟寺陶鸟神器

虑到莒县一带出土的陶文属于大汶口文化晚期,比良渚文化流行"神人兽面纹"的年代要晚,而且还有苏北新沂市花厅遗址发现的良渚人北上征服当地大汶口人的考古证据[60],所以可推测大汶口的这种陶文应是在良渚基础上发展而来的,二者的传承关系比较明显。

根据目前的考古发现,大汶口文化晚期的发展重心已经转移到了鲁东南的临沂、日照(含莒县)地区,并在良渚文化的深刻影响下发展成为龙山文化,出现了日照两城镇、尧王城、五莲丹土等城址,史前东夷人就此迎来了发展的鼎盛时期[61]。1963 年,刘敦愿先生在两城镇发现了一件龙山文化玉圭,上面刻饰着神灵形象,时代特征鲜明[62],这为一大批早年流散海内外的同类玉器的断代找到了依据。1989 年在临朐西朱封 M202 大墓出土了玉冠饰和长笄组合,这是目前所知龙山文化考古发现的最精美玉器,不少学者都有分析研究[63]。把这几件玉器相比较就会发现,其刻饰的神灵形象基本雷同,分层上下组合或左右组合,并且多头戴高羽冠,冠顶都是介字形造型,以眼为中心构成的面部都约呈倒梯形或扇形(图一五)。这就与上述良渚文化和大汶口文化的类似神像发生了联系,可合理推测应是良渚、大汶口神像的继续发展,只不过表现神像的线条更加简洁流畅,也更加遒劲有力,但神像的神人和羽冠两大基本构图要素并无本质变化。

**图一五 龙山—二里头时期有关神灵形象比较**
1、5. 台北故宫所藏两件玉圭饰纹　3、4. 两城镇出土玉圭饰纹　2、6. 西朱封玉冠饰及其与长笄组合
（1、5中的涂黑线条为笔者所施，分别转喻2、6之形状）

以上梳理可以为神人头像组合式玉器的起源找到依据，尽管存在某些缺环和有待明晰之处，但从良渚到大汶口再到龙山的前后继承发展的链条还是比较明确的，各种以神人头像为主的组合式玉器应该就是沿着这一链条不断演变发展，期间的变化显而易见，但是对基本因素的继承也是显而易见的。至于以展翼立鹰为主的组合式玉器，对其源头的分析也可如是观，尽管目前尚未见到良渚和大汶口的立鹰形象，但是良渚发现过单独的圆雕小玉鸟和人鸟组合玉件[64]，有些玉璧玉琮上也刻类似的立鸟形象，多站在有台阶的祭坛上，鸟足和祭坛之间还可见高柱状连接物（图一六）[65]，显然也是多层组合的形式，是以后值得关注的对象。到龙山—二里头时期，立鹰已经与神人头像紧密联系起来了，典型者如台北故宫收藏的一件玉圭，一面装饰展翼立鹰，另一面则装饰高羽冠神人头像（分别见图三之13上部和图一五之1），就充分说明了这一点，而南阳麒麟岗汉墓出土的残件说明单体的圆雕玉立鹰神像也已经出现，只不过现在发现尚少。嵌于柱体上的组合式玉器的源头目前看很可能也在良渚时期，

尽管玉琮最发达的良渚文化尚未发现可嵌于柱体上的瓦棱状玉器,但发现过方柱体上刻饰多层琮式神像的玉柄形器(详下),预示着瓦棱状玉器有待出土和发现。到龙山—二里头时期,良渚文化已经走向衰亡,单体玉琮也随之急剧衰落,而像石家河瓦棱状神人头像的嵌合又在模仿玉琮的"内圆外方"效果,所以可以确定这种嵌合方式是对单体玉琮的更高形式的再现。

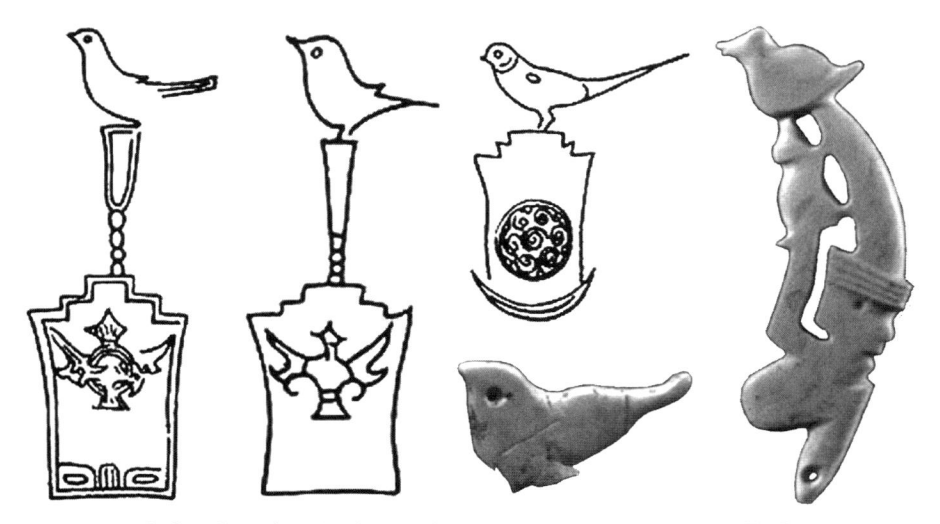

**图一六　良渚文化玉璧玉琮刻饰的立鸟形象及圆雕玉鸟举例(引自注[64]有关插图)**

关于上述几类组合式玉器的寓意,情况可能比较复杂,笔者尝试从三个方面去理解。首先,这些组合式玉器明确显示了当时几件实物玉器可以组合在一起,形成一件更大、更复杂的玉器。这方面最典型的例证如羊舌出土的头戴高冠神人头像玉器,由谭家岭和陶寺出土的玉神人头像、玉冠饰能模拟组合成类似玉器而证明。其他如天津馆所藏立鹰为中心的复杂玉器,由麒麟岗、三里河、丹土、肖家屋脊等地出土的玉立鹰、玉鸟形饰和玉虎头等,也可证明能够模拟组合在一起成为一件新的更复杂的玉器。另外,西朱封的玉冠饰是和一件长笄卯合的,笔者经反复比较认为,这种组合的形状应该就是台北故宫玉圭所饰高羽冠中间部位介字形线条的象形,而玉冠饰本身应该就是台北故宫所藏另一件玉圭所饰戴介字形冠神人头像的象形(分别见于图一五之1、5涂黑线条);肖家屋脊出土的瓦棱状玉神人头像则可以模拟嵌合在圆柱上,与该遗址出土的一件似柄形器表达的情景很相近。这都说明,这些组合式玉器应是采用象形和转喻的思维模式对这种复杂玉器的摹画和仿制,是它的缩小版。

其次,无论是单件组合式玉器,还是由几件实物玉器组合成的更复杂玉器,都同样是采用象形和转喻思维对有关实物如羽冠、兽头、彩绘人面等的摹画和仿制。这方面看似难以理解，其实不然。通过有学者对文献记载和民族志资料的梳理分析，可知我国古代曾经流行以各种动物的头、角、牙、羽毛等实物作为头饰，以象征获得了动物所具有的人所不能及的"灵巧和力量"，进而制作出相关的艺术品，并成为图腾崇拜的对象乃至王权的象征[66]。在目前已知的考古资料中已有类似线索可寻，如出土"琮王"的余杭反山 M12 大墓，仔细分析其墓葬平面图会发现，在随葬众多玉器等随葬品的墓室里，头部上方的空间随葬品却较少，只有玉钺和冠状饰、山字形器等，显得有些反常（图一七，左）。而据已有的研究，冠状饰和山字形器多认为是羽冠上的饰物[67]，那么可以合理推测，头部上方这个空间很可能存在一个实物羽冠，因为羽冠是贵重的随葬品，不会在上面摆放其他随葬品，所以羽冠腐朽后只留下了冠上原有的饰物。再看出土玉冠饰的临朐西朱封 M202 大墓，也是在棺内头部上方存在明显的空白区，不见陶器和玉石器等，这一反常现象显然除了原有的羽冠已腐朽，没有其他更合理的解释（图一七，右）。而上文已指出，良渚和龙山的这些玉冠状饰、山字形器和玉冠饰都应是实物羽冠的摹画和缩小版，原本多应插在羽冠的正中间位置[68]。所以可推断，实物羽冠是存在的，摹仿生人头戴羽冠的玉器也是存在的。依此推理，天津博物馆所藏那件结构复杂的"鹰攫人首玉佩"所透露的信息，很可能表明由雄鹰、长颈（或长尾）鸟、羽毛、兽头或虎头、彩绘人面等实物组成的神物组合体也应该是实际存在的，只不过因为这些更复杂的神物组合体本来就数量稀少和容易腐朽而难以发现罢了。

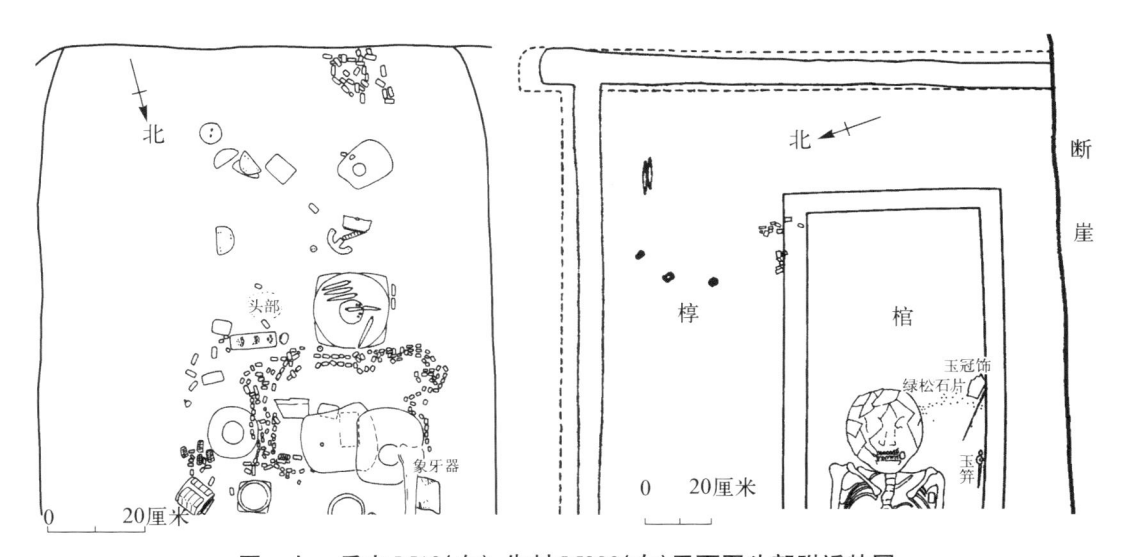

图一七　反山 M12（左）、朱封 M202（右）平面图头部附近特写

第三方面也是最重要的寓意,各种组合式玉器及复杂的神物组合体的主要功能是祭祀神灵,借以祛灾祈福,增强社会成员的凝聚力,进而发展成象征神灵的艺术符号,而制作和拥有这些神物的主要目的是获取通神法力,进而获取合法的统治权力,维护现实社会的统治秩序,这些神物又发展成象征权力的艺术符号。这方面能说明问题的最好标本是前文所述天津馆藏的那件"鹰攫人首玉佩",早年有学者引《史记·李斯传》索隐:"凡鸟翼击物曰搏,足取曰攫"而命名为"鹰攫人首",但后来有学者主张爪下的人首应是神面(按即神人头像),而不是被鹰攫取吞食的"祭品"[69]。孙机先生进一步认为,此展翼立鹰高踞神面之巅,显然是在佑护神面,则立鹰应是神化的始祖神,受到立鹰所卵翼庇护的神面就是神化的祖先神[70]。笔者认为这都是很精辟的见解,总之这些组合式玉器表达的应是以鸟(鹰)崇拜为中心的神灵世界,而刻饰各种神灵形象的玉器就成了象征神灵的艺术符号。而在反山、西朱封及陶寺等地发现的大墓不仅随葬玉冠饰等神物,还头戴精美的羽冠,严文明先生曾直言这三地的大墓就是"王墓"[71],则墓主应是早期国家的最高首领或国王。杜金鹏先生也认为,良渚和大汶口、龙山的各种羽冠图像应是"皇字的本义,是以鸟羽为饰的皇王羽冠,喻指神界或人间的最高统治者"[72]。

梳理考古资料不难发现,大墓或"王墓"出土组合式玉器的频率最高,出土的数量也最多,几乎可以用"专享"来形容和概括,表明地位显赫的墓主(国王)在生前也是专享这些神物的,并因此形成了附属于王室贵族的专业化制玉业,代表了当时最高的制玉水平。这背后的缘由显然是因为拥有这些各种形式的神灵作品,就意味着拥有始祖神代言人的"高贵血统",意味着拥有了通神的法力,从而就能专享祭祀权及相应的解释权,进而迷惑和统治社会普通成员。由此可以断言,正是最高首领或国王命人用实物搭建了各种复杂的神物组合体,制作了各种单件玉器及其组合成的复杂玉器,以及其他采用象征和转喻思维模式制作的神灵作品,来反复渲染和神化至高无上的始祖神,在这一过程中就发展出一系列象征权力的艺术符号。而国王率领众人举行盛大的祭祀活动,则是在通过祭祀场景的烘托和渲染,在神化始祖神的同时,国王很可能扮演着祖先神的化身而与始祖神沟通,进而以始祖神代言人的身份对他人发号施令。这就神化了国王自己,也就获得了统治社会其他成员的合法权力,强化了个人的政治与社会地位,进而凝聚人心和维系文化传统、维护现实社会的统治秩序。至于各种神物在共同的时代风格之下还有不同的具体形态,则应是各早期国家的社会上层之间在相互交往、模仿和竞争、"夸富"过程中发展出来的。

本文行文至此,各种神物的使用场合已经比较明了了。首先,在都邑一级的中心聚落举行的庄重祭祀活动中,场地(宗庙或广场)中央应是用雄鹰、长颈(或长尾)鸟、羽毛、兽头等各种实物构建成的神物组合体,其形状应如天津馆藏的"鹰攫人首玉佩"所示;或者是树立雕刻或嵌合组成的"图腾柱"之类的神物组合体,应如肖家屋脊所出复杂多层的似柄形器所示,而且在上海福泉山等地出土的多层琮式玉柄形器[73]、前述二里头出土的精美柄形器,以及殷墟出土的多层神面骨雕长柄[74](图一八),袁德星先生已指出,这种多层组合的方柱体证明当时应存在类似印第安人的"图腾柱"实物[75]。而国王则头戴高羽冠实物,羽冠正中间插有神人头像+高羽冠组合玉件,手持其他形式的组合式玉器作为法器,国王的面部可能还要施画彩绘以象征祖先神的面部,用以象形和转喻神灵,这样才能体现出祭祀活动的最高主持者的高贵地位,以及作为人神使者和始祖神代言人的"高贵血统"。当然,这是在都邑中举行的祭祀场面,相比之下,普通村落举行的祭祀活动很可能就像尉迟寺遗址所见,村子的中央广场上只是简单地树立一个陶制立鸟神器或类似的简化神器,众人绕其歌舞祭祀,以祈求神灵保佑生灵。

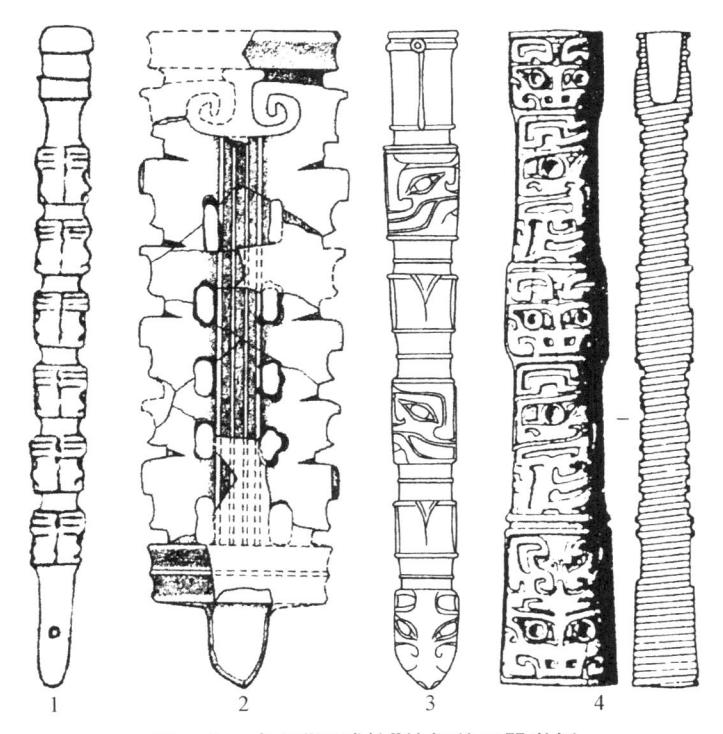

**图一八 象征"图腾柱"的相关玉器举例**

1. 上海福泉山 M144 出土柄形器  2. 石家河城址肖家屋脊 W71 似柄形器  3. 偃师二里头 VKM4 柄形器  4. 殷墟出土骨雕长柄

## 四、结 论 和 余 论

综上所述,本文以羊舌晋侯墓出土的一件组合式玉器入手,分析讨论了早期中国存在的几种组合式玉器。基于考古出土资料,兼及传世品玉器,将有关的组合式玉器分为三大类共计六种,其中以神人头像为主的一类组合有神人头像+高(羽)冠、神人头像+虎头(兽面)两种形式,以展翼立鹰为主的一类组合有展翼立鹰+虎头(兽面)、展翼立鹰+胸前兽头、展翼立鹰+神人头像等多层组合三种形式,以及嵌于圆柱上的一类组合式玉器。这些玉器绝大多数为上下两层的组合,而且上下层都刻饰神灵形象,与那些下层(或柄部)不装饰神灵形象的比较简单的组合式玉器不同。

以目前资料看,这三类组合式玉器应起源于良渚文化[76],后经大汶口文化晚期的过渡,在龙山—二里头时期的山东和中原地区繁荣开来,并深刻影响了江汉等地区,有些组合形式又为商代所继承和发展,基本覆盖了早期中国的历史发展进程。这些组合式玉器的寓意,则基本采用象形和转喻的思维模式,沿着实物—组合玉器—单件玉器的象形和转喻逻辑,围绕鸟(鹰)崇拜制作出各种大小不同的神物作品,拥有这些神物作品就意味着拥有了通神法力,亦即拥有了统治社会的合法权力。这实际上就反映了早期中国社会不断走向复杂化的进程,原来并无多少特权的"大人"或酋长就是这样以神的名义聚拢物质财富和攫取政治权力,王室贵族阶层就此产生,而这些装饰神灵形象的玉器就成了象征权力的符号;更反映了早期中国宗教信仰和文化传统不断熔炼的进程,正是伴随着鸟(鹰)崇拜为中心的始祖神、祖先神的不断系统化和地域上的扩大化,早期中国的宗教信仰和文化传统才得以不断凝聚和融汇,政治文化上的"早期中国"才逐渐形成。在这一进程中,尤其是良渚、大汶口晚期和龙山—二里头时期,装饰各种神灵形象的组合式玉器就成了名副其实的维护社会秩序和凝聚文化精神的礼器,直到商周时期随着青铜礼器的发展和臻于完善,装饰神灵形象的玉礼器才逐渐退居次要地位,而青铜礼器上的各种神灵形象无疑是在此前玉礼器上各种神灵形象基础上发展而来的。张光直先生曾指出,商周时期各种艺术品如青铜器上装饰的动物纹样(按即本文之神灵形象),应是巫觋通天的一种重要工具[77]。现在看来,这无疑是很精辟的观点,并且应是早期中国的一项由来已久的重要文化传统。

最后需要说明的是,本文所列举的各种组合玉器并不表示一成不变的固定形式,而仅是列举了比较典型的可参考例证,实际上还有不少因为有待发现而没有列出,或者经过甄别和分析会发现更多不同的组合形式,所以本文提出的只是众多组合形式的几种模拟方案而已。另外,按照象形和转喻的思路推断,那些尚未证实的、刻饰在其他玉器上的多层组合式神像(如台北故宫玉圭上的高羽冠神像),将来有可能发现相应的圆雕实物玉器,而已经发现的实物圆雕玉器(如天津馆的"鹰攫人首玉佩"),将来也有可能发现相应的摹画神像。总之不论怎样,这些工艺高超、造型复杂的组合式玉器代表了当时制玉业的最高水平,而已出土的装饰神灵形象的单件玉器多数应该是组合式玉器的组成部分,它们展示的是各种单件玉器之间的组配关系,启示我们当时单件玉器应该多数是组合使用的,而非孤立的单独存在,所以需要注意穿孔等组合或铆合痕迹和玉材异同等方面反映的组合关系,关注田野发掘的出土场景和组合关系(有必要还需对相关部位进行采样检测),以及探讨组合式玉器"失散"成单件的背景和原因。

**注释:**

[ 1 ] 蒋卫东等:《海盐周家浜遗址抢救发掘获硕果》,《中国文物报》1999 年 11 月 17 日;浙江省文物考古研究所等:《海盐周家浜遗址发掘概况》,《崧泽·良渚在嘉兴》,浙江摄影出版社 2005 年;杨晶:《良渚文化玉质梳背及其相关问题研究》,《文物》2002 年 11 期。

[ 2 ] 张明华:《良渚玉戚研究》,《考古》1989 年 7 期;杨晶:《中国史前玉器的考古学探索》,社会科学文献出版社 2011 年。

[ 3 ] 中国社科院考古所山东队:《山东临朐朱封龙山文化墓葬》,《考古》1990 年 7 期。

[ 4 ][33][44] 湖北省荆州博物馆等:《肖家屋脊》,文物出版社 1999 年;荆州博物馆:《石家河文化玉器》,文物出版社 2008 年。

[ 5 ] 杜金鹏:《论临朐朱封龙山文化玉冠饰及相关问题》,《考古》1994 年 1 期;[日] 林巳奈夫:《中国古玉研究》(杨美莉译),台北艺术图书公司 1997 年;邓淑苹:《雕有神祖面纹与相关纹饰的有刃玉器》,《刘敦愿先生纪念文集》,山东大学出版社 1998 年;邓淑苹:《再论神祖面纹玉器》,邓聪编《东亚玉器》(第一册),香港中文大学中国考古艺术研究中心 1998 年。

[ 6 ] 邓淑苹:《再论雕有神祖面纹玉器》,《东亚玉器》(第一册),香港中文大学中国考古艺术研究中心 1998 年;邓淑苹:《论雕有东夷系纹饰的有刃玉器》,《故宫学术季刊》1999 年 3、4 期。

[ 7 ] 湖北省文物考古研究所:《石家河遗址 2015 年发掘的主要收获》,《江汉考古》2016 年 1 期。

[ 8 ] 李建生等:《试论山西出土的玉器》,《文物世界》2006 年 5 期;吉琨璋:《羊舌晋侯墓地》,《文物天地》2007 年 3 期;山西省文物考古研究所:《山西曲沃羊舌晋侯墓地发掘简报》,《文物》2009 年 1 期。

[ 9 ] 林继来等:《论晋南曲沃羊舌村出土的史前玉神面》,《考古与文物》2009 年 2 期。

[10] 刘敦愿:《记两城镇发现的两件石器》,《考古》1972 年 4 期。

[11] 中国社会科学院考古研究所山西队等:《陶寺城址发现陶寺文化中期墓葬》,《考古》2003 年 9 期;国家文物局:《早期中国——中华文明起源》,文物出版社 2009 年;中国社科院考古研究所:《考古中华——中国社科院考古研究所成立六十周年成果荟萃》,科学出版社 2010 年。

[12][18][29][32][47] 线图转引自张长寿:《记沣西新发现的兽面玉饰》,《考古》1987 年 5 期;杜金鹏:《论临朐朱封龙山文化玉冠饰及相关问题》,《考古》1994 年 1 期。图像见江伊莉等:《玉器时代——美国博物馆藏中国早期玉器》,科学出版社 2009 年。

[13] 中国社会科学院考古所二里头队:《1980 年秋河南偃师二里头遗址发掘简报》,《考古》1983 年 3 期。

[14][21] 张长寿:《记沣西新发现的兽面玉饰》,《考古》1987 年 5 期。

[15] 山东大学考古教研室:《泗水尹家城》,文物出版社 1989 年。

[16] 邓淑苹:《雕有神祖面纹与相关纹饰的有刃玉器》,《刘敦愿先生纪念文集》,山东大学出版社 1998 年。

[17][50] 线图转引自张长寿:《记沣西新发现的兽面玉饰》,《考古》1987 年 5 期;杜金鹏:《论临朐朱封龙山文化玉冠饰及相关问题》,《考古》1994 年 1 期。

[19] 江西省文物考古研究所:《新干商代大墓》,文物出版社 1997 年。

[20] 杜金鹏：《说皇》，《文物》1994年7期；方向明：《神人兽面的真像》，杭州出版社2013年。

[22] 国家文物局《早期中国——中华文明起源》，文物出版社2009年。

[23] 王青：《镶嵌铜牌饰的初步研究》，《文物》2004年5期；王青等：《国外所藏五件镶嵌铜牌饰的初步认识》，《华夏考古》2007年1期。

[24] 中国社会科学院考古研究所山西队等：《陶寺城址发现陶寺文化中期墓葬》，《考古》2003年9期；线图见朱乃诚：《中华龙：起源和形成》，生活·读书·新知三联出版社2009年；图像及数据见中国社科院考古研究所：《考古中华——中国社科院考古研究所成立六十周年成果荟萃》，科学出版社2010年。

[25] 2012年10月29日，笔者在山东博物馆对陶寺编号M22:135的"玉兽面"做了仔细观摩，其局部纹饰的走向多已磨损不清，其完整的神像有待进一步考察。

[26] 中国社会科学院考古研究所山西队等：《陶寺城址发现陶寺文化中期墓葬》，《考古》2003年9期。

[27] 何驽：《试论肖家屋脊文化及其相关问题》，《三代考古》（二），科学出版社2006年。

[28] 韩建业：《禹征三苗探索》，《中原文物》1995年2期，收入《五帝时代——以华夏为核心的古史体系的考古学观察》，学苑出版社2006年；朱乃诚：《长江中游地区早期龙文化遗存的来源与炎帝的传说》，收入《中华龙：起源和形成》，生活·读书·新知三联书店2009年。

[30] 梁思永、高去寻：《侯家庄第3本1001号大墓》，"中研院"史语所1965年。

[31] 彭适凡等：《谈新干商墓出土的神人兽面形玉饰》，《江西文物》1991年3期；杜金鹏：《略论新干商墓玉、铜神像的几个问题》，《南方文物》1992年2期。

[34] 中国社科院考古研究所：《二里头(1999—2006)》，文物出版社2014年。

[35] 中国社会科学院考古所二里头队：《偃师二里头遗址新发现的铜器和玉器》，《考古》1976年4期。

[36] 佟佩华、陈启贤：《山东济阳刘台子玉器研究》，台北众志美术出版社2010年。

[37] 林继来：《山东济阳刘台子西周墓的史前遗玉》，《东南文化》2002年3期；王青：《海岱地区商周墓葬出土的史前遗玉略论》，《玉器考古通讯》2016年2期。

[38] 湖北省文物考古研究所：《石家河遗址2015年发掘的主要收获》，《江汉考古》2016年1期。

[39] 南阳市文物工作队：《河南南阳市麒麟岗8号西汉木椁墓》，《考古》1996年3期。

[40] 杨建芳：《一件珍贵的石家河文化残玉鹰》，《中国文物报》1997年4月13日；王青：《豫南地区商周西汉墓出土遗玉研究》，《中原文物》2017年1期。

[41] 中国社科院考古研究所：《滕州前掌大墓地》，文物出版社2005年；中国社会科学院考古研究所山东队：《滕州前掌大商代墓葬》，《考古学报》1992年3期。

[42] 王青：《海岱地区商周墓葬出土的史前遗玉略论》，《玉器考古通讯》2016年2期。

[43] 杨伯达：《中国玉器全集(上)原始社会—春秋战国》，河北美术出版社2005年。

[45] 周南泉：《新石器时期玉器中的人物题材初探——古玉研究之四》，《故宫博物馆院刊》1993年2期；杨伯达：《中国玉器全集(上)原始社会—春秋战国》，河北美术出版社2005年。

[46] 此器的线图参考林巳奈夫的《神与兽的纹样学——中国古代诸神》（常耀华等译，三联书店2009年）78页图3—23校改。

[48] 中国社科院考古所山东队：《胶县三里河》，文物出版社1988年；杨波：《山东五莲县丹土遗址出土玉器》，《故宫文物月刊》1996年2期；郭公仕：《五莲文物荟萃》，齐鲁书社2011年；湖北省荆州博物馆等：《肖家屋脊》，文物出版社1999年；荆州博物馆：《石家河文化玉器》，文物出版社2008年。

[49] [日]林巳奈夫：《神与兽的纹样学——中国古代诸神》（常耀华等译），三联书店2009年；杨伯达：《中国玉器全集(上)原始社会—春秋战国》，河北美术出版社2005年。

[51] 梁思永、高去寻：《侯家庄第3本1001号大墓》，"中研院"史语所1965年。

[52] 浙江省文物考古研究所：《反山》，文物出版社 2005 年。
[53] 牟永抗：《良渚玉器上神崇拜的探索》，《庆祝苏秉琦考古五十年论文集》，文物出版社 1989 年。
[54][67] 方向明：《神人兽面的真像》，杭州出版社 2013 年。
[55] 浙江省文物考古研究所：《余杭瑶山良渚文化祭坛遗址发掘简报》，《文物》1988 年 1 期；浙江省文物考古研究所：《瑶山》，文物出版社 2003 年。
[56] 山东省考古研究所等：《山东莒县陵阳河大汶口文化墓葬发掘简报》，《史前研究》1987 年 3 期；杜金鹏：《论临朐朱封龙山文化玉冠饰及相关问题》，《考古》1994 年 1 期。
[57] 李学勤：《论新出大汶口文化陶器符号》，《文物》1987 年 12 期。
[58] 王吉怀等：《大汶口文化惊现罕见器物》，《中国文物报》2002 年 5 月 1 日。
[59] 韩建业等：《大汶口文化的立鸟陶器和瓶形陶文》，《江汉考古》2008 年 3 期。
[60] 南京博物院：《花厅——新石器时代墓地发掘报告》，文物出版社 2003 年；严文明：《碰撞与征服——花厅墓地埋葬情况的思考》，《文物天地》1990 年 6 期。
[61] 王青：《从大汶口到龙山：少昊氏迁移与发展的考古学探索》，《东岳论丛》2006 年 3 期。
[62] 刘敦愿：《记两城镇发现的两件石器》，《考古》1972 年 4 期。
[63] 杜金鹏：《论临朐朱封龙山文化玉冠饰及相关问题》，《考古》1994 年 1 期。
[64][65] 参见刘斌：《神巫的世界——良渚文化综论》，浙江摄影出版社 2007 年；方向明：《神人兽面的真像》，杭州出版社 2013 年。
[66] 邢定生：《古代动物头饰艺术探微》，《民族艺术研究》1991 年 5 期。
[68] 从西朱封 M202 大墓平面图可知，玉冠饰出在墓主头侧而非羽冠正中间，推测是下葬时特意从羽冠上取下来单独摆放的。
[69] 石志廉：《对故宫博物院旧藏两件古玉的一些看法》，《中国历史博物馆馆刊》1981 年 3 期。
[70] 孙机：《龙山玉鸷》，《远望集——陕西省考古研究所四十周年华诞纪念文集》，陕西人民美术出版社 1998 年。
[71] 严文明：《中国王墓的出现》，《考古与文物》1996 年 1 期。
[72] 杜金鹏：《说皇》，《文物》1994 年 7 期。
[73] 黄宣佩：《福泉山——新石器时代遗址发掘报告》，文物出版社 2000 年。
[74] 转引自李济：《中国文明的开始》，江苏教育出版社 2005 年。
[75] 袁德星：《上帝与上天——古代宗教信仰与古器物之关系（三）》，《故宫文物月刊》1990 年第 8 卷 9 期。同时还有不少学者主张良渚玉琮本身也源于或象征"图腾柱"，如车广锦：《良渚文化玉琮纹饰探析》，《东南文化》1987 年 3 期；邓淑苹：《考古出土新石器时代玉石琮研究》，《故宫学术季刊》1988 年 1 期；刘斌：《神巫的世界——良渚文化综论》，浙江摄影出版社 2007 年。
[76] 另有学者认为介字形羽冠的起源可追溯至河姆渡文化，参见[日] 林巳奈夫：《中国古玉研究》（杨美莉译），台北艺术图书公司 1997 年。
[77] 张光直：《商周青铜器上的动物纹样》，《考古与文物》1981 年 2 期，收入《中国青铜时代》，台北联经出版事业公司 1983 年；张光直：《中国古代艺术与政治——续论商周青铜器上的动物纹样》，《新亚学术季刊》1983 年 4 期，收入《中国青铜时代》（二集），生活·读书·新知三联书店 1990 年。

（原载《中原文物》2018 年 4 期，原题为《试论早期中国几种装饰神灵形象的组合式玉器——从山西羊舌晋侯墓出土的一件遗玉说起》）

# 象 形 转 喻
## ——早期中国玉礼器创作的思维模式

## 一、绪论：象形与转喻思维的理论阐释

最近，笔者就目前所知的早期中国装饰神灵形象的组合式玉器做了集中研究，这些玉器及其模拟组合结构复杂，并装饰着华丽的神灵形象，是当时标识身份地位的重要礼器，年代从距今 5 000 多年前的良渚文化开始出现，历经大汶口、龙山和二里头时期，到商周时期仍有延续，基本涵盖了早期中国的发展历程[1]。文中提及，这些组合式玉器应是采用象形和转喻的思维模式创作的，但因为文章的主题和篇幅所限，对象形和转喻问题并未展开论述。

实际上，根据西方著名人类学家列维—布留尔早年对"原始思维"的经典研究，在人类历史发展还比较原始的阶段，人类的思维模式普遍表现出受到互渗律的支配，即个人及其所在群体（客体）普遍通过巫术仪式和接触等方式来认知其他事物的神秘属性，是一种以集体表象为基础的、带有神秘色彩的原始逻辑推理，与人类社会发展到比较成熟阶段的科学逻辑思维相对[2]。这种思维模式直接影响到原始艺术的起源和发展形态。西方另外一些人类学名家如爱德华·泰勒和詹姆斯·弗雷泽等人就主张，艺术起源于巫术，即处于原始阶段的人类普遍信奉"万物有灵"，人类可以与自然界的物体和现象相互交感、相互作用，借以获得操控大自然的神秘法力。这样，人类就可以通过模仿自然物体，通过想象和夸张创作出各种形式的艺术作品，来赋予相应的通神法力，所以也可以说艺术起源于模仿[3]。

我国学者近些年的研究表明，互渗思维和交感巫术在先秦时期也有广泛而明显的体现，如华胥氏履大迹而孕、少昊氏以鸟名官等神话传说，甚至以甲骨占卜、以蓍草占筮、阴阳五行学说等，都反映出一种神秘的、不受逻辑规律支配的原始思维

方式[4]。在这一时代背景下,早期中国的宗教信仰和文化传统受到了深刻影响,相应的艺术作品也随之打上了深刻烙印,这种烙印反映在玉礼器制作上就是基于巫术和模仿的象形与转喻思维模式。早期中国的玉礼器精细雕刻出各种神灵形象的形态和纹饰,代表了当时制玉业的最高工艺水平和艺术水平,无疑称得上是一种艺术品,但目前学界对其艺术价值的研究多是从现代审美价值进行的分析,缺乏基于当时社会氛围的深入考察,对象形与转喻思维模式也就甚少关注[5],未免流于肤浅。本文尝试以考古出土的玉器实物资料为基础(含少量陶器和骨器及传世玉器),结合有关文献记载和人类学资料,从艺术创作和模拟复原的角度对这一问题做初步探索。

根据笔者的初步统计和划分,目前出土的早期中国玉器约有四类是采用象形与转喻的思维模式创作的,它们分别是对权杖斧钺、王者羽冠、鸷鹰崇拜和图腾柱崇拜的象形与转喻。这些玉器以组合式玉器或其模拟组合为多,结构复杂,纹饰华丽,工艺高超,集中反映了象形与转喻思维是早期中国玉礼器创作的重要法则。按照巫术和模仿的原始思维方式,这些玉器的制作应是先有相关的神灵崇拜实物或神物,再运用象形和转喻思维创作出装饰各种神灵形象的玉器,通过雕刻这些象形的神灵形象,就赋予和转喻了这些玉器通神的法力,从而增加了这些玉器作为法器的神圣性,也增加了这些玉器拥有者统治社会的合法性,在当时的社会氛围下就成为了名副其实的玉礼器。以下分别予以展开论述。

## 二、对权杖斧钺的象形与转喻

斧钺是我国古代象征权力的重要物化载体,需要安装木柲而成为权杖,它不同于西亚两河文明表达权力的石质或铜质圆球形权杖头[6]。我国在距今约1万年前后出现原始农业,石斧这种用于开荒砍伐的重要农具逐渐普及开来,后来随着社会结构渐趋复杂,石斧也逐渐转化为上层贵族象征权力的玉石质钺或戚。从距今5 000多年前开始的早期中国阶段,作为上层贵族标识身份等级的礼制的重要组成部分,斧钺制度渐趋成熟。到商周时期,青铜钺逐渐取代玉石钺,并由斧钺实物还发展出象形文字"王"字,对此林沄先生早年已有经典研究[7]。据《史记·殷本纪》记载:商纣王封周文王为西伯,"赐弓矢斧钺,使得征伐"。《尚书·牧誓》和《史记·周本纪》载:武王伐商于牧野誓师时"左杖黄钺",克商后又以黄钺斩下纣王首级。《礼记·明堂记》也载:"周公朝诸侯于明堂,天子负斧依南面而立。"斧钺象征军权乃至王权由此可见一斑。

根据目前的考古出土资料,在早期中国之前,各地的社会复杂化进程已经开始,这集中表现在有些墓葬的随葬品较多或墓葬规模较大,其中不乏玉石质的斧钺出土,表明拥有一定权力的"大人"或酋长已经出现。比较突出的例证如河南灵宝西坡遗址已发掘的几座大墓,就普遍随葬有玉钺,个体较大,通高多超过 15 厘米,磨制精致,器形规整,玉质较好,多为蛇纹岩,颜色偏深绿色,在众多陶器和骨器随葬品中比较醒目,随葬位置也较为醒目,多在头侧上方(图一,1、2)[8]。与之相应,在仰韶文化中已出现了对权杖斧钺的象形与转喻。1978 年河南临汝(今汝州市)阎村出土的鹳鱼石斧彩陶缸就是典型例证,其个体硕大,通高达 47 厘米,器表以彩色颜料绘制出一幅"鹳鱼石斧图",画面约占缸体表面积的一半,左侧为一只衔鱼大鸟,右侧是一把竖立的装柲斧或钺,整个画面古朴生动,尤其对斧钺的外形描绘细致,与西坡出土的玉钺

**图一 仰韶文化的斧钺权杖及其象形与转喻举例**

1、2. 灵宝西坡遗址 M6 玉钺及出土位置  3. 汝州阎村遗址采集的彩陶缸

实物形制很相似,都为弧顶弧刃,对装柲的绑缚细节也有细致描绘,柲上还另有一个x号,喻指这件斧钺的重要性,其象形与转喻意义明显(图一,3)[9]。阎村遗址出土的陶缸多用于装殓成人,研究认为这件陶缸的墓主应是军事酋长,"鹳鱼石斧图"表现的应是分别以鸟、鱼为图腾的两个部落发生了一场战争[10]。由此更能体现对斧钺作为权力象征的崇拜和转喻。

进入早期中国阶段,有关地区的贫富分化进一步加剧,出现了墓室宽大、随葬品丰厚的墓葬,在良渚文化、大汶口文化和龙山文化、陶寺文化中都有发现,出土的玉石斧钺数量也急剧增多,对此有关学者已做了详细收集和深入研究[11]。在浙江良渚反山、山东临朐西朱封、山西襄汾陶寺等地发现的良渚文化和龙山文化大墓,严文明先生曾直言是"王墓"[12]。其中良渚文化的反山、瑶山和福泉山等地大墓还出土了由一件玉钺和多件玉饰组成的组合式权杖,玉钺多置于墓主胸前,钺的上方为玉冒饰或镦饰,下方较远处有玉镦饰(图二)[13],连接玉钺和镦饰、镦饰的漆木柲多已腐朽无存,但有些漆木柲上镶嵌的小玉粒遗留下来,借此可复原漆木柲的长度,高达七八十厘米,可知应是执握状态下葬的。无论尺寸大小还是质量,良渚文化的玉钺权杖都是这一时期的代表(图三)[14]。当然,在大汶口文化、龙山文化和陶寺文化的大墓中也出土了质地和制作质量上乘的玉钺,惟木柲多已腐朽不存(图四)[15]。这些都从一个侧面反映出当时国王的权力进一步加强,斧钺也从此成为我国古代象征权力的权杖。另在江苏海安青墩遗址和山东滕州前掌大遗址出土了陶制和全玉质斧钺权杖[16],惟尺寸都较小,不足20厘米,应非实用器,但性质与实用器类似,也应是表达权力和身份地位的。

与这一社会发展进程相应的是,这时又出现了对斧钺权杖实物进行摹画和转喻的作品。如将这种斧钺权杖的外形加以概括形成象形文字"戉",著名的例证就是山东莒县陵阳河、大朱村、杭头等遗址发现的大汶口文化晚期陶文,陶文刻划在陶器大口尊上腹部,位置醒目突出,画面表现了一把装有木柲的斧钺权杖,而且柲的两端还有镦饰和镦饰(图五)[17],由此可知实物权杖上也应有这些附属物,只是可能为木质的,北方地区不易保存下来而已。通过把"戉"形刻在大口尊上,就把权杖的寓意转喻到了大口尊上,使大口尊成为标识贵族身份地位的另一种象征物。这种大口尊有些还刻有陶文如羽冠等,也是转喻上层贵族身份地位的(详后)。这一点从出土场景也能得到印证,这种大口尊均出自大墓,且往往独处于墓室一角,不与其他陶器为伍,有的底部还遗有灰烬,为上层贵族所专享用于祭祀仪式无疑。刻划"戉"形陶文的陶器在良渚文化和石家河文化中也有发现,其寓意也应类似,不再赘述。

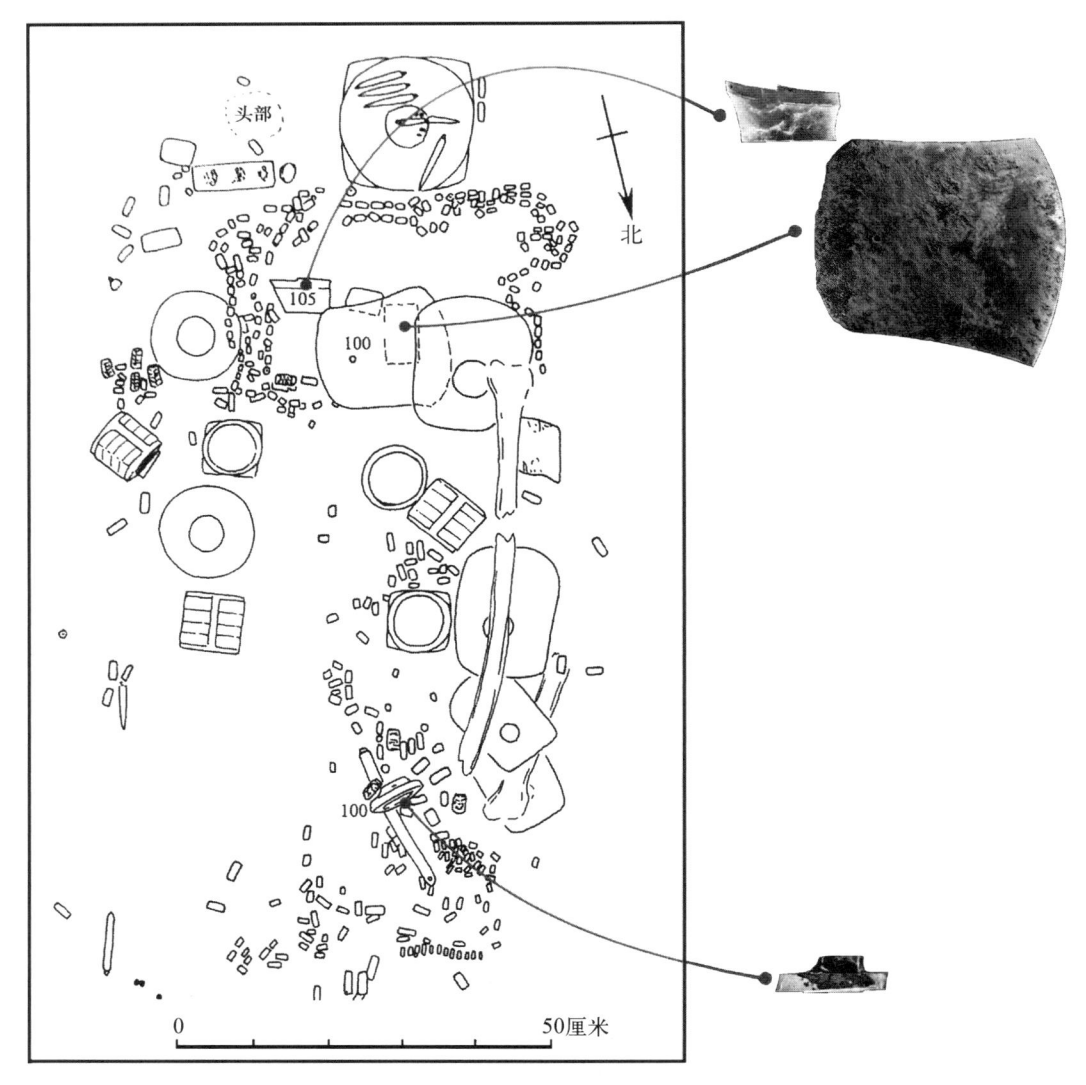

**图二　反山 M12 玉钺权杖出土场景**

还有一类象形和转喻的作品就是齿刃玉钺。根据考古发现,临朐西朱封遗址早年采集了一件齿刃玉钺,年代应属于龙山文化(图六,1)[18]。到二里头时期,这种齿刃钺数量增多,在偃师二里头遗址多有出土(图六,2、3)[19]。到商周时期,尽管青铜钺数量居多、玉钺明显减少,也仍有齿刃玉钺延续,安阳殷墟妇好墓和花园庄东地 M54 就有出土(图六,4)[20]。从形制演变看,这种齿刃玉钺应是由上述普通玉钺发展而来的,具体又有平顶、弧顶之别和两侧有无扉牙之别,或称为玉戚或璧戚,装柄后又由其外形演变出象形文字"戚"、"我"[21]。这种钺的最大特征是弧刃呈齿状突起,显然是不能实用于杀伐的。据《公羊传·昭公二十五年》记载:"乘大路、朱干、玉戚以舞

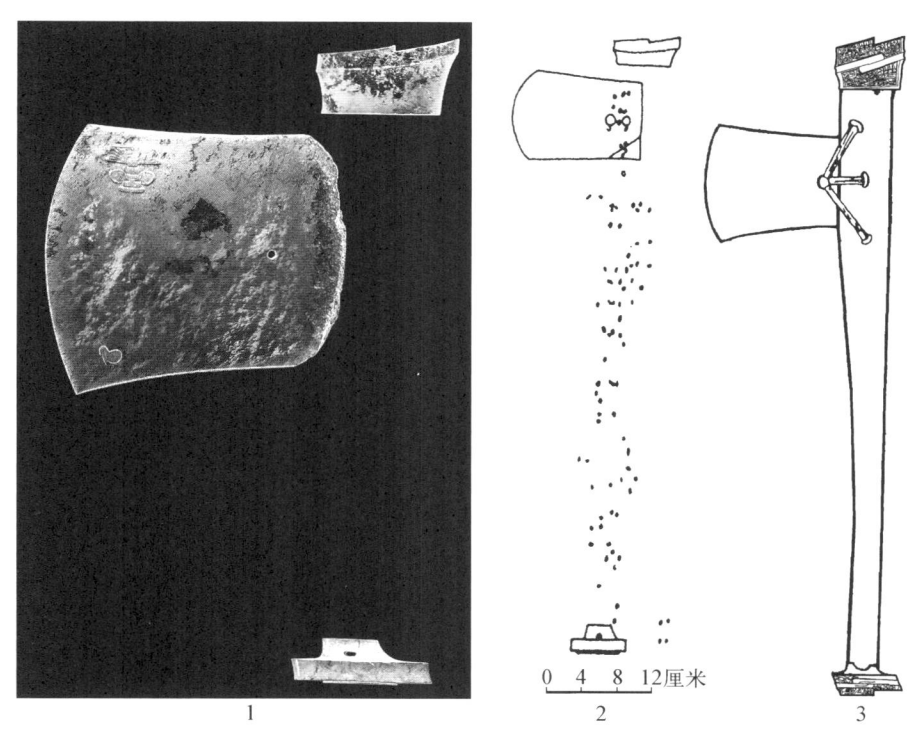

**图三 良渚文化玉钺权杖复原举例**

1. 反山 M12 出土  2. 反山 M14 出土(漆木柲镶有小玉粒)  3. 瑶山 M7 出土

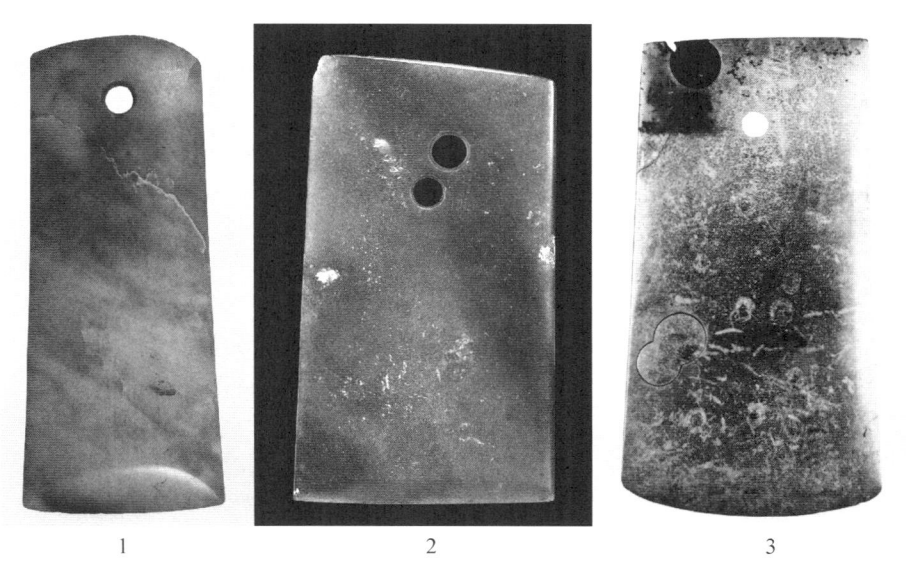

**图四 大汶口文化、龙山文化、陶寺文化出土的玉钺举例**

1. 泰安大汶口 M117 出土  2. 临朐西朱封 M203 出土  3. 襄汾陶寺 M3168 出土

图五　大汶口文化的刻划"戉"形陶文大口尊（陵阳河采集）

图六　龙山文化、二里头文化和殷墟发现的齿刃玉钺
1. 西朱封遗址采集　2、3. 二里头 M6、M11 出土　4. 殷墟花园庄东地 M54 出土

大夏,八佾以舞大武,此皆天子之礼也。"《礼记·明堂位》也有类似记载,孔疏曰:"朱干、玉戚者,干,盾也;戚,斧也。赤盾而玉饰斧也。"另在商代甲骨文中有"奏戚"祈雨的记录,林沄先生据此推测,商代已有执干戚的乐舞(戚舞)[22]。由此可知,这种齿刃玉钺装柲后应是专用于祭祀仪式上的乐舞,换言之,它是通过把刃部做成齿状来喻指这种玉器不是用在实用杀伐场合,而是用于祭祀场合演奏乐舞的。进言之,正是因为这一转喻的意义,才创作出齿刃玉钺这种新的器形,进而演变出甲骨金文的"戚"和"我"字。

## 三、对王者羽冠的象形与转喻

《礼记·冠义》载:"冠者,礼之始也,是故古者圣王冠。"其《王制》篇又载:"有虞氏皇而祭",郑注曰:"皇,冕属也,画羽饰焉。"《周礼·春官》"乐师"条郑注云:"皇舞者,以羽冒覆头上,衣饰翡翠文羽。……皇,杂五彩羽如凤皇色。"这些史料证明,冠冕是我国古代礼制的重要组成部分,其中以鸟羽制作的羽冠又是王室贵族标识身份等级的重要载体,其形成应在早期中国阶段。据研究,我国魏晋以来文献中常见以羽毛为头饰的相关记录,如《晋书·肃慎传》的"将嫁娶,男以毛羽插女头",《新唐书·北狄传》的黑水靺鞨"插雉尾为冠饰"等。这应该是古老习俗的孑遗,可视为重要的历史人类学案例,说明更早时期羽冠或鸟羽头饰比较流行[23]。在现存的人类学案例中,最著名的莫过于美洲印第安人的羽冠装饰,他们视飞鸟为生命和死亡的不息轮回,所以用各种鸟羽制作羽冠,尤以鹰羽为尊,用来象征通神、权力和财富(图七)[24]。根据人类学家的经典研究:"装饰在最初大抵不只是作为装饰,他们具有神秘的性质,并且赋有巫术的力量。鹰羽使插戴它的人赋有鹰的力量,敏锐的视力和智慧等等。"[25]可见,以鹰等猛禽的羽毛制作羽冠戴于头上,是典型的交感巫术和模仿行为,企图获得鹰的神秘力量。这应是原始思维的真实反映,也是解释古代流行羽冠的理论基础。

实物羽冠易腐而难以在考古发掘中出土完整形态,但在目前已发表的考古资料中,从出土场景考察似已有线索可寻。如反山M12大墓,仔细分析其墓葬平面图会发现,在随葬众多玉器等随葬品的墓室里,头部上方空间的随葬品却较少,只有玉钺和冠状饰、三叉形器等,显得有些反常(图八,1)。而据已有的研究,冠状饰和三叉形器多认为是羽冠上的饰物(详下),那么可以合理推测,头部上方这个空间很可能存在一个实物羽冠,因为羽冠是贵重的随葬品,不会在上面摆放其他随葬品,所以羽冠腐朽后只留下了冠上原有的饰物。再看新沂花厅M60和临朐西朱封M202两座大墓,

图七　印第安人羽冠举例

1
2
3
4

图八　有关大墓棺内头部出土场景举例（椭圆圈范围示意实物羽冠的大致位置）
1. 反山 M12　2. 花厅 M60　3. 西朱封 M202　4. 陶寺 M2001

也是在棺内头部上方存在明显的空白区,不见陶器和玉石器等随葬品,这一反常现象显然除了原有的羽冠已腐朽,没有其他更合理的解释(图八,2、3)。与之相反,襄汾陶寺大墓如M2001的墓主头部却紧贴棺的顶板,没有空隙可以摆放随葬品,显然也就不可能头戴羽冠了(图八,4)。这四座大墓的棺内头部上方情况对比明显,说明前三座的空白区当非偶然,其墓主头上原本很可能戴有实物羽冠。这与上述《礼记·冠义》"古者圣王冠"的记载是相符的。至于陶寺大墓,就出土场景看很可能墓主是未戴羽冠下葬的,其原因还有待进一步甄别和辨析。

由这一分析可知,在早期中国开始的阶段,随着社会复杂化的不断演进,实物羽冠已经出现,并成为标识王室贵族身份地位的重要物化载体。与此相应,早期中国阶段又出现了大批以象形和转喻手法创作的摹画和渲染羽冠的艺术品,其中就以玉器为主。最著名的即如反山M12大墓出土的玉"琮王",四面刻饰着很繁缛形象的神人兽面纹,整体表现了一个头戴羽冠的神人兽面形象(图九,1—3),应该是良渚人的最高神灵。其头上戴的羽冠很宽大,而此墓墓主头部上方的空白区也较为宽大,二者相互吻合,又从鸟羽长而粗壮看,与上述印第安人的鹰羽羽冠近似(参见图七),故可推测良渚人的实物羽冠很可能是以鹰羽编织而成的宽扁形羽冠。不唯如此,良渚人还以片雕技法制作了大量摹画实物羽冠外形和纹饰的玉器,如牌饰、冠状饰、三叉形器等(图九,4—6),在反山、瑶山等地大墓中都有出土,数量已达数百件。这些玉器都应是实物羽冠的象形和转喻,用来渲染羽冠作为"王冠"的神圣性,换言之,这些玉器正

图九 良渚文化以象形和转喻手法创作的玉器举例
1—3. 反山M12"琮王"及其饰纹 4. 瑶山M10玉牌饰 5. 反山M16冠状饰 6. 瑶山M7冠状饰

是因为装饰了羽冠的摹画形象也变得神圣无比,进而也就神化了拥有这些玉器的墓主"国王"本人。此外,从出土场景可知,这些象形和转喻实物羽冠的玉器多出在墓主头部上方,已有学者指出应是实物羽冠上的装饰品[26],羽冠和这些玉器组合在一起也就再次神化了"国王"本人。总之,现在已经可以断言,良渚文化王者羽冠为主题的象形和转喻玉器数量最多,良渚人也成了早期中国阶段针对王者羽冠的象形和转喻思维最发达者。

从考古发现看,良渚人的这一传统已传给了下一代。良渚晚期的神人兽面纹已经简化,如余杭瑶山大墓 M12 出土玉琮上所示,上层仍可见倒梯形神人面头戴羽冠(图一〇,1)。这与山东莒县陵阳河、大朱村等地大汶口文化晚期大墓出土的一种陶文属于同类(图一〇,2、3)[27],这种陶文也可见两层倒梯形,旁边是左右对称的两对羽毛,只是倒梯形里省略了神人形象。有学者认为这应是羽冠的象形,并且是"皇"字的本义,即"以鸟羽为饰的皇王冠冕,喻指神界或人间的最高统治者。"[28]可见,其与良渚"神人兽面纹"是相通的,考虑到莒县陶文的年代略晚于良渚,可推测这种陶文应是在良渚基础上发展而来的,二者的传承关系比较明显。而且这种陶文与前述"戉"形陶文一样,都刻饰在陶大口尊上,可知都应是转喻"国王"拥有的斧钺和羽冠的神圣性,喻指刻饰象形羽冠的大口尊也为"国王"所有。

到龙山时期,这种陶文进一步演化成更加抽象的兽面纹,有的还在兽面上方加刻华丽的羽冠,线条都很简洁流畅、遒劲有力,如日照两城镇遗址出土和台北故宫收藏的玉圭(图一〇,4、6—8)[29]。显然,这些都是对头戴羽冠的兽面神灵的象形与转喻,喻指相关玉器具有通神法力并为"国王"所有。而且台北故宫玉圭刻饰的兽面神灵所戴羽冠非常高耸,可能说明实物羽冠应是纵向高体形的,而前述临朐西朱封 M202 大墓墓主上方的空白区也是纵长方形(参见图八之3),二者比较吻合,证明墓主很可能是头戴纵向高体形羽冠下葬的,与良渚人的宽扁形羽冠不同。不唯如此,西朱封 M202 大墓还随葬一件由玉笄和玉冠饰组合成的玉器(图一〇,5),笔者经过仔细对比发现,这一组合形态及其首部玉冠饰的外形与台北故宫所藏两件玉圭刻饰的兽面形象很相似,可推断后者很可能是对前者的模仿与转喻(见图一〇之4、8线条涂黑部分)。进言之,这实际上就是对国王头戴高体羽冠场景的模仿与转喻,目的仍在于渲染和强化国王自身的权力。

进入到夏商时期,这种羽冠象形和转喻作品继续有所继承和发展。如偃师二里头遗址曾在一座中型墓 VKM4 中出土一件精美的玉柄形器[30],刻饰有三层神人和兽面形象,经笔者复原可知这些神人和兽面都头戴高耸的羽冠(图一一,左)。该遗址近年的发掘还出土了一件陶圈足盘的圈足部分,上面也刻饰有至少两个相对的羽冠形

**图一〇　良渚文化和大汶口、龙山文化有关神灵形象比较**

1. 瑶山 M12 玉琮饰纹　2、3. 陵阳河 M17、大朱村 M17 大墓出土大口尊刻饰陶文　4、8. 台北故宫藏两件玉圭饰纹　6、7. 两城镇出土玉圭饰纹　5、9. 西朱封 M202 出土组合玉器及首部玉冠饰
（4、8 之涂黑线条为笔者所施，分别转喻 5、9 之形状）

象[31]，经笔者复原应是高体形羽冠，镂孔位置应是神人或兽面的部位，眼睛和口、鼻等部位未能表现出来（图一一，左）[32]。显然，这些玉器和陶器应是象形和转喻思维的产物，即通过刻饰神人和兽面形象而赋予这些器物神圣性。仔细分析不难发现，这些头戴高羽冠的神人和兽面形象应是从龙山时期的类似神灵形象继承而来的。又如殷墟西北冈早年曾在一座土坑墓 HPKM2099 出土一件玉冠饰，整体呈弯弧带状，内

有多个方折镂孔呈左右对称分布(图一二)[33]。邵望平先生已指出,这件玉冠饰和上述临朐西朱封M202大墓出土的玉冠饰有密切的源流关系,应是由后者发展来的[34]。笔者对此表示赞同,但需要说明的是,这座土坑墓规模不大,却埋有六具杂乱的人骨,应属于西北冈商王陵的殉葬墓,地位应该比较低下。由此推测,戴玉冠饰的墓主很可能是俘获的山东东夷某个族氏的首领,玉冠饰及其象形的实物羽冠在本族中应仍具有标识身份地位的作用。另外,二里头遗址目前尚未发现王陵级大墓,但已经发现的中型墓从随葬品都较为丰富看墓主应是高级贵族,包括出土精美玉柄形器的VKM4的墓主,因此将高羽冠神人和兽面形象刻饰在柄形器上,进而赋予该器以神圣性的意味是很明显的,相信王陵级大墓会有更多这种象形与转喻玉器随葬。不过总体而言,三代时期由于青铜礼器的兴起,玉礼器的社会地位在逐渐下降,象形和转喻思维已转到青铜器上,这也是时代发展的必然。

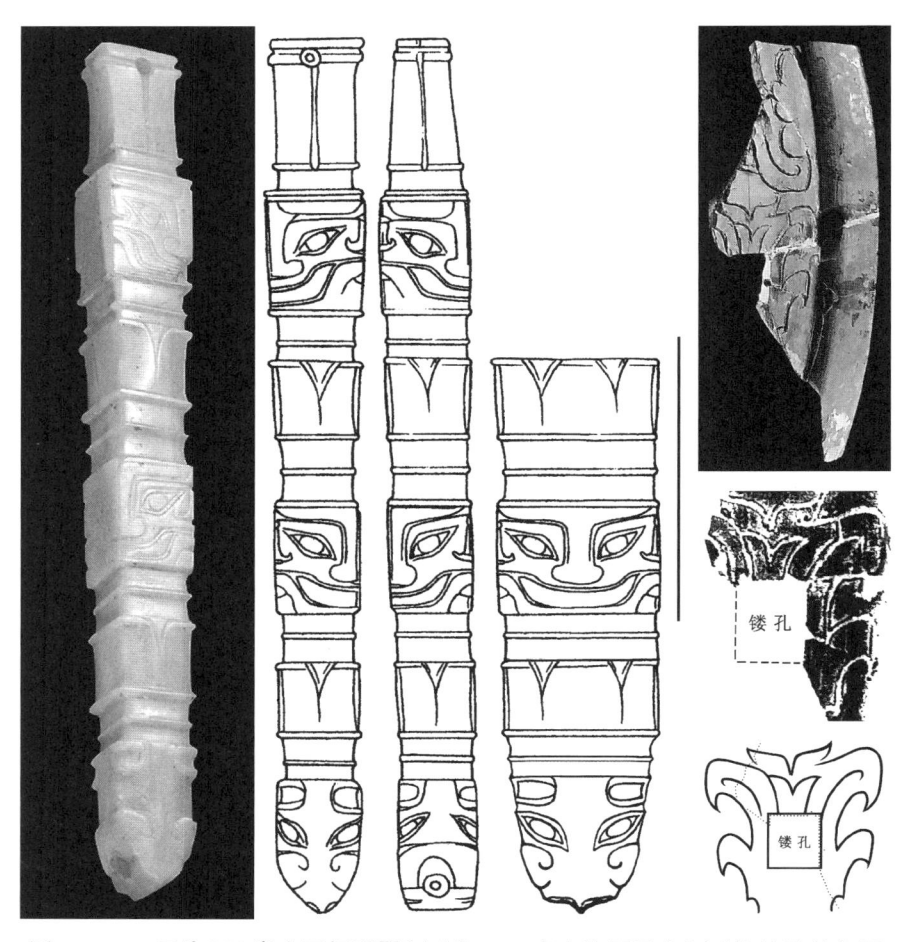

图一一　二里头M4出土玉柄形器(左)和G10出土陶圈足盘(右)饰纹及其复原

图一二　殷墟西北冈 M2099 出土玉冠饰

## 四、对鸷鹰崇拜的象形与转喻

对鸷鹰崇拜的象形和转喻与上节所述王者羽冠的部分内容是相通的。《诗经·大明》有"时维鹰扬"句，郑笺："鹰，鸷鸟也。"《说文》："鸷，击杀鸟也。"可知，善于搏杀的鸷鸟应是指鹰类大型食肉猛禽。早期中国阶段对鸷鹰的崇拜已明确见于记载，最典型的当属《左传·昭公十七年》一段少昊氏以鸟命官的故事："我高祖少皞挚之立也，凤鸟适至，故纪于鸟，为鸟师而鸟名。"随后就具体叙述以五鸟、五鸠、五雉、九扈来命名氏官，根据历代注疏和考证，其中至少鸠、扈应是指鸷鹰，而且少皞"挚"又通"鸷"。学界遂据此认为史前东夷人是以鸟（鹰）为图腾崇拜，山东地区大汶口、龙山文化很流行的陶鬶和鸟首形鼎足等就是东夷鸟（鹰）崇拜的反映[35]。笔者查阅山东史前考古报告发现，出土鸟类，尤其是鹰类的骨骼遗骸很少，只在大汶口 M103 出土一件鹰类趾骨，从照片看个体较大，长度应超过 10 厘米，显然是有意随葬的[36]。这应是由鸟（鹰）图腾崇拜衍生的图腾禁忌，即当时很可能平时禁止捕杀鸟（鹰）类作为食物，只在沟通神灵的宗教仪式上有所使用。在上节所述的印第安人案例中，他们将鹰视为神物，除了用鹰羽制作羽冠，还把鹰的头、爪、羽毛或其他部位的实物都当作传家宝来保护，用于宗教仪式上装饰和展示（图一三）。有些部落（如卡希纳华人）甚至根据持有的神鹰羽毛的数量选举首领，获得最多数量鹰羽的人便被推选为首领[37]。这些都是交感巫术和模仿行为的产物，我们相信在早期中国阶段以鸟（鹰）为图腾崇拜的族群中也应是不同程度存在的。

与实物羽冠一样，尽管在考古发掘中难以发现鸷鹰的实物遗存，但在出土资料中已发现了不少反映鸷鹰崇拜的玉器，这些玉器大致可分为鸷鹰刻饰形象、鸷鹰圆雕或片雕作品和复杂透雕鸷鹰作品三类，它们都是象形和转喻思维的产物。首先看第一

图一三 印第安人在宗教仪式上装饰和展示的鸷鹰实物

图一四 台北故宫藏玉圭及其刻饰的鸷鹰形象

类玉器,即在玉圭上刻饰的鸷鹰形象,最典型的如台北故宫一件玉圭上所见,大眼长喙、昂首展翅挺立,其另一面刻饰着前文所述头戴高耸羽冠的兽面形象,都采用减地技法阳纹雕刻,线条优美流畅,形象也生动完整,是这类玉器的代表作(图一四)[38]。第二类玉器是单体存在的鸷鹰片雕或圆雕作品,目前所知主要可分为三种。一种是在第一类鸷鹰图像基础上做成的单体立鹰,目前所知主要是从商周西汉墓葬中分辨出来的遗玉,包括山东滕州前掌大、刘台子和河南南阳麒麟岗等地出土者,以及北京故宫收藏的一件传世品(图一五,1、3—5)[39]。这四件玉立鹰都已残损并经后世改制再利用,但残留的纹饰及走势仍与第一类鸷鹰图像基本相同,表现的都是一只昂首展翅立鹰,只不过有的立于兽面之上,有的则立于较高的底座之上,有的胸前还有一只鹿头。石家河城址谭家岭新近出土的一件对鹰玉器也可归入此种,两只展翅鸷鹰相对侧立于一个大兽面之上(图一五,7)[40]。第二、三种分别是展翅翱翔的玉翔鹰和玉"团凤",在石家河城址肖家屋脊曾有出土,姿态各不相同(图一五,6、2)[41]。

第三类是单体存在的复杂透雕鸷鹰作品,即以鸷鹰为母题在周围加刻其他装饰部件,采用透雕工艺做成一种个体更大、结构和工艺更为复杂的玉器。目前暂可分为两种。一种是在展翅立鹰的上下加刻装饰部件,其典型标本是天津博物馆所藏的一

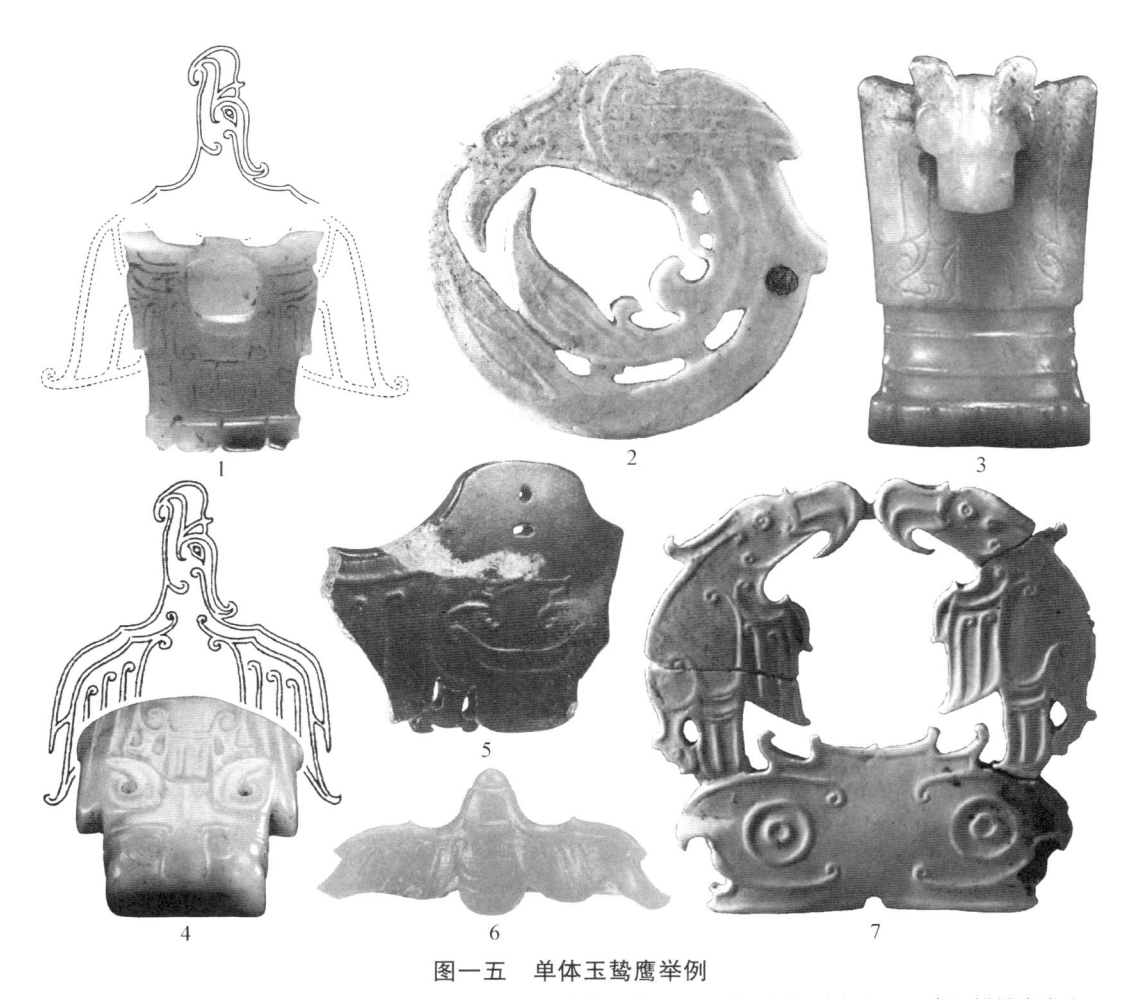

**图一五 单体玉鸷鹰举例**
1.滕州前掌大出土 2、6、7.石家河城址出土 3.北京故宫藏品 4.济阳刘台子出土 5.南阳麒麟岗出土

件精美传世品"鹰攫人首玉佩",可分三层,最上层是展翅立鹰,站在一个戴平顶冠的神人头像之上,中层是一对向外伸展的长而曲颈的鸟身,下层是几对倒垂长羽连接一个兽面(图一六,1、2)[42]。经笔者反复对比,发现这三层部件已分别有单体玉件实物出土,主要包括:展翅立鹰与上述南阳麒麟岗玉立鹰的形象相同,神人头像则可以与美国国家博物馆所藏一件圆雕平顶神人头像相类比[43];长曲颈鸟身则在山东胶州三里河、五莲丹土和石家河等遗址的墓葬中出土过"玉鸟形饰"[44],都有鸟头和弯曲的长身,有的还有穿孔,显然是用于嵌卯组合的;最下面的兽面与石家河出土的玉虎头类似,差别不大(图一六,3—8)。此外,两件现藏北京故宫和上海博物馆的"鹰攫人首玉佩"和湖南澧县孙家岗早年出土的两件"玉凤",也暂可归入此种(图一七)[45]。第二种是在玉璇玑或璧环的器体外缘加刻鸷鹰等装饰部件,目前所知主要有两件,分别

为青岛博物馆和法国巴黎赛努奇博物馆的藏品,此外加拿大安大略皇家博物馆的一件藏品也暂可归入此种(图一八)[46]。这三件分别刻有翔鹰、立鹰和变体鸷鹰,其中青岛博物馆藏品为四角玉璇玑,边长约16厘米,个体较大。赛努奇和安大略的两件分别为玉璇玑和璧环,个体较小。

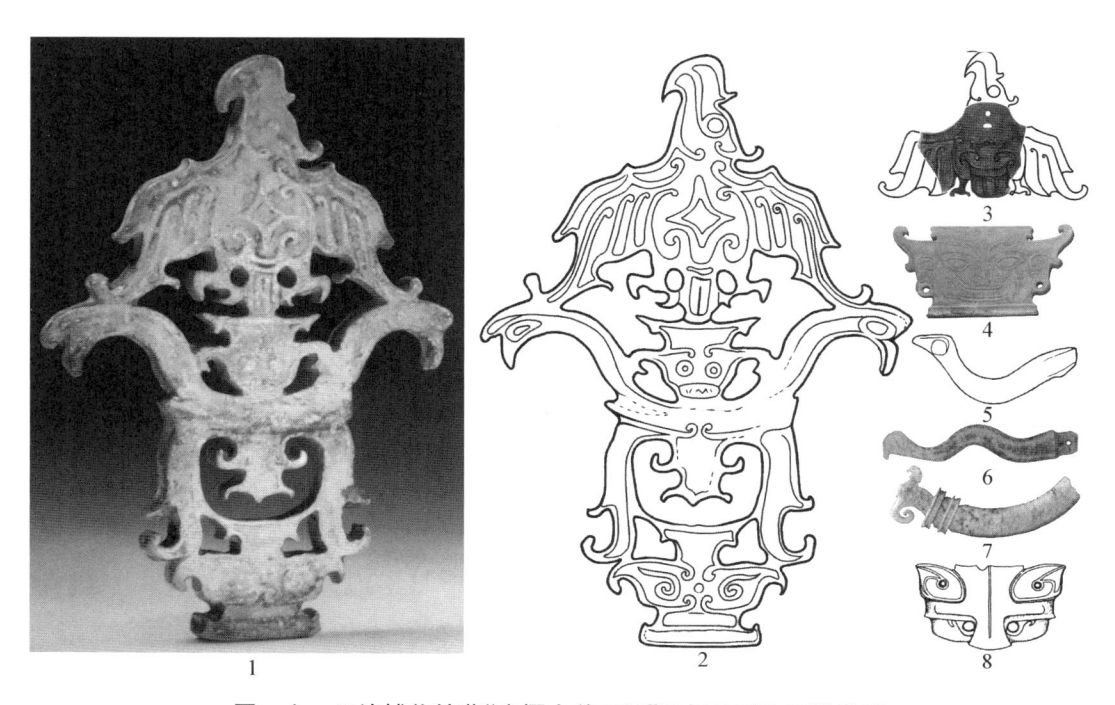

**图一六　天津博物馆藏"鹰攫人首玉佩"及相关对比玉器举例**

1、2. 天津馆藏"鹰攫人首玉佩"　3. 南阳麒麟岗出土玉鹰　4. 美国国家博物馆藏玉神人头像　5—7. 胶州三里河、五莲丹土、天门石家河城址出土"玉鸟形饰"　8. 石家河城址出土玉虎头

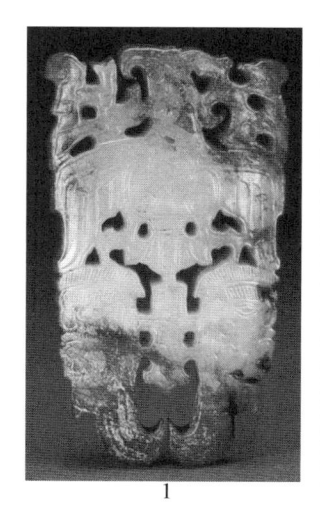

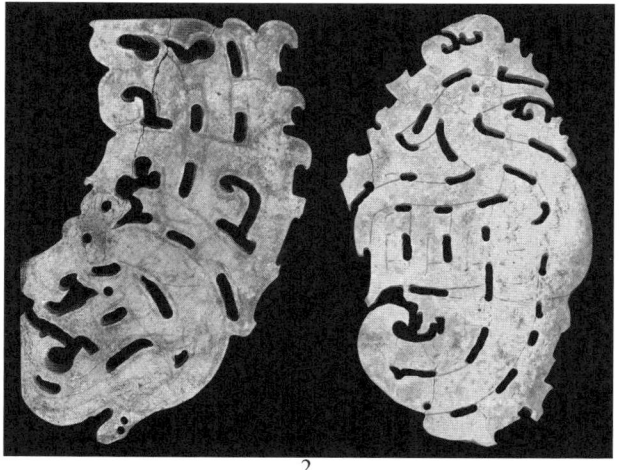

**图一七　北京故宫藏"鹰攫人首玉佩"(左)及澧县孙家岗出土"玉凤"(右)**

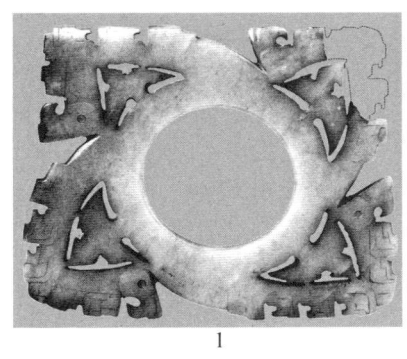

**图一八　玉璇玑举例**
1. 青岛博物馆藏品　2. 巴黎赛努奇博物馆藏品　3. 安大略皇家博物馆藏品

以上三类玉器从上述印第安人的案例来看，都应是鸱鹰崇拜或广义的鸟崇拜的产物，进言之，都应是象形和转喻思维的产物。第一、二类玉器的鸱鹰形象大多基本相同，推断应该是参照共同的画样完成的，画样则应是模仿实际生活所见鸱鹰展翅欲飞的姿态艺术创作而成，意在渲染鸱鹰神灵的通天法力。那么，通过这种象形和转喻思维来创作有关玉器，就赋予了所装饰的玉圭或单体玉鹰也具有了通神的法力。以天津馆藏的"鹰攫人首玉佩"为代表的第三类第一种玉器，曾受到学界长期关注和探讨，但对其寓意一直不得要领。现在通过与南阳麒麟岗玉立鹰等单体玉件的比较分析，寓意就逐渐明朗了：它应该是对由多件单体玉件装配而成的更复杂的组合式玉器的模仿，即把这个组合式玉器的外形和主要纹饰加以模仿和加工，创作出的一件复杂的单体玉器；不唯如此，这个组配而成的更复杂的组合式玉器又是对鸱鹰、彩绘人面、长颈（或长尾）鸟、羽毛、兽头等各种实物构建成的神物组合体的象形和模仿，因为像南阳麒麟岗玉立鹰等单体玉件就是对鸱鹰等实际生活中存在的实物的象形和模仿。由此可见，天津馆藏的"鹰攫人首玉佩"第三类玉器的两层寓意，正是象形和转喻思维的体现和典型代表。这也从反向的角度证明了当时在祭祀通神仪式上一定是存在用鸱鹰、彩绘人面、长颈（或长尾）鸟、羽毛、兽头等各种实物构建的神物组合体的，而这个以鸱鹰为中心的神物综合体也正是鸱鹰崇拜的必然产物。澧县孙家岗出土的两件"玉凤"尽管形象都不似鸱鹰，但其寓意也可从广义的鸟崇拜角度作出类似推断。这些认识对解释以青岛馆藏四角大璇玑为代表的第三类第二种玉器的寓意，应是有启发意义的，具体情况还需要今后进一步探讨。

关于以上三类玉器的年代，笔者在"组合式玉器"一文中已将其中的大多数推断在龙山文化至二里头文化时期[47]，其他如石家河城址出土的第二类第二、三种玉器近年的研究也已确定在龙山晚期("后石家河"或肖家屋脊文化),以青岛馆藏的四角玉璇玑为代表的第三类第一种玉器从风格特点看,也可断在龙山至二里头时期。关于这三类玉器的源流,只能基于目前的考古发现做大致推断。迄今所知,在良渚文化中已发现了不少以鸟为主题在玉璧上刻饰的图像,以及采用片雕工艺制作的单体玉鸟[48],从其高高挺立于多层祭坛之上判断,也非单纯的装饰图案(图一九),但鸟的形象多较写实像生,缺乏艺术想象力的夸张与加工,并且缺少鸷鹰形象,所以如何演变到龙山至二里头时期的鸷鹰艺术作品,还有待今后考古资料的继续丰富。目前商代出土的鸟类玉器可以妇好墓为代表[49],仔细分析不难发现,尽管这些玉器也采用了圆雕和片雕工艺,但玉鸟本身的形象却比较写实,显得生活气息浓厚,缺少了"神性",包括仅有的一件玉鹰也是如此,与龙山至二里头时期的作品相差很大。甚至此墓出土的一件已被学界论定为龙山晚期遗玉的长尾"玉凤"也保持完整,没有残缺,也未见继承它而来的复古或仿古作品,用于鉴赏把玩的意味浓厚(图二〇)。这都说明,在商代随着青铜器和青铜艺术走向繁荣,象形和转喻思维已经转向青铜器,所以玉器上的"神性"逐渐下降,日益走向生活化。这是历史发展的必然。因此,依据目前的考古资料可以推断,龙山至二里头时期应是鸷鹰崇拜及其象形和转喻思维最发达的时期,运用这一思维模式创作的玉器也最多。

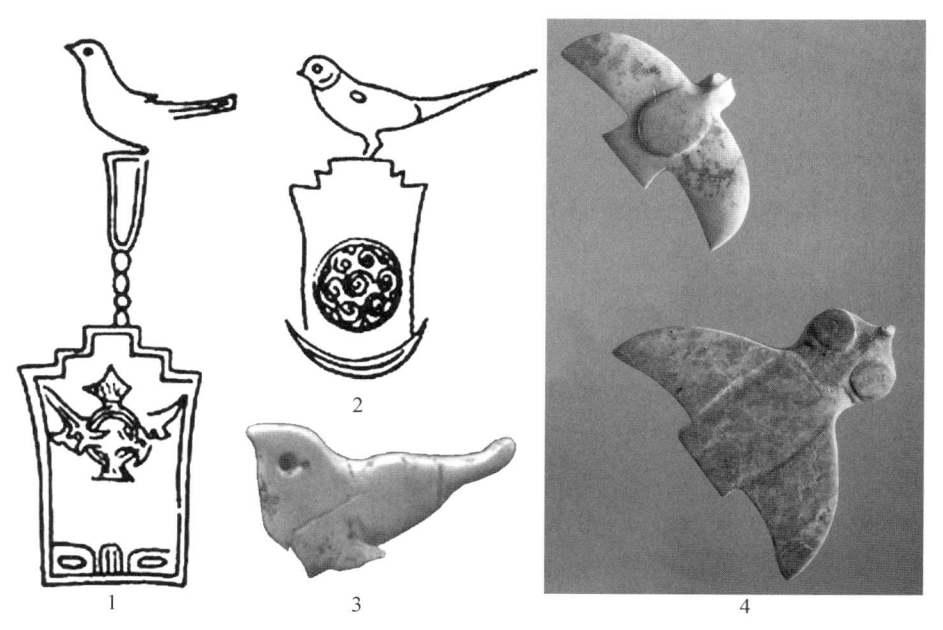

图一九 良渚文化发现的鸟形象及玉鸟举例

图二〇　妇好墓出土的玉鸟、玉鹰举例

## 五、对图腾柱崇拜的象形与转喻

图腾柱是图腾崇拜衍生的一种重要艺术品,在已知的人类学案例中,北美印第安人,尤其是加拿大西北海岸地区的印第安人图腾柱最为典型。这里的图腾柱多以高大的红雪松或杉木雕刻而成,图像上下分层、密集布列,表现的内容除了本族的图腾崇拜形象之外,还有祖先传说、神话故事等,其中飞鸟(鹰)形象非常流行,造成人鹰合体的雕刻题材很常见。有些部落在树立图腾柱时还以奴隶作为奠基的牺牲,可见其重视程度(图二一)[50]。所以,尽管印第安人的图腾柱并非都是图腾崇拜的产物,但作为一种典型的象征文化现象,正是采用象形和转喻思维创作的典型艺术品。我国古代是否存在图腾崇拜及相应的图腾柱,目前学界还有争议。如孙机先生就认为世界许多民族都有自己的始祖诞生神话,但并不都能发展出图腾制,而我国新石器时代的墓葬已发掘数万座,也并未找到能证明图腾制存在的可靠证据[51]。其他一些学者则主张我国古代存在过图腾及相关的图腾柱,或认为仰韶文化的彩陶纹饰是图腾标志,或认为大汶口—龙山文化流行的陶鬶和鸟首形鼎足是东夷人鸟图腾崇拜的反映,或认为良渚文化的玉琮应源于图腾柱[52]。笔者认为,现在随着考古资料的增加,在早期中国的某些阶段某些地区是很可能存在图腾及图腾柱崇拜的。这方面的证据就是运用象形和转喻思维创作的图腾柱形玉器,目前所知主要在良渚文化、"后石家河"及夏、商文化遗存中有所发现。

**图二一　西北岸印第安人的图腾柱举例**

良渚文化主要发现了三种图腾柱形玉器,即玉琮、琮式锥形器和圆柱形器,目前在良渚古城的反山、瑶山和上海福泉山、亭林等遗址墓葬中屡有出土,其中尤以玉琮数量最多,琮式锥形器和圆柱形器较少(图二二)[53]。如前所述,良渚玉琮的四个角面以雕刻头戴羽冠的神人兽面形象最流行,到晚期这种神人兽面纹简化成一组宽窄不一的直线条,在高体琮上重复布列,而且玉琮多出于大中型墓葬,出于小型墓者很少,表明玉琮应为良渚贵族所拥有,这都与印第安人的图腾柱相似,所以刘斌先生曾推断,良渚玉琮与图腾柱一样也应是图腾信仰的产物,而神人兽面纹则是良渚社会的超氏族图腾神[54]。我们认为这一观点是合理的。另据研究,印第安人的图腾柱是典型的象征文化产物,即把生活中常见的雄鹰、海獭、熊等动物的面部、眼睛、舌头等部位加以艺术夸张和处理,按照某种故事发展的顺序雕刻在图腾柱上,用来象征财富和保护神[55]。以此推测,良渚玉琮也应是对实际存在的图腾柱的象形和转喻产物,即通过在高大圆木上雕刻神人兽面纹,来喻指图腾柱及相应的玉琮具有通神法力并为王室贵族所有。以此观之,装饰神人兽面纹的琮式锥形器和圆柱形器很可能也是图腾柱的象形和转喻。

此外,笔者最近在讨论组合式玉器时注意到,早年在石家河城址的肖家屋脊遗址瓮棺葬中曾出土几件属于后石家河时期的玉神人头像[56],其俯视剖面为内面呈弧形的瓦棱状,这意味着神人头像应是嵌合在圆柱上的,而根据弧形的弧度进行模拟复原的结果显示,应是四个这种神人头像能嵌合组成类似玉琮"内圆外方"的外观效果(图二三,中、

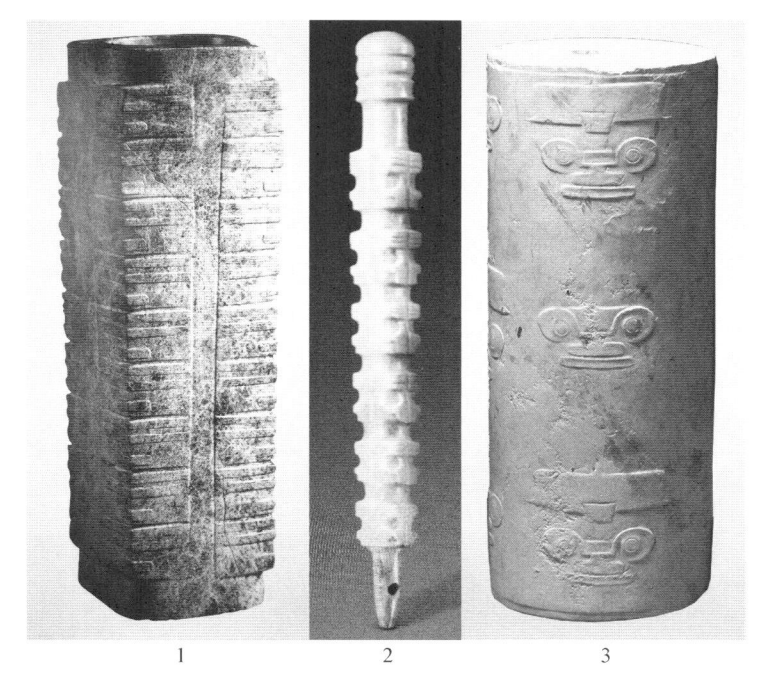

·象形转喻——早期中国玉礼器创作的思维模式·    ·143·

图二二 良渚文化图腾柱形玉器举例
1. 亭林 M16 出土玉琮  2. 福泉山 M144 出土玉柄形器  3. 反山 M12 出土玉圆柱形器

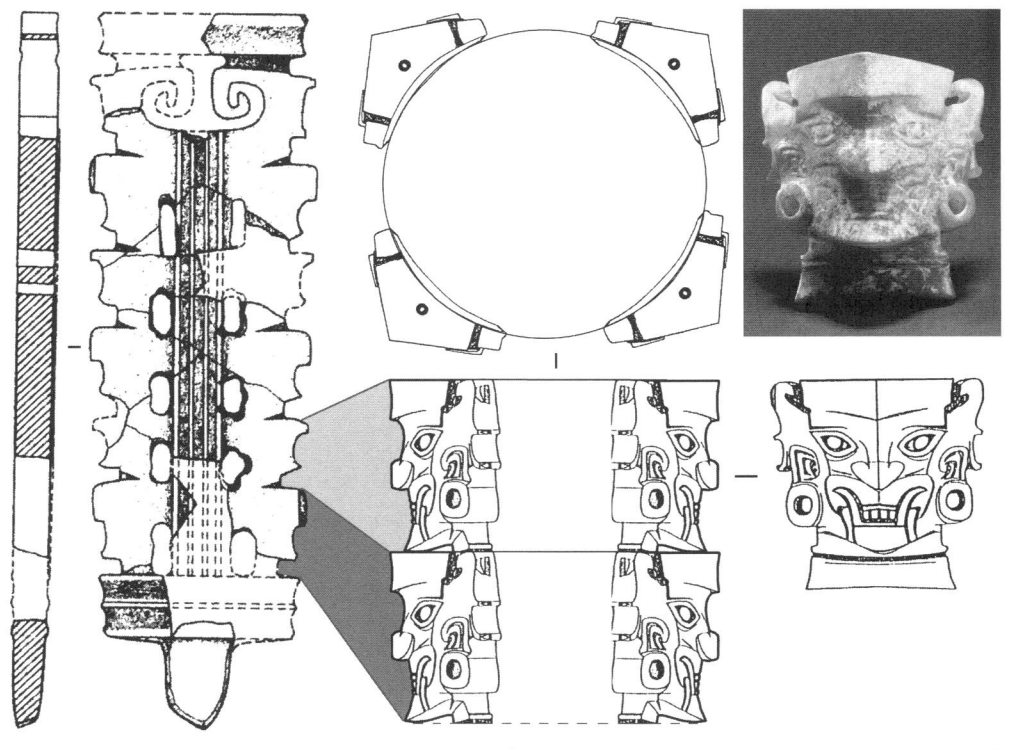

图二三 石家河城址肖家屋脊出土玉人头像的嵌合复原(右、中)及其与玉似柄形器(左)的比较

右)。笔者还注意到,肖家屋脊瓮棺葬还出土了一件高体的似柄形玉器,其上下中轴的两侧是对称分布的上下六层凹凸雕刻的外缘轮廓,每层轮廓与玉神人头像的侧视图非常相似,即与我们复原的琮式嵌合效果的左右两侧外观非常相似,由此可知似柄形器的每层凹凸轮廓应代表两个相背和侧视的玉神人头像(图二三,左)。我们再按照似柄形器的六层凹凸轮廓把玉神人头像也模拟复原成六层结构,就会发现,这个嵌合的六层结构颇似一个雕刻六层神人头像的高体图腾柱(图二四)。如果这一复原有合理成分,则可以进一步推测,这种高体图腾柱形状很可能是对实物图腾柱的侧视外形的模仿,亦即象形和转喻思维的产物,并且可进一步推测,实际存在的图腾柱很可能是按照"内圆外方"的形制来建造和雕刻的,这显然是对玉琮外观效果的更高形式的再现。

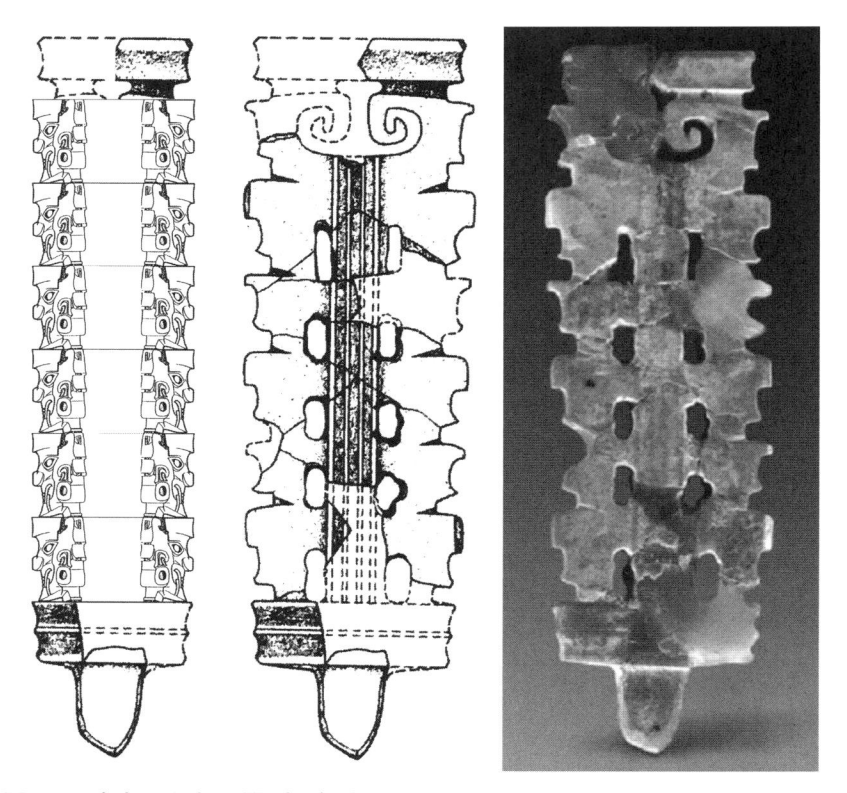

图二四　根据玉似柄形器(中、右)复原的玉人头像嵌合效果图(左)(肖家屋脊出土)

进入夏商时期,这种图腾柱形玉石器继续有所发现。如前述二里头遗址出土的一件精美玉柄形器,整体呈比较细高的方柱形,四面装饰着两两相对的三层纹饰,经复原为头戴高羽冠的神人和兽面形象(图二五,1)。安阳殷墟遗址发现的图腾柱形器稍多,主要包括早年在西北冈商王陵发掘出土的骨雕柄形器、玉琮、石"鸠首"等(图二

**图二五　夏商时期的图腾柱形器举例**
1. 二里头 M4 出土玉柄形器　　2—4. 殷墟商王陵出土骨雕柄形器玉琮和石"鸠首"

五,2—4)[57],这三件器物的共同特点是外观都呈方柱体,内部中心则有一个圆孔,造型类似玉琮的"内圆外方",与上述根据肖家屋脊玉神人头像复原的图腾柱形相似。尤其是骨雕柄形器,整体也是比较细高的方柱形,并以浅浮雕技法雕出三层饕餮纹,实际就是三层兽面神灵形象,颇似印第安人的图腾柱,因此袁德星先生主张,这种多层的方柱体证明当时应存在图腾柱实物[58]。我们认为有一定道理。由殷墟的发现可知,晚商时期的雕刻工艺已相当发达,不仅能在陶器和漆木器上雕刻复杂纹饰,甚至在坚硬的象牙器上也能雕刻,妇好墓就出土了两件雕有复杂繁缛纹饰的象牙杯[59]。而小屯一带宫庙区的大型宫殿基址的发现,证明当时已能制作直径一米左右的圆木作为宫殿的支柱。这都说明,当时应能做出高大且雕刻复杂的图腾柱,骨雕柄形器则很可能是这种图腾柱的象形与转喻产物。其他如商王陵出土的玉琮和石"鸠首"也应如此,二里头玉柄形器大概也可如是观。

## 六、结论和余论

综上所述本文认为,目前出土的早期中国玉器约有四类是采用象形和转喻的思维模式创作的,分别是对权杖斧钺、王者羽冠、鸷鹰崇拜和图腾柱崇拜的象形与转喻。按照巫术和模仿的原始思维方式,这些玉器的制作应是先有相关的神灵崇拜实物或神物,再运用象形和转喻思维模式创作出装饰各种神灵形象的玉器。通过雕刻各种象形的神灵形象,就赋予和转喻了这些玉器通神的法力,从而增加了这些玉器作为法器的神圣性,也增加了这些玉器拥有者统治社会的合法性,在当时的社会氛围下就成为了名副其实的玉礼器。这四类玉礼器以组合式玉器为多,结构复杂,纹饰华丽,工艺高超,集中反映了象形与转喻思维是早期中国玉礼器创作的重要法则。这些玉礼器大多具有明显的前后继承和传承关系,基本上是沿着从东方地区的良渚文化到大汶口、龙山文化,再到中原地区的夏商周王朝的逻辑向前演进。这是早期中国政治文化传统形成过程的移植与汇聚之路的重要体现,同时也使得早期中国的政治文化传统具有浓厚的东方底质与气质。

应该说明的是,笔者最近在讨论组合式玉器时,曾提及早期中国的玉礼器是采用象形与转喻思维模式和艺术手法创作的。但实际上,玉礼器创作的艺术手法应是另一重要法则——对称与拆半,它是在象形与转喻思维模式的指导下,在玉礼器上雕刻神灵形象的具体处理方式,它与象形与转喻思维模式共同构成了早期中国玉礼器创作的两大法则与特点。还要说明的是,早期中国的礼器到商周时期已转化为青铜器,成为反映礼制的主要载体,青铜器以装饰饕餮为中心的神灵形象而成为名副其实的艺术品,这一点与装饰各种神灵形象的玉礼器反映的艺术特点是一样的。而青铜器上的神灵形象应是对玉礼器上的神灵形象的继承和发展,并且也应是采用象形与转喻思维模式和对称与拆半艺术手法创作的。玉礼器和青铜器的艺术创作是早期中国王室贵族艺术传统的主要代表,而王室贵族艺术传统又是早期中国政治文化传统的重要组成部分。换言之,象形与转喻思维模式和对称以及拆半艺术手法,应是早期中国王室贵族艺术传统的两大创作法则,这对研究早期中国政治文化传统具有重要意义。与此有关的问题容后再予探讨。

另外,本文的研究显示,易腐的斧钺木柲、羽冠和图腾柱等过去往往不太受关注,今后的田野发掘环节应注意这些易腐实物的发现和保护,并重视出土现场的清理和出土场景的分析,对有关地区的鸟类尤其鹰类骨骼遗骸也要加强采样和鉴定分析,为进一步的分析研究提供第一手实物材料。

**注释:**

[1][47] 王青:《试论早期中国几种装饰神灵形象的组合式玉器——从山西羊舌晋侯墓出土的一件遗玉说起》,《中原文物》2018年4期。

[2][25] 列维·布留尔:《原始思维》(丁由译),商务印书馆2017年。

[3] 爱德华·泰勒:《原始文化:神话、哲学、宗教、语言、艺术和习俗发展之研究》(连树声译),广西师范大学出版社2005年;詹姆斯·乔治·弗雷泽:《金枝》(赵阳译),陕西师范大学出版总社有限公司2010年;朱狄:《艺术的起源》,中国社会科学出版社1982年。

[4] 袁珂:《中国古代神话》,中华书局1960年;袁珂:《中国神话通论》,巴蜀书社1991年;胡新生:《中国古代巫术》,人民出版社2010年。

[5] 据笔者所见,迄今只有少数研究涉及此问题,如石荣传:《试论中国史前玉器寓意性功能的演变》,《江汉考古》2005年4期。

[6] 李水城:《权杖头:古丝绸之路早期文化交流的重要见证》,《中国社会科学院古代文明研究中心通讯》2005年4期;钱耀鹏:《中国古代斧钺制度的初步研究》,《考古学报》2009年1期。

[7] 林沄:《说王》,《考古》1965年6期。

[8] 中国社科院考古研究所等:《灵宝西坡墓地》,文物出版社2010年;河南博物院:《国家宝藏》,2007年内部印刷。

[9] 临汝县文化馆:《临汝阎村新石器时代遗址调查》,《中原文物》1981年1期;河南省文物考古研究所:《河南史前彩陶》,河南美术出版社1996年。

[10] 严文明:《鹳鱼石斧图跋》,《文物》1981年2期。

[11] 傅宪国:《试论中国新石器时代的石钺》,《考古》1985年9期;杨晶:《长江下游地区玉钺之研究》,《东南文化》2002年7期。

[12] 浙江省文物考古研究所:《反山》,文物出版社2005年;浙江省文物考古研究所:《瑶山》,文物出版社2003年;中国社科院考古研究所等:《临朐西朱封》,文物出版社2018年;中国社科院考古研究所等:《襄汾陶寺——1978~1985年发掘报告》,文物出版社2015年;严文明:《中国王墓的出现》,《考古与文物》1996年1期。

[13] 黄宣佩:《福泉山——新石器时代遗址发掘报告》,文物出版社2000年;邓聪、曹锦炎主编:《良渚玉工》,香港中文大学中国考古艺术研究中心2015年。

[14] 张明华:《良渚玉戚研究》,《考古》1989年7期;杨晶:《中国史前玉器的考古学探索》,社科文献出版社2011年。

[15] 山东博物馆等:《玉润东方:大汶口—龙山·良渚玉器文化展》,文物出版社2014年;又见南京博物院:《花厅:新石器时代墓地发掘报告》,文物出版社2003年;以及《反山》《瑶山》等报告。

[16] 南京博物院:《江苏海安青墩遗址》,《考古学报》1983年2期;中国社科院考古研究所等:《滕州前掌大墓地》,文物出版社2005年。

[17] 山东省文物考古研究所等:《山东莒县陵阳河大汶口文化墓葬发掘简报》,《史前研究》1987年3期;山东省文物考古研究所等:《莒县大朱家村大汶口文化墓葬》,《考古学报》1991年2期;山东省文物考古研究所:《山东莒县杭头遗址》,《考古》1988年12期;邵望平:《远古文明的火

花——陶尊上的文字》，《文物》1978年9期，收入山东大学历史系考古教研室编：《大汶口文化讨论文集》，齐鲁书社1979年。
[18] 中国社科院考古研究所等：《临朐西朱封》，文物出版社2018年。
[19] 中国社科院考古所二里头队：《1981年河南偃师二里头墓葬发掘简报》，《考古》1984年1期；中国社科院考古所二里头队：《1984年秋河南偃师二里头遗址发现的几座墓葬》，《考古》1986年4期。
[20] 中国社科院考古研究所编著：《殷墟妇好墓》，文物出版社1980年；中国社科院考古研究所等编著：《妇好墓玉器》，岭南美术出版社2016年；中国社科院考古研究所：《安阳殷墟花园庄东地商代墓葬》，科学出版社2007年。
[21][22] 林沄：《说戚、我》，《古文字研究》17辑，中华书局1989年。
[23] 邢定生：《古代动物头饰艺术探微》，《民族艺术研究》1991年5期。
[24] 吴加：《神圣的羽冠——南美印第安部落的原始艺术》，《新知客》2007年5期；金兴：《神圣的羽冠》，《科学大观园》2007年16期；墨西哥合众国驻华大使馆：《古代墨西哥羽冠》，《文明》2013年1期；David S. Murdoch, *North American Indian* (DK Eyewitness Books), DK CHILDREN, 2005.
[26][48] 参见刘斌：《神巫的世界——良渚文化综论》，浙江摄影出版社2007年；方向明：《神人兽面的真像》，杭州出版社2013年。
[27] 王树明：《谈陵阳河与大朱村出土的陶尊"文字"》，《山东史前文化论文集》，齐鲁书社1986年。
[28] 杜金鹏：《说皇》，《文物》1994年7期。
[29] 刘敦愿：《记两城镇发现的两件石器》，《考古》1972年4期；邓淑苹：《雕有神祖面纹与相关纹饰的有刃玉器》，《刘敦愿先生纪念文集》，山东大学出版社1998年。
[30] 中国社会科学院考古所二里头队：《偃师二里头遗址新发现的铜器和玉器》，《考古》1976年4期。
[31] 中国社科院考古研究所：《二里头(1999—2006)》，文物出版社2014年。
[32] 王青：《二里头遗址新出神灵形象的复原和初步认识》，《南方文物》2019年9期。
[33] 石璋如：《殷代头饰举例》，《"中研院"史语所集刊》(28)下，1957年。
[34] 邵望平：《海岱系古玉论略》，《中国考古学论丛》，科学出版社1993年。
[35] 石兴邦：《山东地区史前考古方面的有关问题》，《山东史前文化论文集》，齐鲁书社1986年；石兴邦：《我国东方沿海和东南地区古代文化中鸟类图像与鸟祖崇拜的有关问题》，《中国原始文化论集》，文物出版社1989年。
[36] 山东省文管处等：《大汶口——新石器时代墓葬发掘报告》，文物出版社1974年。
[37] 吴加：《神圣的羽冠——南美印第安部落的原始艺术》，《新知客》2007年5期。
[38] 邓淑苹：《雕有神祖面纹与相关纹饰的有刃玉器》，《刘敦愿先生纪念文集》，山东大学出版社1998年；邓淑苹主编：《敬天格物——中国历代玉器导读》，台北2011年。
[39] 中国社科院考古研究所编著：《滕州前掌大墓地》，文物出版社2005年；佟佩华、陈启贤主编：《山东济阳刘台子玉器研究》，台北众志美术出版社2010年；南阳市文物工作队：《河南南阳市麒麟岗8号西汉木椁墓》，《考古》1996年3期；杨建芳：《一件珍贵的石家河文化残玉鹰》，《中国文物报》1997年4月13日；林继来：《山东济阳刘台子西周墓的史前遗玉》，《东南文化》2002年3期；王青：《海岱地区商周墓葬出土史前遗玉略论》，《玉器考古通讯》2016年2期；王青：《豫南地区商周西汉墓出土遗玉研究》，《中原文物》2017年1期。
[40] 湖北省文物考古研究所：《石家河遗址2015年发掘的主要收获》，《江汉考古》2016年1期。
[41] 湖北省荆州博物馆等：《肖家屋脊》，文物出版社1999年；荆州博物馆：《石家河文化玉器》，文

物出版社 2008 年。
[42] 周南泉：《新石器时期玉器中的人物题材初探——古玉研究之四》，《故宫博物馆院刊》1993 年 2 期；杨伯达主编：《中国玉器全集(上)原始社会—春秋战国》，河北美术出版社 2005 年。
[43] 江伊莉等：《玉器时代——美国博物馆藏中国早期玉器》，科学出版社 2009 年。
[44] 中国社科院考古所山东队：《胶县三里河》，文物出版社 1988 年；杨波：《山东五莲县丹土遗址出土玉器》，《故宫文物月刊》1996 年 2 期；郭公仕：《五莲文物荟萃》，齐鲁书社 2011 年；湖北省荆州博物馆等：《肖家屋脊》，文物出版社 1999 年；荆州博物馆：《石家河文化玉器》，文物出版社 2008 年。
[45] [日] 林巳奈夫：《神与兽的纹样学——中国古代诸神》(常耀华等译)，三联书店 2009 年；杨伯达主编：《中国玉器全集(上)原始社会—春秋战国》，河北美术出版社 2005 年；何介钧：《湖南史前玉器》，《东亚玉器》(第一册)，香港中文大学中国考古艺术研究中心 1998 年。
[46] 刘元鸣：《青岛市博物馆馆藏(玉器)》，文化艺术出版社 2010 年；山东省文物局编著：《文物山东——第一次全国可移动文物普查藏品集萃》，中华书局 2017 年；[日] 林巳奈夫：《中国古玉研究》(杨美莉译)，艺术图书公司 1997 年。
[49] 中国社科院考古研究所编著：《殷墟妇好墓》，文物出版社 1980 年；中国社科院考古研究所等编著：《妇好墓玉器》，岭南美术出版社 2016 年。
[50] 高小刚：《图腾柱下——北美印第安文化漫记》，三联书店 1997 年；马晓京：《图腾柱文化象征论》，民族出版社 2007 年。
[51] 孙机：《龙山玉鸷》，《远望集——陕西省考古研究所四十周年华诞纪念文集》，陕西人民美术出版社 1998 年。
[52] 朱狄：《原始文化研究——对审美文化发生问题的思考》，三联书店 1988 年；石兴邦：《我国东方沿海和东南地区古代文化中鸟类图像与鸟祖崇拜的有关问题》，《中国原始文化论集》，文物出版社 1989 年；车广锦：《良渚文化玉琮纹饰探析》，《东南文化》1987 年 3 期；邓淑苹：《考古出土新石器时代玉石琮研究》，《故宫学术季刊》1988 年 1 期；刘斌：《神巫的世界——良渚文化综论》，浙江摄影出版社 2007 年。
[53] 上海博物馆考古研究部：《上海金山区亭林遗址 1988、1990 年良渚文化墓葬的发掘》，《考古》2002 年 10 期；上海博物馆：《文明之光——申城寻踪：上海考古大展》，上海世纪出版集团 2014 年；邓聪、曹锦炎主编：《良渚玉工》，香港中文大学中国考古艺术研究中心 2015 年。
[54] 刘斌：《神巫的世界——良渚文化综论》，浙江摄影出版社 2007 年。
[55] 马晓京：《图腾柱文化象征论》，民族出版社 2007 年。
[56] 湖北省荆州博物馆等：《肖家屋脊》，文物出版社 1999 年；荆州博物馆：《石家河文化玉器》，文物出版社 2008 年。
[57][58] 袁德星：《上帝与上天——古代宗教信仰与古器物之关系(三)》，《故宫文物月刊》1990 年 9 期。
[59] 中国社科院考古研究所编著：《殷墟妇好墓》，文物出版社 1980 年。

（原载《中原文物》2019 年 3 期，发表时有较大删改，本次以全文刊出）

# 神巫世界：
## 以镶嵌铜牌饰为中心

# 神 秘 精 灵

——夏代镶嵌铜牌饰掠影

镶嵌铜牌饰是一种主要流行于夏代的青铜器,以镶嵌绿松石为最大特征,是集铸造和镶嵌于一身的神秘艺术品。李学勤先生曾这样评价镶嵌铜牌饰:它是史前兽面纹到商周饕餮纹的中介和传承,这种传承"不仅是沿用了一种艺术传统,而且是传承了信仰和神话"[1]。国外的林巳奈夫、艾兰等学者也持类似观点。所以,可以毫不夸张地说,镶嵌铜牌饰对于研究中国文明起源具有重要的学术价值,是名副其实的夏代遗宝。

李学勤先生在同一篇文章中还谈到,这种牌饰早年就已出土,但大都流散到国外,长期不能为国内学术界所了解。2002年,笔者在出访英国伦敦大学院(UCL)时,曾对这种牌饰的资料做了集中收集,发现现存国外的镶嵌铜牌饰已达9件之多,包括1999年美国纽约古董市场新出现的1件。这样,国内外收藏的这种牌饰就有16件左右了,本文就把它们介绍如下。另外,2003年在纽约古董市场又出现了1件,但笔者认为这件很可能是赝品,这里也附带予以讨论。

## 一、国 内 藏 品

河南偃师二里头遗址迄今共发掘出土镶嵌铜牌饰3件,均出自随葬品丰富的墓葬。

二里头 M4∶5,1981年出土,长14.2厘米,宽9.8厘米[2]。外部轮廓为束腰明显的长条形,4个环钮分置于两条长边外侧。内部纹饰可分为面和冠两部分,面部有圆形眼和较宽的弯月眉,眼下有表现口部的弯弧线。冠部是复杂的T形。绿松石以主纹饰为中心向不同方向展布,构成与主纹饰大致平行的辅助纹饰,使整个牌饰显得非常华美(彩版一,1;图一)。

二里头 M11∶7,1984年出土,长16.5厘米,宽11厘米[3]。外部轮廓及内部纹饰都和上一件相似,惟眼睛是梭形的,T形冠较完整,弯月眉细长内卷。绿松石片上下

| 图一 | 图二 | 图三 |

镶嵌，构成上下走向的辅助纹饰(彩版一,2;图二)。

二里头 M57∶4,1987 年出土,长 15.9 厘米,宽 8.9 厘米[4]。外部轮廓和上两件基本相似,但内部纹饰差别较大,面部有圆形眼和弯月眉,眼以下有明显表现鼻和须的纹饰,冠部则为排列整齐的鳞甲纹。绿松石片的镶嵌技法也和上两件不同,是上下嵌于主纹饰之中构成辅助纹饰的,并且石片没有镶嵌依托物(彩版一,3;图三)。

四川广汉三星堆遗址迄今共发掘出土镶嵌铜牌饰 3 件,从种种迹象推断,都出自祭祀遗迹[5]。牌饰的各种特征和二里头的相差较大。

三星堆真武 87GSZJ∶36,1987 年出土,长 13.8 厘米,宽 5.2 厘米。整体轮廓无束腰,内部纹饰以三对斜交的粗线条为界,能分成三或四部分,眼睛有两层,表现鼻子和牙齿的弯弧线也很逼真。绿松石片镶得非常凌乱,毫无规则地填在主纹饰周围作为陪衬(图四)。

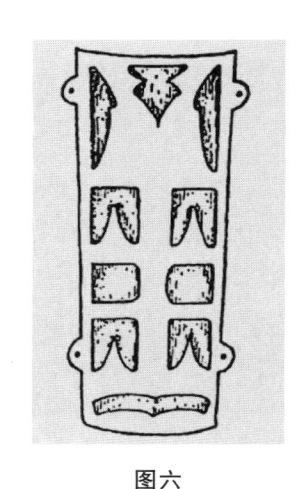

| 图四 | 图五 | 图六 |

三星堆真武 87GSZJ∶16,1987 年和上一件一同出土,长 14 厘米,宽 4.9 厘米。这一件的内部纹饰更特殊,表面都是镂空的几何形纹饰,眼睛已退化成 S 形,而且不镶绿松石(图五)。

三星堆高骈出土品,1976 年出土,长 12.3 厘米,宽 5 厘米。这一件的内部纹饰也很特殊,表面布满奇异的几何形纹饰,只是大致能看出面和冠部的界限。绿松石片镶在几何形纹饰之内(图六)。

甘肃天水博物馆藏品,出土年代不详,2002 年为张天恩先生撰文介绍,长 15 厘米,宽 10 厘米[6],其外部轮廓和内部纹饰与二里头 M11∶7 比较近似,但冠部为带一对长角的羊首纹。上下镶嵌的绿松石片多已脱落(图七)。

图七

## 二、国外藏品

美国哈佛大学赛克勒博物馆(Arthur M. Sackler Museum)一共收藏这种牌饰 3 件,早年多为温索普(Grenville L. Winthrop)的藏品。就笔者所见资料,其最早由瑞典学者喜龙仁(Osvald Siren)著录于 1942 年[7]。

第 1 件:长 17.2 厘米,宽 11.3 厘米。外部轮廓及内部纹饰和二里头 M11∶7 基本相同,惟 T 形冠的形状还不很完整,并且各部位的芽形"饰笔"比较多(图八)。

第 2 件:长 15.9 厘米,宽 9.8 厘米。保存状况较差,有溢铜或铜锈粘连现象,环钮也多残断。内部纹饰自下而上由兽面和心形图案组成,心形图案都盘旋而出交于牌

图八 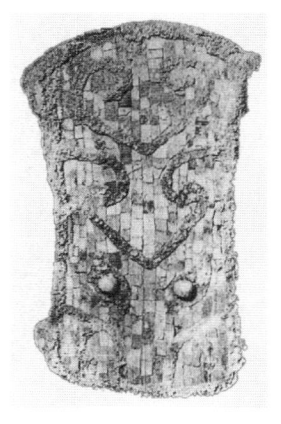    图九 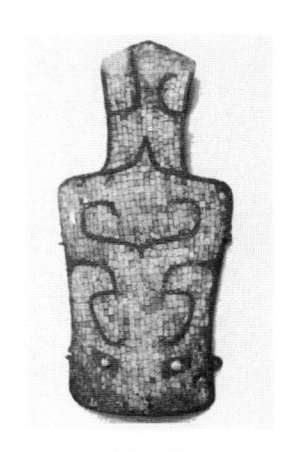    图一〇

饰的纵向中轴上，与三星堆真武 87GSZJ∶36 有相似之处(图九)。

第 3 件：这是目前已知铜牌饰中最特殊的一件。主要表现在：绿松石片镶得非常细密碎小，牌饰的顶上加了一个窄长的圭首形部分，内部纹饰的结构怪异，牌饰通长达 26.6 厘米，而其他牌饰都在 15 厘米左右，相差很大(图一〇)。

保罗·辛格医生(Dr. Paul Singer)是美国著名的中国文物收藏家，他的部分藏品经著名学者罗越(Max Loehr)先生整理出版，书中收录了一件镶嵌铜牌饰[8]。从该书的前言推知，它应是在 20 世纪 50 年代以前入藏的。这件牌饰长 14 厘米，其整体特征与二里头 M11∶7 基本相同，惟锈蚀比较严重，并可见明显的织物印痕(图一一)。

辛格医生还藏有另一件镶嵌铜牌饰，可惜笔者尚未收集到资料。据曾经见过这件牌饰的有关人士回忆，眼睛是梭形的，也能分为面和冠两部分，和二里头 M11∶7 有近似之处。

美国檀香山艺术学院在 1967 年购入一件镶嵌铜牌饰，1992 年朱仁星先生将其照片正式刊出[9]。这件铜牌饰长 16.5 厘米，宽 8.6 厘米，以冠为高耸的凤羽纹为最大特点(图一二)。

1991 年，欧洲古董商 Eskenazi 在英国伦敦举办了一场中国古代文物展，披露了一件刚流失的镶嵌铜牌饰，后来收入李学勤和艾兰先生共同主编的《欧洲所藏中国青铜器遗珠》[10]。这件铜牌饰长 15 厘米，其内部纹饰结构与二里头 M11∶7 大致相同，惟比后者更显简化(彩版一,4;图一三)。

1997 年 11 月，日本京都附近的美秀(MIHO)博物馆举办新馆开幕式，并出版了

图一一 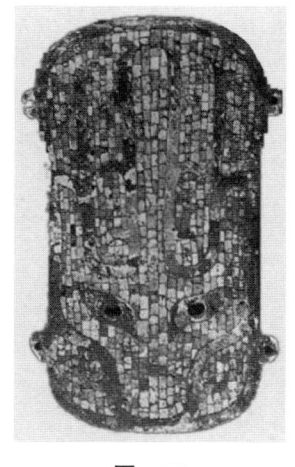　　　　　　　　图一二 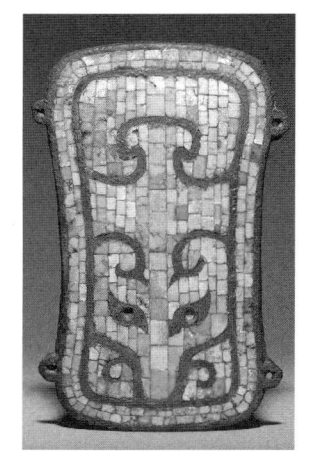　　　　　　　　图一三

一本收藏图录，其中有一件镶嵌铜牌饰，李学勤先生后来撰文发表了线图[11]。这件牌饰长15厘米，宽8.5厘米，其内部纹饰与二里头M57：4大致相同，但也更显简化（图一四）。

1999年春，欧洲古董商Eskenazi在美国纽约举办了第三次"古代中国青铜器与陶瓷器展"，展出了新近出土流失的中国文物，并为此制作了一本图册，其中收录的第一件珍品就是镶嵌铜牌饰。这件牌饰长14.8厘米，除了眼睛是梭形的，纹饰结构与二里头M4：5有相通之处，惟线条更简洁，冠部已简化成盾牌形。另外，这件牌饰的背面布满类似涡状的浅乱纹线，为其他牌饰所不见（图一五、图一六）。

图一四 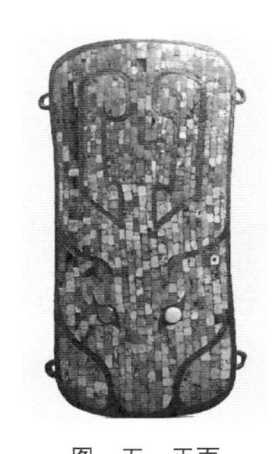　　　　图一五　正面 　　　　图一六　背面

2003年3~4月，在美国纽约THROCK MORTON FINE ART举办了"以学者的眼光：亚洲古物及老照片展"，并出版了展品图册，图册的封面就是一件镶嵌铜牌饰的彩色照片。其内部纹饰可分为上下两部分，上部为一条略呈Π形的冠，下部为一条略呈U形的弯折线，内有一对反向对称眼睛，构成兽面（图一七）。

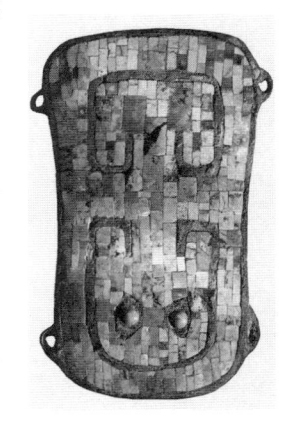

经仔细观察，笔者发现这件牌饰存在不少疑点，例如，其冠部纹饰想要表现的时代特征比较晚，而其兽面纹的眼睛却是更早的时代风格，时间上明显矛盾；纹饰线条很呆板方正，是采用内方外弧和内弧外方的雕刻技法造成的，这种技法不见于其他牌饰，而是现代篆刻作品常用的刀法。

图一七

综合这些矛盾，笔者倾向认为，纽约这件铜牌饰的真实性值得怀疑，很可能是一件现代赝品。在目前已知的其他现存国外的镶嵌铜牌饰上，还未见到确凿的可疑之处,所以纽约这件的出现应该是一个新动向。

**注释:**

[ 1 ] 李学勤:《良渚文化玉器与饕餮纹的演变》,《东南文化》1991 年 5 期,收入《走出疑古时代》,辽宁大学出版社 1997 年。
[ 2 ] 中国社科院考古所二里头队:《1981 年河南偃师二里头墓葬发掘简报》,《考古》1984 年 1 期。
[ 3 ] 中国社科院考古所二里头队:《1984 年秋河南偃师二里头遗址发现的几座墓葬》,《考古》1986 年 4 期。
[ 4 ] 中国社科院考古所二里头队:《1987 年河南偃师二里头遗址墓葬发掘简报》,《考古》1992 年 4 期。
[ 5 ] 四川省文物考古研究所三星堆工作站等:《三星堆遗址真武仓包包祭祀坑调查简报》,《四川考古文集》,四川人民出版社 1998 年;敖天照等:《四川广汉出土商代玉器》,《文物》1980 年 9 期。
[ 6 ] 张天恩:《天水出土的兽面铜牌饰及有关问题》,《中原文物》2002 年 1 期。
[ 7 ] Osvald Siren, *Kinas Konst Under Tre Artusenden*, volume 1, Stockholm, 1942。
[ 8 ] Max Loehr, *Relics of Ancient China: From the Collection of Dr. Paul Singer*, Arno Press 1976。
[ 9 ] 朱仁星:《遗珍略影——檀香山艺术学院收藏中国文物选介》,《故宫文物月刊》1992 年 5 期。
[10] 李学勤、艾兰:《欧洲所藏中国青铜器遗珠》,文物出版社 1995 年。
[11] 李学勤:《从一件新材料看广汉铜牌饰》,《中国文物报》1997 年 11 月 30 日。

(原载《寻根》2005 年 2 期,原题为《神秘的夏代遗宝:镶嵌铜牌饰》,本次补充完善了彩版图片及注释资料)

# 海 外 遗 珍
## ——国外收藏的五件镶嵌铜牌饰

镶嵌铜牌饰是夏代前后的一种特殊铜器,具有重要学术价值,近年来对它的研究已成为新的学术热点。根据笔者在李学勤先生基础上所做的统计[1],截至 2002 年,现存面世的镶嵌铜牌饰共有 16 件左右,其中存于国内的 7 件,即河南偃师二里头 3 件[2],四川广汉三星堆 2 件[3],广汉高骈 1 件[4],甘肃天水 1 件[5];现存国外的有 9 件,即美国哈佛大学赛可勒博物馆 3 件,保罗·辛格医生 2 件,檀香山艺术学院 1 件,日本美秀(MIHO)博物馆 1 件,英国伦敦古董行 1 件[6]和 1999 年美国纽约古董市场新出现的 1 件。在现存国外的 9 件中,檀香山、美秀和伦敦古董行这 3 件已通过不同渠道为国内学术界所熟知[7],其余 6 件则因出土和著录时间较早或较为晚近且为外文资料,致使国内学术界长期不知其详情。

2002—2003 年,笔者在英国伦敦大学院(UCL)考古系进行学术访问期间,曾对现存国外的镶嵌铜牌饰资料做了集中收集。经检核,笔者共收集到 5 件现存国外、尚为国内学术界少见或未见的镶嵌铜牌饰资料,包括赛可勒博物馆 3 件,保罗·辛格医生 1 件和 1999 年美国纽约古董市场 1 件。现将所获资料介绍如下,并就其年代等问题提出初步看法,请方家不吝赐教。

## 一、赛可勒博物馆第一件藏品

美国哈佛大学赛可勒博物馆(Arthur M. Sackler Museum)现共收藏这种镶嵌铜牌饰 3 件,早年多为温索普(Grenville L. Winthrop)的藏品。就笔者所见资料,其最早由瑞典学者喜龙仁(Osvald Siren)著录于 1942 年[8]。以下分别介绍。

第一件长 17.2、宽 11.3 厘米。整体呈束腰长条形,上下两条短边长度基本相等,两条侧长边上各有两个环钮。其正面略凸起呈瓦状,内部主纹饰为铸出,局部可辨有织物印痕,主纹饰的外围以上下方向嵌满各种不同规格的小绿松石片,眼珠则用绿松石珠镶嵌。主纹饰的总体结构可分为上下两部分:下部为兽面,包括上扬而后下卷的双眉、略呈臣字形的双眼及表现口部的一对弯弧线,其中口部的弯弧线与牌饰边缘相距的空间内还有一对锚形"饰笔"。上部为"T"形冠,具体又由上下两部分构成,其中上部为一条"一"形主线,其顶上中间有一个锚形"饰笔";下部为两条相向对称的上弯主线伸入上部的"一"形主线之中,也各有一个芽形"饰笔"(图一,1)。

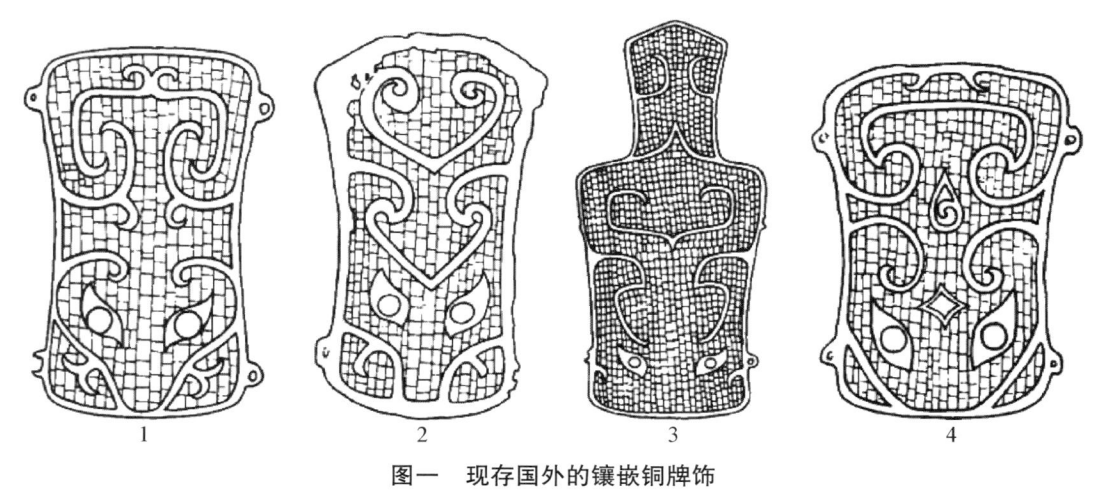

**图一 现存国外的镶嵌铜牌饰**
1. 赛克勒博物馆第1件藏品  2. 赛克勒博物馆第2件藏品  3. 赛克勒博物馆第3件藏品  4. 保罗·辛格藏品

这件铜牌饰的年代,可以通过与偃师二里头的发掘品和伦敦古董行那件流散品相对比来大致推定。经反复比较观察,笔者认为其与二里头 M11∶7 铜牌饰(图二,2)有较多的共性,如绿松石都是上下镶嵌的,纹饰结构都可分为兽面和 T 形冠两部分,且纹饰的基本轮廓大致相同等。但在细节上仍有差别,包括后者的 T 形冠部分可占整个牌饰面积的三分之一左右,而前者只占一半左右;后者的眼睛为梭形,而前者的眼睛则略呈臣字形;后者的弯眉比前者的更卷曲;后者的 T 形冠的几条主线已经相连成完整形态,而前者 T 形冠上下主线还未相连,在形态上还不很完整。另外,前者的几个"饰笔"也不见于后者。而如果我们把二里头 M11∶7 与伦敦古董行流散品(图二,4)这两件铜牌饰做一比较,就会发现这两件之间也存在着性质类似的差别,例如后者的 T 形冠所占面积已不及整个牌饰的三分之一,T 形冠更显简化,弯眉也更卷曲等。上述比较表明这三件所代表的牌饰之间可能存在前后演化关系,从类型学角度而言,这种演化关系应该意味着年代早晚差别。

赛可勒这件铜牌饰与二里头 M4∶5 铜牌饰(图二,1)之间也有一些共性可寻,包

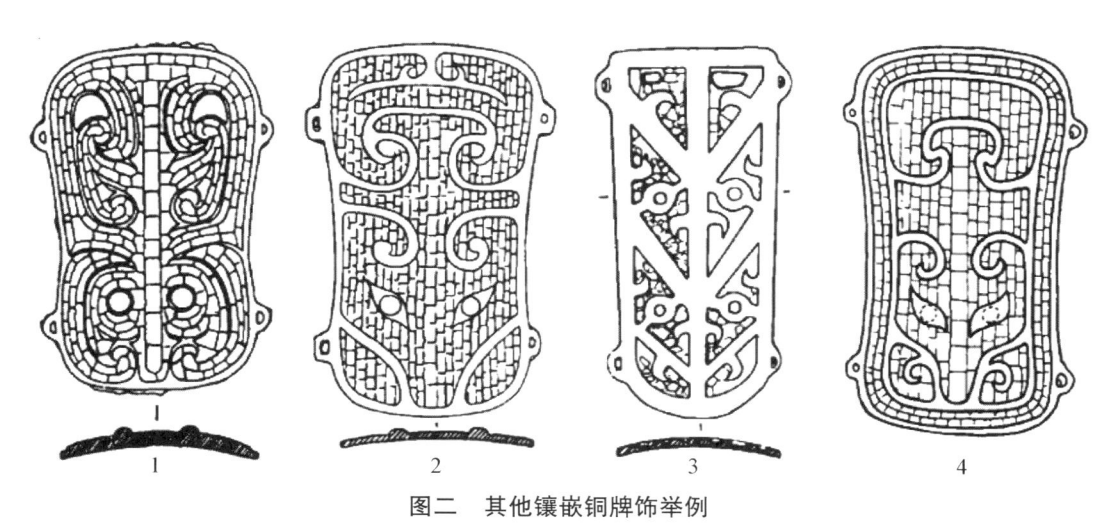

图二 其他镶嵌铜牌饰举例
1. 偃师二里头 M4:5  2. 偃师二里头 M11:7  3. 广汉三星堆真武 87CSZJ:36  4. 伦敦古董行流散品

括纹饰结构都可分为上下两部分,且纹饰的各部位可基本对应等。但相比之下它们之间的差别也比较明显,如后者的绿松石片是围绕主纹饰基本平行镶嵌的,其眉以下部分只占整个牌饰面积的三分之一左右,眼睛是圆形的,弯眉比较宽而略平,冠部初现 T 形冠的雏形而呈"【 】"形,且冠的上部两侧还嵌有一对醒目的弯月形大绿松石片等。这些均与前者存在较大差别。而如果我们把这些差别放在上述三件铜牌饰的序列中进行综合观察,就会发现这些差别中的多数基本可纳入上述三件所显示出的演化关系当中(眼睛的差别另当别论)。换言之,这四件之间应有年代早晚差别。

目前所知,二里头 M4:5 和 M11:7 这两件因有同出陶玉器,可以确定其所处年代,即分属二里头文化二、四期[9]。这样,我们就可以排出一个二里头 M4:5→赛可勒第 1 件→二里头 M11:7→伦敦古董行流散品这四件所代表的牌饰由早及晚的演化关系,其前后演变趋势为 T 形冠所占面积渐小(兽面部分所占面积相应渐大),弯眉的卷曲程度渐甚,T 形冠逐渐简化完整。由此,处在二里头两件之间的赛可勒第 1 件铜牌饰就可推定在二里头文化三期前后,而伦敦古董行那件流散品应该比二里头 M11:7 晚。

## 二、赛可勒博物馆第二件藏品

赛可勒博物馆第二件藏品长 15.9、宽 9.8 厘米。其整体特征与上述赛可勒第 1 件大致相同,但其现存状况较差,牌饰的上部可见溢铜或铜锈粘连现象,右侧长边上的两个环钮已残断,左侧上部的钮孔也已锈塞。其主纹饰的总体结构比较特殊,总的看可分为上中下三部分,其中下部为兽面,包括略呈臣字形的双眼、表现口部的一对弯弧线及其内侧的一对芽状"饰笔"。中部为一个略呈心形的图案,其中上部类似一对弯眉,但向下又盘旋而出交于牌饰的纵向中轴上。上部也为一个类似心形的图案,也可视为一对弯弧线盘旋而出向下交于纵向中轴上(图一,4)。

关于这件铜牌饰的年代,我们可以从分析它的纹饰结构入手。在这方面,四川广汉三星堆真武村和广汉高骈出土的三件铜牌饰尤其值得注意。因为它们的纹饰结构有一个共同特点,即都是多层的,象真武 87GSZJ:36 是三层纹饰(图二,3),真武 87GSZJ:16 则多达五层纹饰,高骈那件虽然更抽象难懂,但也能看出是多层的。这种多层纹饰的特点与赛可勒这件是相似的。再进一步比较,真武 87GSZJ:36 与赛可勒这件在纹饰总体结构上还有更多相似性,包括它们的分层线都斜交于牌饰的纵向中轴上,在牌饰最靠下的部位都有一对下切的芽状"饰笔"等。值得注意的是,这两点相似性在目前已知的其他牌饰上还未见到。

真武 87GSZJ:36 和 16 这两件同出于一个祭祀坑,由于同出的其他器物的断代意义不大,所以论者多拿这两件铜牌饰尤其是 87GSZJ:36 这件与二里头 M11:7 等属于二里头文化四期的牌饰进行比较,而将其断在夏商时期[10]。实际上,真武这两件与二里头 M11:7 等除了牌饰整体轮廓和镶嵌绿松石有一些共同点外,在主纹饰上却有着本质差异。即使用年代比 M11:7 更晚的伦敦古董行那件流散品与真武两件相比较也是如此。与之相反,赛可勒这件却与二里头 M11:7 有更多相似性,这集中体现在二者的兽面比较接近上,其他如牌饰的整体轮廓都呈束腰长条形,前者主纹饰的中部有类似弯眉的迹象等也不容忽视。

这些比较分析表明,赛可勒这件就整体轮廓和主纹饰的总体结构而言,应介于二里头 M11:7 和真武 87GSZJ:36 等牌饰之间,换言之,这两件之间的一些相似性应是通过赛可勒这件所代表的牌饰来传承的,这种传承应该具有年代早晚差别。从这一点出发,并鉴于二里头 M11:7 属于二里头文化四期,所以在目前资料情况下,不妨把赛可勒这件推测在二里头文化四期偏晚到早商时期,而真武 87GSZJ:36 很可能在早商时期或略晚,真武 87GSZJ:16 则应更晚(虽然真武这两件出于同一祭祀坑)。这样推测,就使有学者所谓真武铜牌饰应是"夏末入川的夏遗民及其子孙制作的"观点[11]更合理了。

## 三、赛可勒博物馆第三件藏品

赛可勒博物馆第三件藏品是目前已知的铜牌饰中最特殊的一件,主要表现在四个方面：一，这件牌饰虽然绿松石片也是上下镶嵌的，但镶得非常细密碎小。二，这件牌饰的下部与目前已知的其他牌饰一样，也是束腰长条形的，两条侧长边上也各有两个环钮（其中只有左下侧的一个环钮保存尚好），但在束腰长条形之上又加了一个窄长的圭首形部分。三，一般铜牌饰的长度都在15厘米左右，但这件牌饰却长达26.6厘米，其中下部的束腰长条形部分长17.3、宽12.2厘米，与一般铜牌饰相仿，圭首形部分长9.3厘米。四，这件铜牌饰的主纹饰是多层的，其中下部的束腰长条形部分有三层，即下部的兽面，包括略呈臣字形的双眼和表现口部的一对弯弧线；中部的一对类似弯眉形，但向下弯曲较长；上部的一对类似牛角形，其基部平交于牌饰的纵向中轴上。上部的圭首形部分有两层主纹饰，即下部的尖首形，类似束腰长条形的顶边但又向上尖出；上部是一对芽形"饰笔"，较长较大（图一，3）。

目前看，要推断这件铜牌饰的年代尚有相当难度。但有一些迹象值得注意，如其整体轮廓与大汶口文化发现的一些陶文图案比较接近[12]，都是在长条形或倒梯形上加一个圭首形部分；其下部的束腰长条形与一般铜牌饰的整体轮廓基本相同，尤其是其内部主纹饰与上述赛可勒第2件的主纹饰在总体结构上有很大相通性；其主纹饰比较洗练简洁，而且纹饰走向的转折比较明显，这与晚商时期的某些玉铜器纹饰有些近似，而不像一般铜牌饰的主纹饰那样圆滑。这些情况表明，虽然这件铜牌饰可以归属在所谓的镶嵌铜牌饰之中，但因可比材料太少，目前要推断它的年代并非易事。与此同时，正因为这件牌饰在很多方面都很特殊，我们对它的重要性不可低估。

## 四、保罗·辛格所藏的一件藏品

保罗·辛格医生（Dr. Paul Singer）是美国著名的中国文物收藏家，曾经收藏着两件镶嵌铜牌饰。他的部分收藏品经著名学者罗越（Max Loehr）先生整理，著成《古代中国文物：来自保罗·辛格医生的收藏品》一书，其中收录了一件铜牌饰。从该书的前言推知，它应是在20世纪50年代以前入藏的[13]。其所藏另一件较大的此次未能收集到。

这件铜牌饰长14厘米，其整体特征与上述赛可勒第1件大致相同，唯锈蚀比较严重，并可见明显的织物印痕。其主纹饰的总体结构可分为上下两部分，其中下部为兽面，包括一对细长卷曲的弯眉、一对梭形眼和表现口部的一对弯弧线，并在眉和眼相距的空间有一个弧边小菱形图案。上部为T形冠，几条主线已经连接，冠的形态很完整。另在冠的稍下方与眉相距的空间有一个小的水滴形图案，在冠顶上有一对下弯的芽形"饰笔"从牌饰的顶边伸出(图一,2)。

关于这件牌饰的年代,罗越先生在注意到赛可勒博物馆所藏上述3件铜牌饰的同时,把它断在商代。现在我们知道,1986年出土于偃师二里头的M11:7这件牌饰与它是最像的,这集中体现在二者在主纹饰总体结构乃至主纹饰的具体走向都基本相同上,所不同的是前者顶上的"饰笔"比较复杂,后者则多出了菱形和水滴形图案。而根据前文对赛可勒第1件牌饰的断代分析,在主纹饰由兽面和T形冠构成的铜牌饰中,"饰笔"和菱形、水滴形图案并不具备断代意义。所以笔者认为,辛格这件与二里头M11:7这两件应该是同时的,即二里头文化四期。

## 五、1999年美国纽约古董市场新出现的一件流散品

1999年3月23日～4月3日,欧洲古董商伊斯肯纳兹(Eskenazi)在美国纽约举办了第三次"古代中国青铜器与陶瓷器展",并为此出版了一本图册,其中收录的第一件文物珍品就是这件镶嵌铜牌饰[14]。

从图册的彩色照片和所附文字说明可知,这件铜牌饰长14.8厘米。其整体特征与上述赛可勒第1件基本相同,唯左侧上部的绿松石片略有脱落。主纹饰的总体结构可分为上下两部分:下部为兽面,包括细长下弯的弯眉、略呈臣字形的双眼及表现口部的一对弯弧线。上部为左右相向对称、略呈盾牌形的"〖 〗"形冠,比较窄长。这件牌饰的背面顶端略有残破,其他部分则布满类似涡状的浅乱纹线(图三)。

从展览图册的前言可知,此次参展的中国文物都是近年来获得的,可推知这件铜牌饰很可能是在20世纪90年代后期出土流失的。图册并把它笼统断在二里头文化时期,即公元前1900—前1600年。

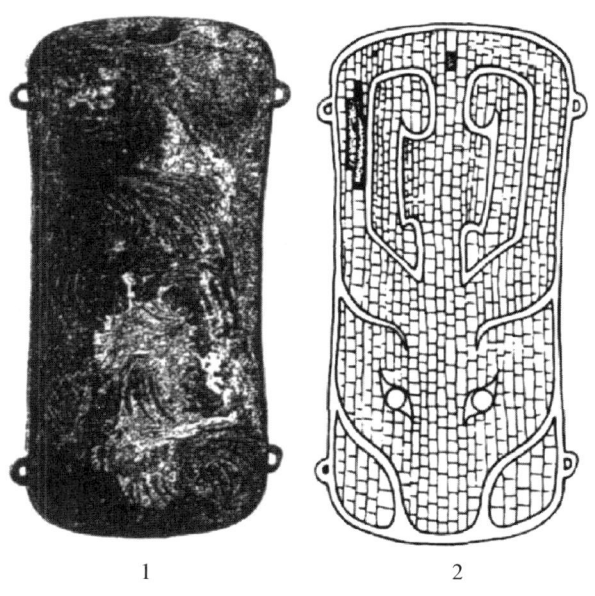

**图三 1999年纽约新出现的流散品**
1. 背面  2. 正面

与其他铜牌饰相比较,纽约新展出的这件牌饰主要有两个不同之处:一是其正面上部略呈盾牌状的冠形为其他牌饰所罕见,这乍看起来有些奇特,但仔细揣摩推敲,并不难找出与其他牌饰的联系。笔者认为,如果不考虑眼睛的差异,二里头 M4∶5 那件铜牌饰就很值得注意。因为其上部也是左右相向对称的类似"【 】"形冠,与纽约这件的冠形在总体结构上是一致的,唯后者不像前者那样复杂。而从前文的分析已能看出,冠的演化应是逐渐简化的,所以后者可视为前者的简化与发展(图四)。另外,后者下部的兽面可占到整个牌饰面积的一半左右等特征与上述赛可勒第 1 件牌饰相似,也显示出比属二里头文化二期的二里头 M4∶5 晚的特征。所以可以初步推测,纽约这件牌饰很可能在二里头文化三期前后。正如前文分析的,赛可勒第 1 件也应在二里头文化三期前后,在目前尚未见有确切属于这一时期的考古发掘品的情况下,这两件应是弥足珍贵的。

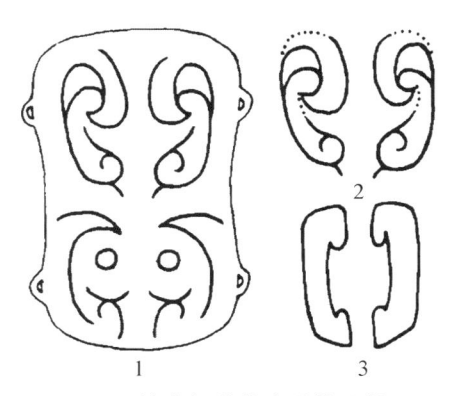

**图四 镶嵌铜牌饰主纹饰比较**

1. 偃师二里头 M4∶5 主纹饰　2. 二里头 M4∶5 上部主纹饰　3. 1999 年纽约流散品上部主纹饰

纽约这件牌饰的另一个不同之处是其背面那些浅乱的涡状纹线,这种纹线在其他牌饰上目前还未见报道,它究竟是在牌饰铸造过程中形成的,还是特意装饰上去的,目前还不好说,但可以肯定这是一个新的现象,很值得注意。

总之,纽约 1999 年新出现的这件铜牌饰是比较重要的,它不仅使这种存世极罕的牌饰又增加了一件新资料,而且还提供了一些新的重要信息,需要深入研究。

在目前已知的 16 件镶嵌铜牌饰中,现存国外的占了大多数,达到 9 件左右,并且多是比较典型的镶嵌铜牌饰,形制特殊的也能提供重要信息。现在学术界已经认识到,镶嵌铜牌饰对于许多课题的研究都有重要学术价值,但由于种种原因,致使现存国外的这种珍贵铜器长期不能为国内学术界所了解或了解甚少,应该说这已成为制约这种铜器及一些重要问题深入研究的重要原因。笔者作为一名中国考古工作者,感到有责任把在国外收集的资料尽可能完整地公布出来,并希望以此为有关问题的探讨尽点微薄之力。这就是本文写作的出发点。

最后要说明的是,尽管这五件铜牌饰现在国外已几经易手、辗转流藏,但笔者尽可能找到其原始著录资料,并且均属国外公开出版物。

**注释：**

[1][6] 李学勤：《论二里头文化的饕餮纹铜饰》，《中国文物报》1991年10月20日；李学勤：《从一件新材料看广汉铜牌饰》，《中国文物报》1997年11月30日。

[2][9] 中国社科院考古所二里头队：《1981年河南偃师二里头墓葬发掘简报》，《考古》1984年1期；中国社科院考古所二里头队：《1984年秋河南偃师二里头遗址发现的几座墓葬》，《考古》1986年4期；中国社科院考古所二里头队：《1987年河南偃师二里头遗址墓葬发掘简报》，《考古》1992年4期。

[3] 四川省文物考古研究所三星堆工作站等：《三星堆遗址真武仓包包祭祀坑调查简报》，《四川考古文集》，四川人民出版社1998年。该坑出土的第三件牌饰为椭圆形薄铜片，不镶绿松石，背面还有把手，与本文所论铜牌饰不属一类，故暂不收入。

[4] 敖天照等：《四川广汉出土商代玉器》，《文物》1980年9期。

[5] 张天恩：《天水出土的兽面铜牌饰及有关问题》，《中原文物》2002年1期。

[7] 李学勤：《从一件新材料看广汉铜牌饰》，《中国文物报》1997年11月30日；朱仁星：《遗珍略影——檀香山艺术学院收藏中国文物选介》，《故宫文物月刊》1992年5期；朱凤瀚：《古代中国青铜器》599—600页，南开大学出版社1995年；李学勤、艾兰：《欧洲所藏中国青铜器遗珠》图版1，文物出版社1995年。

[8] Osvald Siren, *Kinas Konst Under Tre Artusenden*, volume 1, Stockholm, 1942。

[10] 孙华：《四川盆地的青铜时代》27页，科学出版社2000年。

[11] 杜金鹏：《广汉三星堆出土商代铜牌浅说》，《中国文物报》1995年4月9日。

[12] 王树明：《谈陵阳河与大朱村出土的陶尊"文字"》，《山东史前文化论文集》，齐鲁书社1986年。

[13] Max Loehr, *Relics of Ancient China: From the Collection of Dr. Paul Singer*, Arno Press 1976。

[14] Eskenazi, *ESKENAZI: Ancient Chinese Bronzes and Ceramics*, London 1999。

（原载《华夏考古》2007年1期，原题为《国外所藏五件镶嵌铜牌饰的初步认识》，与李慧竹合著）

# 发 现 解 读
## ——镶嵌铜牌饰的分类、年代和寓意

镶嵌铜牌饰是我国夏代前后的一种有名铜器,无论纹饰和工艺都堪称艺术品,并起着史前到商周的中介作用,备受海内外学者的关注。截至2002年,这种牌饰共发现16件左右。1991年,李学勤先生首先对这种牌饰做了综合研究,就其年代、寓意和源流等提出了很多精辟见解[1],使国内学术界意识到这是一种单独存在的特殊铜器,需要特殊研究。稍后,朱仁星、赵殿增、朱凤瀚等先生也就所见资料展开讨论[2]。与此同时,学界对良渚文化、龙山文化和现存海外的史前玉神器及其纹饰的研究也方兴未艾,使学者能从更广阔背景认识这种牌饰。所以近年来对它的研究迅速升温,如杜金鹏、孙华、叶万松和李德方、顾万发、王金秋、张天恩等都有深入分析[3],国外学者林巳奈夫、艾兰等也曾有所论及[4]。本文拟在此基础上对其分类、年代、源流和寓意等问题再做初步研究,请方家指正。

## 一、分 类

这16件铜牌饰中,保罗·辛格医生所藏较大的那件笔者尚未收集到,其余15件中的10件,根据纹饰的不同可分为三型。

A型:眼上为弯月眉及T形冠,眼下有表现口部的弯弧线。共5件。以眼睛的差异可分二亚型。

Aa型:圆形眼。1件,二里头M4:5,长14.2、宽9.8厘米。T形冠较复杂,弯月眉较宽,绿松石镶成与主纹饰大致平行的辅助纹饰(图一,1)[5]。

Ab型:梭形眼。T形冠较简单,弯月眉细长内卷,绿松石镶成上下走向的辅助纹饰。共4件。可分三式。

**图一 铜牌饰**

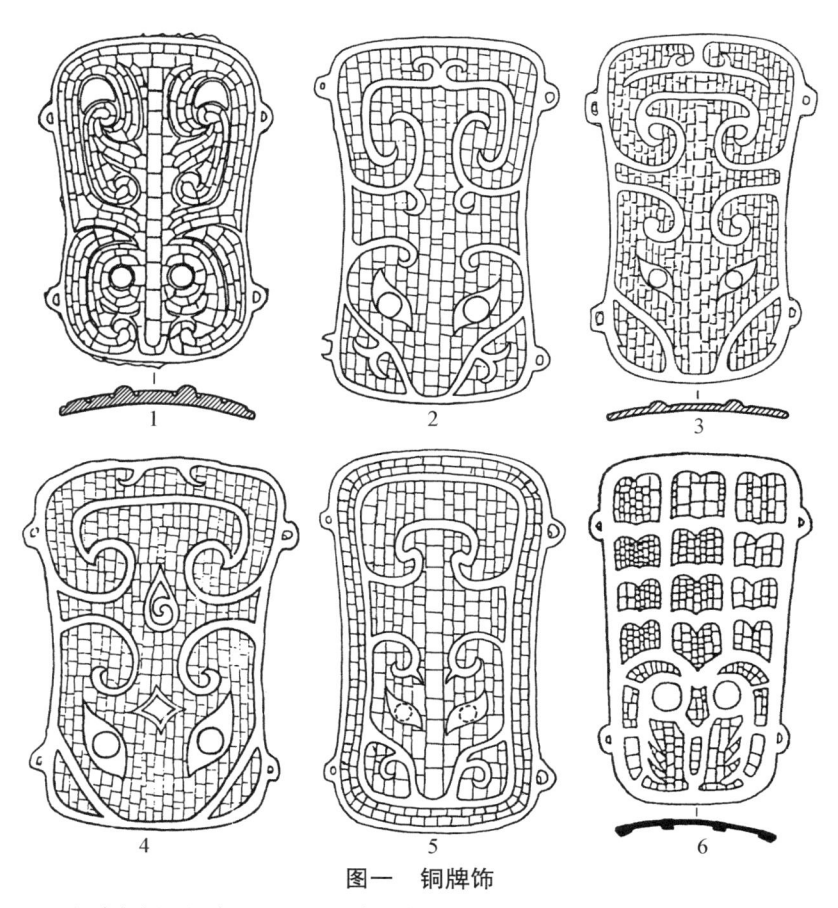

1. 河南偃师二里头 M4∶5　2. 赛可勒博物馆第 1 件藏器　3. 河南偃师二里头 M11∶7　4. 保罗·辛格藏品　5.《欧洲所藏中国青铜器遗珠》　6. 河南偃师二里头 M57∶4

AbⅠ式：1件，赛可勒博物馆第1件藏品，长17.2、宽11.3厘米(图一,2)[6]。

AbⅡ式：2件。二里头M11∶7，长16.5、宽11厘米(图一,3)[7]。保罗·辛格藏品，长14厘米(图一,4)[8]。

AbⅢ式：1件，《欧洲所藏中国青铜器遗珠》图版1，长15.5厘米(图一,5)[9]。

Ab型的演变趋势为：T形冠逐渐简化，弯月眉且渐细长内卷；T形冠所占面积渐小，面部所占面积相应渐大；牌饰的外部轮廓由宽渐窄长，顶边渐短以至与底边长度相同。

B型：眉或角以上为鳞甲纹，眼以下有明显表现鼻和须的纹饰。绿松石上下嵌于主纹饰内。共2件。可分二式。

Ba型：圆形眼。1件，二里头M57∶4，长15.9、宽8.9厘米(图一,6)[10]。

Bb型：梭形眼。1件，日本MIHO博物馆藏品，长15、宽8.5厘米(图二,1)[11]。

**图二 铜牌饰**

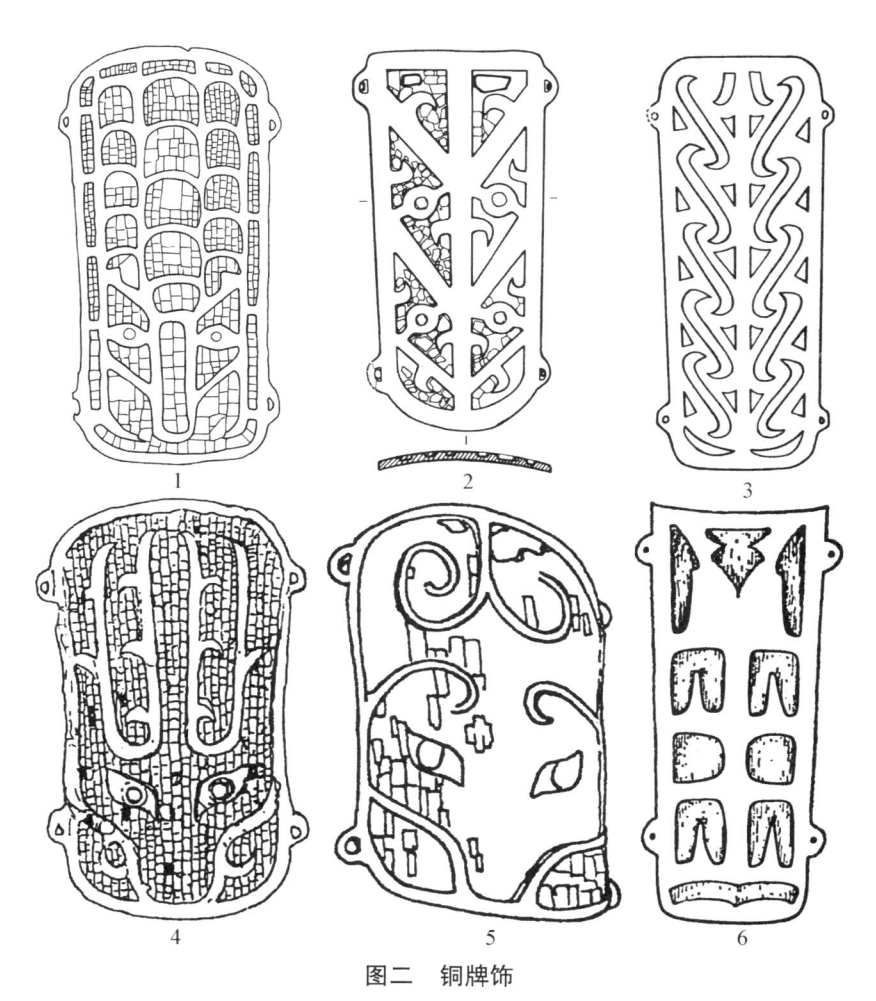

1. MIHO 博物馆藏品　2. 四川三星堆真武 87GSZJ∶36　3. 四川三星堆真武 87GSZJ∶16
4. 檀香山艺术学院藏品　5. 甘肃天水博物馆藏品　6. 四川三星堆高骈出土

C 型：眼为多层，眼以上也为多层的几何形纹饰。绿松石镶嵌较散乱，或不镶绿松石。共 3 件。以眼睛的不同可分二亚型。

Ca 型：梭形眼。1 件，赛可勒博物馆第 2 件藏品，长 15.9、宽 9.8 厘米（图三，3）[12]。

Cb 型：圆形眼。2 件。可分二式。

CbⅠ式：1 件，四川广汉三星堆真武 87GSZJ∶36，长 13.8、宽 5.2 厘米（图二，2）[13]。

CbⅡ式：1 件，三星堆真武 87GSZJ∶16，长 14、宽 4.9 厘米，不镶绿松石（图二，3）。

Cb 型的演变趋势为：整体纹饰渐简化且明显多层，眼睛消失；外部轮廓由宽到细长，顶边渐短以至与底边长度相同。

除上述 10 件外，还有 5 件暂无法划分型式。1999 年美国纽约新展出的 1 件，长 14.8 厘米，冠为窄长的"〚 〛"形（图三，2）[14]。赛可勒博物馆第 3 件藏品，长 26.6、宽

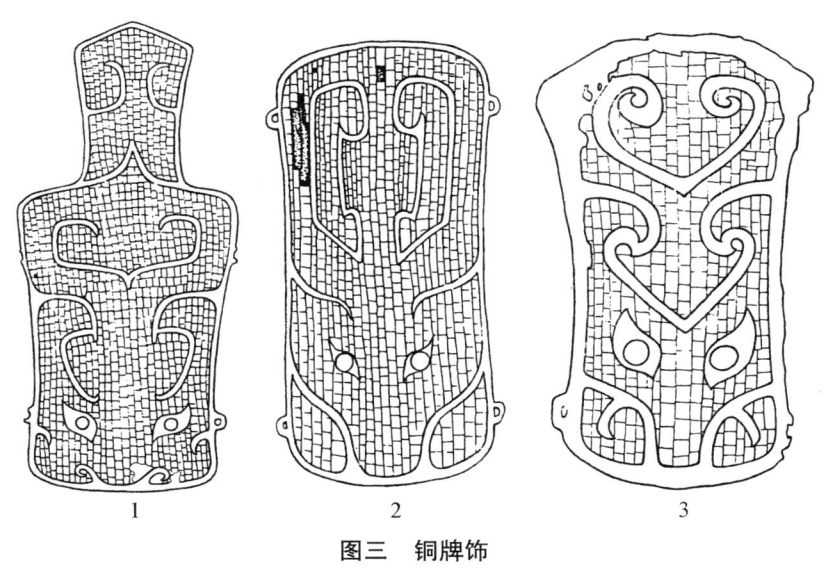

**图三 铜牌饰**
1. 赛可勒博物馆第三件藏品  2. 1999 年纽约新展品  3. 赛可勒博物馆第二件藏器

12.2 厘米,顶上增添圭首形(图三,1)[15]。檀香山艺术学院藏品,长 16.5、宽 8.6 厘米,眼上为高耸的多羽纹(图二,4)[16]。甘肃天水博物馆藏品,长 15、宽 10 厘米,眼上为羊首纹(图二,5)[17]。四川广汉三星堆高骈出土品,长 12.3、宽 5 厘米,表面布满几何形纹饰(图二,6)[18]。其中前 4 件均为梭形眼,与 A 型有相似之处,但冠部的差异仍很明显,高骈那件差别就更大了。限于目前资料和避免繁琐,本文暂不对其划分型式。

## 二、断　　代

这 15 件牌饰中,有三件出土于二里头遗址,而且年代比较明确,数量虽然少了一些,但却是我们推断其余牌饰年代的珍贵资料。

分属 Aa 型和 AbⅡ式的二里头 M4∶5、M11∶7,原报告根据同出陶铜器断在二里头文化二期和四期。同属 AbⅡ式的辛格藏品,也可断在四期。属 AbⅢ式的《遗珠》那件,纹饰已有所简化,但整体形态未变,可视为四期偏晚的作品。

如果不考虑眼睛的区别,A 型从 Aa 型到 Ab 型诸式的总体纹饰结构实际能构成一个比较顺畅的演化链条,其演化趋势与 Ab 型相似,这在冠、眉和口部都有明确反映(图一,1—5)。从这一角度看,属 AbⅠ式的赛可勒第 1 件应处在上述二里头 M4∶5 和 M11∶7 两件之间,即二里头文化三期前后。李学勤先生曾把这件断在四期,我们认为似嫌偏晚。

B 型的两件如果不考虑眼睛的差异,也可排成一个比较通顺的从 Ba 型到 Bb 型的演化链条,其演化趋势为鳞甲纹渐简化,眉下的须纹亦渐简化。其中属 Ba 型的二里头 M57∶4 原报告断在二里头文化四期。属 Bb 型的 MIHO 藏品,无论纹饰和镶嵌技法都比 M57∶4 简化粗糙一些,显示出退化迹象,而且 MIHO 这件的最外层又多镶出一圈绿松石,这与上述《遗珠》那件很相似,反映了某种共同的时代风格。所以,MIHO 和《遗珠》这两件应是同时的。

C 型的三件在不考虑眼睛的差别的前提下,也可排成一个从 Ca 型到 Cb 型的粗略演化链条,其中 Ca 型赛可勒第 2 件的眼睛和口部纹饰与上述 Ab 型三件基本相同,而且绿松石也是竖排的,但镶得不太规整,其多层纹饰也与诸件相差很大,所以目前不妨把赛可勒第 2 件断在二里头文化四期偏晚至商代早期。李学勤先生曾把这件断在四期,我们的意见有所不同。

真武祭祀坑出土的两件 Cb 型年代争议较大。原报告断在夏末至商代前期。杜金鹏先生在综合考虑了玉璋、陶盉等二里头文化器物在四川的出现时间基础上,认为笼统定在商代较适宜。孙华先生则断在夏代前期至商代[19]。我们认为,真武这两件在年代上有缺环(虽然出于同一坑中),与 Ca 型那件之间也有年代缺环,故断在商代还是比较稳妥的。

未划分型式的 5 件中,张天恩先生认为天水博物馆那件与二里头 M11∶7 相近,并综合考虑了陶盉等在甘青地区也有发现,推断在二里头文化四期。目前看这是可取的。檀香山艺术学院那件,朱仁星先生断在商代。实际上它与二里头文化四期 Ab 型三件的眼睛和口部特征还是很相近的,所以断在这一时期应该问题不大。纽约 1999 年新出现的那件,其"〖 〗"形冠可视为二里头 M4∶5 冠形的简化与发展,且其面部占整个牌饰面积的一半左右等特征与 AbⅠ式赛可勒第 1 件相似,所以暂可推定在二里头文化三期前后。

高骈那件原报告断在商代,真武发掘报告则将其估计在夏末至商代前期。还有的认为和高骈这件同出的玉璋属于商代后期至西周时期[20]。在无更多资料的情况下,本文暂不讨论高骈这件的年代。赛可勒第 3 件藏品,李学勤先生曾推测与二里头文化四期"相去不远"。这件的形态和纹饰都比较怪异,目前尚未见到明确的可比材料,本文也暂不讨论其年代。

需要说明的是,尽管我们力图对这些牌饰进行比较准确的断代,但这种铸造与镶嵌兼施的铜器同时又是真正的艺术品,牌饰的制作过程实际上就是工匠们进行艺术创造的过程,这使得它们在沿着大体一致的轨迹演化的同时,总有些地方不合"通例"。所以在目前资料还较缺乏的情况下,断代只能是大致的。

## 三、源　　流

笔者此前在复原山东临朐西朱封玉神徽纹饰时曾经指出,在史前玉神器的纹饰中,圆形眼和梭形眼的差别应是雌雄或阴阳之别[21]。实际上,眼睛的差别是古代艺术品上二元对立现象的重要表现[22],史前艺术品上的这种表现很多学者都已指出过[23],商周时期的如山东青州苏埠屯那对大铜钺[24],和河南光山黄君孟夫妇墓出土玉佩[25]等,圆形眼和由梭形眼演化而来的臣字眼的"对立"都很明显。可见先秦时期的艺术品上二元对立现象是很常见的——这是我们从眼睛的不同来划分这种牌饰的重要原因,也是我们讨论其源流的一条重要标准。

A型牌饰中,Aa型的纹饰可归纳为头戴高羽冠的圆形眼形象,这种形象在史前玉神器上已多有发现,其中台北故宫博物院所藏玉圭[26],和刘敦愿先生早年采自山东日照两城的玉圭[27]尤其值得注意。其中前者一面为带梭形眼的鹰纹,后者一面为略呈菱形眼的神像(这种菱形眼应是梭形眼的原始形态),而与这种梭形眼或菱形眼相对的另一面,则均是头戴高羽冠的圆形眼神像。从多年来的调查和发掘看,两城遗址的繁荣期在海岱龙山文化中期[28],两城玉圭很可能也在这一时期。台北故宫玉圭则多认为是海岱龙山文化晚期或略晚的[29]。这样,我们就可以排出一个比较顺畅的,从两城玉圭到台北故宫玉圭再到Aa型铜牌饰的演化链条,反映出Aa型头戴高羽冠的圆形眼神像有着很深厚的史前基础。换言之,前两者应是Aa型牌饰的纹饰来源。

Ab型牌饰实即头戴高羽冠的梭形眼神像,其源头也比较清楚。这就是温索普所藏玉圭(或称玉钺)[30],和近年来在河南新密新砦遗址发现的一件陶片[31]。其中前者纹饰为头戴高羽冠的菱形眼神像,笔者曾推测可能属海岱龙山文化早期[32],后者纹饰经笔者复原为头戴高羽冠的梭形眼神像[33],其时代原报告断在龙山文化末期[34]。把这两者和属AbⅠ式的赛可勒第1件牌饰排在一起就会发现,尽管目前还缺少像Aa型牌饰那种冠的过渡环节,但仍无碍于把它们视为一个具有前后演变关系的链条,同样有着很深厚的史前基础。换言之,前两者应是Ab型牌饰的纹饰来源。

关于B型牌饰的纹饰来源,其显著线索在于眉或角以上的鳞甲纹。据此有些学者已把这种鳞甲纹追溯到山西襄汾陶寺陶盘和二里头陶片上的龙纹[35],我们认为很有道理。这两件陶器的龙身上都装饰着龙鳞纹,要表现的显然是龙的鳞甲,换言之,B型牌饰的鳞甲纹应来源于陶寺陶盘和二里头陶片上的龙鳞纹。但值得注意的是,陶寺陶盘和二里头陶片上的龙纹都没有眉,Ba型牌饰却有很明显的弯月眉,这与Aa型牌饰很相似,而且其面部构图也与Aa型相似。由此可知,Ba型牌饰实际上应是取材于龙纹的关键特征(如鳞和须),同时是吸收了Aa型面部的构图方式发展出来的,是对Aa型改造的结果。Bb型牌饰的面部也可作如是观,只不过眼睛换成了梭形,并增加了龙角。

关于A型和B型牌饰的纹饰去向,自然要涉及商代饕餮纹的来源问题。应该承认,铜牌饰与商代饕餮纹之间确有一些共同点,如A型牌饰的头戴高羽冠神像与商代矮羽冠或无羽冠饕餮纹相似[36],B型牌饰表现龙的高羽冠神像与商代一种饕餮纹有相似之处[37]。另外,檀香山艺术学院那件牌饰的高羽冠神像也与商代高羽冠饕餮纹比较接近[38]。但不容否认,二者在结构上区别仍相当明显,最突出的是后者大都耳角身齐全。究其原因,不外乎两条:一是铜牌饰都呈窄条形,其装饰面积与铜容器显然不能比,造成二者纹饰分别是纵列式的和横列式的;二是时代的发展导致纹饰结构不同,对此已有学者详细阐述[39]。这表明,现在已发现的铜牌饰并非当时典型的饕餮纹,但从其面部均无下颚,及一些年代稍早的玉圭上已出现横列式纹饰看,夏代很可能是存在饕餮纹的。所以要确切究明商代饕餮纹的来源,还有待其他材质器物上的纹饰发现。但同时也能看出,商代饕餮纹又的确吸收了铜牌饰的一些因素。有学者更进一步认为,良渚、龙山玉神器及夏代铜牌饰的纹饰和商代饕餮纹是前后继承的关系[40]。这一意见值得重视。

在A、B型牌饰的整体形态和镶嵌技法的源流方面,目前也有一些线索。学者们曾以大汶口、龙山文化的绿松石镶嵌作品指出,商代和二里头文化的绿松石镶嵌工艺应源于海岱地区[41]。笔者对西朱封玉神徽纹饰的复原更加证实了这一点,并且表明海岱龙山文化的绿松石镶嵌工艺已达到相当水平。而上述那些构成铜牌饰纹饰来源的玉神器,目前学界也多认为与海岱龙山文化有关[42],所以可以进一步推测,铜牌饰的纹饰、形态和镶嵌技术很可能都来源于海岱地区。目前,岳石文化和海岱龙山文化都已发现了简单的铜器[43],那么将来在海岱地区出土夏代或其以前的原始铜牌饰就不是不可能的。

目前所见的史前玉圭都是上宽下窄的倒梯形,这些玉圭虽然多呈细高形,但也有少数比较矮的,如关氏所藏玉圭[44]和上述温素普玉圭等,与铜牌饰的整体形态比较相似,其中关氏玉圭还用镂空表现主纹饰,这与铜牌饰铸出和用绿松石"衬"出主纹饰有一定相通性。而上述分析已能看出,铜牌饰的纹饰来源也多与史前玉圭有关,所以在考虑铜牌饰的形态来源时,像较矮的关氏玉圭值得注意。

A、B型牌饰主要分布于中原地区,从C型等牌饰看,夏代以后A、B型牌饰作为一种特殊器物形态,应主要流向了中原以外地带。关于C型牌饰的纹饰来源,李学勤、赵殿增、杜金鹏等都认为真武两件Cb型来源于二里头的A型牌饰;而孙华同时又认为与三星堆青铜器存在某种联系,即融入了土著文化因素,这是很有见地的。我们之所以把赛可勒第2件和真武这两件归入一大类,也是如此考虑的,因为它们的多层纹饰与A、B两型很不相同,应考虑土著因素。在C型这三件中,赛可勒第2件的多层纹饰形态最早,而它的眼睛和外部轮廓又与Ab型很相近,这意味着真武两件的这些因素应是通过赛可勒这件间接得来的。这就使杜金鹏的真武两件"为夏末入川的夏遗民及其子孙制作的"观点更加合理,而赛可勒这件也可作如是观。至于C型牌饰和高骈那件是否有源流关系,目前还不好说。

天水博物馆那件,张天恩先生认为源于二里头文化,从眉以下纹饰看有一定道理,但其眉上是很醒目的羊首纹,为其他牌饰所未见,应考虑当地文化背景。天水所在的陇东一带当时主要有辛店、卡约和寺洼等文化[45],这些文化中表现羊头的羊首纹很流行[46],并且与天水这件的羊首纹很相似。所以,天水这件很可能也融入了土著文化因素,而整体形态可能与夏末走陇的夏遗民有关。

## 四、寓　　意

铜牌饰的寓意(或神格)是与其来源紧密相连的,而我们之所以把眼或眉以上纹饰的不同作为划分牌饰的另一条重要标准,也是从寓意的不同考虑的。

如上所述,B型牌饰眉以上的鳞甲纹应来源于陶寺陶盘和二里头陶片上的龙鳞纹,那么整个B型牌饰要表现的显然就是龙。叶万松先生曾征引文献证明龙是夏人的祖先神,这与我们把B型牌饰的寓意解释为龙基本吻合,更进一步说,它应是夏人表现崇拜神龙的神徽。而根据《史记·五帝本纪》的记载:"天降龙二,有雌雄,……龙一雌死,以食夏后",可见龙是有雌雄之分的。笔者此前曾指出,圆形眼应是雌性的象征,梭形眼则是雄性的象征。而在B型牌饰中,Ba型和Bb型的眼睛分别是圆形和梭形的,而且Bb型的眼上还有一对雄性特有的角。所以准确地说,Ba型牌饰应是夏人表现始祖神雌龙的神徽,Bb型则应是夏人表现雄龙或神化祖先的神徽。它们共同构成了夏人的复合神徽。

A型牌饰的纹饰来源于史前玉神器上的高羽冠神像,目前学界多认为高羽冠神像与海岱地区东夷人的崇拜神有关[47]。笔者此前曾把这些高羽冠神像中的圆形眼者释为鸟面,梭形眼者释为兽面或人面。孙机先生近来又进一步把前者释为夷人的始祖神少昊鸷,把后者视为神化了的夷人祖先,它们共同组成夷人的复合神徽[48]。这与笔者的分析基本相合。如此,A 型牌饰中圆形眼者表现的就应是夷人的始祖神(鸷等),梭形眼者则应是夷人的神化祖先(少昊等)。只不过由于材质的不同,一件史前玉神器往往同时饰有圆形眼和梭形眼两种神像,而铜牌饰则是一件一种神像,但这无碍于我们将 A 型牌饰视为东夷人的复合神徽。

但应看到的是,A 型牌饰绿松石镶嵌的方法有很大不同,其中 Aa 型的主纹饰既非铸出也不镶绿松石,而是用不同方向展布的绿松石"衬"出来的;而 Ab 型的主纹饰则为铸出,绿松石只是单调得上下镶嵌,看上去与主纹饰似无多大关系。但问题并不止于此,因为 Aa 型用绿松石"衬"出纹饰是夷人为了表现华丽的高羽冠神像比较好理解,而 Ab 型上下镶嵌绿松石显然是要表现某种身披鳞甲的神像,这就使我们想到 B 型牌饰上的龙鳞纹。换言之,Ab 型牌饰很可能有夏人用自己的神徽对夷人神徽进行改造的痕迹,在目前 Bb 型的梭形眼牌饰发现尚少的情况下,甚至可以推测,夏人有可能把这种改造过的 Ab 型牌饰也视作自己的神徽。所以李学勤和叶万松等把 Ab 型牌饰解释成龙或虬龙也有一定道理。

如前所述,天水那件牌饰眉以下的纹饰来源于 Ab 型牌饰,眉以上的羊首纹则源于当地传统的羊头形象。目前学界多认为,甘青地区的辛店等青铜文化属于羌人遗存[49],羌人以羊为崇拜神[50]。所以天水这件很可能是羌人表现崇拜神羊的神徽。

限于目前资料,对 C 型等其他牌饰的寓意尚不能完全说清,唯 C 型由多层纹饰所代表的寓意与 A、B 型是很不相同的,应在当地寻找根源。

## 五、余 论

以目前的发现看,说这种牌饰主要流行于夏代是没有问题的。但就源流而言,情况则相当复杂,不仅它的起源要早于目前所知的二里头文化二期,而且还延续到了商代,再者这种铜器本身也不见得是夏人独创的,所以已不拟称之为二里头文化或二里头式铜牌饰。另外,这种牌饰的形制也比较复杂,应该不止现在已发现的这几种型式,而且将来的发现地也不会限定在二里头文化的分布范围,天水和三星堆就是例子。

正如我们已经分析的,A、B两型牌饰分别是东夷人和夏人表现各自神祖的神徽,而夏人对东夷的神徽明显有所吸收和改造,这实际上就是夏人对夷人社会文化传统的某种继承和发展(对此,已有学者从其他方面予以探讨[51]),这和商周文化对其前文化传统的继承发展并向更广阔空间扩散,由此形成华夏族的历程是有机联系在一起的。并且这种传承还可追溯到良渚、龙山文化的玉神器,正如李学勤先生所指出的,商代饕餮纹对良渚和龙山文化玉神器纹饰的继承,"不仅是沿用了一种艺术传统,而且是传承了信仰和神话",夏代铜牌饰则是二者的中介[52]。这样,我们就会看到一条从良渚到龙山再到夏商周的移植与汇聚道路,这在很大程度上反映出古代文明的早期发展模式。

**注释:**

[1] 李学勤:《论二里头文化的饕餮纹铜饰》,《中国文物报》1991年10月20日,收入《走进疑古时代》(修订本),辽宁大学出版社1997年。

[2] 朱仁星:《遗珍略影——檀香山艺术学院收藏中国文物选介》,《故宫文物月刊》1992年5期;赵殿增:《巴蜀青铜器概论》,《中国青铜器全集·巴蜀》,文物出版社1994年;朱凤瀚:《古代中国青铜器》599—600页,南开大学出版社1995年。

[3] 杜金鹏:《广汉三星堆出土商代铜牌浅说》,《中国文物报》1995年4月9日;孙华:《四川盆地的青铜时代》27页,科学出版社2000年;叶万松、李德方:《偃师二里头遗址兽纹铜牌考识》,《考古与文物》2001年5期;顾万发:《试论新砦陶器盖上的饕餮纹》,《华夏考古》2000年4期;王金秋:《谈二里头遗址出土的铜牌饰》,《中原文物》2001年3期;张天恩:《天水出土的兽面铜牌饰及有关问题》,《中原文物》2002年1期。

[4] [日]林巳奈夫:《中国古玉研究》(杨美莉译)368—369页,台北艺术图书公司1997年;艾兰:《早期中国历史思想与文化》(杨民等译),辽宁教育出版社1999年。

[5] 中国社科院考古所二里头队:《1981年河南偃师二里头墓葬发掘简报》,《考古》1984年1期。

[6][12][15] Osvald Siren, *Kinas Konst Under Tre Artusenden*, volume 1, Stockholm 1942。据该书图版21线绘。

[7] 中国社科院考古所二里头队:《1984年秋河南偃师二里头遗址发现的几座墓葬》,《考古》1986年4期。

[8] Max Loehr, *Relics of Ancient China: From the Collection of Dr. Paul Singer*, Arno Press 1976。据该书图版19线绘。

[9] 李学勤、艾兰:《欧洲所藏中国青铜器遗珠》,文物出版社1995年。据该书图版1照片线绘。

[10] 中国社科院考古所二里头队:《1987年河南偃师二里头遗址墓葬发掘简报》,《考古》1992年4期。

[11] 李学勤:《从一件新材料看广汉铜牌饰》,《中国文物报》1997年11月30日。

[13] 四川省文物考古研究所三星堆工作站等:《三星堆遗址真武仓包包祭祀坑调查简报》,《四川考古文集》,四川人民出版社1998年。该坑出土的第三件牌饰为椭圆形薄铜片,不镶绿松石,背面还有把手,与本文所论铜牌饰不属一类,故暂不收入。

[14] Eskenazi, *ESKENAZI: Ancient Chinese Bronzes and Ceramics*, London 1999。据该书图版

1 线绘。又见王青：《国外所藏五件镶嵌铜牌饰的初步认识》，《华夏考古》2007年1期。

[16] 照片见朱仁星：《遗珍略影——檀香山艺术学院收藏中国文物选介》，《故宫文物月刊》1992年5期；线图采自朱凤瀚：《古代中国青铜器》602页，南开大学出版社1995年。

[17] 张天恩：《天水出土的兽面铜牌饰及有关问题》，《中原文物》2002年1期。

[18] 敖天照等：《四川广汉出土商代玉器》，《文物》1980年9期。

[19] 孙华：《四川盆地的青铜时代》，科学出版社2000年。

[20] 王永波：《关于刀形端刃器的几个问题》，《故宫文物月刊》1994年3期，后在《耜形端刃器的起源、定名和用途》（《考古学报》2002年2期）一文中改订为商代。

[21][32] 王青：《西朱封龙山文化大墓神徽饰纹的复原研究》，《刘敦愿先生纪念文集》，山东大学出版社1998年。

[22] 汤惠生等：《原始文化中的二元逻辑与史前考古艺术形象》，《考古》2001年5期。

[23] 张长寿：《记沣西新发现的兽面玉饰》，《考古》1987年5期；陈星灿：《兽面玉雕兽面纹·神人兽面纹》，《远望集——陕西省考古研究所四十周年华诞纪念文集》，陕西人民美术出版社1998年。

[24] 山东省博物馆：《山东益都苏埠屯第一号奴隶殉葬墓》，《文物》1972年8期。

[25] 信阳地区文管会等：《春秋早期黄君孟夫妇墓发掘报告》，《考古》1984年4期。

[26] 邓淑苹：《雕有神祖面纹与相关纹饰的有刃玉器》，《刘敦愿先生纪念文集》，山东大学出版社1998年。

[27] 刘敦愿：《记两城镇遗址发现的两件石器》，《考古》1972年4期。

[28] 山东省文物管理处：《山东日照两城镇遗址勘察纪要》，《考古》1960年9期。又见山东大学中美联合考古队发掘资料。

[29][42] 杜金鹏：《论临朐朱封龙山文化玉冠饰及相关问题》，《考古》1994年1期。邓淑苹：《雕有神祖面纹与相关纹饰的有刃玉器》，《刘敦愿先生纪念文集》，山东大学出版社1998年。[日] 林巳奈夫：《中国古玉研究》（杨美莉译）368—369页，台北艺术图书公司1997年。

[30][44] 邓淑苹：《论雕有东夷系纹饰的有刃玉器》（上、下），《故宫学术季刊》1998年3、4期。

[31] 顾万发：《试论新砦陶器盖上的饕餮纹》，《华夏考古》2000年4期。

[33] 王青：《浅议新砦残器盖纹饰的复原》，《中原文物》2002年1期。

[34] 北京大学考古文博院等：《河南新密市新砦遗址1999年试掘简报》，《华夏考古》2000年4期。

[35] 李学勤：《论二里头文化的饕餮纹铜饰》，《中国文物报》1991年10月20日，收入氏著《走进疑古时代》（修订本），辽宁大学出版社1997年。叶万松、李德方：《偃师二里头遗址兽纹铜牌考识》，《考古与文物》2001年5期。中国社科院考古研究所甘肃队：《甘肃永靖张家咀与姬家川遗址的发掘》，《考古学报》1980年2期。

[36][37][38] 陈佩芬：《商代殷墟早期以前青铜器的研究》，《上海博物馆馆刊》（第六期），上海古籍出版社1992年。

[39][52] 李学勤：《良渚文化玉器与饕餮纹的演变》，《东南文化》1991年5期，收入《走进疑古时代》（修订本），辽宁大学出版社1997年。

[40] 李学勤：《论二里头文化的饕餮纹铜饰》，《中国文物报》1991年10月20日，收入氏著《走进疑古时代》（修订本），辽宁大学出版社1997年。李学勤：《良渚文化玉器与饕餮纹的演变》，《东南文化》1991年5期。收入《走进疑古时代》（修订本），辽宁大学出版社1997年。

[41] 张光直：《殷商文明起源研究中的一个关键问题》，《中国青铜时代》65—90页，联经出版事业公司1983年；邵望平：《海岱系古玉论略》，《中国考古学论丛》，科学出版社1993年。

[43] 中国社科院考古研究所：《胶县三里河》，文物出版社1988年；山东大学考古教研室：《泗水尹

家城》,文物出版社 1990 年。
[45][46][49] 水涛:《中国西北地区青铜时代考古论集》,科学出版社 2001 年。
[47] 杜金鹏:《论临朐朱封龙山文化玉冠饰及相关问题》,《考古》1994 年 1 期。邓淑萍:《雕有神祖面纹与相关纹饰的有刃玉器》,《刘敦愿先生纪念文集》,山东大学出版社 1998 年。[日]林巳奈夫:《中国古玉研究》(杨美莉译)368—369 页,台北艺术图书公司 1997 年。王仁湘:《中国史前"旋目"神面图像认读》,《文物》2000 年 3 期。
[48] 孙机:《龙山玉鸷》,《远望集——陕西省考古研究所四十周年华诞纪念文集》,陕西人民美术出版社 1998 年。
[50] 石兴邦:《中国文化与文明形成和发展史的考古学探讨》,《亚洲文明》(第三集),安徽教育出版社 1995 年。
[51] 方辉:《岳石文化的分期与年代》,《考古》1998 年 4 期。

(原载《文物》2004 年 5 期,原题为《镶嵌铜牌饰的初步研究》)

# 时 代 骄 子

## ——镶嵌铜牌饰所见中国早期文明化进程

在中国早期文明的进程中,镶嵌铜牌饰是一种非常特殊而又神秘的铜器,从20世纪90年代开始已逐渐引起学术界的关注。据笔者在李学勤先生基础上所做的统计,截至2002年,现存面世的镶嵌铜牌饰已达16件左右,其中现存国内的有7件,即河南偃师二里头3件[1],四川广汉三星堆真武2件[2],广汉高骈1件[3]和近年报道的甘肃天水博物馆所藏1件[4];现存国外的有9件左右,即美国哈佛大学赛克勒(又译赛可勒)博物馆3件[5],保罗·辛格医生收藏2件[6],檀香山艺术学院1件[7],日本美秀(MIHO)博物馆1件[8],1991年英国伦敦古董行出现的1件[9]以及1999年美国纽约古董市场新出现的1件[10]。

1991年,李学勤先生最先对这种牌饰做了综合研究,其所引资料和精辟观点引起学术界的广泛注意[11]。最近,笔者在全面收集资料的基础上(唯保罗·辛格医生所藏较大的一件尚未收集到),对这种牌饰的型式、年代、源流和寓意等问题做了初步研究(以下简称《初研》)[12],现将其部分内容归纳为图一。本文拟在此基础上,从分析铜牌饰的功用入手,对它与史前玉礼器和商周青铜礼器的关系,及其所反映的各族群之间关系等问题展开进一步的讨论,以阐述镶嵌铜牌饰在中国早期文明进程中的地位。希望能以此推动这种神秘铜器和有关问题的研究走向深入。

## 一、镶嵌铜牌饰的功用

对这一问题,目前学界关注较多的是叶万松和李德方先生[13],王金秋同志曾简单提到铜牌饰应为礼器,但未及深论[14]。国外曾有人认为是马额头上的装饰[15],对此本文暂不涉及。叶、李文根据二里头的考古发现,认为这种牌饰应是夏王朝社会头

图一 镶嵌铜牌饰的分类与年代一览图(赛克勒所藏三件铜牌此系次校正重绘)

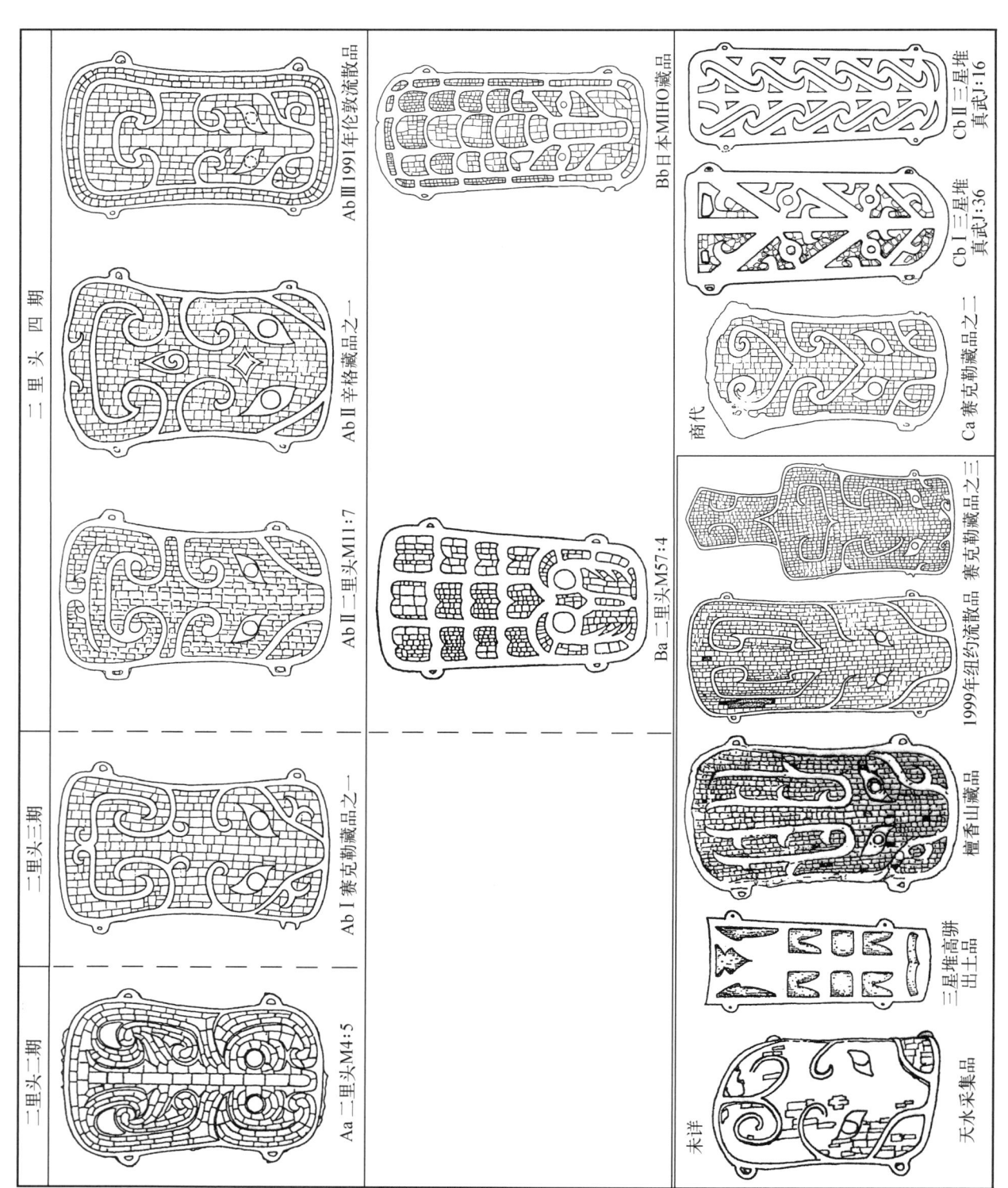

领或统治者亦即巫师的佩饰、神徽和巫具。我们认为这有一定道理,但并不仅限于此。

目前所见的铜牌饰多数通高15厘米左右,从二里头墓葬看,是出在墓主胸前,所以它作为佩挂的物品是没有问题的,而且作为一种华丽的艺术品,它有装饰的意味这也是没有问题的。但作为技术含量很高的工艺品和奢侈品,其功用决不会只是佩饰。

我们认为,在分析铜牌饰的功用问题时,应与其寓意联在一起通盘考虑。笔者在《初研》中认为,这种牌饰应是当时各族群表现本族崇拜神祖的神徽,这决定了它应是当时的神圣之物,理应用于神圣场合。张光直先生曾经说过,商周青铜器不仅仅是艺术品,还是社会显贵们"获取和维持政治权力的主要工具"[16],另据研究,山东临朐西朱封出土的龙山文化玉冠饰"准确地说恐怕并不是装饰品(虽然具有装饰作用),而应是一种'神灵'(包括祖先神灵、动物神灵)崇拜之偶像,一种地位和权力的标志物"[17]。我们认为这都是很准确的,而且完全可用来评价铜牌饰。北美洲西北部的印第安人曾经流行一种高达1米的铜牌,上面刻满自己家族的图腾神徽,也是财富和身份地位的象征,而非点缀日常家居的装饰品[18]。

叶、李文已经指出,二里头出铜牌饰的三座墓虽然是目前该遗址发掘的数百座墓中随葬品最丰富的,但就墓葬规模而言显然不是最大的,而且这三座墓都出铜铃和漆鼓等,所以认为墓主应是巫师。事实的确如此,这些以及同出的铜爵和玉柄形器、圭、璋、刀、戚等都应是祭祀神祖的礼器(图二),所以笼统地说墓主为巫师并无大碍。但若与更早时代相比较就会发现,使用礼器的人员范围已发生了很大变化。

山西襄汾陶寺的龙山文化大墓中,多数都随葬有鼍鼓、特磬、漆木器和陶龙盘等重器,最近公布的一座大墓更是如此[19],而中型墓只有少量玉石礼器、漆木器和土

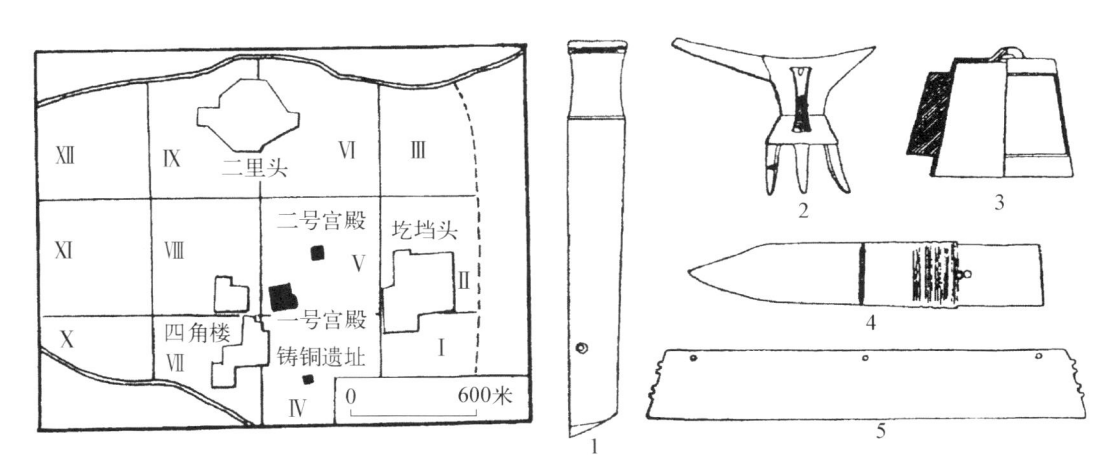

**图二 二里头遗址平面图(左)及与铜牌饰同出之铜玉礼器(右)**
1. 玉柄形器 2. 铜爵 3. 铜铃 4. 玉戈 5. 玉刀(1. VM4出土,余ⅥM57出土)

鼓[20]。据此可知,陶寺社会中祭祀神祖等重大活动应是由最高统治者把持的,其他人只是参与其中。这与李宗侗先生断言上古时代"君及官吏皆出于巫"的情形是相符的[21]。而在二里头,尽管我们不能否认夏后仍是"群巫之长",但出铜牌饰的三座墓作为中等墓,其随葬品却多是主持重大祭祀活动的礼器,与陶寺大墓类似,而与陶寺中型墓相差很大。这种使用礼器人员范围的变化,表明夏王朝"巫"的社会角色已经发生了显著分化,夏后身上世俗王权的色彩似乎更浓了,而主持祭祀神祖的活动则可能主要由专业神职人员来担当。已故著名学者童恩正先生曾经说过:"在(中国)早期历史时代,巫的分化已十分显著。从属于统治阶级的一部分巫构成了新的祭司集团,他们的主要职能,已经是为世俗权威服务。"[22]现在看来,童先生所言祭司集团在夏王朝指的主要就是这些随葬铜牌饰的人,因为他(她)们的墓葬位置比较固定,都在二里头二号宫殿址(可能为宗庙)附近(见图二),并且已经发现一定数量,能够组成一个特殊的智者阶层——祭司集团。

综合这些方面,我们认为,铜牌饰(尤其 A、B 型)应是祭司们在祭祀神祖时沟通人神的道具,在其他场合则是权力和地位的象征。总体来讲,就是社会显贵们维系传统和获取权力维护统治的一种重要礼器,其功用与同出的铜、玉礼器和漆鼓是相通的。

## 二、镶嵌铜牌饰与史前玉礼器

从 20 世纪 70 年代以来,良渚文化的大墓中不断出土精美玉器[23],与此同时,刘敦愿先生也报道了山东日照两城的龙山文化玉圭[24],由此从 80 年代以来,以良渚和龙山玉器为中心的中国史前玉器的研究在学术界迅速形成一股热潮,并构成了探索中国文明起源的重要组成部分。一般来讲,史前玉器凡是装饰的纹饰呈正方向时刃部朝上或偏左偏右的,多属已脱离生产工具范畴的礼器。而良渚和龙山文化的很多玉器正符合这一特征,属于礼器范畴。这就使我们探讨同为礼器的镶嵌铜牌饰与史前玉礼器的关系具备了切实基础。

目前来看,史前时期的玉礼器主要有冠饰、圭、璋、璜、琮、璧、钺、戚、刀、璇玑等,其中的玉圭与笔者在《初研》中划分的 A 型镶嵌铜牌饰在纹饰和形态方面的相似性尤其值得注意。如 Aa 型牌饰的头戴高羽冠圆形眼神像与两城玉圭和台北故宫玉圭上的类似神像前后演化关系非常明显,Ab 型牌饰的头戴高羽冠梭形眼神像和河南新密新砦出土残器盖上的类似神像前后演变关系也比较明显。目前学术界多认为,上述几件玉圭应属龙山文化或略晚,属龙山之末的新砦器盖饰纹据笔者复原也与台北故宫玉圭上的纹饰非常接近[25](图三)。所以笔者认为,A 型镶嵌铜牌饰的纹饰应来源于龙山玉圭上的高羽冠神像。在形态方面,二里头 M4∶5 这件 Aa 型铜牌饰的外部轮廓与关氏所藏玉圭的形状比较接近,而且关氏玉圭镂空主纹饰与二里头 M4∶5 用绿松石衬出主纹饰也有相通之处(图四)。而在目前所知的 16 件镶嵌铜牌饰中,二里头 M4∶5 这件的年代最早,其他年代稍晚的 A 型牌饰外部形态大都比较瘦长,二者之间似有前后演化趋势。所以笔者倾向认为,在追索铜牌饰的形态来源时,像关氏所藏那种玉圭值得注意。由上所述,以 A 型为代表的铜牌饰与龙山玉圭存在比较多的共性,我们认为,在当时青铜冶炼技术已经产生的时代背景下,龙山玉圭和夏代铜牌饰之间存在一定的传承关系还是有可能的。

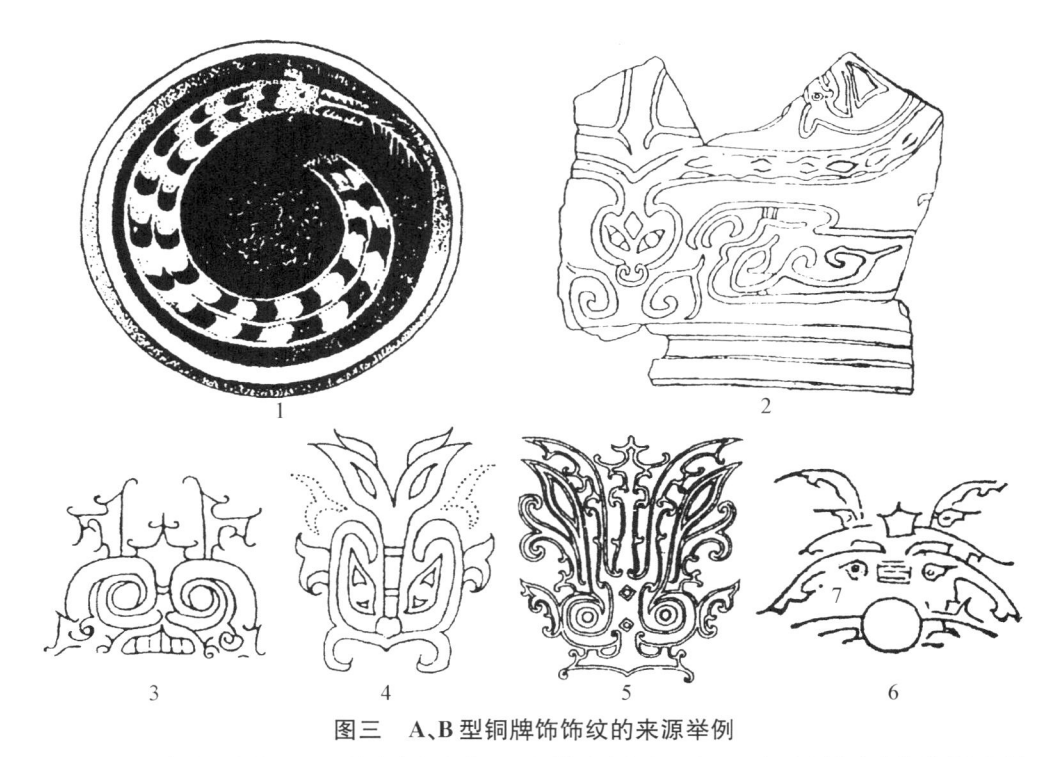

**图三　A、B 型铜牌饰饰纹的来源举例**

1. 山西陶寺出土陶盘　2. 二里头出土陶片　3. 日照两城出土玉圭　4. 河南新砦出土陶片(纹饰经笔者复原)　5. 台北故宫藏玉圭　6. 温索普藏玉圭

　　笔者注意到,目前学界对夏商周三代礼器中的良渚因素比较关注,但根据栾丰实先生的研究,良渚文化的年代下限应在距今 4 500 年前后[26],这一观点在上海广富林遗址最近发现类似王油坊类型龙山遗存的情况下[27],已得到越来越多学者的赞同[28]。这意味着,良渚文化与夏代之间还有大约 500 年的年代缺环,而这一年代缺环

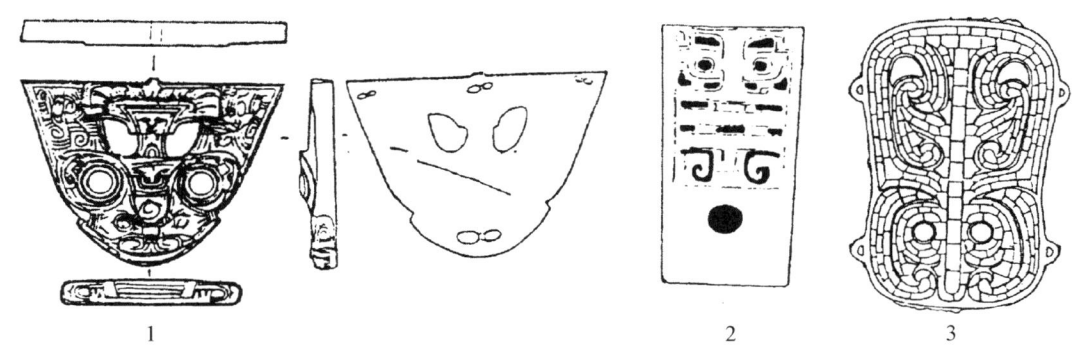

**图四　铜牌饰与史前玉礼器外部形态比较**
1. 瑶山 M20 玉牌饰　2. 关氏藏玉圭　3. 二里头 M4 铜牌饰

正是龙山文化所在的年限范围。因此,探寻良渚礼器与三代礼器的关系,实际上应包含着两方面的内容:即良渚与龙山礼器之间的关系,和龙山与三代礼器之间的关系。笔者对龙山玉圭和 A 型铜牌饰之间关系的探讨就属于后一方面的内容。笔者此前曾对朱封玉冠饰的饰纹做了复原,认为这件冠饰上的浅乱刻线并非出于装饰目的,而是镶嵌绿松石以表现纹饰的记号,出在冠饰周围的绿松石片就是它的镶嵌物[29],这就为镶嵌铜牌饰等三代镶嵌绿松石作品找到了史前工艺源头。而林巳奈夫、邵望平等先生都曾对冠饰、圭、璋、璜、琮、璧、钺、戚、刀、璇玑等龙山玉礼器和三代玉礼器之间密切的源流关系作过深入探讨[30]。这些探讨也属第二方面的内容。通过这些研究探讨可知,龙山玉礼器对三代玉礼器和夏代铜牌饰的形成应有关键性作用(图五)。

　　关于第一方面的内容,即良渚与龙山礼器的关系,学者们已就冠饰、璜、琮、璧、钺、刀等玉礼器进行了深入探讨[31],笔者在此基础上增加一件现存国外的龙山玉冠饰,将诸多认识做简要归纳(见图五)。由图中可见,良渚与龙山的上述几种玉礼器在纹饰和形态上都有着明显的源流传承关系,良渚玉礼器(通过大汶口和陶寺文化)对龙山玉礼器的形成应产生了关键性作用。在这一大的时代背景下,我们不能不注意到浙江余杭瑶山 M10∶20 这件玉牌饰的独特造型[32]。其外部轮廓呈上宽下窄弧的近倒梯形,内部主纹饰为高羽冠和双目神像,用镂空来突出纹饰,牌饰的背面有用于垂挂的纽孔(见图四)。可见这些特点是与上述关氏玉圭存在一定相似性的,至少存在较多的相通性,从而也与夏代镶嵌铜牌饰产生了某种隐约的联系。换言之,在追索镶嵌铜牌饰外部形态的更早源头时,瑶山这件良渚玉牌饰是值得关注的。当然,笔者这样说并不意味着龙山玉圭是由良渚玉牌饰发展来的,正如上述我们还不能完全肯定镶嵌铜牌饰是由龙山玉圭发展而来的一样。但就目前资料而言,这些玉礼器又的确为我们探索铜牌饰的形态来源提供了有益线索。

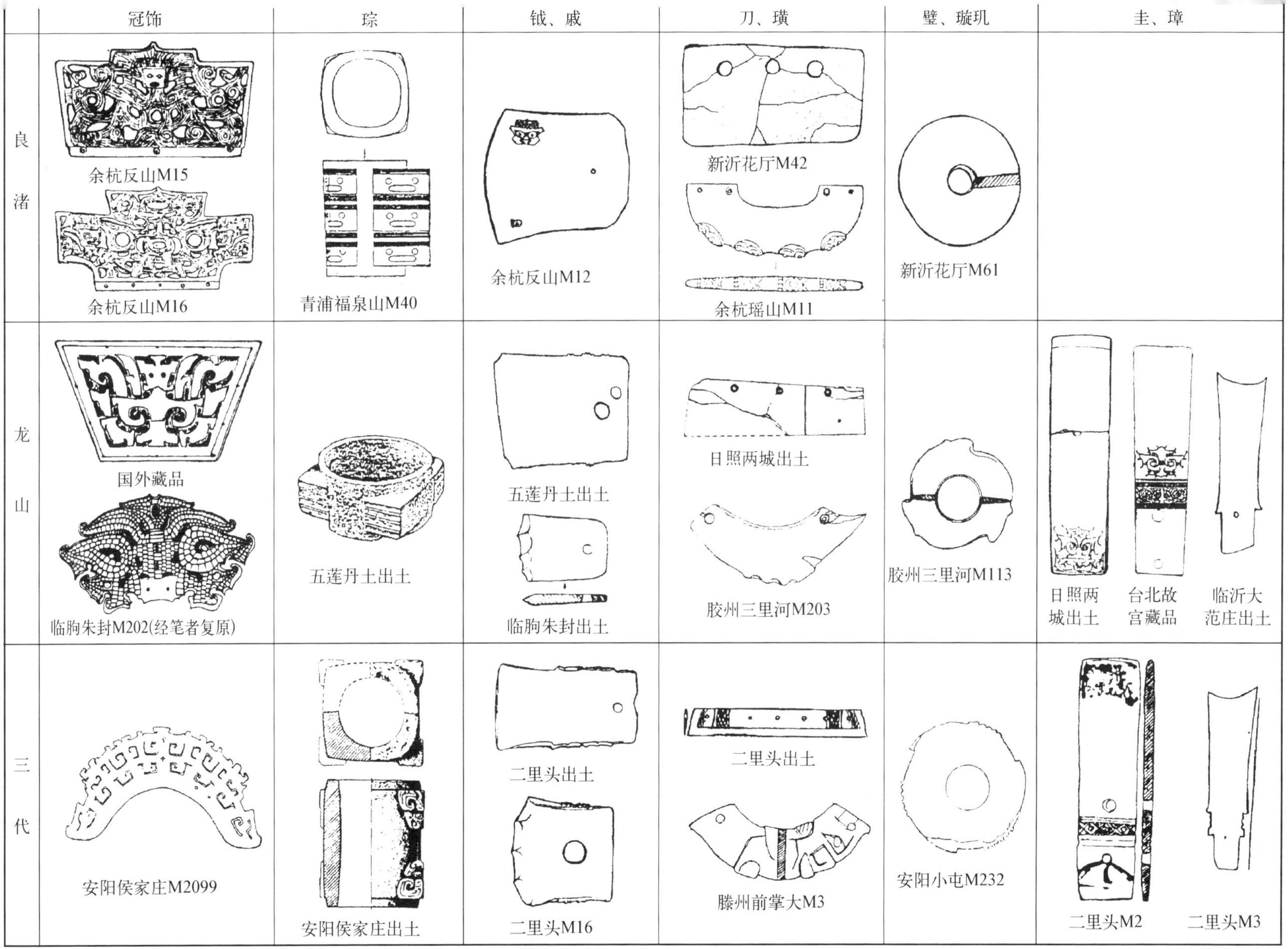

| | 冠饰 | 琮 | 钺、戚 | 刀、璜 | 璧、璇玑 | 圭、璋 |
|---|---|---|---|---|---|---|
| 良渚 | 余杭反山M15／余杭反山M16 | 青浦福泉山M40 | 余杭反山M12 | 新沂花厅M42／余杭瑶山M11 | 新沂花厅M61 | |
| 龙山 | 国外藏品／临朐朱封M202(经笔者复原) | 五莲丹土出土 | 五莲丹土出土／临朐朱封出土 | 日照两城出土／胶州三里河M203 | 胶州三里河M113 | 临沂大范庄出土／台北故宫藏品／日照两城出土 |
| 三代 | 安阳侯家庄M2099 | 安阳侯家庄出土 | 二里头出土／二里头M16 | 二里头出土／滕州前掌大M3 | 安阳小屯M232 | 二里头M3／二里头M2 |

图五 良渚、龙山与三代玉礼器比较图

## 三、镶嵌铜牌饰与商周青铜器

如前所述,商周青铜器是社会显贵们攫取政治权力的工具,这就造成商周青铜器中礼器占了主要地位,其中容器和武器又占绝大多数。在这一时代背景下,探讨非容器的镶嵌铜牌饰与商周青铜器的关系,就不能限于考察它们形态上的联系,因为从四川、甘肃的发现看,镶嵌铜牌饰在夏代以后应主要流向了中原以外地区(详后),中原一带迄今尚未发现商周时期的铜牌饰。但问题并不止于此,因为这种牌饰在纹饰结构、镶嵌工艺以及在青铜礼器上表现复杂饕餮纹等方面仍与后来的商周青铜器有较为密切的关系。

首先看纹饰结构方面。铜牌饰在笔者看来有圆形眼和梭形眼(或略显臣字眼)之分,经甄别比较,笔者发现在商代饕餮纹中也存在着圆角方形眼与臣字眼的差别,这种差别在早商时期饕餮纹中比较常见[33],山东青州(原益都)苏埠屯出土的那对有名铜钺则是晚商时期的典型代表[34],甚至到周代仍有所保留[35](图六)。其中臣字眼是由梭形眼演化来的[36],圆角方形眼从类型学角度看则是从圆形眼演化而来的。这种差别与铜牌饰的眼睛差别类似,应能构成一定的源流传承关系。仔细观察又能发现,铜牌饰和商代饕餮纹在整体构图上也有一些相似之处,如 A 型牌饰以及檀香山牌饰的高羽冠神像与商代的一些饕餮纹比较相像,B 型牌饰表现龙的神像也能在商代饕餮纹中找到类似者[37](见图六)。

但不容否认的是,二者在结构构图上差别仍很明显,最突出的差别就是商代饕餮纹大都耳身角齐全[38],而镶嵌铜牌饰除了个别有角(Bb 型)外,基本不具备这一特征。导致这种差别的原因其实不外乎两条:一是铜牌饰的形状都是窄条形的,而装饰饕餮纹的商周青铜器主要是容器,二者的装饰面积显然不可比,从而造成二者纹饰分别是纵列式和横列式的;二是时代的发展造成了纹饰结构不同,对此已有学者做过详细阐述[39]。这表明,铜牌饰的饰纹并非夏代典型的饕餮纹,但从其面部均无下颚以及一些年代稍早的玉圭上已出现横列式纹饰看(如图五之台北故宫玉圭)[40],夏代应是存在饕餮纹的。所以要确切究明商代饕餮纹的来源,还有待于夏代其他材质上的纹饰发现。但同时我们也能看出,商代饕餮纹又的确吸收了铜牌饰的一些关键构图因素,这为我们探究饕餮纹的起源提供了重要线索。

在镶嵌工艺方面,可以说,浑身镶满绿松石是铜牌饰的最显著特征之一,已有多位学者据此指出,铜牌饰应是史前到商周时期绿松石镶嵌作品的工艺中介[41]。从总

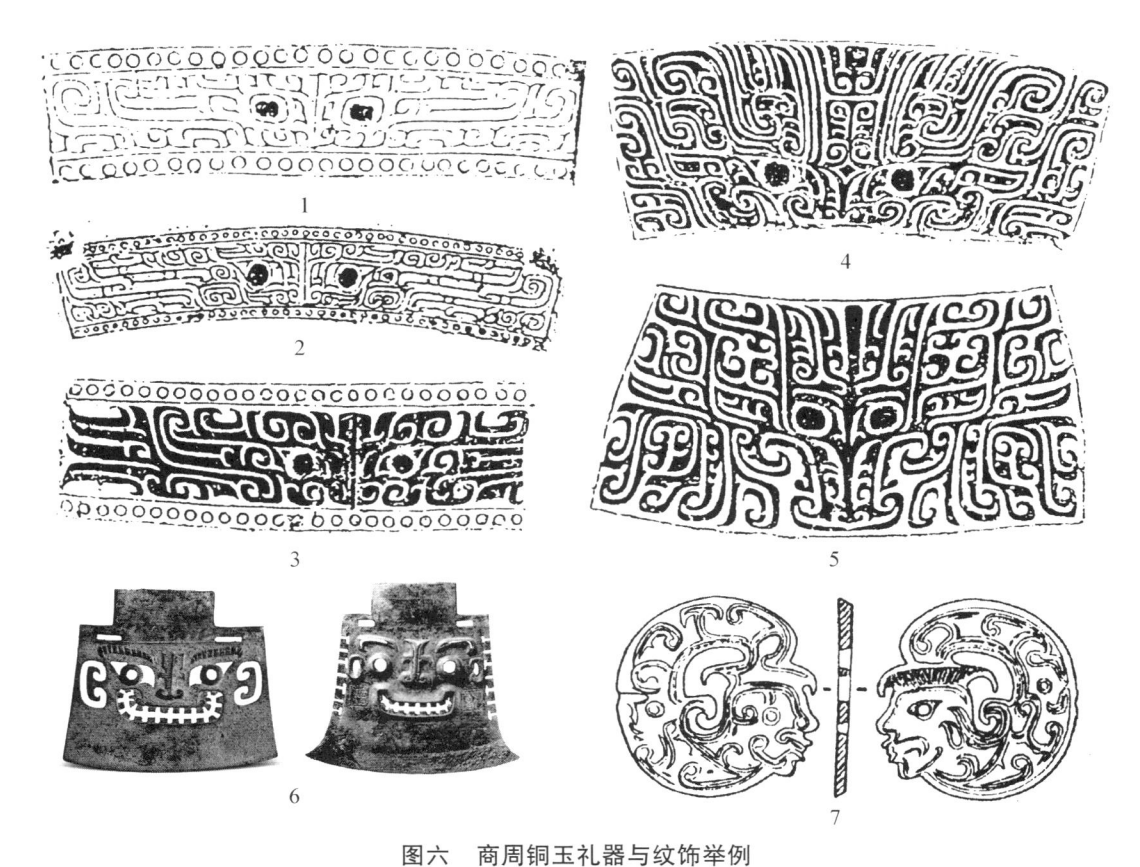

•时代骄子——镶嵌铜牌饰所见中国早期文明化进程•

**图六 商周铜玉礼器与纹饰举例**

1. 上海博物馆藏铜斝  2. 河南郑州窖藏铜尊  3. 上海博物馆藏铜壶  4. 陕西城固出土铜瓿  5. 上海博物馆藏铜壶  6. 山东苏埠屯出土铜钺  7. 河南尖山黄君孟夫妇墓玉佩

体上看这无疑是对的,但通过详细观察又能发现,铜牌饰的镶嵌技法实际上有三种,即二里头 M4:5 为代表的绿松石平行嵌于主纹饰周围以衬出主纹饰的技法,二里头 M11:7 为代表的绿松石上下嵌于主纹饰之外(主纹饰为铸出)的技法,以及二里头 M57:4 为代表的绿松石上下嵌于主纹饰之内即镶出主纹饰的技法。其中第一种技法只见于二里头文化偏早阶段,在先秦时期已知的绿松石镶嵌作品中,它与朱封玉冠饰的镶嵌技法应当更相近,渊源关系也比较明显。第二种技法目前只见于铜牌饰,史前和商周时期未见,可能是夏代新出现的技法。第三种技法主要见于二里头文化偏晚阶段,并且这种镶出主纹饰的技法还见于夏代其他作品上[42](图七),可见应该是夏代比较流行的一种技法。经比较,安阳殷墟等地出土的商代作品主纹饰就是用绿松石镶出来的[43](见图七)。由此可知,商周时期的绿松石镶嵌技法主要应是继承了夏代晚期流行的第三种技法。

研究表明,二里头文化(即夏文化)青铜器多数素面,除了铜牌饰饰纹比较复杂

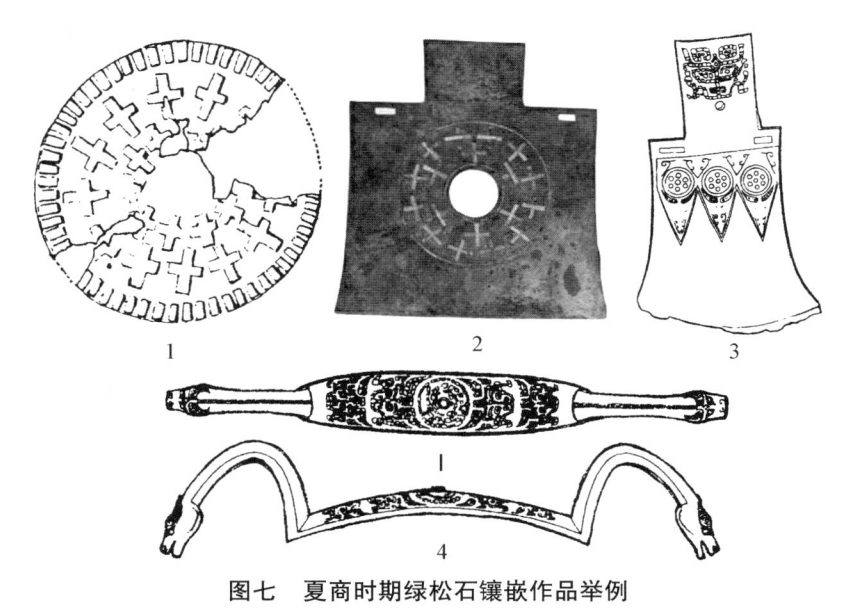

**图七　夏商时期绿松石镶嵌作品举例**

1. 铜圆盘形器　2、3. 铜钺　4. 铜挂缰钩(1. 二里头出土,2. 上海博物馆藏品, 3、4. 安阳花园庄 M54 出土)

外,其他至多只有简单的网格纹和乳丁纹,这已是夏文化青铜器的一个显著特点[44]。从安阳殷墟等地的考古发现看[45],这一特点到晚商时期已得到彻底改观,而由郑州商城等地的考古发现看[46],早商时期的青铜装饰特点还介于夏和晚商之间,尤其早商偏早阶段(二里岗下层期)的青铜纹饰与夏文化相比并无太大进展(图六)。艾兰(S.Allan)女士曾明确把早商青铜艺术不发达归因于铸造技术所限[47],我们认为这是很精当的见解,并且完全适用于夏文化青铜器。而夏文化以 M11∶7 为代表的 Ab 型牌饰主纹饰就是铸出来的,尽管与早商相比还不复杂,但毕竟是目前所知夏文化青铜器上最复杂的纹饰。这种纹饰是直接在陶范上阴刻而铸出的阳纹,且属于饕餮纹范畴,这与二里岗期青铜纹饰是相通的。因此,我们可以这样设想:由于铸造技术的限制,夏文化青铜容器上尚未出现复杂的装饰,Ab 型牌饰的饰纹则属于在青铜器上表现饕餮纹的最早刻范和铸造尝试之一,这种实践为二里岗期在铜容器上表现复杂纹饰做了必要的技术准备。换言之,它是后来的青铜装饰艺术的重要技术源头之一。

## 四、镶嵌铜牌饰与族群关系

镶嵌铜牌饰是夏代的一种重要礼器,在当时青铜还属贵金属时,这种集铸造与镶嵌于一身的牌饰就已出现,足见它在当时人心目中珍贵甚至神圣的位置。笔者在《初研》中认为镶嵌铜牌饰应是当时各族群的神徽,即 A 型牌饰为海岱地区的东夷人表达鸟崇拜的神徽,B 型牌饰为中原地区夏人表达龙崇拜的神徽,三星堆出土的 C 型牌饰应是蜀人表达虎崇拜的神徽,甘肃天水出土的铜牌饰则是羌人表达羊崇拜的神徽。很显然,这些铜牌饰应蕴含了各族群独具自身地域和文化特色的宗教信仰和艺术传统,而由这些宗教和艺术因素的演变与扩散,还能了解当时各族群相互关系以及迁移流布的某些重要信息。

经过学界多年探讨,二里头文化一至四期均属夏文化、二里头为夏桀都斟鄩故址,这已是目前多数人的一致认识。而在目前所知的16件镶嵌铜牌饰中,尤以 A 型牌饰的数量最多,发展演变轨迹也最清楚,并且在5件 A 型牌饰中有2件明确出自二里头遗址,可推知这5件中的多数也应出自该遗址。那么,作为海岱地区东夷人的神徽,A 型牌饰是在怎样的时代背景下出现于夏人都城的,又反映了怎样的历史意义呢?

邹衡先生曾较早注意到二里头文化中所包含的东方文化因素[48],后来李伯谦先生根据二里头文化中出现的大量海岱龙山因素,认为二里头文化应是"后羿代夏"之后的夏文化[49]。此后又有很多有关这一问题的探讨,甚至在二里头遗址甄别出海岱龙山文化墓葬[50]。另外,鉴于二里头遗址已经发现了属于二期的宫殿遗迹,再联系有关文献记载,有论者又提出二里头应是太康、羿和桀之都的观点[51]。还有论者注意到,太康失国、后羿代夏和少康中兴之际,有缗氏、有仍氏、有虞氏等东夷人曾西进中原[52]。我们相信,这些探讨所揭示的以"后羿代夏"并居于斟鄩为中心的历史过程应是 A 型牌饰出现在夏人都城的主要时代背景之一。

但还应看到的是,在近年发掘的河南新密新砦遗址新砦期遗存(目前一般认为是介于河南龙山和二里头之间的遗存)中也有不少海岱龙山因素[53],新近的发掘表明新砦存在一个龙山晚期和新砦期的大型城址,很可能是一座早期夏文化的都城遗址[54]。有关文献也载明,和大禹同时的伯益、皋陶作为东夷人的首领曾经积极参与了中原地区的政治生活[55]。由此可知,东夷人介入中原地区的历史应早于二里头时期。我们相信,这也是 A 型牌饰出现在夏人都城的重要时代背景。笔者曾在《初研》中推测,A 型牌饰的出现应早于目前所知的二里头文化二期,而在新砦的新砦期已发现了与 Ab 型牌饰比较接近的梭形眼神像陶片[56],这为我们追索更早的铜牌饰提供了重要信息。

有学者近年提出,河南龙山文化向二里头文化过渡并非完全的继承关系,而是发生过中断和突变[57]。按照我们的理解,在反映民间生活的日用陶器方面,二里头文化继承河南龙山传统要多一些,而在反映社会上层政治生活的葬俗和陶、玉礼器方面,二里头文化则更多继承了海岱龙山的传统,这应是中断和突变的实质。换言之,海岱龙山上层贵族的介入应是中原发生突变和断层的重要原因。更进一步说,目前所知分属二里头文化二至四期的 A 型牌饰表明,源于海岱龙山的上层贵族曾在夏人的社会生活中保持着较长的政治影响,尽管东夷人自身所在的海岱地区在距今 4 000 年前后也经历了突变与断层——从海岱龙山蜕变为岳石文化。换言之,这些东夷贵族的存在应是夏文化中出现岳石文化因素的重要时代背景。而文献记载的夏代一些族群由中原迁入海岱则反映了这一时代背景下的政治与文化互动过程[58]。

在这一互动态势下,由 A、B 型牌饰所见已产生了更深层次的相互融合。这两种牌饰作为东夷人和夏人的神徽,正如我们在《初研》中分析的,Ab 型牌饰上下镶嵌绿松石的技法与 Aa 型牌饰很不相同,却与 B 型牌饰基本相通,这表明 Ab 型牌饰的镶嵌技法受到 B 型牌饰表现龙的鳞甲纹影响,换言之,东夷神徽可能受到了夏人神徽的影响。而 B 型牌饰表现龙的面部构图有明显的弯月眉,这与更早的陶寺陶盘和二里头陶片上的龙纹(见图三)差异明显,却与 A 型牌饰的弯月眉基本相同,这表明夏人神徽也吸收了东夷神徽的影响。可以肯定的是,A、B 型牌饰所蕴含的应当是基于各自地域传统和文化传统的宗教信仰,以及基于各自宗教信仰的艺术传统;不言而喻,其所蕴含的内容应是相当丰富的,但就目前资料看,我们可以窥见的只是宗教信仰中神祖的神格,以及表现神祖的艺术手法。但这并无碍于我们做出进一步的推测:在夏人的都城里,曾经存在宗教信仰和艺术传统不同的两个文化系统,而随着时间的推移,这两个系统又在不断交流和融合,这种交流和融合可能在一定程度上也反映了夏王朝本身政治生活的某些特点。

历史进入商代,这种交流和融合又被赋予了新的时代内涵。不仅 A、B 型牌饰作为艺术品没有为商王朝所继承,而且它们所代表的宗教信仰也发生了更深的融合。仅从饕餮纹来看,尽管仍能见到鸟和龙的表现题材,但其他题材也在急剧增加,表明其寓意已有很大变化,对此学者们曾提出了各种解释,如张光直先生认为商代的饕餮神话动物表现的应是能与死亡世界沟通的萨满(巫)[59],艾兰先生则进一步认为饕餮勾画的是商人宗教主题即死亡和牺牲[60]。这种宗教信仰的改变应是商人在更大地域内建立政治统治后,在夏人和东夷基础上融合其他族群宗教信仰的产物,以适应跨文化区和跨族群统治的现实需要。与此同时,商人也逐渐把饕餮艺术推向了极致,发展成一种极尽繁缛而复杂的艺术传统。这一过程就把饕餮为代表的宗教信仰和艺术传统传播到广大地域的社会上层政治生活当中,并就此固化成中国早期文明的基本特质。西周之后,尽管随着周公的分封诸侯和提出"天命观",先前的宗教信仰再次发生巨大变化,饕餮神祇走下神坛让位于世俗王权,饕餮艺术也从此走向衰落,但同时也都因此而走入民间走向大众化,并逐渐沉淀为中国传统文化的基本特质。

从二里头遗址的发现看,汤革夏命后部分夏人仍居住在这里,但从 C 型等牌饰的发现看,另一些夏遗民却在四散迁徙。C 型牌饰目前共发现 3 件,其中属于 Cb 型的 2 件出于四川三星堆,我们在《初研》中从多层几何纹出发,认为属于 Ca 型的赛克勒博物馆藏品也应出自四川,可能是夏遗民初到这里的作品,三星堆 2 件牌饰的表现手法和外部轮廓等因素则是通过赛克勒这件为代表的牌饰从夏文化间接得来的。根据湖北和重庆发现的类似二里头文化陶盉等遗存,已有学者认为夏商时期应存在一条从中原到江汉平原、再经三峡到成都平原的传播通道[61]。在湖北江陵荆南寺发现有二里头文化二期的陶盉[62],三星堆文化的二里头文化因素最早也在二里头文化二期[63],这表明从中原到成都平原这条通道早已开通,夏遗民应是寻着已知的路线迁入川中的。在甘肃天水发现的那件铜牌饰,张天恩先生断在二里头文化四期,并认为陇东刘堡坪出土的陶盉可能在二里头文化二期[64],说明中原和西北地区的联系很早就已开始,夏遗民可能也是沿着古老的路线迁到这里的(图八)。而正如我们已经分析的,这些牌饰在传入川中和西北后,都深深打上了各自地域和文化传统中的崇拜神祖的烙印,这说明来自中原的宗教信仰和艺术传统在当地传播的同时,也经过了很大程度的改造,这才有了我们在三星堆文化中看到的辉煌文明成就。

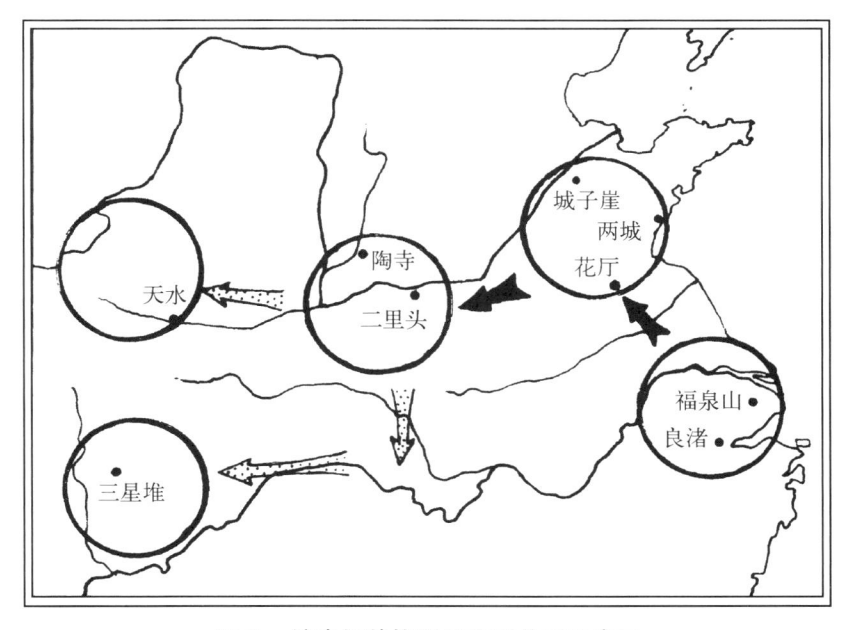

图八　镶嵌铜牌饰所见族群关系示意图

## 五、结　　语

　　客观来讲,受考古发现和研究进展的局限,镶嵌铜牌饰的来源和寓意等问题至今仍是一个待解之谜,还需要更多资料和更深入的研究。在目前情况下,镶嵌铜牌饰在中国早期文明进程中的地位和特点可以作如下归纳:中国上古礼器在材质上主要经历了两大发展阶段,即史前时期流行的玉礼器和商周时期盛行的青铜礼器,而镶嵌铜牌饰作为一种青铜器,却浑身镶满属于"玉"范畴的绿松石,应该说,这正是由它主要流行于夏代的时代特点使然;这一时代特点还决定了它能在装饰艺术和镶嵌工艺上起到从良渚和龙山到商周的中介作用,这种中介作用实际上反映了上古宗教信仰和艺术传统的某些内容的继承和发展,并由此沉淀成了中国早期文明的一些基本特质;而它作为表现本族群神徽的重要礼器之一,还能透露出在史前到夏代和夏商之际的社会激烈动荡期,各族群不断迁徙和影响的某些历史信息,这些信息从一个重要侧面反映了中国早期文明的基本特质在各地的不断传布与流散,使这些文明特质在各地扎根和繁殖——如果再结合其他更多的资料,我们或许能够这样说:在中国早期文明的进程中,很可能存在着一条从良渚(经由大汶口和陶寺)到龙山再到夏商周的移植与汇聚道路,这在很大程度上反映了古代中国走向文明的模式。

**注释:**

[ 1 ] 中国社科院考古所二里头队:《1981年河南偃师二里头墓葬发掘简报》,《考古》1984年1期;《1984年秋河南偃师二里头遗址发现的几座墓葬》,《考古》1986年4期;《1987年河南偃师二里头遗址墓葬发掘简报》,《考古》1992年4期。

[ 2 ] 四川省文物考古研究所三星堆工作站等:《三星堆遗址真武仓包包祭祀坑调查简报》,《四川考古文集》,四川人民出版社1998年。

[ 3 ] 敖天照等:《四川广汉出土商代玉器》,《文物》1980年9期。

[ 4 ][64] 张天恩:《天水出土的兽面铜牌饰及有关问题》,《中原文物》2002年1期。

[ 5 ] Osvald Siren, *Kinas Konst Under Tre Artusenden*, volume 1, Stockholm 1942.

[ 6 ] Max Loehr, *Relics of Ancient China: From the Collection of Dr. Paul Singer*, Arno Press 1976.

[ 7 ] 朱仁星:《遗珍略影——檀香山艺术学院收藏中国文物选介》,《故宫文物月刊》1992年5期。

[ 8 ] 李学勤:《从一件新材料看广汉铜牌饰》,《中国文物报》1997年11月30日。

[ 9 ] 李学勤、艾兰:《欧洲所藏中国青铜器遗珠》图版1,文物出版社1995年。

[10] Eskenazi, *ESKENAZI: Ancient Chinese Bronzes and Ceramics*, London 1999. 又见王青等:《国外所藏五件镶嵌铜牌饰的初步认识》,《华夏考古》2007年1期。

[11] 李学勤:《论二里头文化的饕餮纹铜饰》,《中国文物报》1991年10月20日,收入《走进疑古时

代》(修订本),辽宁大学出版社 1997 年。
[12] 王青:《镶嵌铜牌饰的初步研究》,《文物》2004 年 5 期。
[13] 叶万松、李德方:《偃师二里头遗址兽纹铜牌考识》,《考古与文物》2001 年 5 期。
[14] 王金秋:《谈二里头遗址出土的铜牌饰》,《中原文物》2001 年 3 期。
[15] Louisa G. Fitzgerald-Huber, 1995, Qijia and Erlitou: The Question of Contacts with Distant Cultures, *Early China* 20.
[16] 张光直:《从商周青铜器谈文明与国家的起源》,《中国青铜时代》(二集),生活·读书·新知三联书店 1990 年。
[17] 杜金鹏:《论临朐朱封龙山文化玉冠饰及相关问题》,《考古》1994 年 1 期。
[18] 高小刚:《图腾柱下——北美印第安文化漫记》,生活·读书·新知三联书店 1997 年。
[19] 中国社科院考古研究所山西队等:《陶寺城址发现陶寺文化中期墓葬》,《考古》2003 年 9 期。
[20] 中国社科院考古研究所山西队等:《山西襄汾县陶寺遗址发掘简报》,《考古》1980 年 1 期;《1978—1980 年山西襄汾陶寺墓地发掘简报》,《考古》1983 年 1 期。高炜:《试论陶寺遗址和陶寺类型龙山文化》,《华夏文明》(第一集),北京大学出版社 1987 年。
[21] 李宗侗:《中国古代社会史》118 页,华冈出版社 1954 年。
[22] 童恩正:《中国古代的巫》,《中国社会科学》1995 年 5 期。
[23] 上海市文物保管委员会:《上海福泉山良渚文化墓葬》,《文物》1984 年 2 期;上海市文物保管委员会:《上海青浦福泉山良渚文化墓地》,《文物》1986 年 10 期;浙江省文物考古研究所:《余杭瑶山良渚文化祭坛遗址发掘简报》,《文物》1988 年 1 期;浙江省文物考古研究所反山考古队:《浙江余杭反山良渚墓地发掘简报》,《文物》1988 年 1 期;南京博物院:《1987 年江苏新沂花厅遗址的发掘》,《文物》1990 年 2 期;南京博物院:《1989 年江苏新沂花厅遗址的发掘》,《东方文明之光》,海南国际新闻出版中心 1996 年。
[24] 刘敦愿:《记两城镇遗址发现的两件石器》,《考古》1972 年 4 期。
[25] 王青:《浅议新砦残器盖纹饰的复原》,《中原文物》2002 年 1 期。
[26] 栾丰实:《良渚文化的分期与分区》,《东方文明之光》,海南国际新闻出版中心 1996 年。
[27] 上海博物馆考古研究部:《上海松江区广富林遗址 1999—2000 年发掘简报》,《考古》2002 年 10 期。
[28] 赵辉:《良渚文化的若干特殊性——论一处中国史前文明的衰落原因》,《良渚文化研究》,科学出版社 1999 年。
[29] 王青:《西朱封龙山文化大墓神徽饰纹的复原研究》,《刘敦愿先生纪念文集》,山东大学出版社 1998 年。
[30] [日] 林巳奈夫:《中国古玉研究》(杨美莉译)368—369 页,台北艺术图书公司 1997 年;邵望平:《海岱系古玉论略》,《中国考古学论丛》,科学出版社 1993 年。
[31] 杜金鹏:《论临朐朱封龙山文化玉冠饰及相关问题》,《考古》1994 年 1 期;孙机:《龙山玉鸷》,《远望集——陕西省考古研究所四十周年华诞纪念文集》,陕西人民美术出版社 1998 年。
[32] 浙江省文物考古研究所:《余杭瑶山良渚文化祭坛遗址发掘简报》,《文物》1988 年 1 期。
[33][37][39] 陈佩芬:《商代殷墟早期以前青铜器的研究》,《上海博物馆馆刊》(第六期),上海古籍出版社 1992 年。
[34] 山东省博物馆:《山东益都苏埠屯第一号奴隶殉葬墓》,《文物》1972 年 8 期。
[35] 信阳地区文管会等:《春秋早期黄君孟夫妇墓发掘报告》,《考古》1984 年 4 期。
[36] 李学勤:《良渚文化玉器与饕餮纹的演变》,《东南文化》1991 年 5 期,收入《走进疑古时代》(修订本),辽宁大学出版社 1997 年。

[38] 马承源:《商周青铜器纹饰综述》,《商周青铜器纹饰》,文物出版社 1984 年。
[40] 邓淑苹:《雕有神祖面纹与相关纹饰的有刃玉器》,《刘敦愿先生纪念文集》,山东大学出版社 1998 年。
[41] 张光直:《殷商文明起源研究中的一个关键问题》,《中国青铜时代》65—90 页,联经出版事业公司 1983 年;邵望平:《海岱系古玉论略》,《中国考古学论丛》,科学出版社 1993 年。
[42][44] 朱凤瀚:《古代中国青铜器》599—600 页,南开大学出版社 1995 年。
[43] 中国社科院考古研究所:《河南安阳花园庄 54 号商代墓葬》,《考古》2004 年 1 期。
[45] 中国社科院考古研究所:《殷墟的考古发现与研究》,文物出版社 1994 年。
[46] 河南省文物研究所:《郑州商城》,文物出版社 2001 年。
[47] Sarah Allan ed., *The Problem of Meaning in Early Chinese Ritual Bronzes*, London 1992.
[48] 邹衡:《试论夏文化》,《夏商周考古学论文集》,文物出版社 1980 年。
[49] 李伯谦:《二里头类型的文化性质与族属问题》,《文物》1986 年 6 期。
[50] 冰白:《从龙山晚期的中原态势看二里头文化的形成》,《中国考古学的跨世纪反思》,商务印书馆(香港)有限公司 1999 年。
[51] 张立东:《夏都与夏文化》,《夏文化研究文集》,中华书局 1996 年。
[52] 韩建业:《夏文化的起源与发展阶段》,《北京大学学报》1997 年 4 期。
[53] 北京大学考古文博院等:《河南新密市新砦遗址 1999 年试掘简报》,《华夏考古》2000 年 4 期。
[54] 赵春青等:《河南新密新砦遗址发现城墙和大型建筑》,《中国文物报》2004 年 3 月 3 日。
[55] 徐旭声:《中国古史的传说时代》(修订本),文物出版社 1985 年。
[56] 顾万发:《试论新砦陶器盖上的饕餮纹》,《华夏考古》2000 年 4 期;王青:《浅议新砦残器盖纹饰的复原》,《中原文物》2002 年 1 期。
[57] 李伯谦:《关于早期夏文化——从夏商周王朝更迭与考古学文化变迁的关系谈起》,《中原文物》2000 年 1 期。
[58] 方辉、崔大勇:《浅谈岳石文化的来源及族属问题》,《中国考古学会第九次年会论文集》,文物出版社 1997 年。
[59] 张光直:《中国古代艺术与政治——续论商周青铜器上的动物纹样》,《中国青铜时代》(二集),生活・读书・新知三联书店 1990 年。
[60] 艾兰:《饕餮纹及其含义》,《早期中国历史思想与文化》,辽宁教育出版社 1999 年。
[61] 罗琨:《二里头文化南渐与伐三苗史迹索隐》,《夏文化研究文集》,中华书局 1996 年。
[62] 荆州地区博物馆等:《湖北江陵荆南寺遗址第一、二次发掘简报》,《考古》1989 年 8 期。
[63] 孙华:《四川盆地的青铜时代》25—28 页,科学出版社 2000 年。

(原载《东方考古》第 1 集,科学出版社 2004 年,原题为《镶嵌铜牌饰所见中国早期文明进程问题》)

# 辨 伪 求 真

## ——纽约新见的两件镶嵌铜牌饰

最近,笔者从不同渠道收集了两件在美国纽约新出现的镶嵌铜牌饰的资料照片,它们分别是 2003 年某古董商在纽约举办的中国文物展览的展品,以及 2006 年纽约某私人藏品(图一)。其中 2003 年那件注明其时代属夏代二里头文化,所以被置于显著位置受到格外重视。但笔者经仔细揣摩照片,并查阅相关资料,认为这两件牌饰存有不少疑点,很可能是两件赝品。现在愿借《中国文物报》一角把初步认识刊出,以与同道共同探讨。

图一

据笔者的追踪统计,到目前为止,现存国内外的夏代前后的镶嵌铜牌饰真品共有 16 件左右[1]。纽约这两件牌饰的整体形态和用绿松石镶嵌的立意与真品没什么明显差别,属于比较常见的特征。差别最大,也是疑点最大的是内部纹饰和铸造技法方面。

这两件牌饰的内部纹饰总体都可分为上下两部分,上部纹饰两件大同小异,都是一条两端向下或向上的弯折线,只是弯折的方向不一样,2003 年那件向下(图一,左;图二,1),2006 年那件向上(图一,右);下部纹饰,两件都是一条略呈 U 形的弯折线,只是折线内的眼睛有所差别,2003 年那件是一对略呈半圆形眼睛,2006 年那件则是一对梭形眼。与铜牌饰真品相比,这两件的上部纹饰想要表现的最有可能是真品上部的 T 形冠,但值得注意的是,目前所见带 T 形冠的铜牌饰真品的演化趋势是时代愈晚 T 形冠的形态愈简化,这一点在属二里头文化二期的二里头 M4∶5、约属二里头文化三期的美国赛克勒博物馆所藏一件和属二里头文化四期的二里头 M11∶7 等铜牌饰上都有明显反映(图二,4—6)[2]。从这一演化趋势看,纽约这两件的冠部特征甚至比二里头四期那件还要简化,换言之,它要反映的时代特征最早也应在二里头文化四期前后。但 2003 年那件的下部纹饰所显现的时代特征却与此相矛盾。

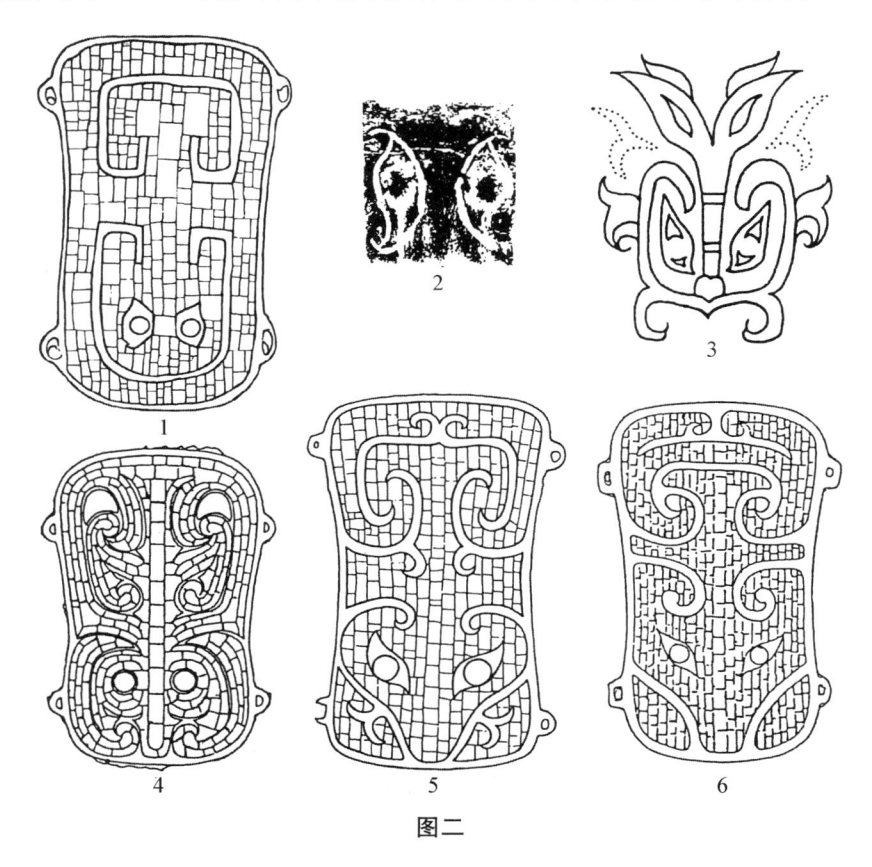

图二

根据对现存其他铜牌饰的分析,2003 年这件的下部纹饰想要表现的应是带眼睛的兽面,其略呈半圆形的眼睛呈现出明显反向对称的特征。据笔者所知,目前考古发现具备这种眼睛特征的兽面纹作品主要有两件,即河南新密新砦遗址所出残器盖(饰纹经笔者复原)和二里头遗址出土的残陶片(图二,3、2)[3],年代据发掘者意见,分别在龙山文化末期和二里头文化一期,即距今 4 000 年前后。而在此之前和之后的相关作品上尚未见到这种眼睛的兽面纹。这意味着这种兽面纹很可能是距今 4 000 年前后的一个时代特征。换言之,2003 年这件牌饰的眼睛特征也类似于这一时期。这就与其上部纹饰所反映的时代特征明显矛盾。另外,按照带 T 形冠铜牌饰真品的演化趋势,时代愈晚冠部所占面积愈小,而面部所占面积相应愈大。从这一点看,2003 年这件的冠部所占面积不到整个牌饰的一半,类似于二里头文化四期前后的时代特征

(见图二,6)。这也与其眼睛所反映的时代特征相矛盾。

2006年那件的上部纹饰也是所占面积不到整个牌饰的一半,类似二里头文化四期前后的特征,而且其眼睛也是二里头文化四期前后真品牌饰常见的梭形。看起来似乎整体纹饰所表现的时代特征没多大矛盾,但这件牌饰在铸造技法上却存有很大疑点,这在2003年那件上也有明显表现。目前所知的铜牌饰真品中,凡主纹饰是铸出来的阳文,都比较圆滑流畅,即使在纹饰的转折处也是这样,而且即使纹饰已经比较简化的晚期作品也是如此。而这两件牌饰的主纹饰不具备这一特征,其纹饰在整体风格上比较呆板方正,与真品的圆滑流畅之风明显不同。仔细观察又能发现,其纹饰的转折处尤其呆板阻滞,这是因为采用了内方外弧和内弧外方的刻范技法造成的,而这种技法在目前所知的真品牌饰上还不曾见到,却能使人联想起现代篆刻作品在处理笔画转折时常用的刀法。因此,纽约这两件的刻范和铸造技法是很值得怀疑的(见图二)。另外,2006年那件的镶嵌技法也不地道,与真品比较平整的表面相比镶得很粗糙拙劣,也显露出疑点。

综上所述,尽管笔者现在尚未见到纽约这两件牌饰的原物,对其纹饰特征、镶嵌技法和铸造技法的其他方面还无法做出进一步的判断,但已经显现出的这些疑点已不容忽视。所以,笔者倾向认为,纽约这两件铜牌饰的真实性是值得怀疑的,很可能是出自现代作坊的同一批赝品。我们注意到,在目前已知的9件现存国外的镶嵌铜牌饰真品上,还未见到确凿的可疑之处,纽约这两件的出现显得很突兀。另据有关资料披露,海外某收藏家手中也有一件与纽约这两件纹饰雷同的镶嵌铜牌饰,只不过做工更低劣[4]。这都说明,镶嵌铜牌饰作为夏代的珍贵遗宝,近年已经引起文物造假者的垂涎,这应该是一个新的动向。

**注释:**

[1][2] 王青:《镶嵌铜牌饰的初步研究》,《文物》2004年5期。
[3] 顾万发:《试论新砦陶器盖上的饕餮纹》,《华夏考古》2000年4期;王青:《浅议新砦残器盖纹饰的复原》,《中原文物》20002年1期;中国社会科学院考古研究所:《偃师二里头》,中国大百科全书出版社1999年。
[4] 杨美莉:《中国二里头文化の象嵌トルコ石铜牌》,《Miho Museum 研究纪要》3号,2002年。

(原载《中国文物报》2007年2月16日,原题《纽约新见两件镶嵌铜牌饰辨伪》,此次补充了注释资料)

# 一 首 双 身

## ——保罗·辛格所藏第二件镶嵌铜牌饰

镶嵌铜牌饰是我国夏代前后的珍贵遗宝,在笔者截至2002年收集的16件牌饰资料中,包括保罗·辛格医生收藏的两件,但他所藏第2件当时未能见到图像[1]。后来导师林沄先生曾向笔者谈起,他1986年到美国开会时曾在辛格家中亲见此件牌饰,并出示了当时所画草图,使笔者得以窥见其庐山真面目。2005年,笔者到偃师二里头遗址考察时,承许宏先生赠送杨美莉女士系统论述铜牌饰的日文大作,当中就有这件牌饰的完整图像[2],至此终于了却了笔者心中的遗憾。同年,二里头新发现的镶嵌龙形器正式发表,为解读铜牌饰增添了珍贵资料[3]。以下就这件牌饰的年代和寓意做些讨论,请同好指正。

辛格第2件牌饰的尺寸大小不明[4],外部整体轮廓呈圆角倒梯形,顶边和两侧边较直未见明显束腰,下边较圆较弧,两侧边上下各有一对环钮。绿松石片上下竖排,镶得比较规整。其内部主纹饰较为洗练简洁,整体表现为一个有高耸歧尾的兽面形象,其中下部的兽面纹以一对镶有绿松石眼珠的臣字眼为中心,眼上为一对双线勾勒的上卷宽角(或眉),从宽角向下相向旋出一对弯弧线,绕过双眼外侧勾勒出扁圆的脸庞,再变为长竖线止于牌饰下边框,勾勒出前突的鼻子。脸庞以下为阔口,被鼻子间隔为两个区间,每个区间有一个起自牌饰下边框的短尖小芽,意为口含一对獠牙。牌饰的上部纹饰为高耸的歧尾纹,其顶部为双线勾勒的略呈T字形大歧尾,歧尾的外侧线交于牌饰纵轴形成尖角,内侧线则向下旋出与兽面的宽角内侧线相连。在歧尾的顶上还有一对起自牌饰上边框的短尖长芽,可能也是一对獠牙(图一)。

经与其他15件铜牌饰反复比较,辛格这件的纹饰构图主要有两大特点,一是脸庞为扁圆形的,二是上下纹饰连为一体。这两点为我们判断这件牌饰的年代提供了基础。在可资比较的铜牌饰资料中,赛克勒博物馆所藏第1件的脸庞轮廓就是扁圆形的(图二,3),与辛格这件十分相似,而其他牌饰的脸庞都比较宽长。二里头

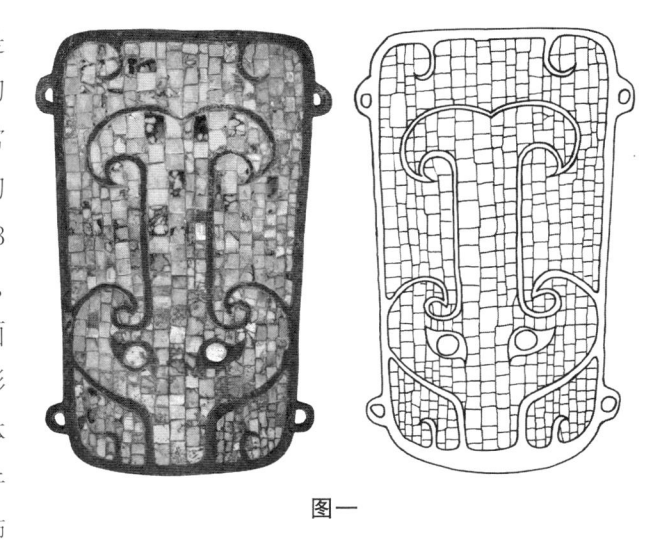

·一首双身——保罗·辛格所藏第二件镶嵌铜牌饰·

81ⅤM4∶5的脸庞轮廓虽然不是扁圆形,但脸庞上的宽角是双线勾勒的(图二,2),与辛格这件也非常类似,而其他牌饰的角都是单线勾勒的。二里头新发现的02ⅤM3镶嵌龙形器也能提供有价值线索,仔细观察新近复原的龙形器兽面部分,其脸庞实际也应是扁圆的形状,而且其长身和兽面是连为一体的(图二,1)[5],这两点与辛格这件牌饰很相似,尤其其他15件牌饰的主纹饰都是上下分开的,只有辛格这件是上下相连的。以上比较说明,辛格这件牌饰与列举的这几件牌饰或龙形器的年代应相去不远。据发掘者的意见,二里头81ⅤM4∶5牌饰和02ⅤM3龙形器均为二里头文化二期,赛克勒第1件牌饰笔者此前已断为二里头文化三期,换言之,辛格这件牌饰的年代应在这个范围内考虑。

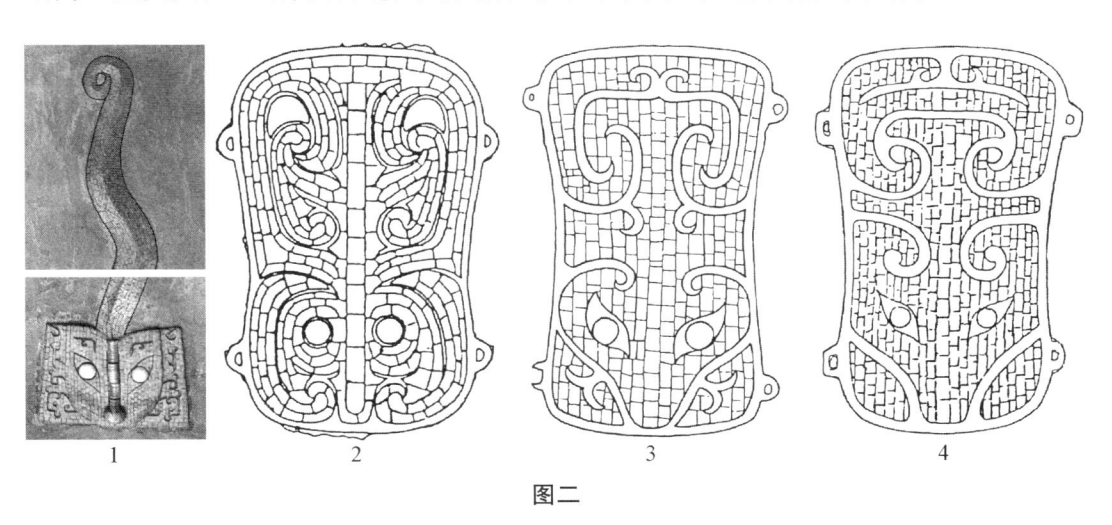

图一

1　2　3　4
图二

通过与晚于二里头文化三期铜牌饰的比较,也可以佐证以上判断。如二里头84ⅥM11∶7属二里头文化四期的牌饰,其兽面和岐尾就已经分离,而且岐尾(笔者此前称为冠部)比较矮化,兽面所占面积超过整个牌饰面积的二分之一(图二,4),而二里头81ⅤM4∶5和赛克勒第1件的岐尾都比较高耸,兽面所占面积整个牌饰的面积小于二分之一。笔者此前曾指出,这些差别都是区分此类牌饰年代早晚的典型特征[6],显然在这些方面,辛格这件与二里头81ⅤM4∶5和赛克勒第1件更为接近,而与二里头 84ⅥM11∶7 相去较远,具有明显的早期特征。综合以上判断,并考虑到其他相关因素,笔者认为可将辛格这件牌饰断在二里头文化二期前后,当然也不排除属三期的可能性。

  本文行文至此,辛格这件牌饰的寓意实际上已经比较明了了。自从二里头 02ⅤM3 这件镶嵌龙形器面世以来,不少学者都提出它和众多铜牌饰十分相似,因而铜牌饰表现的应是龙,而不是别的什么形象。现在我们可以进一步说,在众多铜牌饰中,只有辛格这件牌饰与龙形器是最像的,表现在两者的脸庞都是扁圆形的,所要表达的形象都是上下连为一体的,以及它们的线条都非常洗练简洁等几方面,所以笔者总体上赞成大家的看法。只不过,辛格这件的岐尾有左右两个卷尾,不像龙形器那样是一条龙的卷尾,也就是说,辛格这件表现的应是一首双身龙。从这一分析出发,赛克勒第 1 件和 84ⅥM11∶7 这两件牌饰的寓意也应是一首双身龙,而二里头 81ⅤM4∶5 这件可能要另当别论。至于这种一首双身龙是不是《山海经·北山经》里说的一首两身蛇"肥遗",就更要考虑了。

**注释:**

[1][6] 王青:《镶嵌铜牌饰的初步研究》,《文物》2004 年 5 期。
[2] 《中国二里头文化の象嵌トルコ石铜牌》,《Miho Museum 研究纪要》3 号,2002 年。
[3] 许宏、李志鹏等:《河南偃师二里头遗址发现大型绿松石龙形器》,《中国文物报》2005 年 1 月 21 日;中国社科院考古所二里头队:《河南偃师市二里头遗址中心区的考古新发现》,《考古》2005 年 7 期。
[4] 据李学勤先生说,此件的尺寸较大,但未言明具体尺寸,见《论二里头文化的饕餮纹铜饰》,《中国文物报》1991 年 10 月 20 日。
[5] 李存信:《二里头遗址绿松石龙形器的清理与仿制复原》,《中原文物》2006 年 4 期。

(原载于《中国文物报》2010 年 9 月 17 日,原题为《记保罗·辛格医生所藏第二件镶嵌铜牌饰》,此次完善了注释资料)

# 多 源 融 合

## ——镶嵌铜牌饰的寓意诸问题

  镶嵌铜牌饰是夏代前后别具一格的重要铜器,2004年,笔者曾就收集到的十五件这种牌饰的分类、年代、寓意等问题做过初步研究(以下简称《初研》)[1],并对它在中国早期文明化进程中的地位做了一些思考(以下简称《进程》)[2]。次年,偃师二里头遗址02ⅤM3出土的镶嵌绿松石大型龙形器正式公布,为解释铜牌饰的寓意提供了全新资料,引起学界的极大关注[3]。在当年底召开的二里头遗址与二里头文化学术研讨会上,杜金鹏、朱乃诚、李德方、蔡运章、冒博满等先生纷纷就这件绿松石龙和诸多铜牌饰的寓意等问题发表了各自观点,方辉先生则对二里头出土的各种绿松石器做了全面梳理和分析,掀起了一次研究二里头出土"龙"遗存的热潮[4]。随后几年,朱凤瀚、陈国梁等先生又对十余件铜牌饰做了专门研究[5],许宏先生等也有深入浅出的评析[6]。2010年,笔者公布新收集的辛格所藏第二件铜牌饰资料,与这件绿松石龙的形象很相似,也是解读铜牌饰寓意的珍贵材料[7]。

  浑身镶满绿松石片以及由此展现的各种奇异形象,使这种铜牌饰在夏代的众多"龙"遗存中显得格外独特而神秘,与史前和商周时期那些同样装饰奇异形象的玉石器和青铜器既相似又不同,它究竟有着怎样的寓意和神格,表达着古人怎样的崇拜和信仰,一直是学界最近二三十年来普遍关注的谜题。笔者在此前观点基础上,接受新资料和诸家意见的启发,近几年经过反复揣摩比较,认为这些铜牌饰中的十三件从寓意的角度可分为三大类,分别表现的是夏人、古蜀人和古羌人的崇拜神祖,其中夏人的牌饰构成和崇拜系统最为复杂。以下就对与此有关诸问题再做一次集中分析,为了避免重复讨论和方便前后对照,这里先把诸家关于铜牌饰分类和寓意的主要观点(含2004年以前者[8])归纳成表一,由于各家观点较为复杂,这里只能按笔者的理解对其要点做粗略汇集。请广大同仁批评指正。

**表一 诸家关于铜牌饰分类和寓意的主要观点一览表**

| | |
|---|---|
| 李学勤 91、97 年 | 赛克勒藏品之一、之二、檀香山藏品、伦敦 91 年流散品与二里头 M11：7 类似或为一类；诸牌饰的兽面均为饕餮面，其中 M11：7 戴 T 形冠，M4：5 的华丽高耸冠与日照两城及台北故宫玉圭纹饰类同；饕餮面的实质是龙。日本 MIHO 藏品与三星堆真武 J：36 为一类。 |
| 叶万松、李德方 01 年 | 二里头 M4：5、M57：4 为一类，是以虎为主、以龙为辅的虎龙牌；二里头 M11：7 为亦蛇亦鳄的虬龙牌；均为夏人对龙祖神崇拜的标识物（神徽或复合图腾）。 |
| 赵殿增 03 年 | 二里头 M4：5 为一类（圆眼兽面），二里头 M11：7、辛格藏品之一、赛克勒藏品之一、檀香山藏品为一类（臣字眼卷云纹兽面），二里头 M57：4、MIHO 藏品为一类（变形兽面），高骈出土品为一类（几何形兽面），真武 J：36 为一类（树杈形兽面），真武 J：16 为一类（S 形变形兽面）；兽面均为龙。 |
| 杜金鹏 06 年 | 二里头三件的寓意均为龙，是镶嵌绿松石龙的另一种表现形式，或因技术条件限制未能造出更大牌饰，或因非王陵级大墓而未出更大牌饰；均为夏人崇拜的龙。 |
| 朱乃诚 06、09 年 | 在镶嵌绿松石龙发现之后，可知多数牌饰（三星堆三件除外）均是龙，龙是夏人的崇拜神。 |
| 李德方 06 年 | 二里头 M4：5、M 57：4 为一类，是以虎为主、以龙为辅的虎形（虎首）龙牌；二里头 M11：7 为糅合蛇、虎、鱼等的双角龙或虬龙牌；龙是夏人的崇拜神。 |
| 陈国梁 08 年 | 二里头 M4：5、M 57：4 为一类，赛克勒藏品之一、伦敦 91 年流散品、二里头 M11：7 为一类，檀香山藏品、纽约 99 年流散品为一类，赛克勒藏品之二、之三为一类，MIHO 藏品、天水出土品各为一类。 |
| 朱凤瀚 09 年 | 檀香山藏品、MIHO 藏品、二里头 M57：4 为一类，二里头 M4：5、纽约 99 年流散品为一类，伦敦 91 年流散品、赛克勒藏品之一、二里头 M11：7、辛格藏品之一为一类，赛克勒藏品之二、之三为一类，天水出土品为一类；均为头戴冠角或其象征的兽面，原型颇似鹿类动物。 |
| 许宏 09 年 | 在镶嵌绿松石龙发现之后，大部分牌饰都应是龙（尤其头部）的简化或抽象表现。 |
| 笔者 04、10 年 | 二里头 M4：5 为头戴高羽冠的圆形眼神像，是东夷人的始祖神；赛克勒藏品之一、二里头 M11：7、辛格藏品之一、伦敦 91 年流散品为一类，为头戴高羽冠的梭形眼神像，是东夷人的祖先神（也可能是夏人神徽龙或虬龙）；二里头 M57：4、MIHO 藏品为一类，为身披鳞甲的龙神像，前者是夏人始祖神雌龙，后者是夏人的祖先神雄龙；天水出土品为一类，为头戴羊角的羊首神像，是羌人的崇拜神羊；赛克勒藏品之二、真武两件为一类，寓意应在当地寻找根源。辛格藏品之二与赛克勒藏品之一、二里头 M11：7 等为一类，是一首双身龙。 |

# 一、夏人表达神祖崇拜的铜牌饰

经重新分析和甄别，笔者现在认为，反映夏人神祖崇拜的牌饰可分为三小类，是由夏人自身、晋南地区和海岱地区三种文化传统的牌饰融合而成的，目前所见主要有八件。以下分别论之。

## (一) 具有夏人自身文化传统的铜牌饰

此类牌饰目前所见主要有五件,即辛格藏品之二、赛克勒藏品之一、二里头84ⅥM11∶7[9]、辛格藏品之一、1991年伦敦流散品(图一,3—7)。笔者在《初研》中曾将这五件中的后四件归为一类(Ab型),朱凤瀚、陈国梁两位的划分也是如此,现在增加了年代更早的辛格藏品之二这件,它们的共同特点就更加清楚了:整体可分为上下两部分,下半部为兽面(龙面),由弯月眉或角、臣字眼、分隔脸庞和阔口的弯弧线、鼻(吻)及阔口里的獠牙组成;上半部是一个岐尾下垂的T形大龙尾,多数上缘还另有獠牙切出。笔者此前曾把辛格藏品之二断在二里头文化二期,赛克勒藏品之一断在二里头文化三期,后三件断在二里头文化四期,以这样的年代序列来看,它们的前后演化趋势可总结为:下半部兽面所占面积逐渐扩大,臣字眼逐渐规范明显,弯月眉逐渐

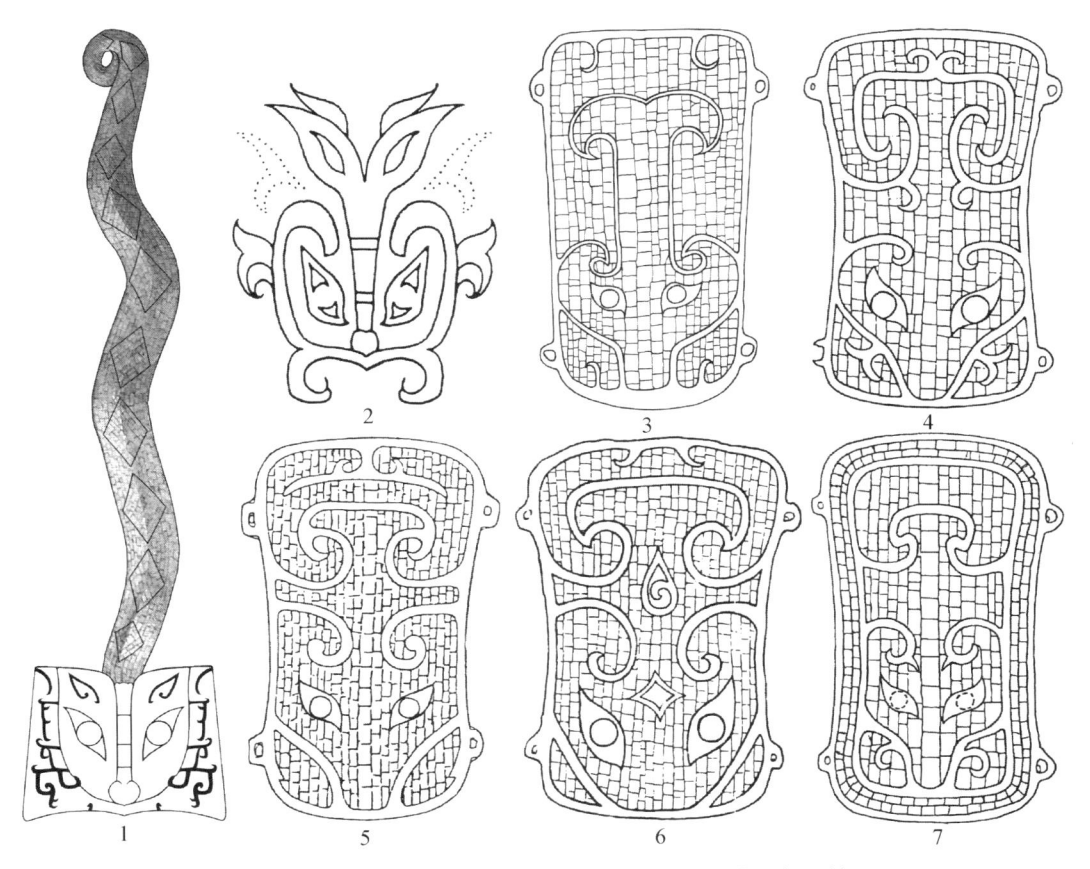

**图一 表达龙崇拜传统的铜牌饰及与相关"龙"遗存比较**

1. 二里头绿松石龙(经注[10]文复原) 2. 新砦残器盖纹样(经笔者复原) 3. 辛格藏品之二 4. 赛克勒藏品之一 5. 二里头M11∶7 6. 辛格藏品之一 7. 伦敦1991年流散品

变为弯月角;下半部 T 形龙尾所占面积逐渐变小,歧尾逐渐变得不明显,下垂则逐渐明显。

显然,无论从共同特征还是演化趋势来看,辛格藏品之二这件都是年代最早最原始的,所以分析此类牌饰的寓意,可以从这件入手。在这方面,可以比较的材料莫过于二里头出土的绿松石龙,综合有论者对龙身的复原和笔者对面部纹样的复原[10],这件绿松石龙的全貌可以基本得到恢复,以此再看众多铜牌饰就会清楚发现,只有辛格藏品之二与此龙是最像的,对此,只要把两者稍作比较可能都不会有疑问(图一,1、3)。换言之,辛格藏品之二这件表现的就应该是龙的形象,以它为中介,其他四件牌饰表现的也都应该是龙。诸家已经查引大量文献记载,证明夏人的崇拜神祖是龙,这里不再重复引证。但需要说明的是,我们也不应忽视辛格藏品之二和绿松石龙之间存在的一个重要区别,就是后者的尾部只向一侧卷曲,要表现的显然是一首单体(身)龙;而前者是明显的歧尾下垂,即向两侧都有卷曲,显然要表现的应该是两条龙的尾部,就是说,这件牌饰表现的应是一首双体龙,而不是诸家在笔者披露辛格藏品之二这件牌饰之前所认为的,后四件只是简单地与绿松石龙相似,表现的都是笼统的龙、虬龙或一首单体龙。

以此为线索,再查证二里头等遗址出土的"龙"遗存,可以发现夏人的崇拜神龙实际上有多种形象,如全身细长无鬃无足的一首双体龙、全身细长无鬃无足的一首单体龙、全身细长无鬃无足的双首一体龙、全身较粗有鬃有足的一首单体龙等[11](图二,1—4)。由此可知,一首双体龙应是夏人诸多龙形象中单独存在的一种,而不会是单纯出于艺术装饰的考虑,以一条龙尾对折的手法来表现一首单体龙。而通过有论者的专门研究我们知道,一首双体龙直到商和西周时期仍是装饰青铜器的重要纹样[12],甚至还有一首双体龙的族徽铭文[13](图二,5—8),殷墟商王陵(M1001)还出过单独用一首双体交龙装饰的仪仗用具[14]。这都证明,一首双体龙应该是三代时期一种单独存在的龙形象,理应有不同于其他龙的特殊寓意。《山海经·北山经》曾载:浑夕之山"有蛇一首双身,名曰肥遗,见则其国大旱",《西山经》和《管子》也有类似记载。李济先生据此最早把商周青铜器上的一首双体龙称为"肥遗型动物面"[15],近年有论者表示认同[16]。我们认为,目前尚不宜将夏人的一首双体龙与"肥遗"联系起来,因为迄今还没有证据表明,夏人的崇拜神祖已经具备类似商代神祖那样能降灾祸的能力,至于它在夏人神界中的具体司职和地位(神格),目前还很难得出确切的结论。

## (二)具有晋南地区文化传统的铜牌饰

此类牌饰目前主要见有二里头 87ⅥM57∶4 和日本 MIHO 藏品这两件(图三,

·多源融合——镶嵌铜牌饰的寓意诸问题·

图二 三代时期"龙"遗存举例
1—4. 二里头遗址出土   5—8. 采自注[12]、[13]文

4、3）。笔者在《初研》中将它们归为一类（B型），朱凤瀚先生的划分也基本如此，说明这种分类有其合理性。据此可归纳出此类牌饰的共同特点：整体可分为上下两部分，下半部为兽面（鼍面），由弯月眉或角、圆形眼或臣字眼、鼻（吻）和獠牙构成；上半部为多层半月形组成三排鳞片，形成颇为生动的鳞甲纹。笔者此前曾把这两件的年代均断在二里头文化四期，唯后者略晚，以此可看出演化趋势为：面部所占面积逐渐扩大，弯月眉变为向外弯曲的角，獠牙渐趋消失，牌饰的制作也渐趋粗糙。

关于此类牌饰的寓意，我们首先可以断定，应该是不同于一首双体龙的另一种形象，因为它们和上述五件牌饰无论上半部还是下半部的纹饰结构都很不一样。笔者经过对有关文献记载和考古资料的综合比较分析，认为这两件牌饰表现的应是鼍崇

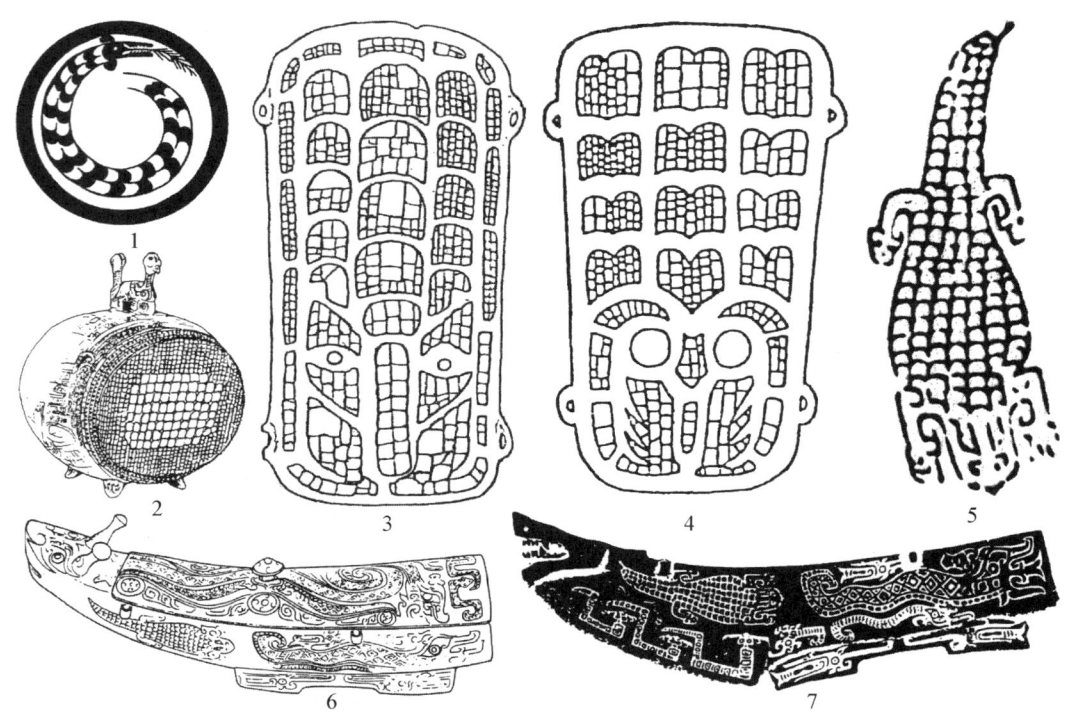

**图三　表达鼍崇拜传统的铜牌饰及与相关"鼍"遗存比较**
1. 陶寺彩绘龙盘　2. 日本关氏藏铜鼓　3、4. MIHO及二里头 M57∶4 铜牌饰　5—7. 山西石楼铜觥及拓片

拜。鼍即鳄鱼、扬子鳄,此事早年已经朱承珰、周本雄等先生论定[17]。我国古代曾把扬子鳄视为神物,如《国语·晋语》曾载:"鼋鼍鱼鳖,莫不能化,唯人不能",按现在的理解,就是说这四种动物都能在水中生存,而人却不能。宋人陆佃著《埤雅·释鱼》引晋安《海物记》曰:"鼍宵鸣如桴鼓,今江淮之间谓鼍鸣为鼍鼓。或亦谓之鼍更,更则以其声逢逢然如鼓,而又善夜鸣,其数应更故也。"唐代皇甫松的《大隐赋》则云:"雉雊雾旦,鼍鸣雨天。"明李时珍《本草纲目》遂据此总结道:"鼍声如鼓,夜鸣应更,为之鼍鼓,亦曰鼍更。俚人听之以占雨雨。"根据现代扬子鳄的生态学研究,扬子鳄在繁殖季节(5—10月)会聚在一起发出吼叫声,并且是雌雄都能发声形成"大合唱",所以"哄!""哄!"的吼声很大,方圆一公里内人耳可闻。此外,扬子鳄还有随打雷声、爆破声吼叫的习性[18]。可见古人的观察记录是可信的。

大概是出于这样的缘故,我国古代很早就用鳄鱼皮蒙鼓制成鼍鼓,并且长期为王室所专享。《诗经·大雅·灵台》就载:"鼍鼓逢逢,矇瞍奏公。"郑笺:"鼍,……甲如铠,皮坚厚,宜冒鼓。"过去数十年间,包括山西襄汾陶寺在内的黄河中下游一些新石器时代大墓中不断发现鼍鼓遗骸,有关学者已做了专门研究[19]。早年在殷墟商王陵(M1217)的发掘中也出土了一面木腔鼍鼓及鼓架、鼓座,鼓身通高近70厘米,鼓内发现鳄鱼皮朽后遗下的骨板,知两面都应蒙有鳄鱼皮,鼓身装饰饕餮纹[20]。另外,现存尚有至少两件商代的仿木铜鼓,其中日本住友氏藏品的鼓面清晰可见铸有鳄鱼皮的仿制纹样(图三,2)[21]。尽管从已有考古资料还不能确知二里头遗址是否出过鼍鼓[22],但从以上列举的这些证据可知,鼍鼓应为先秦时期的显贵和王室所有,二里头遗址作为夏人的都城,发现鼍鼓只是迟早的事。况且《大戴礼记·夏小正》曾载:"二月,……剥鱓,以为鼓也。"陆佃氏早已言明,此处鱓与鼍音同而实为一物。

我们再回到二里头 M57∶4 和日本 MIHO 藏品这两件牌饰的寓意上。在目前已知可对比的考古材料中,陶寺大墓出土的彩绘龙盘最值得注意(图三,1)[23]。据发掘者对龙盘实物的观察,其蟠龙纹"从身、尾、目的形状和它口吐长信的特征看,很像蛇,但从方头、巨口、露齿看,又与鳄鱼接近。……(它)不是一种动物,而是两种或两种以上动物的综合体"[24]。笔者进一步比较发现,其龙身上装饰的是半月形鳞甲纹,与这两件牌饰上半部的鳞甲纹很相似。到了商周时期,尽管鳞甲纹和其他纹样都大量用于装饰龙、虎和猪等形象,但用在鳄鱼身上的依然是半月形鳞甲纹,与其他纹样并不相混,其典型者莫过于山西石楼所出晚商铜觥上的鳄鱼形象(图三,5—7)[25]。而通过上文分析不难发现,除了这两件牌饰,迄今在二里头遗址发现的诸多"龙"遗存上也未见半月形鳞甲纹。由此可知,先秦时期专门用于表现鳄鱼形象的很可能是这种半月形鳞甲纹。朱乃诚先生最近明确提出,《左传·昭公二十九年》所载曾服事于虞舜的豢龙氏应是为王室所控制的驯养鳄鱼者,陶寺彩绘龙盘的龙则是鳄鱼的形象[26]。再加上陶寺大墓出土的鼍鼓,说明陶寺发掘者对蟠龙亦蛇亦鳄的观察和解释是有道理的,同时也说明,晋南地区在龙山时期已经形成了较为完整的鼍崇拜系统,这两件牌饰原本应是反映晋南地区鼍崇拜传统的,那个身披鳞甲的兽面实际是一条鳄鱼的形象。

## (三) 具有海岱地区文化传统的铜牌饰

此类牌饰目前所知主要为二里头 81ⅤM4∶5 这件(图四,3)。它是二里头遗址最早发表的发掘品,在笔者看来也是迄今对其寓意存在争议最大的一件。笔者在《初研》及《进程》两文中都主张它反映的是东夷人鸟神祖崇拜,而其他多数人都拿它和绿松石龙等相关遗存直接比较,视为龙或虎形龙,还有的以此把它上半部的纹饰解释为龙以升腾的云纹。一鸟一龙,观点之不同看似有些针锋相对,但细究起来则可能有另外的结果。这里,笔者愿结合考古新资料把自己的观点再梳理一次。

笔者早在 1997 年复原山东临朐西朱封龙山大墓出土玉神徽的饰纹时,曾依据了一些被指为龙山文化传世玉器上的奇异纹样,并对它们做了初步的排比和断代,受各家启发还认为这些纹样大多与东夷人的鸟崇拜有关[27]。所以当 2002 年对河南新砦遗址出土的残器盖饰纹进行复原时,也以这些作为复原的参考依据[28]。这其中笔者最看重的莫过于刘敦愿先生早年采集于日照两城镇的玉圭[29],以及现藏台北故宫那件玉圭上的奇异纹样(图四,1),类似纹样诸家一致认为是高羽冠圆眼神像,很少有什么异议[30]。我们拿台北玉圭和二里头 M4:5 牌饰作比较,就不难发现其间的高度相似性:首先是面部均有弯月眉和圆形眼,当然,前者面部的其他纹饰如翼(或耳)和额头上的菱形纹,后者因为材质的局限都没有表现出来;其次是都有长尾鸟类尾羽上特有的眼状斑,具体来说,就是前者头上左右对称分布的三对高羽中的中间那对,以及后者高羽上端那对其他牌饰所没有的醒目半月形大绿松石片。这种眼状斑一般为孔雀之类大鸟所有,所以我国古代也将其视为神鸟,称为凤鸟或玄鸟,并对它大加神化和崇拜,湖北天门石家河及殷墟妇好墓就出土了有醒目眼状斑的玉神鸟(玉凤)(图四,4)[31]。所以笔者至今仍相信,二里头 M4:5 的寓意应与海岱地区的文化传统,即东夷人的鸟崇拜有关。

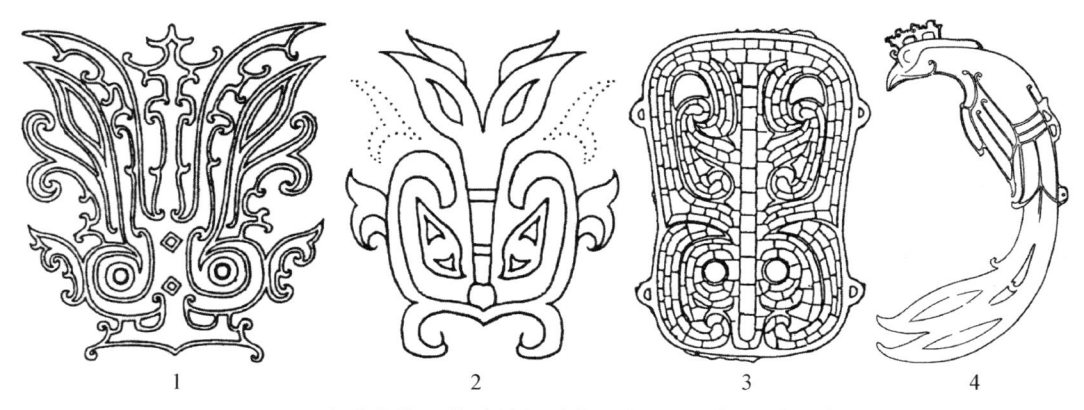

**图四　表达鸟崇拜传统的铜牌饰及与相关"鸟"遗存比较**
1. 台北故宫玉圭神像　2. 新砦残器盖神像(经笔者复原)　3. 二里头 M4:5 铜牌饰　4. 殷墟妇好墓玉凤

## (四)夏人对三种文化传统铜牌饰的融合

以上分析的八件牌饰,笔者分别将其归为夏人自身、晋南和海岱三个不同地区的文化传统,而作为夏人都城的二里头遗址目前已发表的三件牌饰(实际可能已出土六七件),恰好分属于这三个文化传统,这意味着其余五件早年和近年的流散品均应出自二里头。那么,夏人是如何将它们改造纳入自己的神祖崇拜系统,又分别担当了怎样的新角色呢?

很早就有学者注意到了二里头文化中存在一类具有海岱龙山特点的遗存,并联系有关文献记载做了深入剖析[32]。现在,新密新砦遗址的大规模发掘又提供了更多考古资料,它以面积近一平方公里的超大城址规模,以及浓厚的海岱龙山文化色彩,使它在中原地区显得有点格格不入、鹤立鸡群,对此有学者已经提出解释,认为这可能正是"后羿代夏"期间(前后约有四十年,应在海岱龙山末期——笔者按)的遗存,而二里头一期则是"少康中兴"之后的夏文化遗存[33]。以此再来看二里头文化中的那组"海岱龙山"遗存就会发现,它们与新砦的同类遗存相比只能算是海岱龙山的孑遗或"影子",即它们离海岱龙山已比较遥远了。再加上大禹时期来自东方的皋陶和伯益(时在海岱龙山晚期)曾参政中原,就可能是二里头 M4∶5 这件具有海岱文化传统的牌饰能够被夏人所接受,甚至早已被改造融入夏人的神祖崇拜系统的大背景。笔者在复原朱封玉神徽时提出,诸神像圆形眼和臣字眼的差别是雌雄或阴阳之别(其典型例子见图五),《初研》中又参考孙机先生的观点[34],提出二里头 M4∶5 这件圆形眼牌饰为东夷人的始祖神,臣字眼的四件牌饰则是东夷人的祖先神(神化祖先),同时也认为臣字眼牌饰可能已被夏人改造和利用,故诸家所言这种牌饰是龙或虬龙有一定道理。现在,我们可以在以上分析基础上将其重新修正为:二里头 M4∶5 这件圆眼牌饰反映的东夷人始祖神很可能已被夏人融合,纳入了自己的神祖崇拜系统而视其为始祖神,相应地,臣字眼的五件牌饰则应该是夏人的祖先神[35]。

图五 圆形眼和臣字眼神像举例(美国史密森宁研究所藏玉器)

由此我们不能不论及新砦遗址出土残器盖上的神像了[36]。这个神像现在已被很多人视为和绿松石龙神似的形象,因而它表现的是龙似乎已无可置疑,但笔者当初在复原它的本来面目时就已指出,它和台北故宫那件玉圭上的高羽冠神像应该是最相像的(最突出的表现就是都有一对弯月眉和带眼状斑的长羽)[37](图四,1、2),同样能透露出"后羿代夏"的某些痕迹。当然,我们这样说并不是要完全否认它和绿松石龙的相似之处,这种相似性最突出的表现是面部都有一对臣字眼和一个大蒜头鼻,但不同之处也同样需要注意,就是兽面的上边由高羽冠换成了长长的龙身(见图一,1、2)。这些相似和不同可能也和二里头 M4∶5 牌饰所反映的情况类似,也应该是糅合了鸟崇拜和龙崇拜的产物。这说明,夏人和东夷人的神祖崇拜的融合很可能在新砦期就已经完成了,而不是绿松石龙和 M4∶5、辛格藏品之二牌饰所在的二里头二期。朱乃诚先生曾以新砦这件器盖上的神像推测,此时可能已出现了绿松石龙这种器物[38]。笔者在《初研》中则以 M4∶5 牌饰与台北故宫玉圭纹样的高度相似性推测,海岱地区夏代或更早也可能出现了原始铜牌饰,现在看来仍不能完全否定这种可能性,但最有可能发现这种原始牌饰的还应该是新砦遗址及其所在时段。

  关于晋南文化传统的鼍崇拜融进夏人神祖崇拜系统的历史过程,大致可做如下勾勒:张国硕先生近年提出,陶寺遗址早中期之间的剧变与有虞氏舜取代陶唐氏尧称霸晋南有关,陶寺中晚期之间的剧变则是夏后氏禹对有虞氏舜直接取代的结果[39]。笔者认为,这是目前解释陶寺遗存较为合理的观点。夏后氏禹对陶寺中期城址的大肆破坏和取代,晋南地区的鼍崇拜信仰很可能就是在这时被夏人融合的。而且据《左传·昭公二十九年》的记载,虞舜时期的豢龙氏一直存续到夏代(御龙氏),长时间为王室服务,这为分析这两件牌饰(及绿松石龙)的主人身份提供了很好的参考背景。换言之,这两件牌饰应该也是早已被夏人改造纳入了自己的神祖崇拜系统,并且从两件牌饰眼睛的差别可推测,二里头 M57∶5 圆形眼牌饰可能是始祖神性质的神灵,而 MIHO 臣字眼牌饰则可能是祖先神性质的神灵,虽然不能肯定夏人是否已经把鼍视为另一种形式的龙(鼍龙),但晋南传统的神祖崇拜在夏人的神界系统中可能充当了相对独立的角色。

  如果再把视野扩大,从襄汾陶寺(尧舜所都平阳)→登封王城岗(禹都阳城)→新密古城寨和禹州瓦店(可能是启都)→新密新砦(后羿代夏)所构成的包括早期夏文化在内的发展历程,应该正是龙、鼍、鸟这些原本分属不同族群的崇拜神祖都能反映在夏人牌饰上的历史背景。与此相关的,此前曾被诸家指为属于海岱龙山文化的传世玉器,将来很可能会有出土资料证明,它们中的一部分当初应出自这些具有都邑性质的中心聚落(包括二里头)[40],它们的年代和文化性质也自然会有变化。而由这些玉器和牌饰所反映的夏人神祖崇拜系统,一定会是多源和多神的,只不过夏人自己的神祖龙可能居于最高地位,其他诸神则处于配享或人神使者的地位,它们共同组成了一个较为复杂的神界体系。当然,这个体系与商代以饕餮神像为中心的、更为庞大复杂的神界体系相比还不可同日而语,但这毕竟是孕育"早期中国"文化传统的重要一环。笔者在《进程》中曾提出,"这种宗教信仰的改变应是商人在更大地域内建立政治统治后,在夏人和东夷人基础上融合其他族群宗教信仰的产物，以适应跨文化区和跨族群统治的现实需要"。现在看来，夏人对晋南和海岱部分地区神祖崇拜的融合与改造（而非推翻或排斥），无疑也是出于建立跨地域统治的考虑。

近年在二里头发现的绿松石废料坑，从另一个角度为以上判断提供了很有价值的新证据。此坑位于宫城以南另外的围垣之内，共出土了数千个绿松石小片和小粒，大都有切割和琢磨痕迹，面积最大者只有2平方厘米[41]。发掘者根据后来在此周围获得的新线索，认为这里应是一处包括铸铜和绿松石器生产在内的大型官营作坊区，并且是由王室直接控制的（图六）[42]。方辉先生通过更全面的梳理和分析，认为此坑以南的铸铜作坊周围还应该有更大规模的绿松石器作坊[43]。我们可以再推测，目前所知属于夏人的八件铜牌饰都应该是在这里完成最后工序的，而这些被关在特定围垣里的专业工匠，其身份应类似后世依附于王室或诸侯、专门为上层显贵们生产奢侈品的"百工"[44]，当然，后世的"百工"地位很低下，而夏代这些生产工匠的社会地位是否一定低下，是否就是那些能参加宫城里隆重祭祀仪式的祭司们，还有待进一步探究。现有考古资料表明，在夏商王朝交替之际，二里头的官营手工业作坊被迁到了郑州商城，而在商周王朝更替之际，殷墟的官营手工业作坊则被迁到了成周洛邑等地。

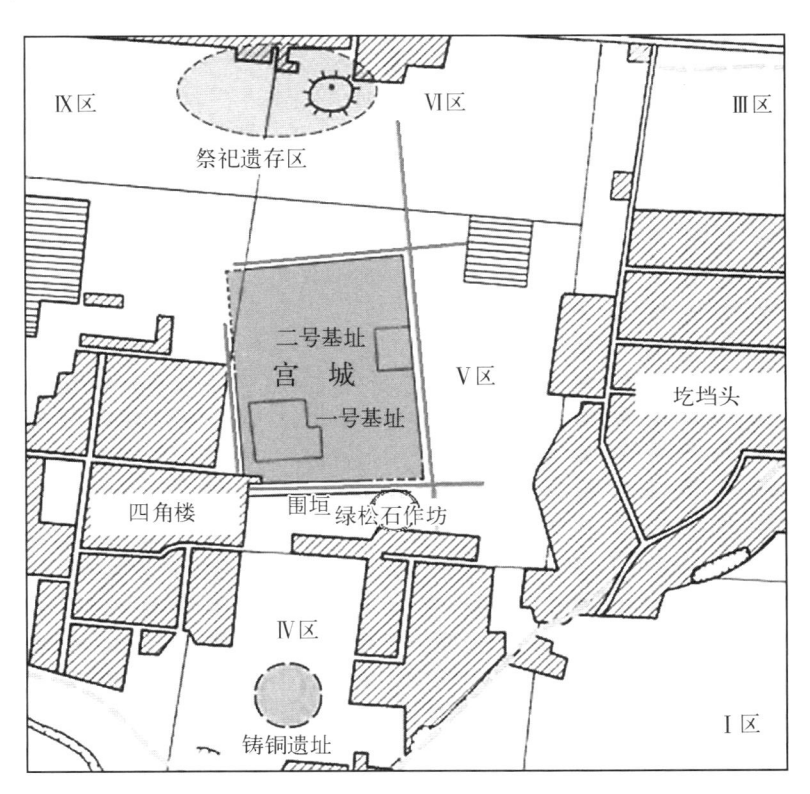

图六　二里头遗址宫城及其以南围垣、绿松石作坊位置图

那么,二里头官营作坊的工匠当初也可能是迁来的战俘,或者是从类似身份的祖辈那里传下来的世袭工匠。换言之,创作这些具有鼍崇拜和鸟崇拜传统牌饰的,很可能是有着晋南和海岱龙山"家传"背景的专业工匠,这再次说明那些具有神性的"鼍"和"鸟"已经被夏人改造用作自己的崇拜神灵了。

## 二、古蜀人表达神祖崇拜的铜牌饰

此类铜牌饰具体可分为两小类。其中属于虎崇拜的目前主要见有赛克勒藏品之二、之三和三星堆真武J∶36这三件(图七,1、3、4)。笔者的《初研》把赛克勒之二和真武J∶36这两件划为一类(C型之a、b两亚型),后来又指出,赛克勒的两件其纹样有很大相通性[45]。朱凤瀚、陈国梁两位在不涉及三星堆出土牌饰的前提下,也都将赛克勒这两件视为一类。如果粗略看起来,这三件之间好像共性不多,但若与其他众多牌饰做整体比较,这三件牌饰的共同点就比较突出了,最突出的莫过于它们兽面以上的纹样均为多层(两层或三层);另外,赛克勒这两件兽面以上都有两层类似心形的纹样,真武那件最下端的兽面则与赛克勒之二的兽面神似,尤其一对獠牙都是向内切的。《初研》中笔者把赛克勒之二断在二里头四期偏晚至商代早期,其他两件遵从各家意见笼统断在商代。现在看来,赛克勒之三的纹样显然已比之二有了明显发展,如纹样整体比较简洁洗练,尤其纹饰的转折处多为方折,与商代晚期的很多玉器风格雷同,所以断在晚商时期应该问题不大。而真武那件纹样的层数更多,绿松石镶的也很

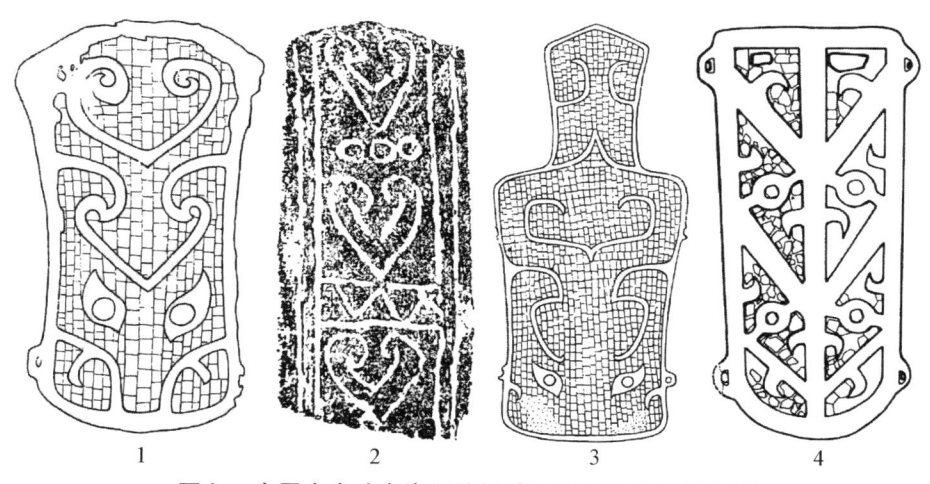

**图七 古蜀人表达虎崇拜的铜牌饰及与相关纹样比较**
1. 赛克勒藏品之三  2. 三星堆陶片纹样拓片  3. 赛克勒藏品之二  4. 三星堆真武J∶36

不整齐,可视为赛克勒之二的退化形态,对此赵殿增先生也有类似判断[46]。从这种比较中,可以大致显现出它们的演化趋势。

关于此类牌饰的寓意,我们可以从年代相对较早的赛克勒之二入手。如上所说,它的构图最显著的特点是兽面以上有两层类似心形的纹样,这种纹样在二里头所在的中原地区几乎未见[47],但笔者通过检核发现,在四川广汉三星堆遗址早年发表的发掘资料中,就有刻着多层心形图案的陶片[48](图七,2),与赛克勒之二上的纹样非常接近,而且这种纹样在四川以外地区没有发现,因此可断定它是三星堆文化富有地方特色的纹样。这使我们有理由相信,三星堆文化的土著纹饰能出现在赛克勒这件牌饰上,应该不会出于偶然,二者之间必有密切的文化联系。三星堆遗址出这件陶片的第二期遗存属三星堆文化,按照目前学界的一般认识,该文化为古蜀人的遗存,年代为距今3800—3400年,相当于二里头文化二期至殷墟文化二期[49],与赛克勒之二的年代大致同时或略早。由以上可断定,赛克勒这件牌饰上的心形纹样应来源于三星堆文化,换言之,这件牌饰应是古蜀人的遗存,甚至很可能原本就出自三星堆遗址。

三星堆遗址早年曾出土过一种镶嵌绿松石的侧视全身铜虎,如鸭子河1984年出土过一件[50],最近敖天照先生又报道了1981年出在同一地点的一件[51]。另据笔者所见资料,1999年在美国纽约古董市场上也出现过一件,比前两件更精美而略小(长28厘米),而且是两面透雕铸造,绿松石架空镶嵌(图八)[52]。这种铜虎的形态、纹样和镶嵌技法都基本相同,年代均在商代前后,目前也仅见于三星堆文化,可认为是古蜀人表达虎崇拜的神器。仔细观察又能发现,这三件铜虎的双足上端无一例外都是心形图案,与前述三星堆陶片和赛克勒之二牌饰上的心形图案非常相似。而中原地区可以类比的材料,即大量晚商

**图八 古蜀人镶嵌绿松石铜虎举例**

上、下. 三星堆遗址鸭子河出土  中. 伦敦1999年流散品

时期玉石器和青铜器上的虎纹样,其足上都是勾云纹,不见这种心形纹样,连殷墟发现的纹饰繁缛的圆雕玉石虎等也是如此(图九)[53]。因此我们可推断,赛克勒之二牌饰(以及三星堆陶片)的表现手法应是以心形纹样的虎足来代表虎的,换言之,赛克勒之二的寓意应是古蜀人的崇拜神祖——虎。其他两件牌饰按照我们对其年代的分析,自然也可如是观,而赛克勒之三上端多出来的圭首形显然就是虎尾了,它几乎是一条头、身、足、尾俱全的活生生的虎了。那三件造型更为生动的绿松石镶嵌铜虎,大概是由于神格的不同,才会与这类牌饰如此不同,抑或是在祭祀场合的使用方式不同使然。

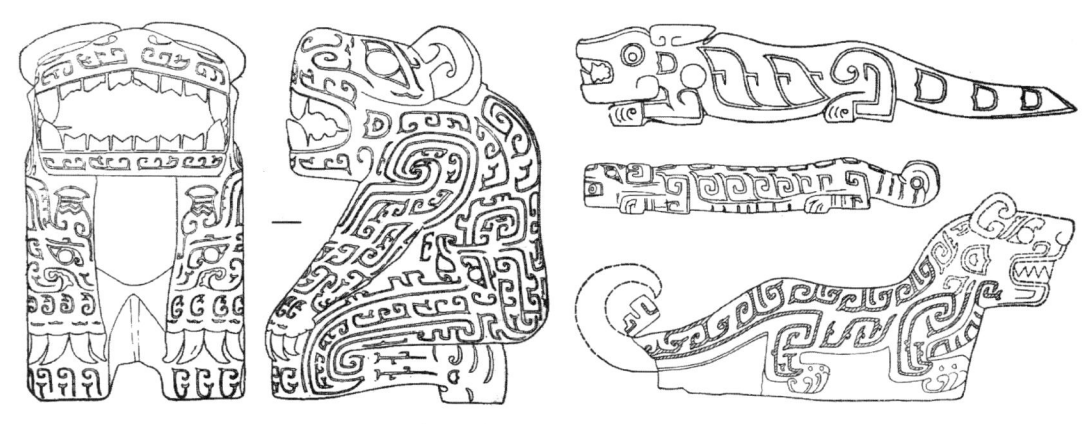

**图九 商代"虎"遗存举例(均殷墟出土)**

属于古蜀人表达鸟崇拜的牌饰目前主要有三星堆真武 J：16 这件(图一〇,6)。此件不镶绿松石,纹样构图也很特殊,但整体特征仍属铜牌饰之列,年代约在商代,对此诸家看法都大致相同。它以左右两排细密 S 形镂空对称分布为最大特点,除了多层与上述三件有可比性,其他都很另类,显然应有不同于这三件的寓意。从三星堆遗址早年发表的材料可知,一种鸟头把陶勺的出土数量很多,其鸟头后端的颈部常饰有连续的类似"云雷纹"来表示羽毛,可称为列羽纹(图一〇,1—3;图一一,左)。在发表的纹饰拓片中,有一件可能是这种陶勺鸟头把两侧的全拓,可见有两排列羽纹,只不过鸟的圆眼已经残失,如果把圆眼复原出来,得到的相对完整图案就与真武 J：16 的纹样比较相似了(图一〇,4、5),它若进一步演化,就可能是后者的类似 S 形小鸟形象。另外,在著名的三星堆两个祭祀坑中出土的铜鸟或有羽翼的神像,类似的鸟羽更是很常见,甚至连纵目人面神像都安上了鸟羽,众神的威力也得到了有效渲染和提升(图一一,右)[54]。正是出于这些原因,笔者认为真武 J：16 是古蜀人表达鸟崇拜的牌饰。当然,这一观点还有待更多出土资料来验证,古蜀人的虎崇拜和鸟崇拜是怎样融合的,在神祖系统中各有怎样的神格,也是有待深入探讨的问题。

图一〇 古蜀人表达鸟崇拜的铜牌饰及与相关纹样比较

1—4. 三星堆出土列羽纹陶片拓片　5. 列羽纹复原　6. 三星堆真武 J：16 铜牌饰

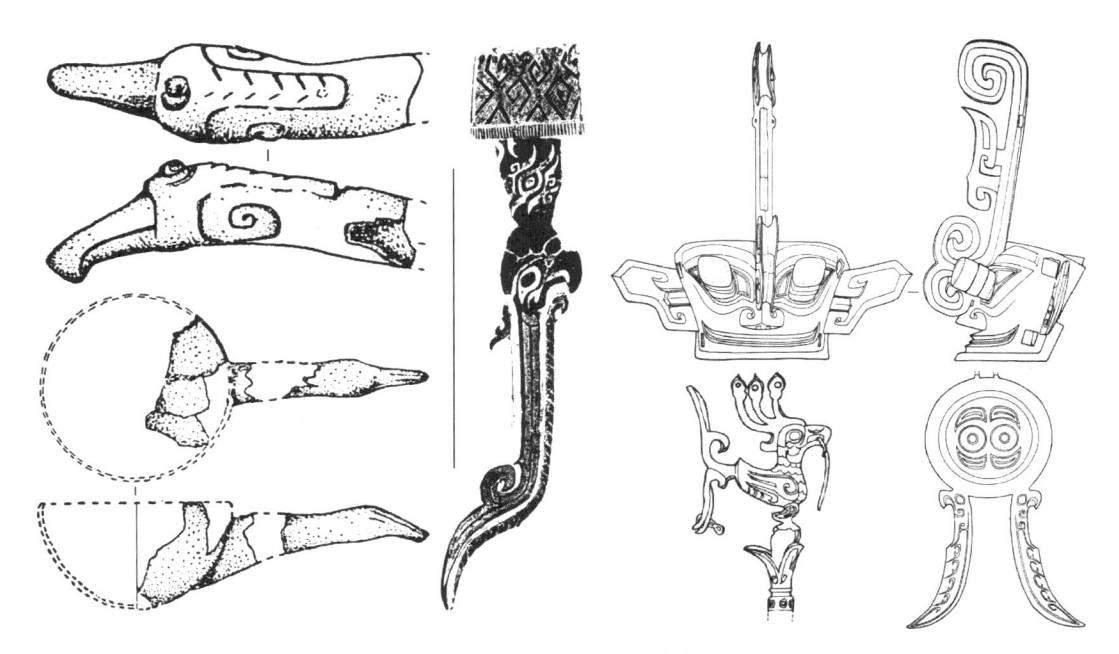

图一一 三星堆出土"鸟"遗存举例

左. 鸟头把陶勺　右. 祭祀坑出土铜神像

## 三、古羌人表达神祖崇拜的铜牌饰

此类铜牌饰目前主要有甘肃天水秦城区出土的一件(图一二,6),报道者张天恩先生已断在二里头文化四期[55]。综合来看,这件属四期偏早或更早的可能性较大。不管怎样,这是迄今西北地区唯一的夏代镶嵌铜牌饰,无论是所处时代还是地理位置都弥足珍贵。通过对比不难发现,它的面部与上述夏人表达龙崇拜的五件牌饰面部基本相同,但上半部是一个很显眼的锚状纹样(羊角纹),尽管整体装饰效果显得单调了些,但是与其他牌饰均不一样,所以首先可以明确,它理应有不同于其他牌饰的寓意,而不会像诸家认为的那样也是龙。笔者在《初研》中曾简单提出,这件牌饰反映的应是古羌人的崇拜神祖羊。以下结合有关资料对此做进一步分析。

**图一二 古羌人表达羊崇拜的铜牌饰及与相关纹样比较**
1—5. 采自注[61]、[62]文　6. 天水秦城区出土铜牌饰

羌人是一个活动于西北地区的古老民族,有文献记载的古羌人历史始于商代,甲骨文中就有大量羌方和羌的记载,其"羌"字写作 ⚡ 形,对此于省吾先生曾经精辟指出:"由于当时的羌族有首戴羊角的风俗,造字者取其形象,在入(人)字上部加以羊角形便构成羌字。"[56]孙海波先生在其《甲骨文编》中也说:"(羌字)像人饰羊首之形,盖羌族人民之标帜也。"[57]另外,《说文·羊部》载:"羌,西戎,牧羊人也,从人从羊,羊亦

声。"应昭的《风俗通》也载:"羌,本西戎卑贱者也,主牧羊。故羌字从羊、人,因以为号。"由此我们可得出这样的认识:古羌人以牧羊为主的畜牧业比较发达,由此衍生出头戴羊角的习俗,这种习俗应是古羌人以羊为崇拜神祖的反映。

早在六十多年前,夏鼐先生就根据火葬等考古发现和有关文献记载,认为寺洼文化是羌人遗存[58]。随着考古资料增加和研究不断深入,甘青地区流行以羊随葬的齐家、辛店和寺洼等青铜时代文化都属于古羌人文化系统,这已是学术界的共识了[59]。石兴邦先生则进一步把这些文化归结为以大双耳罐为特征的诸羌文化共同体,因为这种罐的大双耳即是羊角弯曲的象形[60]。以目前的考古发现看,大双耳罐自齐家文化开始流行,如甘肃永靖秦魏家、武威皇娘娘台等遗址出土者(图一二,2)[61]。另在皇娘娘台遗址还出过一件齐家文化彩陶圈足豆,盘内画有类似羊首的纹样,与甲骨文的"羌"字已较近似,发掘者推测为变体蛙纹恐误(图一二,1)。到辛店文化时期,彩陶器上的羊角及羊首纹样更为流行,如甘肃永靖莲花台墓地出土者(图一二,3—5)[62]。天水这件牌饰上部的锚形纹,就与辛店文化彩陶器上的羊角纹样非常相似,其含义显然都是表现羊角的。刘敦愿先生曾从美术考古角度精辟指出:"对于有角的兽类,无论古代艺术、民间剪纸,还是儿童绘画,都喜欢画出对称的双角,因此甲骨、金文的象形字的创造者,索性就以它们头部的正面形象代表整体,反而能突出特点。"[63]由此,我们认为天水这件牌饰的寓意应是古羌人的崇拜神祖——羊,至于其具体神格,目前还难以进一步探求。

## 四、余 论

以上讨论了十三件镶嵌铜牌饰的寓意,还有三件笔者限于目前的资料和认识,暂不能说清其寓意(图一三)。檀香山那件藏品,朱凤瀚先生认为其上半部是高扬的犄角,因而提出"颇似鹿类动物",并倾向于其他牌饰也是类似的寓意。应该说,目前这仍是一种提不出多少反证的看法,但笔者更倾向于它的上半部类似羽毛,但和二里头M4∶5的高羽冠又很不一样,即它可能是另一类对鸟崇拜的表现形式,但是不是东夷人的目前还很难说。伦敦1999年流散品,朱先生把它和二里头M4∶5划为一类,笔者2007年在专论国外所藏这种牌饰的年代时也认为,这两件的上半部纹样可能有先后演变关系[64]。但就寓意而言,这两件的差别还是主要的,尤其伦敦这件的"【】"形几何纹样,目前只有三星堆真武的两件和高骈那件有些可比性。有论者把铜牌饰和长城地带夏家店下层文化大甸子墓地出土的彩绘陶图案相联系[65],如果这有一定道理

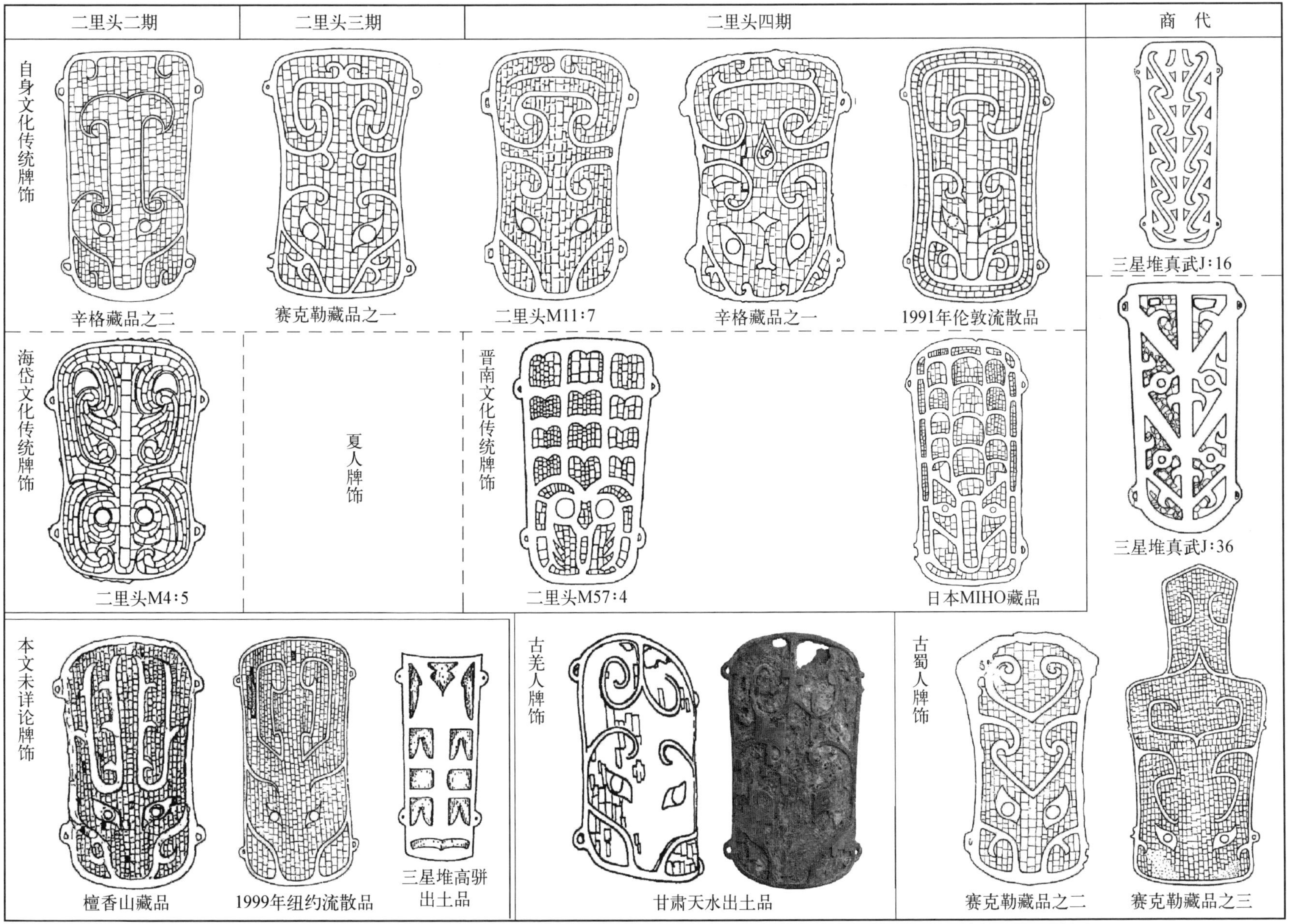
二里头二期
二里头三期
二里头四期
商 代
自身文化传统牌饰
辛格藏品之二
赛克勒藏品之一
二里头M11:7
辛格藏品之一
1991年伦敦流散品
三星堆真武J:16
三星堆真武J:36
海岱文化传统牌饰
二里头M4:5
夏人牌饰
晋南文化传统牌饰
二里头M57:4
日本MIHO藏品
本文未详论牌饰
檀香山藏品
1999年纽约流散品
三星堆高骈出土品
古羌人牌饰
甘肃天水出土品
古蜀人牌饰
赛克勒藏品之二
赛克勒藏品之三

图二 镶嵌铜牌饰寓意示意图

的话,那么伦敦这件与大甸子的彩绘几何纹样应该是最有条件类比的,但具体寓意尚不得而知。另外,伦敦这件的背面有明显的浅乱旋涡纹,与上述真武 J∶16 的背面相似,是不是有所联系亦未可知。三星堆高骈这件出土品,尽管有学者认为它表现了嘴、颊、眼、眉、双角和额等部位,意在说明它是兽面纹或饕餮纹[66]。但毕竟它的镶嵌构图是较明显的几何形,而且绿松石小片镶嵌的具体细节至今也未发表,无从分析它的寓意,甚至连它是不是古蜀人文化传统的作品都不能肯定。

综合本文对镶嵌铜牌饰寓意的分析,可以简要概括为图一三。不难看出,与《初研》和《进程》相比,笔者的观点已发生了很大变化,尤其是对夏人牌饰的解释上。这在很大程度上要"归功于"二里头绿松石龙的考古新发现,以及辛格藏品之二牌饰的重新发现,由此我们不能不感叹新资料的颠覆力之大,同时也感受着铜牌饰在目前资料下总是"神龙见首不见尾"、总能吸引今人去不断想象和探寻的独特魅力。如果说这几年笔者在探寻中有什么收获的话,那可能就是窥见了铜牌饰艺术构图和象征寓意上的一些奥秘:牌饰的上半部最流行的艺术手法是选用不同动物(神物)最显著的区别特征来表现神祖的基本属性,如夏人等表达龙、鼍、鸟崇拜分别用龙尾、鳞甲和高羽来表现,古蜀人表达虎和鸟崇拜分别用虎足和列羽来表现,古羌人表达羊崇拜用羊角来表现——所以笔者始终把牌饰的兽面以上纹样作为甄别寓意的主要依据;牌饰下半部最流行的艺术手法则是选用不同动物最共通特征的眼睛,来表达神祖性别的不同或类似差别,圆形眼和臣字眼的差别就是如此——所以笔者始终把眼睛的差别作为甄别牌饰寓意的次要依据。这再次证明了先师刘敦愿先生早年的精辟论断,从而也使笔者坚信这是"早期中国"王室青铜艺术母题的一条带普遍性的规律(直到商周时期仍然适用)。

本文最后不能回避的问题只有铜牌饰的神格问题了。严格来讲,如果只说寓意问题,而不触及诸神在神界的司职和地位,对于铜牌饰这种目前所知夏代前后装饰最繁缛、内涵最丰富的独特铜器来说,显然是过于笼统了,但正是这神格问题是最令人纠结于心的。相信痴迷于探寻二里头"龙"遗存的同仁可能都有这样的心路"遭遇":原以为二里头那件透底器残片上刻划的龙形象最多,甚至可以从诸龙刻划的位置和大小分辨出它们在神界的地位高低——那条粗壮的有鬣有足一首单体龙分明是群龙之首,乃至"鳞虫之长",但一条镶嵌绿松石龙的腾空出世,就以其用工之巨、制作之精、体量之大,显示出无鬣无足一首单体龙的无比尊贵,于是马上就否定了刚刚生出的判断,更不用说铜牌饰既然是集铸镶于一身的精工之作,是不是也可能是最高神格的崇拜神之类想法了。如此循环往复,常常令人惆怅不已。更不消说,还有英国的汉学名家贝格雷(R. Bagley)的话犹言在耳:中国上古那些以饕餮为中心的奇异图案只是纯粹的艺术装饰,没有任何实际的象征意义[67]。尽管我们不会有多少人信从他的观点,但正如笔者在《初研》中指出的,镶嵌铜牌饰作为真正的艺术品,工匠们制作它时肯定也会加进自己的创作灵感,致使它总有些地方不合"通例"、不太"规范",这又是我们不得不认真考虑的问题。面对这诸多种种,我们不免发出这样的感叹:走进古人的精神世界是如此之难,或许我们永远也不能揭开这些斑斓诡异之物的神格之谜了。对这个有些悲观的判断,不知诸君以为然否?

**注释:**

[1] 王青:《镶嵌铜牌饰的初步研究》,《文物》2004年5期。

[2] 王青:《镶嵌铜牌饰所见中国早期文明进程问题》,《东方考古》(第1集),科学出版社2004年。

[3] 许宏、李志鹏等:《河南偃师二里头遗址发现大型绿松石龙形器》,《中国文物报》2005年1月21日;中国社科院考古所二里头队:《河南偃师市二里头遗址中心区的考古新发现》,《考古》2005年7期。

[4] 杜金鹏:《中国龙,华夏魂——试论偃师二里头遗址"龙文物"》;朱乃诚:《二里头文化"龙"遗存研究》;李德方:《二里头遗址的龙纹与龙文化》;蔡运章:《绿松石龙图案与夏部族的图腾崇拜》;方辉:《二里头文化的绿松石制品及相关问题研究》,均见《二里头遗址与二里头文化研究——中国·二里头遗址与二里头文化国际学术研讨会论文集》,科学出版社2006年。该文集同时收入量博满《浅谈二里头文化的铜牌饰》,但此文未附必要插图,无以判断具体所指,故本文暂不论及。另,朱文收入氏著《中华龙:起源和形成》,生活·读书·新知三联书店2009年。

[5] 陈国梁:《二里头文化铜器研究》,《中国早期青铜文化——二里头文化专题研究》,科学出版社2008年;朱凤瀚:《中国青铜器综论》(中),847—851页,上海古籍出版社2009年。

[6] 许宏:《最早的中国》,科学出版社2009年。

[7] 王青:《记保罗·辛格医生所藏第二件镶嵌铜牌饰》,《中国文物报》2010年9月17日。

[8] 李学勤:《论二里头文化的饕餮纹铜饰》,《中国文物报》,1991年10月20日,收入《走出疑古时代》(修订本),辽宁大学出版社1997年;叶万松、李德方:《偃师二里头遗址兽纹铜牌考识》,《考古与文物》2001年5期;赵殿增:《三星堆与二里头铜牌饰研究》,《殷商文明暨纪念三星堆遗址发现七十周年国际学术研讨会论文集》,社会科学文献出版社2003年。

[9] 经与照片对比,原简报发表的二里头M11:7这件牌饰的线图有两个失误之处:一是将双眼绘成梭形,而照片显示为臣字眼;二是照片显示牌饰下部边缘有一对内切的短小獠牙,线图没有绘出。本文将其修正如图一之5。

[10] 李存信:《二里头遗址绿松石龙形器的清理与仿制复原》,《中原文物》2006年4期;王青:《浅议二里头镶嵌龙形器的面部纹饰复原》,《早期夏文化与先商文化研究论文集》,科学出版社2012年。

[11] 本文图二之1—4均为二里头出土。杜金鹏:《中国龙,华夏魂——试论偃师二里头遗址"龙文物"》;朱乃诚:《二里头文化"龙"遗存研究》,均见《二里头遗址与二里头文化研究——中国·二里头遗址与二里头文化国际学术研讨会论文集》,科学出版社2006年。另,朱文收入所著《中华龙:起源和形成》,三联书店2009年。

[12] 梁彦民:《殷周青铜器双身龙纹及相关问题》,《考古与文物》2006年6期;杨晓能:《另一种古史:青铜器纹饰、图形文字与图像铭文的解读》(唐际根、孙亚冰译),生活·读书·新知三联书

店 2008 年。
- [13] 中国社会科学院考古研究所沣西发掘队：《1979—1981 年长安沣西、沣东发掘简报》，《考古》1986 年 3 期；罗西章：《扶风白龙大队发现西周早期墓葬》，《文物》1978 年 2 期。
- [14] 梁思永、高去寻：《侯家庄第二本·1001 号大墓》，"中研院"史语所 1962 年。
- [15] 李济：《殷墟出土青铜礼器之总检讨》，《殷墟青铜器研究》，上海人民出版社 2008 年。
- [16] 梁彦民：《殷周青铜器双身龙纹及相关问题》，《考古与文物》2006 年 6 期。
- [17] 朱承琯：《鼍生活史的初步研究》，《动物学报》1957 年 9 卷 2 期；周本雄：《山东兖州王因新石器时代遗址中的扬子鳄遗骸》，《考古学报》1982 年 2 期。
- [18] 陈壁辉、李炳华：《扬子鳄生态初步观察》，《安徽师大学报》（自然科学版）1979 年 1 期；王先艳、王丁等：《交配期扬子鳄合唱吼叫的集群作用及其生物学意义》，《动物学报》2006 年 52 卷 4 期；王先艳、王丁等：《"鼍鼓逢逢"——浅谈扬子鳄的声信号和声通讯》，《大自然》2010 年 1 期。
- [19] 陈国庆：《鼍鼓源流考》，《中原文物》1991 年 2 期；高天麟：《黄河流域新石器时代的陶鼓辨析》，《考古学报》1991 年 2 期；费玲伢：《新石器时代陶鼓的初步研究》，《考古学报》2009 年 3 期。诸家均对鼍鼓有所论及，但除陈文以外，似多注重有形的陶质鼓身的研究，对鼍鼓腐朽后所遗留的鳄鱼骨板不太关注，可能是未周之处。
- [20] 梁思永、高去寻：《侯家庄第六本·1207 号大墓》，"中研院"史语所 1968 年。
- [21] 参见朱凤瀚：《中国青铜器综论》（上），388—389 页，上海古籍出版社 2009 年。
- [22] 二里头 M4 除了出土铜牌饰外，还出有漆鼓，长筒束腰形，通高 54 厘米，其他信息因腐朽未辨，见中国社科院考古所二里头队：《1981 年河南偃师二里头墓葬发掘简报》，《考古》1984 年 1 期。另外，1991 年该遗址出土一件鼓形陶壶，两鼓面均有两周象征鼓钉的圆泥饼，鼓面基本素面无文，见中国社科院考古所：《二里头陶器集粹》，144 页图一四二及 358 页文字说明，中国社科出版社 1995 年。
- [23] 中国社科院考古所山西队等：《1978—1980 年山西襄汾陶寺墓地发掘简报》，《考古》1983 年 1 期。
- [24] 高炜、高天麟等：《关于陶寺墓地的几个问题》，《考古》1983 年 6 期。
- [25] 谢青山、杨绍舜：《山西吕梁县石楼镇又发现铜器》，《文物》1960 年 7 期。
- [26] 朱乃诚：《龙形器与龙的崇拜》，《寻根》2010 年 3 期。
- [27] 王青：《西朱封龙山文化大墓神徽饰纹的复原研究》，《刘敦愿先生纪念文集》，山东大学出版社 1998 年。
- [28] 王青：《浅议新砦残器盖纹饰的复原》，《中原文物》2002 年 1 期。
- [29] 刘敦愿：《记两城镇遗址发现的两件石器》，《考古》1972 年 4 期。
- [30] [日] 林巳奈夫：《所谓饕餮纹表现的是什么》，《东方学报》第 56 册 1984 年，收入《日本考古学研究者考古学研究论文集》，香港东方书店 1990 年；邓淑苹：《雕有神祖面纹与相关纹饰的有刃玉器》，《刘敦愿先生纪念文集》，山东大学出版社 1998 年；李学勤：《良渚文化玉器与饕餮纹的演变》，《东南文化》1991 年 5 期，收入《走进疑古时代》（修订本），辽宁大学出版社 1997 年。
- [31] 石志廉：《龙山文化玉凤》，《中国文物报》1988 年 6 月 27 日；中国社科院考古所：《殷墟妇好墓》，文物出版社 1980 年。
- [32] 邹衡：《试论夏文化》，《夏商周考古学论文集》，文物出版社 1980 年；李伯谦：《二里头类型的文化性质与族属问题》，《文物》1986 年 6 期。
- [33] 赵春青：《关于新砦期与二里头一期的若干问题》，《二里头遗址与二里头文化研究——中国·二里头遗址与二里头文化国际学术研讨会论文集》，科学出版社 2006 年。

[34] 孙机：《龙山玉鹫》，《远望集——陕西省考古研究所华诞四十周年纪念文集》，陕西人民美术出版社1998年。
[35] 按孙机先生上注文的观点，天津艺术馆藏"青玉鹰攫人首佩"应为山东龙山之"玉鹫"，其最上面的立鹰为东夷族的始祖神少昊鸷，立鹰下的人首为神化祖先，受到始祖神的庇护，二者共同组成复合神徽。笔者的始祖神、祖先神（神化祖先）表述即受孙先生的启发而来。另参见何星亮：《中国图腾文化》，中国社会科学出版社1992年。
[36] 顾万发：《试论新砦陶器盖上的饕餮纹》，《华夏考古》2000年4期。
[37] 台北故宫玉圭见邓淑苹：《雕有神祖面纹与相关纹饰的有刃玉器》，《刘敦愿先生纪念文集》，山东大学出版社1998年。
[38] 朱乃诚：《二里头文化"龙"遗存研究》，《二里头遗址与二里头文化研究——中国·二里头遗址与二里头文化国际学术研讨会论文集》，科学出版社2006年。另，收入《中华龙：起源和形成》，三联书店2009年。
[39] 张国硕：《陶寺文化性质与族属探索》，《考古》2010年6期。
[40] 2002年，在陶寺发现陶寺文化中期大墓ⅡM22，此墓出土的一件"玉兽面"是目前中原地区考古发掘出土的第一件能与诸多传世品类比的龙山时期玉器，与河南巩义市花地嘴遗址出土的新砦期陶瓮上的彩绘神像及二里头绿松石龙和M4：5铜牌饰均有相似之处，透露的信息不容小视。陶寺大墓见中国社会科学院考古所山西队等：《陶寺城址发现陶寺文化中期墓葬》，《考古》2003年9期；花地嘴陶瓮见顾问、张松林：《花地嘴遗址所出"新砦期"朱砂绘陶瓮研究》，《中国历史文物》2006年1期。
[41] 中国社科院考古所二里头队：《河南偃师市二里头遗址中心区的考古新发现》，《考古》2005年7期。
[42] 许宏：《最早的中国》，科学出版社2009年。许宏、刘莉：《关于二里头遗址的省思》《文物》2008年1期。
[43] 方辉：《二里头文化的绿松石制品及相关问题研究》，《二里头遗址与二里头文化研究——中国·二里头遗址与二里头文化国际学术研讨会论文集》，科学出版社2006年。
[44] 童书业：《中国手工业商业发展史》，中华书局2005年。
[45] 王青：《现存国外五件镶嵌铜牌饰初论》，《华夏考古》2007年3期。
[46] 赵殿增：《三星堆与二里头铜牌饰研究》，《殷商文明暨纪念三星堆遗址发现七十周年国际学术研讨会论文集》，社会科学文献出版社2003年。
[47] 二里头遗址曾出土较多几何印纹陶，其中包括细密心形纹样，已经宋建先生论证为来自长江下游马桥文化，见氏著《二里头之虎的南方因素》，收入《二里头遗址与二里头文化研究——中国·二里头遗址与二里头文化国际学术研讨会论文集》，科学出版社2006年。
[48] 四川省文物管理委员会等：《广汉三星堆遗址》，《考古学报》1987年2期。
[49] 孙华：《四川盆地的青铜时代》，科学出版社2000年。
[50] 《中国青铜器全集·巴蜀卷》58页图六六，文物出版社1994年。
[51] 敖天照：《三星堆文化遗址出土的几件商代青铜器》，《文物》2008年7期。
[52] Eskenazi, *ESKENAZI: Ancient Chinese Bronzes and Ceramics*, London 1999.
[53] 详见中国社会科学院考古研究所：《殷墟的发现与研究》，科学出版社1994年。
[54] 四川省文物考古研究所：《三星堆祭祀坑》，文物出版社1999年。
[55] 张天恩：《天水出土的兽面铜牌饰及有关问题》，《中原文物》2002年1期。
[56] 于省吾：《释羌、苟、敬、美》，《吉林大学学报》1963年1期。
[57] 孙海波：《甲骨文编》"羌"字条，中华书局1965年。

[58] 夏鼐：《临洮寺洼山发掘记》，《中国考古学报》第4册，1951年。
[59] 水涛：《中国西北地区青铜时代考古论集》，科学出版社2001年；谢端琚：《甘青地区史前考古》，文物出版社2002年；李吉和：《先秦至隋唐时期西北少数民族迁徙研究》，民族出版社2003年。
[60] 石兴邦：《中国文化与文明形成和发展史的考古学探讨》，《亚洲文明》（第三集），安徽教育出版社1995年。
[61] 谢端琚：《甘肃永靖秦魏家齐家文化墓地》，《考古学报》1975年2期；甘肃省博物馆：《甘肃武威皇娘娘台遗址发掘报告》，《考古学报》1960年2期。
[62] 中国社科院考古所甘肃队：《甘肃永靖莲花台辛店文化遗址》，《考古》1980年4期；石龙、李成瑞：《甘肃临夏莲花台发现辛店文化遗物》，《文物》1984年9期；甘肃省博物馆考古队等：《甘肃临夏莲花台辛店文化墓葬发掘报告》，《文物》1988年3期。
[63] 刘敦愿：《饕餮（兽面）纹样的起源与含义问题》，《美术考古与古代文明》，人民美术出版社2007年。
[65] 顾问：《论二里头文化与夏家店下层文化中的龙、蛇》，《二里头遗址与二里头文化研究——中国·二里头遗址与二里头文化国际学术研讨会论文集》，科学出版社2006年。
[66] 赵殿增：《三星堆与二里头铜牌饰研究》，《殷商文明暨纪念三星堆遗址发现七十周年国际学术研讨会论文集》，社会科学文献出版社2003年。
[67] 参见王青：《西方关于中国和古埃及文明起源研究的启示》，《中原文物》2005年3期。

（原载《东方考古》（第9集），科学出版社2012年，原题为《镶嵌铜牌饰的寓意诸问题再研究》）

# 寻 龙

## ——二里头遗址镶嵌绿松石龙面部纹饰的复原

2002年春,社科院考古所二里头队在偃师二里头遗址清理一座贵族墓时,发现一件大型镶嵌绿松石龙形器,后整体套箱取回室内清理,至2005年正式发表相关资料[1]。这件龙形器以其用工之巨、制作之精、体量之大,引起国内外学术界的极大关注。随后,龙形器的清理者李存信先生著文(以下简称李文),详细介绍了清理和仿制复原的过程,尤其是公布的仿制复原成果,使我们能更清晰直观地了解这件神秘的圣物[2]。李文最后特意说明,龙首两侧等部位的纹饰复原还不够完善,能否准确反映原本固有的特征还需要讨论。我们观察其复原的面部纹饰也有同感,总感觉商周气息太浓,似乎还有进一步完善之必要。本文拟在李文复原的基础上,对这件镶嵌龙形器的面部纹饰做进一步复原,请同道们批评指正。

## 一、脸庞以内纹饰的复原

龙形器的整体形态呈巨首、长躯、卷尾,全长64.5厘米,躯体中部最宽处4厘米,连同卷尾顶上的条形饰,则长达70.2厘米。全身以2 000余片绿松石片镶嵌而成,每片石片大小只有0.2—0.9厘米,厚仅0.1厘米左右。石片形状以条形居多,还有三角形、梯形、近圆形和弧边几何形等非条形石片,以镶出不同走向的纹饰。这些小石片镶在可能是木质的承托物上[3],承托物表面呈浅浮雕式,层次有高低之分,但因年久朽坏,部分石片已经塌陷、移位,其中躯体和卷尾的石片保存较完整,仅局部有散落[4],龙首散乱较严重(图一)。

龙首整体而言为一个正视的兽面形象,大致呈梯形,长12、宽13—14厘米。兽面

·寻龙——二里头遗址镶嵌绿松石龙面部纹饰的复原·

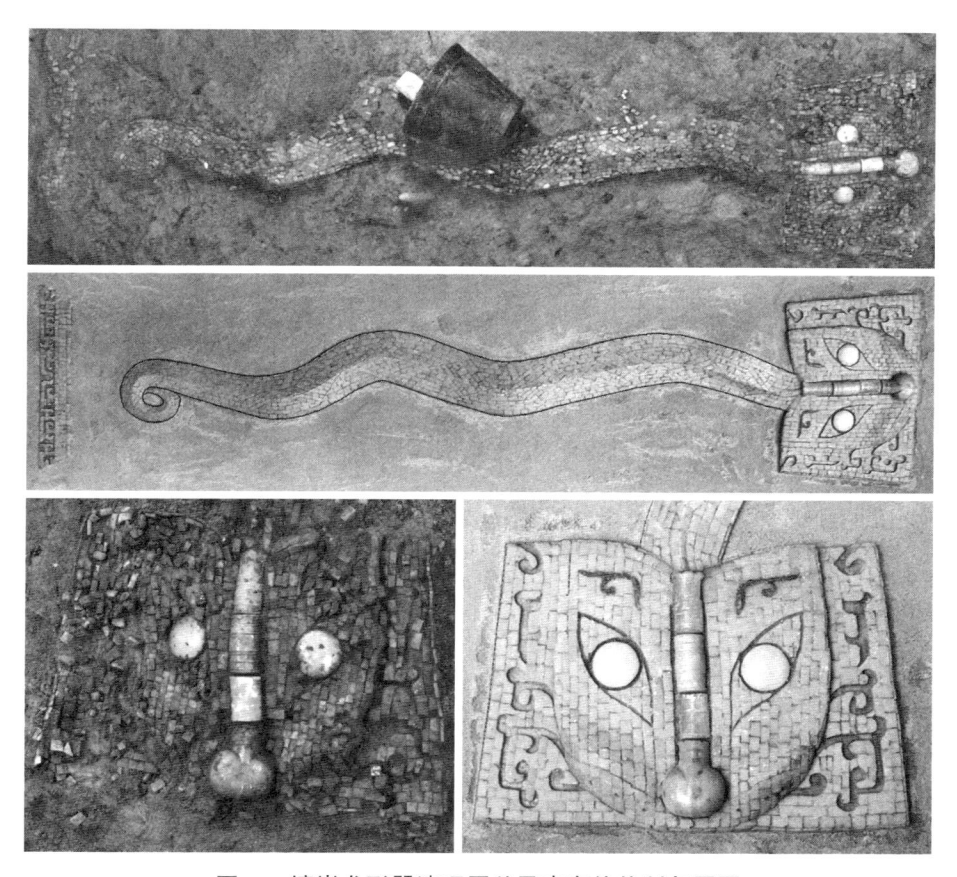

图一 镶嵌龙形器清理原貌及李存信仿制复原图

内部用不同形状的绿松石片和少量玉制大件镶嵌，以表现不同部位的纹饰。通过观察，这些玉件表现纹饰的方式主要有四种：一是以大量宽度基本相同的条形小石片上下排列，镶出基本平行的纵向细密纹饰形成底纹，用来表现龙首满饰鳞片的质感；二是用明显高出小石片的大件镶在显著部位，大件本身的轮廓就是纹饰所在；三是底下承托物为浅浮雕式，在高低不平的表面镶上石片，以高差界限显示纹饰走向；四是在非条形石片中间"让"出纹饰走向的缝隙，部分条形石片镶嵌的缝隙也较大，也能"让"出纹饰的走向或轮廓。这几种镶嵌方式是我们复原兽面纹饰（底纹除外）的基本依据。

根据石片的分布格局和镶出的高低层次，兽面的内部纹饰基本可分为脸庞以内和脸庞外侧两大部分。由于石片的塌陷、移位和缺失，只有两眼周围保存较完好，其他部位较散乱，尤其兽面的左半部破坏较甚，难以看出所要表现纹饰的原来模样，右半部保存相对略好，"让"出的缝隙较多，大致能看出主要纹饰的走向。好在整个面部的纹饰是左右对称的,只要复原了右半部,左半部也就自然可知。以下以现存石片的形状、位置和走势为基础,并参考李文的复原成果,以及有关的镶嵌铜牌饰等资料,重点对兽面的右半部纹饰做具体复原(彩版二)。

脸庞以内纹饰:主要应有吻、眼、角和脸庞边缘轮廓线等部位。吻部由四节大件组成,上三节为实心半圆形的青、白玉柱,代表整个面部的中脊和鼻梁,下接一个绿松石质的蒜头鼻,显得非常硕大醒目。这四节大件的外轮廓即代表吻部纹饰的走向。另据仔细观察,在蒜头鼻上还有两条相向内卷的短线,鼻头最底端也不是单纯圆弧的,而是在中间交点处向下尖出(图二,J),显然这些也应是吻部纹饰的组成部分。这样复原的结果,与新密新砦遗址残器盖上的兽面像和二里头遗址残陶器刻划的一首双身龙[5]的蒜头鼻很相似(图二,8—10),对此已有学者指出过[6],在此已无需多言了。

眼睛的轮廓比较清楚,用一块顶面圆弧的白玉大圆饼镶出眼珠,眼睛下方由纵向非条形石片"让"出明显缝隙,由此勾勒出下眼角的轮廓。上眼角部位的石片比较零乱,但仍不难发现其间的缝隙走势,并有一件三角形的石片距离较远,这应是上眼角走势终止的地方(图二,G)。如此可复原出一个近似臣字眼的纹饰,与李文复原的梭形眼不同,而与二里头残陶器刻划一首双身龙的眼睛很相似(见图二,8)。该遗址出土另一件陶器上刻划的双眼[7]以及新砦残器盖上刻划的兽面像,其眼睛也近似臣字眼(图二,7、9、10),证明这种眼当时已经出现。在眼部上方还残存几个石片"让"出一条缓慢向上延伸的纹饰,其下方也能大约看到一些石片"让"出一个反"L"形纹饰。这两条纹饰应在斜上方相交汇,勾勒出类似龙角(或耳)的纹饰(图二,F)。

脸庞边缘的轮廓线对整个面部纹饰的构图比较关键。因为浅浮雕普遍高出周围,脸庞上部的轮廓线已比较清楚,惟最上端与整个面部边缘的交界处不太清楚,但整个面部左半部的同一部位保存较好,可以复原成大致呈直角圆折的线条(图二,A)。下部轮廓线的走向因石片塌陷较多而不太明确,但对照面部的左半部,其脸庞下部的石片保存较好,可看出是较为圆弧的轮廓线(中间有一个进入脸庞的勾云纹,下详)(图二,C),向下应终止于鼻头最底端的尖出部位。这样复原的结果,就与二里头出土残陶器刻划一首双身龙的脸庞轮廓更加相似(见图二,8)。而且,其脸庞线向下与最底端的尖出部位相连的处理方式,实际也同时代表口部的上颚尖出,这与新砦残器盖刻划兽面的处理效果也很相似(见图二,9、10)。说明这很可能是那个时代的共同风格,应该引起重视。

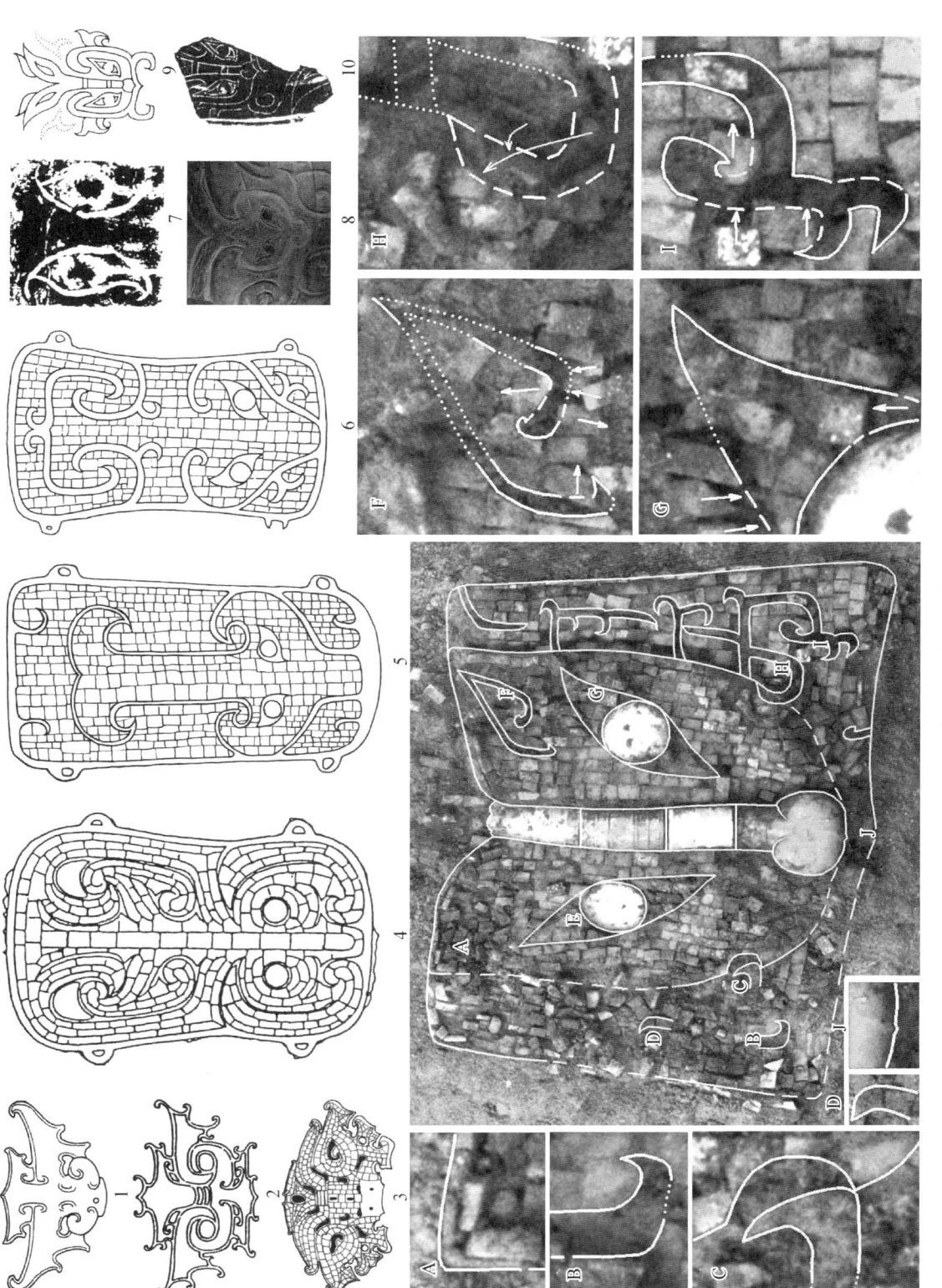

图二 龙形器面部纹饰复原图

(1—10. 参考器物或纹饰,A—I. 细部纹饰复原。虚线及箭头:移位石片及其原位方向,点线:石片缺失。1. 陶寺遗址ⅡM22:135兽面王饰 2. 台北故宫博物馆藏玉主饰兽面 3. 临朐西朱封M202:1玉神徽(经笔者复原) 4—6. 镶嵌铜牌饰(二里头81ⅤM4:5,辛格所藏第2件,赛克勒博物馆馆藏第1件) 7. 二里头遗址ⅣT22⑥:11陶器所刻双双眼纹 8. 二里头遗址残陶器所刻一首双身龙 9,10. 新密新砦遗址99H24:1残器盖所刻兽面(9为笔者复原纹饰))

## 二、脸庞外侧纹饰的复原

脸庞外侧纹饰：指脸庞外侧到面部边缘之间，这个区间整体要比脸庞镶得低矮，隐约可见一些非条形石片能与周围的条形石片"让"出较大缝隙，这显然是要表现纹饰的，而且这些纹饰的线条比较粗。从整体布局看，这些纹饰大致可分为耳、翼和口三部分。耳部具体又有两个部位，最上部是两排非条形石片之间有一条弯曲的纵向缝隙，向上应通向面部的拐角处。此线以下可见三段纵向连接的卷曲纹饰（最上一段从脸庞轮廓线横出并上卷），非条形石片"让"出的缝隙都比较大。这三段纹饰的布局与新砦残器盖上刻划兽面像的耳部线条很相似，因此表现的应是耳的轮廓。

翼部位于耳的下方，非条形石片"让"出的缝隙也较大，隐约可见翼有两层卷曲纹饰上下展布。需要说明的是，在表现这些纹饰的低洼缝隙里还可见石片，纹饰的走向似乎因此显得不太确定。但据李文介绍，整个脸庞外侧区间的缝隙里都镶有一层石片（部分已脱落），以突出纹饰的立体效果。经过观察，翼部的下层纹饰的低洼缝隙里镶石片比较明显（图二，I），此外，在紧靠脸庞轮廓线的外侧等部位，也是在低洼的缝隙里镶有一层石片。正是因为可以另外填充石片，所以"让"出的缝隙就较大，整个脸庞外侧区间的纹饰就比较粗。

翼部靠近脸庞下部的纹饰因为石片散落严重，复原起来颇费思量。这里首先是有一团塌陷向下移位的石片，看似呈现一个圆涡。而在面部左半部相同部位并没有这样的纹饰存在，却能看到一个至少由三片非条形石片组成的大勾云纹（见图二，C）。我们对右半部仔细观察，也发现有一个由非条形石片组成的、尖端朝右的类似勾云纹，从方向判断应是从上方脸庞上翻转塌落下来的，其原来方向应是朝左的，与左半部的勾云纹相对（图二，H）。附近一个类似石片也可能如此。左半部还有一些石片组成的纹饰（图二，B、D），可能对右半部相同部位纹饰复原有所帮助（见图二，I）。这样复原出的两层翼与襄汾陶寺遗址近年出土兽面玉饰、临朐西朱封遗址出土玉神徽以及台北故宫所藏一件玉圭[8]所饰兽面的翼部都很相似（图二，1—3），说明两层翼当时应是实际存在的。

口部在翼下方并与脸庞下部相接，翼部最下面的"S"形纹进入口部。这里的石片塌陷散落较多，但分布较密集，看不出有"让"出纹饰缝隙的迹象。惟在底缘发现一个由五片非条形石片"让"出的一个上卷短线条，如果把整个面部的左半部也考虑进来，这实际要表现的就是一对獠牙。如此一个口含一对獠牙的阔口形象，与辛格所藏第2件铜牌饰[9]的阔口含一对獠牙形象比较相近（图二，5）。赛克勒博物馆藏第1件牌饰[10]的阔口内是一个锚形纹饰,表现的应是口含两对(每对一上一下)獠牙(图二,6)。二里头81ⅤM4∶5牌饰[11]阔口里的锚形纹饰也是如此涵义,只不过方向有所变化(图二,4)。这说明,口含獠牙应是当时表现兽面阔口比较流行的手法。

李文将阔口底缘即整个面部的底缘复原成一条平直线,通过观察,阔口的区间主要是三排横向排列的石片,但在右下角这三排石片之下还有一些散落的石片,其位置超出了李文复原的平直线。这说明阔口的底缘不会是单纯的平直线,而应是一条从右下角逐渐向吻部收缩的上弧线,如果把面部左半部也考虑进来,实际就是一个下颚带尖角的阔口,这与台北故宫玉圭所饰兽面及新砦残器盖上刻划兽面的阔口下颚很相似(图二,2、9、10),证明这种阔口也是实际存在的。

## 三、几点相关认识

以上即是对这件龙形器面部右半部纹饰的主要复原过程。将右半部纹饰对折到左半部,就会得到一个兽面的全部复原纹饰,再将石片的移位等因素考虑进去做适当修正,得到一个更完整的兽面形象(图三)。应该说明的是,笔者在复原过程中逐渐感到,由于石片位置和布局保存不佳,要想完全恢复这个兽面的真实面目难度是很大的,因此本文复原的形象肯定不是最合理、最规范的形象,只是根据现存石片的位置和布局,再参考一些相关考古资料,做出的最大程度的推测复原。它究竟能在多大程度上接近其本来面目,笔者并无多大把握。而且面部有些非条形石片因过于散乱未能纳入(图四),也说明本文的复原还有再完善之余地。

**图三 面部纹饰复原效果图(左)及修正纹饰图(右)**

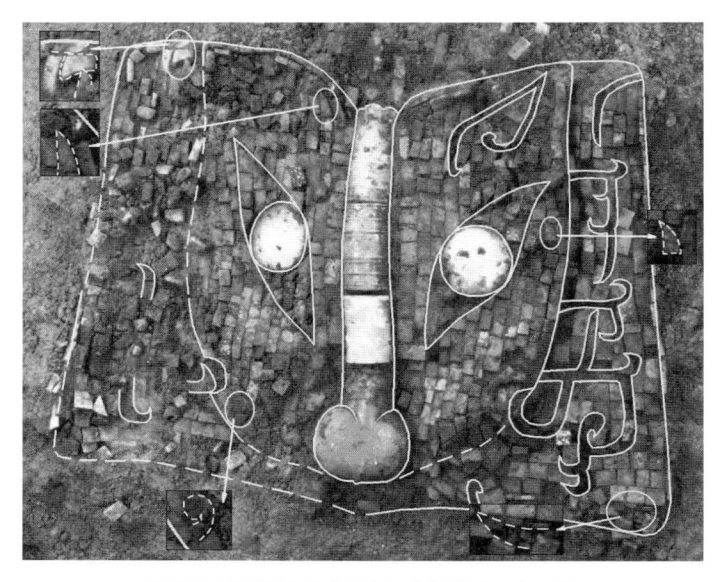

图四　面部纹饰复原中遗留非条形石片

尽管如此,通过本文在复原过程中与其他相关考古资料的相互比较,仍能看出某些共同的时代特点。在这件龙形器及本文使用参考资料的时代里(龙山晚期到二里头文化时期)[12],兽面形象可能有以下一些带共性的特征:整个兽面的纹饰结构大体固定,但随表现材质和面积的不同,具体刻画出来的形象比较灵活;纹饰大都比较疏朗、圆滑而又不失遒劲,尤其纹饰的转折处多是圆折,不似商周时期是方圆折的;兽面多可分为脸庞及其以外两部分,脸庞为扁圆形较流行,眼睛则流行臣字眼和圆形眼(单纯的梭形眼很少见[13]),吻部前突明显的较多;脸庞以外有多层翼较常见,口部多为阔口含一对或两对獠牙,下颚往往带尖角。另外,眉心(或双角相对部位)还常见"介"字形冠[14]。

这些特点如果与后来的商代相关纹饰相比,其自身特色就会更加突出。早商时期的龙纹发现不多,目前可以郑州商城向阳食品厂窖藏铜器中铜卣的提梁两端所饰龙纹为代表[15],晚商时期的发现较多,如日本京都泉屋博古馆藏虎噬人卣和殷墟妇好墓出土铜盘上的龙纹或蟠龙纹等[16],仔细比较就会发现,其虽然仍旧保持了早先纹饰的总体结构,刻画出来的龙样式也比较灵活,但各部位的纹饰细节已发生了显著变化,瓶形角的出现和耳趋于形象化就是最大的变化(图五,2—4)。另外,本文复原的面部形象实可视为商周饕餮纹的初型,目前所知早商时期表现面积近似梯形的出土品,可以郑州小双桥出土青铜建筑构件上的饕餮纹为代表[17],两相比较变化同样是很明显的,后者那副繁缛、威严而又高度程式化的神态,已经深深打上了时代发展

**图五 商代青铜器纹饰举例**

1. 本文复原纹饰（龙身采自李文仿制结果） 2. 郑州商城向阳食品厂出土铜卣之龙纹（摹本）
3. 京都泉屋博古馆藏虎噬人卣之龙纹 4. 殷墟妇好墓出土铜盘之盘龙纹 5. 郑州小双桥建筑构件之饕餮纹（据原照片描黑）

的烙印（图五，5）。因此，依照笔者现在的认识，本文所复原的形象仍在一定程度上体现了所在时代的风格特点。

  本文最后提出一点关于这件龙形器如何使用的认识。目前学界已提出了龙形器是龙牌、龙杖或龙旗等不同看法[18]。笔者在观察兽面阔口里的三排石片时，发现其横向镶嵌的方式与其他多数部位的纵向镶嵌很不一样，后来经过仔细思考，认为用意除了表现阔口所在范围之外，更多的用意可能还在于承托整个面部的石片重量对底缘造成的压力。另外，在阔口靠近脸庞下部的位置，还可见一些石片的一侧边缘有半圆形缺口，因为缺口直径太小，不太可能表现纹饰，推测是两片有这种缺口的石片对接起来形成一个小孔（李文对此已有复原），在小孔内插销某种圆形小物，就可以固定住这些石片防止松动,其用意仍是承托整个脸庞的石片重量对底缘造成的压力。这种镶嵌安排和考虑说明,当时龙形器应是头朝下竖立起来使用的,如果是平置使用,恐怕不会如此费尽心思。这对分析龙形器的使用场合及定名可能是有启发的。

**注释:**

[1] 许宏、李志鹏等:《河南偃师二里头遗址发现大型绿松石龙形器》,《中国文物报》2005年1月21日;中国社科院考古所二里头队:《河南偃师市二里头遗址中心区的考古新发现》,《考古》2005年7期。本文使用的龙形器清理照片承许宏先生提供,谨此致谢。

[2] 李存信:《二里头墓葬龙形器饰物的清理与保护》,《中国文物报》2005年5月6日;《二里头遗址绿松石龙形器的清理与仿制复原》,《中原文物》2006年4期。

[3] 在龙形器清理过程中,曾在局部发现较多小块漆皮和少量白色朽灰痕迹,并取样等待检测。清理者推测承托物有木质、皮质和丝麻织品等几种可能,但皮质或丝麻织品质地较软,不利于镶上的石片长久稳固,也不容易涂漆,所以是木质的可能性较大。

[4] 从公布的清理照片看,龙的躯体一侧有两三处石片散落在外,朱乃诚先生通过观察认为,这可能是龙爪所在,见《二里头文化"龙"遗存研究》,《中原文物》2006年4期,收入《中华龙:起源和形成》,生活·读书·新知三联书店2009年。这一看法值得考虑。

[5] 顾万发:《试论新砦陶器盖上的饕餮纹》,《华夏考古》2000年4期;李丽娜:《也谈新砦陶器盖上的兽面纹》,《中原文物》2002年4期;王青:《浅议新砦残器盖纹饰的复原》,《中原文物》2002年1期;中国社科院考古所洛阳队:《河南偃师二里头遗址发掘简报》,《考古》1965年5期。

[6] 许宏:《最早的中国》,科学出版社2009年;朱乃诚:《二里头文化"龙"遗存研究》,《中原文物》2006年4期,收入《中华龙:起源和形成》,生活·读书·新知三联书店2009年。

[7] 中国社科院考古所:《偃师二里头》,中国大百科全书出版社1999年。

[8] 中国社科院考古所山西队等:《陶寺城址发现陶寺文化中期墓葬》,《考古》2003年9期。线图采自朱乃诚:《中华龙:起源和形成》138页;中国社科院考古所山东队:《山东临朐朱封龙山文化墓葬》,《考古》1990年7期。笔者曾对朱封玉神徽的镶嵌和饰纹做了复原,见《西朱封龙山文化大墓神徽饰纹的复原研究》,《刘敦愿先生纪念文集》,山东大学出版社1998年;《再议朱封镶嵌玉神徽的纹饰复原》,《中国文物报》2004年1月16日;邓淑苹:《雕有神祖面纹与相关纹饰的有刃玉器》,《刘敦愿先生纪念文集》,山东大学出版社1998年。

[9] 王青:《记保罗·辛格医生所藏第二件镶嵌铜牌饰》,《中国文物报》2010年9月17日。

[10] 王青:《镶嵌铜牌饰的初步研究》,《文物》2004年5期;《国外所藏五件镶嵌铜牌饰的初步认识》,《华夏考古》2007年1期。

[11] 中国社科院考古所二里头队:《1981年河南偃师二里头墓葬发掘简报》,《考古》1984年1期。

[12] 据发掘报告,二里头镶嵌龙形器为二里头文化二期,刻划双眼的陶器属一期,81ⅤM4:5铜牌饰为二期,刻划一首双身龙的残陶器属早年三期分法的中期;朱封玉神徽为龙山中晚期之交,陶寺兽面玉饰为龙山晚期(陶寺文化中期),新砦刻划兽面的残器盖为龙山末期的"新砦期";辛格所藏第2件、赛克勒博物馆藏第1件这两件铜牌饰笔者断为二里头文化二、三期,台北故宫玉圭现在看来很可能应晚于龙山。

[13] 在目前已发表的发掘资料中,只有二里头ⅥM11:7这件铜牌饰的线图为较明显的梭形眼,但仔细观察这件牌饰的照片可以发现,其眼睛实际应是近似臣字眼(与本文图二之6赛克勒第2件牌饰的眼睛基本相同),并非梭形眼,原线图有误。见中国社科院考古所二里头队:《1984年秋河南偃师二里头遗址发现的几座墓葬》,《考古》1986年4期。

[14] 龙形器面部左半部最上端靠近鼻梁处,可见至少三条弧线条,可能是"介"形冠的表现,本文暂未涉及。
[15] 河南省文物考古研究所等:《郑州商代铜器窖藏》图六十六,科学出版社1999年。
[16] 中国社科院考古所:《殷墟妇好墓》图六十一,文物出版社1984年。
[17] 河南省文物研究所等:《1995年郑州小双桥遗址的发掘》,《华夏考古》1996年3期。
[18] 许宏:《最早的中国》152页,科学出版社2009年。

(原载《早期夏文化与先商文化研究论文集》,科学出版社2012年,原题为《浅议二里头镶嵌龙形器的面部纹饰复原》)

# 释 龙 一

## ——二里头遗址出土雕刻类神灵形象的复原

## 一、引 言

　　作为夏王朝的都城遗址,偃师二里头遗址自 1959 年发现以来出土了丰富的文化遗存,从各方面都表现出鲜明的时代、地域和族群特点,构成"早期中国"文化传统移植、汇聚和熔铸进程中一个非常重要的历史阶段。在这众多遗存中,就包括一些装饰和表现神灵或神祖形象的陶器、铜器、玉器和漆器,目前尤以 1965 年发表的发掘简报和 1999 年出版的发掘报告发表相关材料最多(以下分别简称《简报》和《报告》)[1]。这些神像采用了刻划、雕塑、镶嵌和铸造、镶嵌兼施等多种创作技法,具体形象以各种形态的龙为主,还有鼋、龟(鳖)、鱼、云目等。其表现的材质、技法和形象之丰富,都是此前诸遗址相关发现(主要属于良渚和龙山文化)所无法比拟的。又因为二里头遗址在"早期中国"研究中的关键地位,此类神像自出土以来一直受到学界的普遍关注,2005 年该遗址发现的镶嵌绿松石龙正式公布后,更是掀起了研究此类神像的热潮,其中尤以杜金鹏先生的解读和分析较深入(以下简称"杜文")[2],朱乃诚和顾万发等先生也有程度不同的研究[3]。

　　但是,由于这些神像有不少都刻饰在陶器上,出土时多已残缺不全且形象诡异独特,单凭陶片本身难以了解神像的全貌,这给相关的解读工作造成了很大困难,也给使用和分析这批资料设置了不小的障碍,只有对此类神像做细致的复原工作,才能为深入研究提供必要的基础和前提。笔者近年在探讨主要流行于夏代的镶嵌铜牌饰时,逐渐认识到此类神像,尤其刻饰在陶器上的诸多神像的重要性,遂开始尝试对这类神像进行复原工作,期间曾数次到社科院考古所和二里头工作队观摩实物标本。其中对该遗址出土的镶嵌绿松石龙的面部纹饰复原已单独发表[4],本文主要是其他神像的复原结果,其中以陶片上的神像为主,兼及其他材质的神像。具体的复原步骤大致是,先扫描复制残缺神像的拓片或照片,借助电脑的画图"反色"功能将拓片的白色线条转换成黑线条,取得线条走势的基本信息,再参考相关出土资料对神像全貌做细致勾勒和复原,并采用电脑"复制"功能恢复残缺神像需要对称的部位,最后对复原的线条做必要的修饰和完善,获得用黑线条勾画的完整神像。

## 二、龙神像的复原

在二里头目前已发表的诸神像中,尤以各种形态的龙神像数量最多,它们多刻在陶器上,因破损需要复原者也最多。从残存情况和复原结果看,大致可分为侧视全身龙、俯视全身龙、正视全身龙和正视龙头四种形态,以下择其主要者进行复原。

### (一) 侧视全身龙

陶片标本两件,编号ⅤT210④B:3和ⅤT212⑤:1,1963年于一号宫殿址西南面发掘出土,《简报》配发了照片(原图版叁之12、15),断为中期(按即后来的二期)的浅刻龙形纹,并将前者描述为线条纤细流畅、周身起鳞纹、有巨眼和利爪。《报告》配发拓片(原图125之3、4),断为三期的龙纹和蛇纹,并将前者描述为身短弯曲、长尾飘起、身下一足。《简报》和《报告》都把这两件视为独立标本,但近年杜文披露,这两件后来被拼合在一起,是一件透底器的腹部和圈足残片(图一,1);并对这件龙神像的残存部分做了详细观察和描述:此龙身体粗壮作弯曲状,扁目圆睛,背腹均有钩形鳍,近头部有爪,爪有四趾弯钩锋利;整条龙生动飘逸,似有腾云游走姿态。细审近年发表的此器拼合照片[5],应是有道理的(图一,2)。而正是这样的拼合,一条侧视全身龙的面貌才显现出来(周围还有其他神像,其中的双首一体龙下文将另外复原)。按《报告》公布的拓片比例估算,这件拼合的标本残高20余厘米。

从拓片看(图二,右),这条龙应是头朝下的(圈足方向),残存部分为头部和上半身,一侧还可见一只龙爪,整体呈灵动的S形,两侧的多支鳍也随龙身的扭动而各具姿态,使整条龙显得格外生动形象。缺失部分主要是口部及龙身下半部,头部顶端也略有缺失。头部顶端依照两端残存线条的走势不难复原,可能还有一只高耸的角(其高度不应超出圈足上缘)。关于口部的复原,我们首先注意到其上唇前端向下伸出了尖牙(见图二,右),则其下唇也应有类似的獠牙向上生出,形成一个

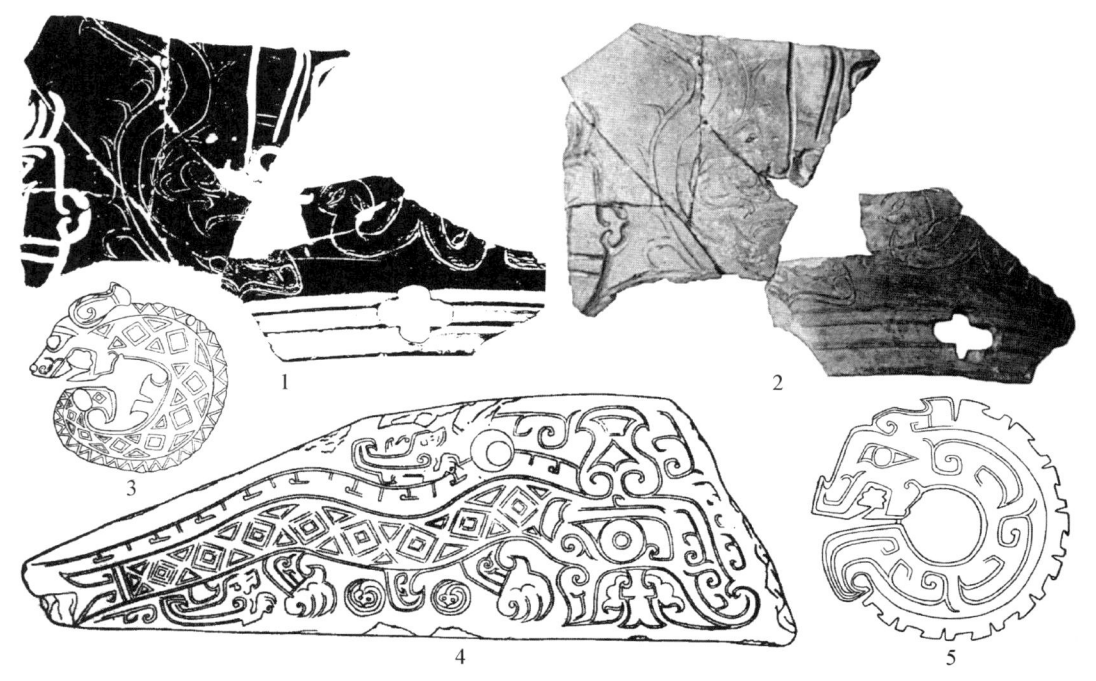

**图一　ⅤT210④B：3 和 ⅤT212⑤：1 拼合的侧视全身龙及复原参考资料**
1、2. 拼合拓片和照片　3、5. 殷墟妇好墓出土玉龙　4. 殷墟出土龙纹大石磬

上下獠牙"环抱"的阔口。口内线条的走势,我们参照了殷墟妇好墓出土侧视玉龙的口部,其上下獠牙"环抱"的区间都是几个半月形弯弧线相连而成,代表密集的獠牙(图一,3、5)[6],据此可复原成一个满口獠牙的巨口,显然应是商代这种很流行的表现手法的源头。

　　关于龙身下半部的复原,我们顺其身躯扭动的走势向下延伸(其长度约与上半身相等较适宜),并参照上半身诸鳍的姿态,在身躯两侧复原了姿态各异的龙鳍。龙身下半部是否应另有一只龙爪是颇费思量的问题,在可参考的商代出土资料中,多数侧视全身龙都只有一只爪或无爪,如上举殷墟妇好墓出土的各种形态的玉龙。但也有两爪的,著名的殷墟龙纹大石磬就是两爪的(图一,4)[7],我们看要复原的这条龙的整个身躯,如果下半部没有龙爪,其扭动的姿态很可能会失去平衡,所以就参照龙纹大石磬的例子为这条龙的下半部增加了一只龙爪(将上半身的四趾龙爪简单复制缩小),相信这只龙爪不会是"画蛇添足"。关于整条龙的尾端复原,可参照资料如近年出土的二里头绿松石龙形器[8]和郑州大师姑龙纹陶片[9]等,其尾端都是卷尾的,则这条龙也应是卷尾的,唯其卷尾的方向应与龙头的方向相反,才能更显出灵动的效果。这样复原的结果,就勾勒出一条昂首扭躯卷尾的侧视全身龙,其头生双角,臣字眼略

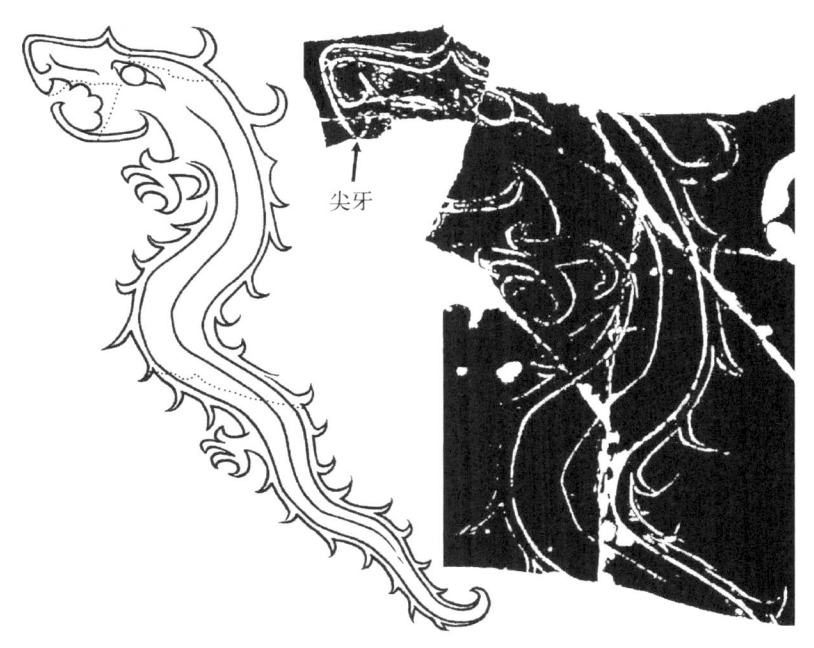

图二 侧视全身龙拓片原貌(右)及复原图(左)(点线表示残断与复原边界,下图同)

扁,阔口中长满獠牙,背腹诸鳍飘逸,两只龙爪遒劲锋利(图二,左)。

陶范残块标本 83YLⅣH20∶1,1983 年铸铜作坊址发掘出土,资料尚未正式发表,图像照片近年得以披露(图三,1)[10],杜文将其铸纹解读为龙神像,并做了较为准确的描述:龙的嘴部和左前肢尚有保留,龙口大张,露尖齿,前肢粗短,有利爪。我们在此基础上进行复原。从这件范块的照片观察,此神像残存的部分主要是口部和一只龙爪,以几个大回转的线条相连,尽管能依其走势看出口和爪的大致轮廓,但要完整复原它们也需费一番周折。口部即范块左下侧以两条大回转线条向下圈定的区间,口内见有几个半月形弯弧线约略相连,粗看起来有些怪异不类,仔细比较就会发现,表现的应该就是上文复原的那条侧视全身龙满口獠牙的形象,依此可将弯弧线向上和向下的部分复原,应分别与上面的大回转线条和整个范块的下范线相连,如此就呈现一个外有一对左右相错大獠牙"环抱"、内有密集獠牙的阔口形象,与上文侧视全身龙及殷墟龙纹大石磬的阔口非常神似。龙爪位于范块右上部,只有一个脚趾较完整,其余残缺不全。上文复原的侧视全身龙为四趾龙爪,二里头遗址还出过另外的四趾龙爪陶片(图三,5、6,即《报告》原图 125 之 1、原图 124 之 6),所以可依据残存线条的走势复原成四趾龙爪。这一复原约可视为一条重点表现口部和一只龙爪的侧视有身躯龙(图三,3)。

最近,廉海萍等先生在专论二里头遗址铸铜技术的文章中,推断这件陶范残块

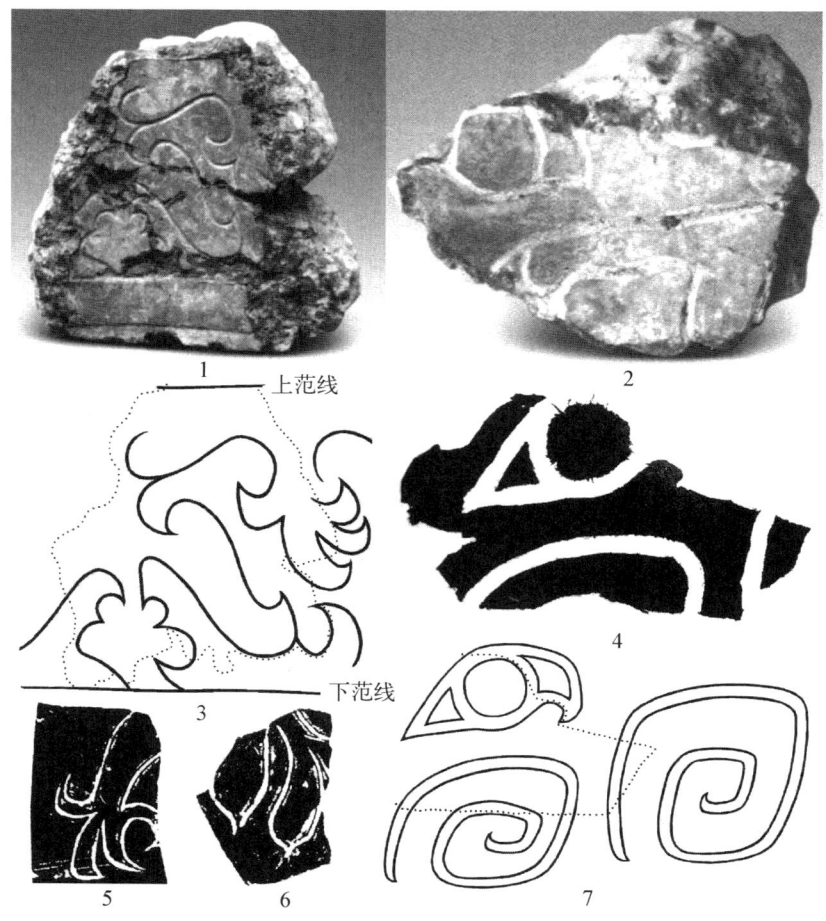

**图三　陶范 83YLⅣH20∶1 和ⅤH201∶17 及神像复原图**

1、3. 83YLⅣH20∶1 及其复原图　2. 83YLⅣH20∶19 陶范　4、7.ⅤH201∶17 及其复原图　5、6. 龙爪拓片(ⅤT212③∶1、ⅤH201∶21)

可能是鼎形铜器的外范,复原直径约 17 厘米[11]。再联系其上下范线的边缘都比较清楚,而左右两侧残失较多,可推测此神像的左右两侧还应与另外的陶范相接,组成更完整的侧视全身龙神像。参考早商时期铜圆鼎上的兽面构图都是左右对称的窄长纹饰带,则此圆鼎的完整构图很可能也是两条或多条侧视全身龙左右对称的窄长纹饰带。与之相关的,廉氏等文中还发表了与此范块同出的另一件外范残块(编号 83YLⅣH20∶19),可见残留一只臣字眼,下方还有几条残断的方圆折线条(图三,2)。这一形象与《报告》发表的一件兽面神像拓片很相似(图三,4),我们对这件拓片的神像也做了连带复原。此神像《报告》断为三期的"花枝蔓纹",编号ⅤH201∶17(原图 124 之 9),其目部右半边残失,但依其走势可复原为一个典型的臣字眼,目下方残留的两条方圆折线条可参照下文一首双体龙等案例,复原成两个回字纹(图三,7)。《报告》将此件标本纳入日用陶器中叙述,但我们从它和H20:19兽面神像的相似程度推测,很可能也是陶范残块。这几件神像的纹饰构图有一个共同特点,就是线条都很疏朗遒劲,反映的应是夏代青铜装饰艺术的普遍特征。

## (二) 俯视全身龙

陶片标本ⅣT17②:4,1963年于铸铜作坊址发掘出土,《报告》配发拓片,断为四期的蛇纹(原图200之1)。杜文后来又做了观察和解读,认为应是一组蟠龙形象,头部均残失,饰有菱形纹的龙身细长卷曲。按《报告》公布的拓片比例估计,此件标本残高约12厘米,属于较大的陶片,而且其底缘还有几道弦纹,可推断为一件透底器的腹部残片,下接饰弦纹的圈足(图四,1)。目前所知,二里头已发表的腹部较完整的透底器共有两件,器表分别塑有六条和三条高浮雕式蟠龙,尤其前者(92 YLH2:2)的六条龙都是呈C形相对或相背对称布列的(图四,3)[12],其龙身卷曲的神态与这件陶片标本十分相似,为复原提供了很好的参照物。

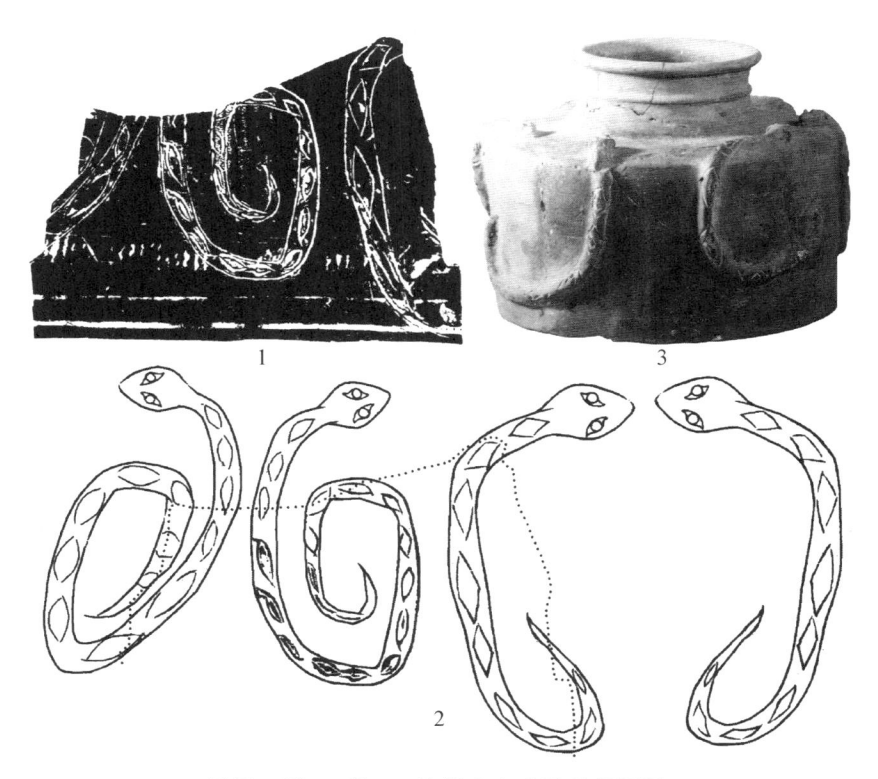

**图四　ⅣT17②:4俯视全身龙及其复原图**
1、2. 拓片原貌及其复原图　3. 塑龙透底器(92 YLH2:2)

这件标本上可见残存有三条龙,中间那条呈回字形,其左侧的一条尽管残缺较甚,但不难看出应是与中间这条相背分布的回字形龙身。右侧那条从残存的走势看应是C形龙身,显然,其右侧还应有另外一条C形龙身与之相对分布。三条龙的龙头都已残失,可以参考复原的无疑应是那两件透底器。经对其中蟠龙保持原貌的六龙透底器实物的观察,其蛇头状的龙头上均有一对臣字眼,眼睛是近椭圆形泥饼粘贴的,有的还在上面另外粘贴圆泥饼(或压平泥饼)表示眼珠,制作非常简洁生动。我们以此为蓝本对残失的龙头(及上半身)做了复原,尽管不一定准确,但相信大致不失原貌。这样就复原出四条有臣字眼的俯视全身龙,各呈相对和相背对称分布的回字形及C形,其中右边那对C形龙的身形略大(图四,2)。当然,这件透底器原本刻饰的蟠龙很可能不止四条。《报告》还发表了另外一些可能是透底器龙神像残片的拓片,如比较肯定的一件(原图201之11)上刻有重菱纹代表龙身的鳞甲,两侧堆塑有略显弯曲的窄泥条表示龙身的宽度。

陶片标本Ⅴ·ⅡT107③:2,1959年出土于二号宫殿址南面,刻划装饰有都已残缺不全的龙和鼋神像各一个(图五,1),《报告》断为四期的龟蛇纹(原图199之6)。我们先对其中的龙神像进行复原。从拓片看(图五,2),此神像残存完整的头部及一小段龙身。头部是用两条单线很熟练地对称勾勒出一个苹果形的扁圆脸庞,下接一个心形前突吻部。脸庞内刻划一对较为夸张的臣字眼,额头上有一个菱形表示鳞甲,吻部可见一个表现鼻孔的小圆圈。根据这些信息不难复原出头部。龙身的复原就稍显复杂,残存的一小段龙身先右再略微向左弯曲,使其向上如何走势产生了几种可能,如可能是像上文复原的回字形或C形,或者大回转蟠卷成团龙模样。但从拓片的形状看,左侧较直的边缘可能是陶器的边缘所在(陶盆或大口尊的口沿),右侧则被弦纹和绳纹限定,即这条龙和鼋应构成了一圈窄长纹饰带,所以这两种可能性基本都可以排除。剩下的可能只有龙身直接向上伸展了,这样也符合窄长纹饰带的布局。至于如何向上伸展,我们参考了近年二里头出土、后经复原的镶嵌绿松石龙的扭动龙身(图五,4)[13],而且其身上也有若干个象征鳞甲的菱形,与此段龙身残存的那个菱形相同,所以我们就按绿松石龙的样子做了复原。其结果是一条较为生动的俯视全身龙,扁圆形脸庞内有一对很醒目夸张的臣字眼,下接一个心形吻部,上接一段长长的扭动的卷尾龙身(图五,3)。

陶片标本ⅤT212⑤:1,即上文复原的侧视全身龙拼合透底器的右侧标本,可见在圈足十字镂孔的上方另有一个龙神像(见图一,1),《简报》描述为"两头一身",后来杜文通过亲验此件标本实物,证实了这一判断。此龙保存相对较完整也较简洁,龙身弯曲成W形,两端是扁圆脸庞的龙头,右侧龙头已残失。整体轮廓用单线

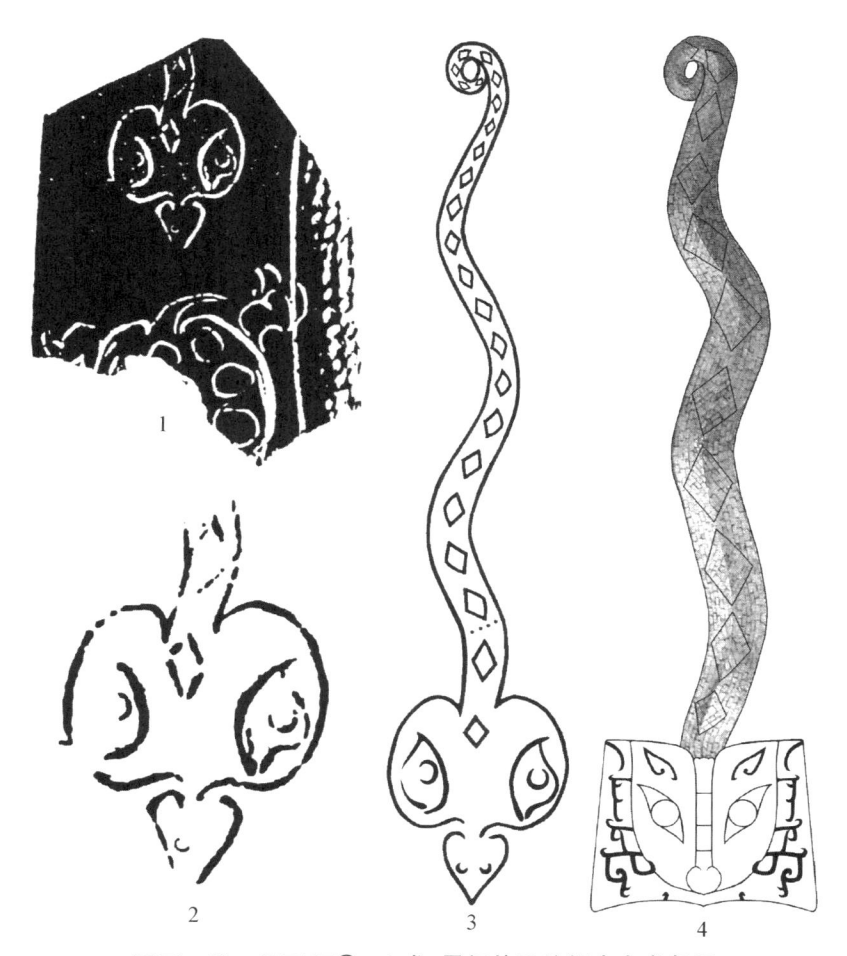

·释龙一——二里头遗址出土雕刻类神灵形象的复原·

图五　Ⅴ·ⅡT107③:2龙、鼋拓片及俯视全身龙复原
1.拓片原貌　2、3.俯视全身龙残段及复原图(2经电脑"反色"处理)　4.镶嵌绿松石龙(经李存信和笔者复原)

反复回转很熟练地勾勒出来,再在脸庞里刻划出一对臣字眼,眼里省略了圆形眼珠,身上也没有象征鳞甲的菱形,都体现出简洁的风格(图六,上)。在右侧龙头缺失的部位略微内凹,可能是沿勾勒脸庞线条残断的痕迹,亦即杜氏目验为存在龙头之处。以此我们参照左侧基本完整龙头的模样对右侧龙头做了复原(包括没有眼珠的臣字眼)。两龙头所带龙身相交汇的地方也有残失,此区间按理也能容下一只龙头(第三只),但《简报》和杜文对此均未提及,所以我们只是将残断的线条两端按走势简单闭合。如此就复原出一条俯视的双首一体(身)龙,无论是其略显臃肿的神态,还是W形身躯和双首一体的奇特造型,都是目前所知二里头出土的唯一一件,资料弥足珍贵(图六,下)。

图六　ⅤT212⑤∶1 俯视双首一体龙拓片原貌(上)及其复原图(下)

## (三) 正视全身龙

1963年Ⅴ区 T212 出土的陶片标本(具体编号未明),即与上述ⅤT212⑤∶1 双首一体龙标本出于同一探方。《简报》配发了照片,断为中期浅刻在器座上的龙形纹,并做了详细描述:线条粗壮的一头二身龙,朝下的龙头附近为云雷纹,龙身上部残留一只仰卧小兔;线条内涂朱砂,眼眶内涂成翠绿色;整器雕刻精工,形象瑰丽神秘,是一件很好的艺术品(原图版叁之 10)。《报告》不知何故未提及这件标本。杜文根据后来的新发现认为这件标本是透底器的残片,并将龙头两侧的云雷纹视为勾云纹,遂使整个纹饰构图变成"飞龙在天、腾云驾雾,直探月宫之意境"。根据笔者对此件实物的观察,这件标本个体较大,残高应超过 20 厘米,胎也较厚,是一件大型透底器的下腹和圈足残部,复原直径应有三四十厘米;线条粗壮而流畅,确是反复雕刻加工所为(惜朱砂多已脱落无存),不似其他标本上的神像线条刻划都相对潦草,确如《简报》所言,是一件罕见的精工艺术品。这件标本发表年代较早,本身构图又非常复杂诡异,多年来受到学界的普遍关注,再加上已残失的部分较多,所以我们的复原过程也颇费周折。

从笔者的实物观察和后来发表的清晰图片可知(图七,1、2)[14],残存的神像应是以一首双身龙为中轴左右对称分布的,龙头的轮廓与上文复原的Ⅴ·ⅡT107③∶2 俯视全身龙很相似,也是苹果形的扁圆脸庞,内有一对臣字眼,眼珠用圆泥饼雕塑而成,明显高出器表,显得格外醒目。脸庞下接一个心形前突吻部,但勾勒心形的两条单线下行至中轴上并未直接相连,而是故意停顿略显连接。整个神像的右半部线条保存较多,可以作为复原的重点(图七,3)。这些线条具体又可以中间部位的大回转龙身为界,分为上下两部分。下部即龙头右边的线条,保留基本完整,其中吻部右下方是一个方圆折的大回字纹,再下就是整器的圈足上缘,两者并不相交,显然整体构图事先经过了精心筹划。脸庞右边的线条横向展布较长,并且多是些圆折线条,与勾云纹很相似。再向右就到了整器残断的边缘,所有线条至此似乎戛然而止,只在最上方残留一个小弯勾,下方残留一个弧形茬口(见图七,1)。经对此器实物反复观察,发现此部位实际存在一个人为雕刻的反 S 形线条,那两个残留的小短划和弧形应是这个瘦长反 S 的上下两端,而残断正好也基本是沿这个反 S 裂开缺失的,照片因为拍摄角度的缘故对此没能反映出来(或是照片制版时造成的)。我们按实际观察的结果对

图七　ⅤT212 出土雕刻一首双身龙之透底器及其右半边神像复原

1、2. 透底器照片原貌　3. 右半边神像复原图　4. 保罗·辛格所藏第二件镶嵌铜牌饰

该部位做了复原,使整个龙头右边的线条构图达致基本完整(见图七,3)。

龙身以上残失最多,也是右半边保留略多,但线条走势和要表现的形象与龙身以下很不一样。其左侧可见一条方圆折的线条残段向上和向右延伸,向右应跨越断口与更右的线条(断茬沿此断裂)相连,然后再次方圆折向上延伸,整体显现出大回转的特点。而这条方圆折线条向上和向右所圈定的现存区间并没有其他线条,显得比较空旷,表明这个线条还有走势疏朗的特点。以此我们初步断定这个区间可能是一个大回字纹,遂参照龙头吻部右下方的回字纹做了复原。此回字纹再往右就是简报和杜文所说的"兔子",是一个侧视形象,残留有尖吻、圆眼、大耳、双肢和卷曲的身躯走势,缺失的主要是尾部。我们经反复揣摩比较,发现它与江苏溧阳前些年出土的一件史前玉圭上的"兔子"形象很相似[15],所以就参照它的尾部做了复原。这样,龙身以上线条基本可以形成完整构图。剩下的就是龙身了,它从龙头引出后分左右两支,都填以圆角菱形和三角形象征鳞甲。右支横向延伸一段后又大回转向上延伸,再向前的走势因残断不明。我们考虑了这件透底器原本可能的高度(详后)以及卷曲"兔子"的高度之后,把它处理成向上延伸一段后又大回转向左,最后以略卷尾的方式结束,大致可将大回字和"兔子"环抱其中,并参照龙头右边诸线条的模样,在可能的空白处填以补白线条(见图七,3)。如此就复原出一个大致正视的一首双体龙神像,其复杂的纹饰构图寓意丰富而又诡异神秘(图八),尽管我们对这一结果并没有十分的把握(尤其龙身以上),但至少已能使笔者先前把保罗·辛格所藏第二件镶嵌铜牌饰(图七,4)解释成一首双体龙的观点更加周全和确定了[16]。

**图八　一首双身龙复原图**

## (四)正视龙头

陶片标本ⅧT14④C∶19,1960年出土于一号宫殿址西南面,《简报》配发了照片(原图版叁之13),当时断为中期刻在四足小方杯外壁的饕餮纹。《报告》配发拓片(原图124之12),并断为三期的兽面纹。仔细对比照片和拓片不难发现(图九,1、2),此件标本在简报发表后又在左侧拼合了另外的陶片,使这件标本上出现了左右两个不完整神像。而右侧神像的眼部在简报发表后可能略有残损,拓片显示此部位已不太完整。按拓片比例估计,此件标本残长约5.5、残宽近5厘米。下面分别讨论这两个神像的复原。

**图九　ⅧT14④C∶19 正视龙头及其复原**

1、2、5. 照片和拓片原貌及复原图　3. 有角龙神像(ⅡT208⑤∶2)　4. 赛克勒美术馆藏第一件镶嵌铜牌饰
6. 镶嵌绿松石龙面部(经笔者复原)

从残留情况看,右侧神像的外面围以倒梯形双线框架,残留左半部分,《报告》将其简略概括为头顶二个圆形角、圆目瘦脸的兽面纹。我们的观察和复原结果与之类似又有所不同。从拓片可知,残留的神像是用一条单线自上而下很熟练地勾勒出一个T形角和扁圆形脸庞,再下行应该收为吻部,再在脸庞之内勾勒一个椭圆形眼。从照片看,在吻部与外框之间还有两条相交弯弧线,内填数道平行斜线(拓片此部位不是太清楚)。仔细观察拓片还能发现,与T形角相对的整个陶片最右边部位还有一个

略向左凹进来的小短划,这应该就是《报告》所说两个角中的另一个,尽管只残留一小段,显然也应该是T形角。这样,两个T形角之间的中轴线就可作为整个神像的中轴线,以此就可把左侧的纹样复制到右侧,从而复原成一个头生一对T形角、具有扁圆形脸庞、椭圆形眼和明显前突吻部的神像,吻部外侧的相交弯弧线可能代表一对獠牙,整个神像被置于一个双线勾勒的倒梯形框架之内(图九,5右)。另外照片还显示,左眼下方残留一条弯弧线(见图九,1),可能是对蒜头鼻部位的刻画,限于资料我们暂未作复原。

这一复原可以找到验证的出土资料,如《报告》就发表了一件长有双角的龙神像拓片(原图125之2),经对此件实物的观察,应是雕塑在一件较高鼎足上的龙头,整个轮廓明显高出周围,并用泥饼贴出一对圆眼,制作精细生动(图九,3)。《报告》还发表了一件刻划带角龙神像的采集陶片,一对圆形眼上方也有一对向外卷曲的角(原图199之7)。这表明这时的龙神像头上有双角的不在少数。更为重要的是,这个时期很重要的铜器镶嵌铜牌饰中,约有五件表现的应是头生一对弯角的一首双体龙,其典型者如美国赛克勒美术馆所藏第一件牌饰(图九,4)和二里头ⅥM11∶7,其一对弯钩状的龙角都很明显[17]。而且赛克勒第一件牌饰还有扁圆形脸庞和前突吻部,与复原结果非常神似(唯眼睛有差别)。这都说明这一复原应是基本可信的。笔者此前曾通过与M11∶7铜牌饰(属于四期)的比较,将赛克勒第一件断在三期,并认为表现的都是夏人的崇拜神祖龙[18]。如此,我们复原的这件陶片标本的右侧神像就可视为正视的龙头神像。

这件标本的左侧神像残留的线条比较单调,只有约两个稍完整的回字纹,但提供的信息甚为重要。经过仔细观察拓片,我们首先注意到,这两个回字纹与镶嵌绿松石龙脸庞两侧表现"云气"的线条很接近(图九,6),上文复原的一首双身龙龙头两侧的似勾云线条实际也是这种意味,类似线条在二里头早年发现的一些漆器上也可见到[19],这意味着这些回字纹的左边很可能存在一个脸庞;其次还能发现,这两个回字纹的左侧边缘呈现明显的向右凹进去的大弧形,与上文复原的诸多龙神像的扁圆脸庞轮廓十分接近,并且至少有三处很像用钝头工具自上而下刻划这个大弧形时拖带湿陶土的痕迹(见图九,2)。由此推断,这个大弧形很可能是原有的弧线线条的右边缘,亦即残断沿这个原有线条裂开缺失后的遗留。因此我们初步断定,这些回字纹的左侧应连着一个弧形扁圆的脸庞。这条弧线有进一步左下行的趋势,可知其向下应连接一个吻部,我们参照刚才复原的左侧正视龙头神像的吻部模样做了复原,其整体脸庞和吻部显得比前者更为顺滑逼真,又与上述赛克勒第一件铜牌饰很相似,所以我们又参照这件牌饰的模样为龙头增添了一对弯角和臣字眼,并仿照上文复原的一首双身龙吻部下方的回字纹,增加了一对相背分布的方圆折回字纹。如此就复原出一个具有扁圆脸庞和前突吻部、两侧衬以方圆折回字纹的正视龙头神像(图九,5 左)。显然,与拓片残留的区区两个回字纹相比,这个复原方案包含了太多想象成分,使原拓片的模样变得有些"面目全非",所以我们对这个复原其实并无把握,现在权且拿出来以待识者。

陶制品标本采 26,20 世纪 80 年代以前采集,《报告》配发了拓片,并断为四期的变形兽面纹(图一〇,1,即原图 199 之 5)。经对实物观察,此件标本个体较大较厚重,残高超过 10、宽近 10、厚约 2 厘米,周边(包括平肩上)可见明显的切割和塑形痕迹(局部沾有绳纹),中部上下贯穿一个小圆孔,显然是一件有意为之的陶塑品,惜顶端已残失。平面上雕刻粗壮稀疏的线条,略显潦草,整体表现为一个正视的龙头形象,脸庞底端较圆,一对无珠臣字眼之下是一对相背弯曲的獠牙,之上是一对长勾状线条(可能表示弯角),此线上行又急转收缩成尖角后再上行,将一个圆圈包围其中,再往上残失。我们发现,此件陶塑无论是整体轮廓还是龙头构图,都与诸多镶嵌铜牌饰很相似,再加上尺寸也相仿,握在手中都较为合适,所以初步判断它可能是对铜牌饰实

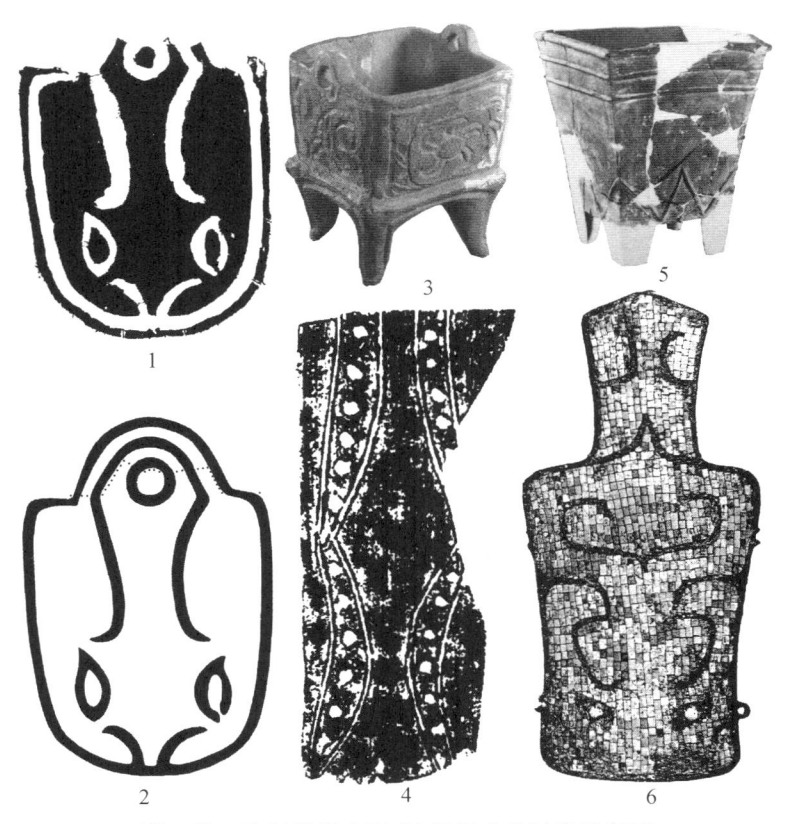

**图一〇 陶制品标本采 26 正视龙头神像的复原**

1、2. 拓片原貌及复原图　3、5. 二里头出土陶方鼎(83YLⅣT18③:1、ⅣH43:11)　4. 饰纹陶片标本(Ⅱ·ⅤT104④:18)　6. 赛克勒美术馆藏第三件镶嵌铜牌饰

物的仿制。在目前已知的铜牌饰中,只有一件即赛克勒第三件藏品的上端多出一个类似圭首形的部分(图一〇,6)[20],与这件陶塑已残失的顶部有相通之处,而且二里头还出土了与残失线条走势相似的陶片(图一〇,5,即《报告》原图51之1),表明陶塑的顶部原本可能也有类似部分,但我们限于目前资料和认识,只是保守地把残失线段的两端简单闭合成弧形。这样复原出一个约呈正视的龙头神像,其顶部的弧形即为我们复原的存疑形状,以待识者(图一〇,2)。

在以上复原过程中,我们曾反复考虑了这件陶塑顶端那个圆圈存在的原因。在可以比较的资料中,二里头出土的一件仿铜小方鼎(83YLⅣT18③∶1)曾引起我们的注意(图一〇,3)[21],因为方鼎的圆形立耳从高度看伸进了下面刻划神像的范围,很可能是神像本身构图的一部分;而且这个刻划神像的底缘也有一对相背弯曲的獠牙,再加上上方的一对大圆眼,组成了一幅颇似龙头的神像[22],与陶塑的神像有相通之处。所以也有可能陶塑上的神像是对方鼎立面装饰神像的摹画,包括将圆形鼎耳摹画成圆圈及其上方的弧形顶。不管是仿自铜牌饰或者方鼎,都说明铜牌饰和方鼎(及圆鼎)上的神像有相似之处,对此我们可以引申开来多说几句。目前二里头已发表陶方鼎三四件,外壁多刻饰神像,尽管刻划都比较潦草,但线条疏朗是共同特点,与诸多铜牌饰镶嵌出来的神像风格一致,这应该是当时青铜艺术母题的共同特点。以此再看上文复原的ⅧT14④C∶19正视龙头,《简报》认为是小方杯的残部,实际上称为小方鼎也未尝不可,尤其他的两个立面复原的龙头神像更为复杂,线条也更为准确,而且还表现出了扉棱,这应是目前所知当时对铜方鼎所饰龙头神像最为逼真的仿制,并且是与后来早商时期铜方鼎风格最为接近的一件(与后者相比,前者的构图仍是疏朗的)。另外,复原的这两个龙头一大一小,表明很可能所仿的铜鼎是长方形的,《报告》发表的ⅣH43∶11这件较大的仿铜陶鼎就是长方形的(图一〇,5)。这个信息也很重要。

# 三、其他神像的复原

除了龙神像之外,二里头还出土了少量云目、鱼、鼋和龟(鳖)等神像,主要刻饰在陶器上。以下略做复原。

陶片标本采11和采16,20世纪80年代以前采集,《报告》发表了拓片(原图198之5、原图199之3,本图一〇之2、3),并断为四期的瓦棱纹和目纹。从公布的拓片比例看,这两件标本的尺寸都较大,应是大型陶器的残片。90年代以来再次发掘出土了这种装饰风格的陶器,如《二里头陶器集粹》就公布了一件(原图版447),为口部残片的拼合,并明确器形为大口尊,是装饰在肩下的窄长纹饰带,口沿内侧还刻划几条鱼[23]。近年来,这种大口尊又有发现,并复原出整器的上半部,纹饰带更加明确(图一一,1、4)[24]。这几件的线条构图都基本雷同,因此可断定这两件标本应是大口尊的肩部残片。对照这几件保留较完整的纹饰带不难发现,其构图是以一个圆角方形眼为中心,两侧实际是一个三角形纹样经过翻转和倒转,组成错向三角相交的长方形纹饰带。按照这一理解,我们判断这两件标本很可能属于同一件大口尊,遂将它们拼合在一起,并把线条的走势做了完整细致复原,显然,它只是纹饰带中的一个组成单元(图一一,5)。受它启发,我们对《报告》公布的另一件陶片标本ⅣH76∶62也做了复原(原图124之7,本图一一之6、7),并认为也是这种纹饰带,而非《报告》说的"花枝蔓纹"。

**图一一 采11、采16云目神像复原**

1、4. 二里头近年出土大口尊　2、3、5. 采11、采16拓片原貌及复原图　6、7. ⅣH76∶62拓片原貌及复原图

在近年出版的一本重要图录中,把这种纹饰构图解读为图案化的龙纹,并认为与商周时期的夔龙纹相似,源头则早在陶寺彩绘陶上已经出现[25]。但实际上,商周时期另有一类纹样与我们复原的纹饰带很相似,目前所知最早见于二里岗上层,朱凤瀚先生已有分析并称之为"目纹"或"目云纹"[26],与商周时期流行的夔龙纹并非一回事,因为后者的眼睛在头上,而前者的眼睛在中央。经观察,山西陶寺大墓出土鼍鼓上确有类似的彩绘图案,与我们复原的纹饰带基本雷同,无疑应是它的源头,但也不像夔龙的形象[27]。我们认为,这种纹饰带装饰在重要的祭器大口尊上,其最醒目的部位是中央的那个圆角方形(或近长方形),很像是一个独目的形象,周围的四个错向三角则可能是烘托独目的"云气"表现手法。《集粹》把这种纹饰带称为"云目纹",我们在此基础上暂称为"云目神像",神像的具体属性有待进一步探讨。与此有关的,二里头还出土了一些单独刻划臣字眼的陶器,或一只或一对眼,还有绿松石片雕刻成的臣字眼,应是镶嵌神像的残件[28],它们都很醒目甚至有些夸张,可视为上述诸多龙神像或云目神像的简化形式(图一二)。

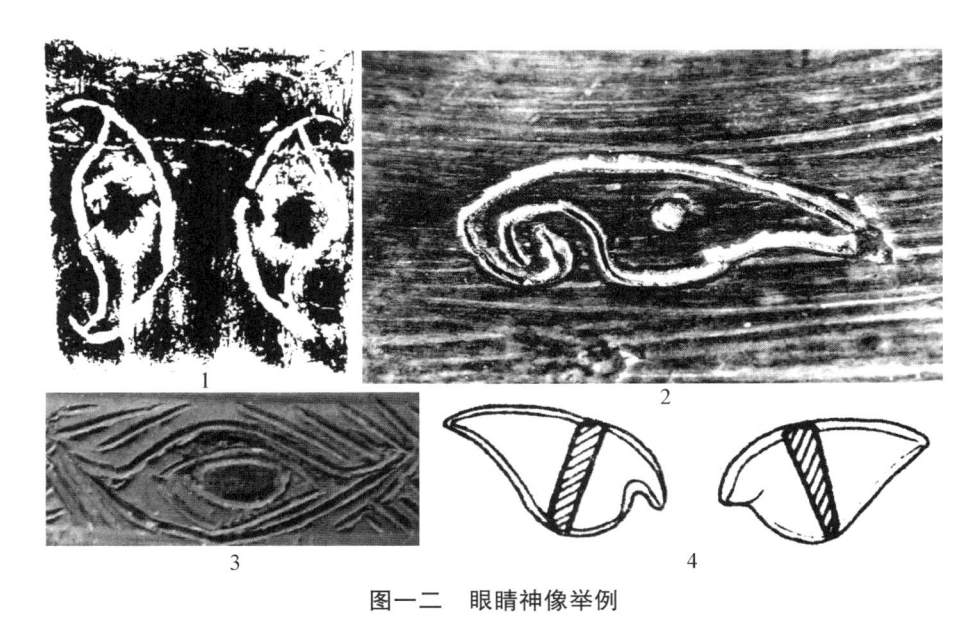

**图一二 眼睛神像举例**

1. Ⅳ T22⑥:11 标本拓片　2. 81YLⅢ T22⑤:2 小口尊(局部)　3. 81YLⅤ T21③:1 敛口罐(局部)　4. ⅧKM5:1、2 绿松石眼

陶片标本Ⅱ·ⅤT107③:2[29]和采10,前者1959年出土于二号宫殿址的南面,《报告》发表拓片,并断为四期的鱼纹(原图199之8、9)。其中前者残留两条鱼的头、尾各一部分,排列一后一前(图一三,1),我们将它们的位置对调,并按线条的走势相互勾连闭合,复原出一条刻划较为细致生动的鱼(图一三,2)。后者保存较完整,只尾

•释龙一——二里头遗址出土雕刻类神灵形象的复原•

部略有残缺,稍加复原即可(图一三,3、4)。从近年发掘的新资料看,一件陶盆的口沿上诸多鱼和一条蟠龙组成一周装饰纹饰带(图一三,5)[30],上文提到的大口尊祭器上也刻有鱼纹。另外,二里头还出过雕塑残鱼头(《报告》图 150 之 6、图版 114 之 5),很可能是陶盆底上的浮雕鱼的残件。可见这些鱼已非平常之物,而是被夏人视为了神灵。同时还能发现,这些鱼神像基本可分为瘦长和肥短两种,从形态看可能是不同种属的鱼类(如先秦以来伊洛河的名产魴鱼和鲤鱼),但更可能是夏人的鱼神像已经有雌雄或类似差别,这与我们此前对夏人铜牌饰寓意的解释可能是相符的[31],对分析其他种类的神像也可能有启发。

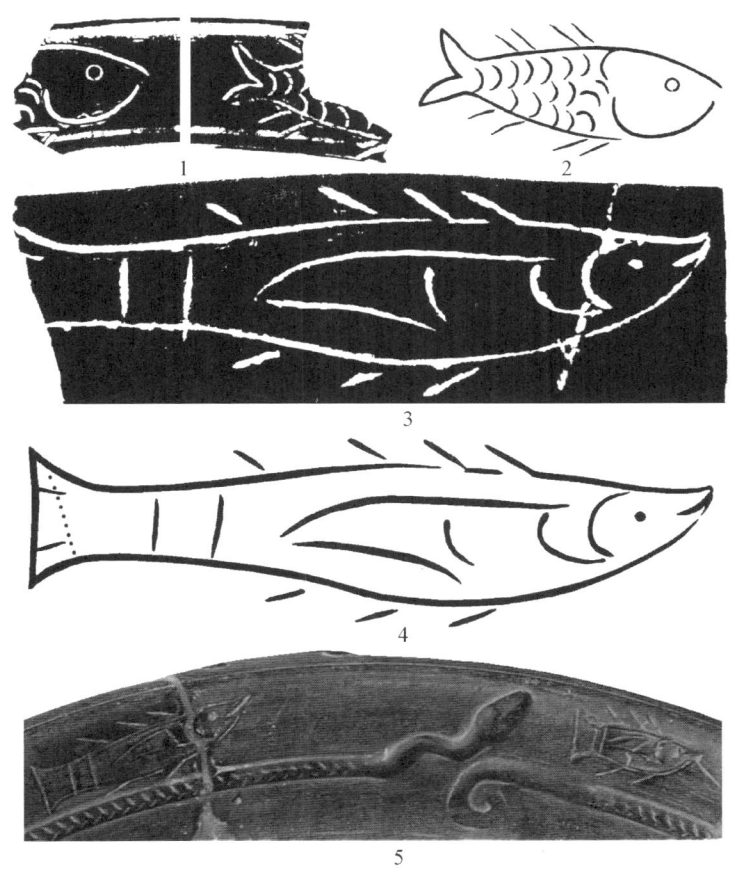

图一三 鱼神像复原

1、3.Ⅱ·ⅤT107③∶2,采 10 拓片原貌(1 有截取) 2、4. 鱼神像复原图
5. 03ⅤG14∶16 陶盆(局部)

陶片标本Ⅴ·ⅡT107③∶2,即上文复原的俯视全身龙神像下方的神像,亦即《报告》所称"龟蛇纹"中的"龟"形象。从拓片看,只残留约半个图像,可见有一个表现龟背的圆形大轮廓线,内有数个小圆圈象征鳞甲,外有两只后爪和一条小尾巴,

显然应是龟的后半部残片(图一四,1)。在可比较材料中,目前已知晚商时期的有些青铜器在底部铸有龟神像,并且数量较多比较流行,杨晓能先生近年曾对海内外收藏的相关铜器做了可贵蒐集[32]。这些龟神像与这件标本上的形象神似,其典型者如河南罗山天湖墓地出土铜卣和上海博物馆藏铜盘所铸(图一四,4、5)[33],其头部都是一个较大较扁的心形,与这件标本上方的俯视全身龙的吻部非常相似(见图五,1—3)。由此可知,这件标本龟的头部应是与龙的吻部相同的心形,它们采用了相同的表现手法(为商代类似表现手法的源头),我们照此做了复原。两只前爪的复原,只能以后爪的形态简单复制。如此就复原出一个头、背、爪、尾俱全的神像(图一四,2)。需要说明的是,二里头1987年的发掘曾出土涂朱大鼋甲[34],鼋即大鳖(《说文解字》),说明夏人已将鼋视为神灵。该遗址还出过一些龟形陶塑品(图一四,3、6)[35],背上都刻划方格代表鳞甲,与我们复原的这个神像以圆圈表示鳞甲有所不同。而且我们复原的这个神像与龙刻在同一件陶器上,显然也是夏人崇拜的神灵,其地位可能是较高的。所以我们更愿意将这里复原的神像称为"鼋"神像,其他龟形神像称为龟或鳖神像。

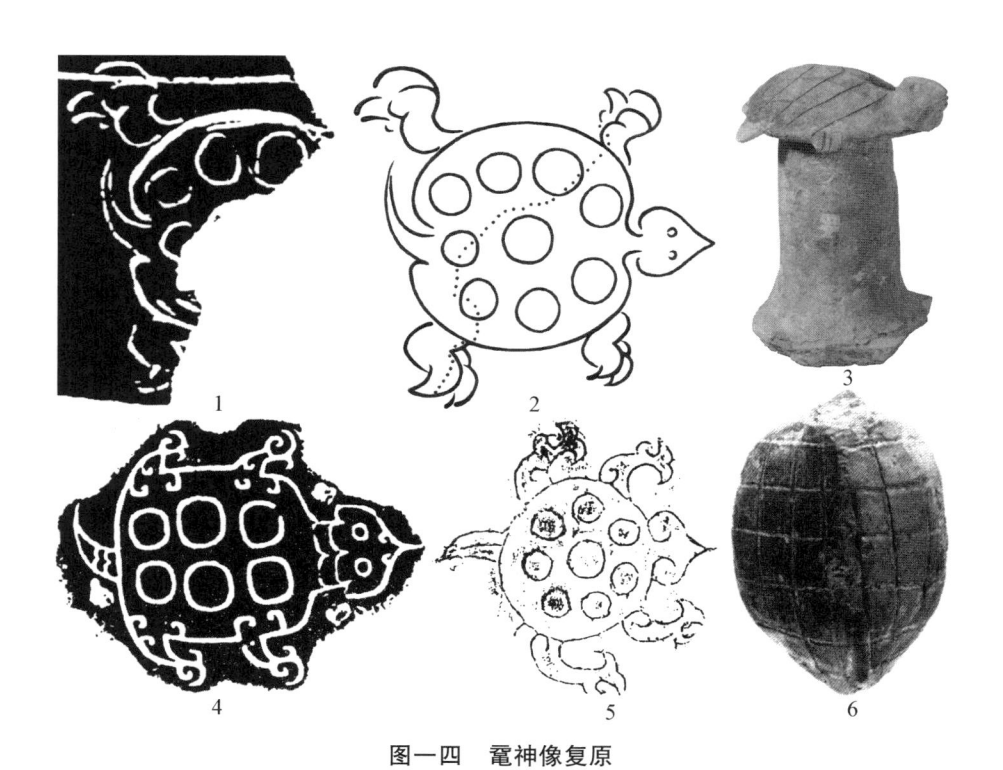

**图一四 鼋神像复原**

1、2. Ⅴ·ⅡT107③:2 拓片原貌及复原图  3、6. 二里头出土龟形陶塑品(85YLⅤT9A②B:1、ⅧT13⑥:47)  4、5. 晚商铜器相关神像(河南罗山天湖铜卣、上海博物馆藏铜盘)

## 四、相关认识

以上为本文复原的全过程,共得神像 15 个左右。毋需讳言,由于这些神像多为前所未见或少见,现有发表的材料又嫌缺乏和单薄,再加上部分实物标本笔者未得亲见,所以有些复原方案我们并不是很有把握,甚至还可能存在谬误之处,尤其是龙神像的最后两个。进言之,本文的复原方案还有待更多出土资料的检验。虽然,笔者在复原过程中仍有两个切身感受可视为最大的收获:一是对这些神像进行复原的工作本身非常重要,它相当于对这些出土资料的重新发现,因而其复原难度也可想而知;二是这批资料本身是非常重要的,现在已看得很清楚,这些神像应是夏人王室贵族艺术母题的主要形式,而王室贵族艺术母题又是"早期中国"文化传统的重要象征,值得我们花大力气去进一步研究和开掘。本着这一认识并从本文复原的结果出发,以下笔者愿提出几点不成熟的看法,以作为抛砖引玉之语就教于学界同仁。

### (一)透底器问题初识

由上文分析可知,透底器在 20 世纪 60 年代的发掘中即已出土,但因过于残碎其形制一直未明,直到 1992 年的发掘出土了两件腹部较完整的标本,遂以其无底而名为"透底器"[36]。后来,随着洛阳皂角树、郑州大师姑等遗址陆续出土了更完整的透底器[37],杜文进一步指出,这种陶器应为祭祀用器。顾万发先生也提出了类似观点,尽管他称这种陶器为"器盖似中空神器",但推测的形状仍与大师姑出土者很相似(图一五,2、3)[38]。至此,透底器的完整器形才基本得以明了。我们看大师姑出土的透底器(G5①d:94,原报告名为"器盖"),其形制与二里头期流行的器盖确有相似之处,器身下部为近直腹的圆筒状,外壁刻有三个横置的丁字形大镂孔,无底,向上急收成斜肩小口;器身上部为高耸的空心圆柱形(外壁略有曲直),高柱顶端为略粗的尖屋顶或蘑菇钮形,底端与筒腹的小口相接(图一五,1)。以此再看二里头 1992 年出土的透底器(图一五,4),其与大师姑的筒腹形制相同,唯口部以上的高柱已残失(现修复为矮领圆唇口部不确),但均无底,可知为同一种器物。而且这三件的底径均为 20 厘米左右(大师姑者 19、二里头者 22 厘米),与上文复原的雕刻精美龙神像的透底器相比,应属于较小型。我们进一步检核资料发现,偃师商城 1984 年也出土了一件名为"器盖"的陶器(J1D4H31:13),形制与大师姑者基本相同,均为无底的筒腹上接高柱,且底径尺寸也相仿(21 厘米),残高近 30 厘米[39],可知很可能也是透底器。如果这一推测合理,透底器这种祭祀用陶器可能已

**图一五　透底器及其复原参考**

1. 大师姑 G5①d：94　2、3. 顾万发复原之形状（二里头ⅤT210④B：3 和ⅤT212⑤：1、92 YLH2：2）　4、5. 二里头 92 YLH2：2、ⅤT210④B：3 和ⅤT212⑤：1 修复图

延续到了早商时期。当然,这一认识还有待更多出土资料来验证。

　　上文复原的ⅤT210④B：3 和ⅤT212⑤：1 侧视全身龙及ⅤT212 一首双体龙,雕刻在透底器的筒腹外壁上(前者参见图一五,2),线条流畅,精美异常。在近年出版的图录中,披露了侧视全身龙透底器的筒腹部分的修复图片(图一五,5),并注明修复后的底径 36、口径 38、残高 22.3 厘米[40],而一首双体龙透底器的底径据我们目测也有三四十厘米,可知与上述几件底径 20 厘米左右的透底器相比,这两件应是大型透底器。我们参照大师姑透底器的形制和尺寸,对侧视全身龙大型透底器的龙神像装饰效果也做了推测复原。以前者的残高(41.1 厘米)估算,后者的高度应超过 70 厘米,前者的筒腹高近 15 厘米(含肩部斜面),则后者的筒腹高度可达 28 厘米,而我们复原的侧视全身龙原大应长约24厘米,这意味着后者的原有腹高应能容纳下复原的这条龙,龙尾应该不会"蟠"到高柱上。另外,后者的腹径若以中间值37厘米计算,则其筒腹周长应超过58厘米,而后者修复图片上的侧视全身龙经测算其宽幅约29厘米(平展拓片的宽幅略宽),正好约合周长的一半,这意味着现存的陶片宽幅很可能是作为一个单元,装饰着这件透底器筒腹部分的一半面积(图一六),亦即残存的侧视全身龙和双首一体龙以及另外两个未识神像很可能是这件透底器上装饰的所有种类的神像,其另一半面积应同样装饰着这四个神像组成的另一单元。我们这样说的另一个根据是,拓片上双首一体龙的右边缘还可见一个横置的双线条,显然应是另一个神像的残段(见图一六),这个残段与侧视全身龙的龙前额走势比较近似,若此则右侧应是另一个侧视全身龙,与双首一体龙左侧的侧视全身龙对称分布,而双首一体龙下方圈足上那个十字镂孔应是两个装饰单元对称分布的中轴所在。如此复原可使我们更直观地想象这件透底器的原貌(见图一六)。另外,我们从这件透底器腹高28厘米出发,将ⅤT212一首双体龙大型透底器的腹高暂估算为25厘米,使其复原的龙身也不致于"蟠"到高柱上。

图一六　ⅤT210④B∶3和ⅤT212⑤∶1透底器诸神像
装饰效果复原图(经电脑"反色"处理)

## （二）夏人神像之特点

总体上看，夏人的神像至少有两个显著特点。首先是夏人神像的形态和表现手法丰富多样，线条都很遒劲疏朗，其中尤以龙神像最多，既有俯视和侧视龙，也有正视龙；既有全身龙，也有单独的龙头；既有一首龙，还有双首龙；既有一体龙，也有双体龙；既有有角、有鳍、有足龙，也有无角、无鳍、无足龙。当然，其他神像的表现手法也有多种，如侧视的(鱼)、俯视的(鼋)和正视的(云目)等。这仅是就目前的考古发现而言，相信随着今后考古工作的深入，还会有更多模样的神像出土。其次，正如本文开头提及和上文论及的，夏人神像的创作技法和表现材质也是多种多样的，采用了刻划、雕塑、镶嵌和铸造、镶嵌兼施等技法，表现于陶器、铜器、玉器和漆器等各种材质上。现在就可以设想，假如我们能走进当时的夏人都城和宫殿，那简直是走进了一个"龙的世界"，举凡器用、建筑和服饰等第一眼能触及的，可能都装饰着各种形态的龙神像，其他神像当然也有，但可能是比较少的。过去，我们多从镶嵌铜牌饰上解读夏人创作的神像，现在经过本文的复原可以知道，夏人的神像远比单纯的铜牌饰丰富得多。

夏人神像的这些特点，为我们比较它和商代神像的异同提供了前所未见的珍贵材料。我们首先可以断定的是，夏人的龙神像是商代各种龙神像的源头。商代的龙神像是诸神像中数量较多的一类，也有俯视、侧视、正视之分，有足、无足之分，有角、无角之分，一体、双体之分，这些龙神像从整体上都可以在夏人的龙神像中找到祖型，包括很流行的蟠龙、夔龙乃至一首双体龙等，都应是从夏人那里继承和发展而来的。但也不难看出夏商龙神像之间的差异，最明显的差别就是商代龙的神态已经明显程式化，如角多蜕变为瓶形角，鳍多蜕变为扉棱状，整体都比较呆板，远没有夏人的龙那样生动有灵性。其次，商代最流行，也最有名的神像是所谓的"饕餮"，这一神像的基本特征是：中央为一个正视的大"兽面"，两侧为侧视的身体；兽面上多生双角和列羽，从角的形态看极少为龙的形象；兽面的脸庞轮廓线多不明显，而是与两侧的身体相连乃至相融。这些特点均与夏人的龙神像有较大差异，可归因于时代发展、程式化的结果，以及资料发现的局限等。但也不难看出两者的相似性，如构图都是左右对称的，都很少表现完整的下颚和獠牙等，而且像本文复原的一首双身龙和正视龙头两侧类似"云气"的线条，很可能是商代饕餮两侧侧视身体的原始形态。这些异同使我们有理由相信，夏代真正的饕餮还有待其他材质上的发现，但无论如何，作为"早期中国"文化传统重要象征的王室贵族艺术母题在夏代已经正式形成，商代以饕餮为中心的王室贵族艺术母题则应是在继承夏代基础上发展起来的。

## （三）夏人的崇拜和信仰

无疑的，本文复原的各种雕刻在透底器、盆、大口尊及仿铜方鼎、铜鼎铸范上的神像，不会是单纯的装饰图案，而是深刻反映着夏人的崇拜与信仰。总结这些神像，除了为数最多的龙以外，还有鼍、鱼、云目以及龟（鳖）等。我们注意到，它们往往两两共存于同一件器物上，如Ⅴ·ⅡT107③：2陶盆口沿或大口尊肩上的龙和鼍，03ⅤG14：16陶盆口沿上的龙和鱼，ⅣH76：62大口尊口沿和肩下的鱼和云目等。在这里，陶盆和大口尊作为祭器都应是水器，而除了属性不明的云目以外的鼍、鱼和有鳍的龙也都是能在水中生存的神灵。而且在笔者看来，二里头87ⅥM57：4这件铜牌饰表现的是夏人吸收晋南文化传统形成的鼍崇拜，鼍即鳄鱼，也是能在水中生存的神灵[41]。这些现象发人深思。据《国语·晋语》记载："鼋鼍鱼鳖，莫不能化，唯人不能。"目前鼋、鼍、鱼、鳖这四种动物（分属爬行类和鱼类）在二里头遗址都已有实物遗骸发现[42]，也就是说，夏人正是因为在实际生活中不断接触这些自然界的动物，认识到它们都能在水中生存这一"唯人不能"之特性，才将它们当作神灵加以顶礼膜拜，包括将它们创作成神像刻在水器上祭祀。因此我们相信，《晋语》的说法很可能是一种起源很早的观念（夏人的神像简直就是这一说法的生动图解），"鼋鼍鱼鳖"也不仅是东周以降流行开来的一句成语[43]；而且这些动物所具有的人所"不能化"的神性，也正是夏人崇拜龙及鼋鼍鱼鳖的真实原因。

另外我们还注意到，像龙和鼋、龟（鳖）、鱼，在夏人看来都应是身披鳞甲的神灵，这一点通过本文的复原已经很清楚了，二里头87ⅥM57：4这件反映夏人鼍崇拜的牌饰上成排的半月形在笔者看来也是表现鳞甲的[44]。这又使我们想到先秦时期有关"鳞虫"的古老观念。据自然科技史学界的研究，先秦时期已逐渐形成了关于动物界分类的两大系统，一套以《尔雅》为代表，将动物界分为虫、鱼、鸟、兽四大类；另一套以《周礼·考工记》、《吕氏春秋》等为代表，将动物界分为六大类，其中《考工记》将"大兽"分为鳞、羽、脂、膏和裸五大类（另有"小虫"类），其余诸家的分类多是从"鳞虫"中分出龟鳖类的"介虫"，又将"脂者"和"膏者"合为"毛兽"、而"倮（裸）虫"基本可当《考工记》之"小虫"（表一）[45]。另据研究，《尔雅》的四分法可以追溯到商代甲骨文的造字体系，是一种很古老的分类观念[46]。我们进一步比较发现，夏人崇拜的龙、鼋、鼍、龟（鳖）、鱼等神灵都可归入《考工记》的"鳞虫"范畴，而山西石楼发现的晚商铜觥上铸出的神像也全都是有鳞甲者，包括四五种龙、一种鱼和一条鳄鱼（图一七）[47]，表现的也应是"鳞虫"，可见《考工记》的六分法同样是一种很古老的分类观念，《吕氏春秋》等包括"介虫"的六分法可能是一种后起的更为细致的分类法。因此我们认为，夏人很可能已经产生了崇拜能在水中生存、身披鳞甲的"鳞虫"的信仰,并作为一种古老观念一直流传后世。

表一　先秦时期关于动物分类的两大系统一览表(据注[44]表4-1改制)

| 典　　籍 | 动　物　分　类 | | | | | |
|---|---|---|---|---|---|---|
| 《尔　雅》 | 虫 | 鱼 | | 鸟 | 兽 | (人) |
| 《周礼·考工记》 | 小虫 | 大兽 | | | | |
|  | 以骨、以行、以鸣 | 鳞者 | | 羽者 | 脂者　膏者 | 裸者 |
| 《管子·幼官》 | 倮兽 | 介兽 | 鳞兽 | 羽兽 | 毛兽 | (民) |
| 《周礼·地官》 | 裸物 | 介物 | 鳞物 | 羽物 | 毛物 | 民 |
| 《吕氏春秋·月令》 | 倮虫 | 介虫 | 鳞虫 | 羽虫 | 毛虫 | (倮) |
| 《淮南子·时则训》 | 赢虫 | 介虫 | 鳞虫 | 羽虫 | 毛虫 | (赢) |

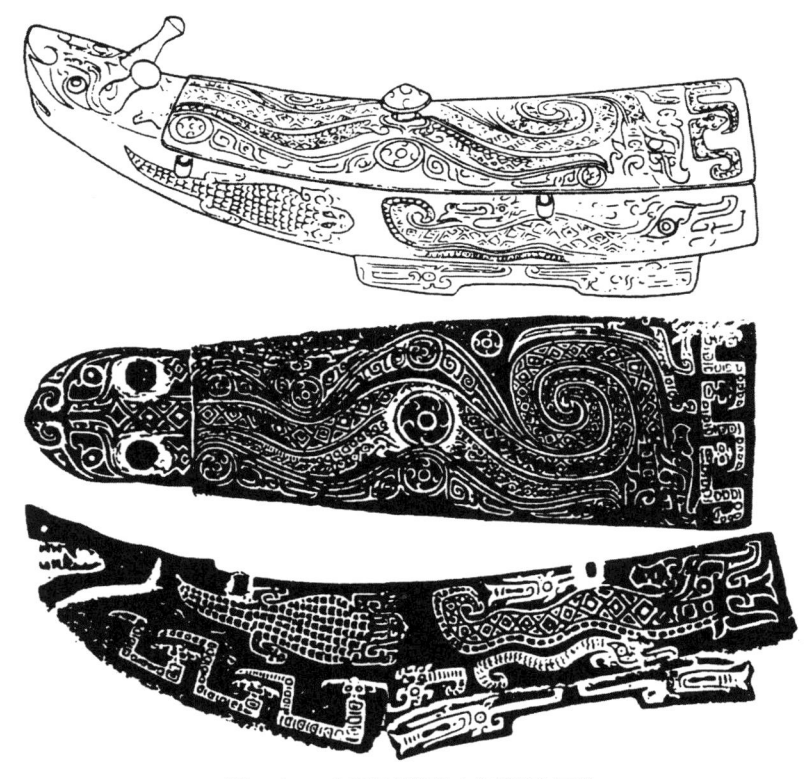

图一七　山西石楼出土铜觥及拓片

进一步分析还能发现,东汉许慎著《说文解字》实际上综合采纳了先秦时期的两大动物分类系统,如他把《尔雅》四分法的虫、鱼、鸟、兽都归为造字部首,释"虫"时又引述了六分法的观点:"物之微细,或行,或毛,或赢,或介,或鳞,以虫为象。"[48]正是出于这一缘故,他释"龙"为:"鳞虫之长,能幽能明,能细能巨,能短能长,春分而登天,秋分而潜渊。"意即龙属于鳞虫的范畴,并以其神通广大成为"鳞虫之长"。而我们看夏人的龙神像,其姿态各异、大小有别,显然居于诸神中的崇高地位[49],颇具"鳞虫之长"之威严。因此我们相信,夏人很可能已经产生了龙为"鳞虫之长"的观念和信仰,并对龙大加崇拜和渲染,许氏所言东汉以来关于龙的部分观念和信仰应至少可追溯至夏代。只不过,夏人的龙从神像看很可能尚未具备"登天"的神力,可能还是只能"潜渊"的水中神灵。此前诸家已引文献史料,证明夏人以龙为崇拜神或图腾神[50],我们可以进一步断言,夏人崇拜的神灵主要是由龙统领的"鳞虫"家族,进言之,夏人想象的神界应主要是水中诸神的世界[51]。另外,从已知形态看,夏人的龙应是以鳄鱼的全身(侧视全身龙),或鳄鱼的头部和面部(正视有角龙头),或蟒蛇的全身(俯视全身龙)为蓝本创作出来的,尚未见其他动物的部位或特征,至于后世所言"龙有九似"乃至"龙生九子"更是晚起的观念和说法了。

**注释:**

[1] 中科院考古所洛阳队:《河南偃师二里头遗址发掘简报》,《考古》1965年5期;中国社科院考古所:《偃师二里头:1959年～1978年考古发掘报告》,中国大百科全书出版社1999年(以下简称《报告》)。
[2] 杜金鹏:《中国龙,华夏魂——试论偃师二里头遗址"龙文物"》,《二里头遗址与二里头文化研究——中国·二里头遗址与二里头文化国际学术研讨会论文集》,科学出版社2006年。
[3] 朱乃诚:《二里头文化"龙"遗存研究》;顾问等:《论二里头文化与夏家店下层文化中的龙、蛇》;均收入《二里头遗址与二里头文化研究——中国·二里头遗址与二里头文化国际学术研讨会论文集》。另,朱文收入氏著《中华龙:起源和形成》,三联书店2009年。
[4] 王青:《浅议二里头镶嵌龙形器的面部纹饰复原》,《早期夏文化与先商文化研究论文集》,科学出版社2012年。
[5] 杜金鹏、许宏:《偃师二里头遗址研究》,图版七之3,科学出版社2005年。
[6] 中国社科院考古所:《殷墟妇好墓》,文物出版社1980年。
[7] 中国科学院考古所安阳队:《殷墟出土的陶水管和石磬》,《考古》1976年1期。
[8] 中国社科院考古所二里头队:《河南偃师市二里头遗址中心区的考古新发现》,《考古》2005年7期。
[9] 郑州市文物考古所:《郑州大师姑》,科学出版社2004年。
[10] 杜金鹏、许宏主编《偃师二里头遗址研究》,图版七之1,科学出版社2005。廉海萍等:《二里头遗址铸铜技术研究》,图版陆之4,《考古学报》2011年4期。
[11] 廉海萍等:《二里头遗址铸铜技术研究》,图版陆之4,《考古学报》2011年4期。
[12][36] 中国社科院考古所:《二里头陶器集粹》,图版170、171,中国社科出版社1995年(以下简称《集粹》)。
[13] 李存信:《二里头龙形器的清理与仿制复原》,《中原文物》2006年4期。王青:《浅议二里头镶嵌龙形器的面部纹饰复原》,《早期夏文化与先商文化研究论文集》,科学出版社2012年。
[14] 中国社科院考古所:《中国社科院考古所考古博物馆洛阳分馆》,41页,文化艺术出版社1998

年;许宏:《最早的中国》,158 页,科学出版社 2009 年。
[15] 汪青青:《溧阳出土的良渚文化玉器珍品——神人兽面鸟纹圭》,《东方文明之光》,海南国际新闻出版中心 1996 年。
[16] 王青:《记保罗·辛格医生所藏第二件镶嵌铜牌饰》,《中国文物报》2010 年 9 月 17 日。
[17] Osvald Siren, *Kinas Konst Under Tre Artusenden*, volume 1, Stockholm,1942.中国社科院考古所二里头队:《1984 年秋河南偃师二里头遗址发现的几座墓葬》,《考古》1986 年 4 期。
[18][31] 王青:《镶嵌铜牌饰的初步研究》,《文物》2004 年 5 期;《镶嵌铜牌饰的寓意诸问题再研究》,《东方考古》(第 9 集),科学出版社 2012 年。
[19] 中国社科院考古所二里头队:《1980 年秋河南偃师二里头遗址发掘简报》,《考古》1983 年 3 期。中国社科院考古所:《二里头陶器集粹》179 页,中国社科出版社 1995 年。
[20] Osvald Siren, *Kinas Konst Under Tre Artusenden*, volume 1, Stockholm,1942;参见拙文《镶嵌铜牌饰的初步研究》,《文物》2004 年 5 期。
[21]《集粹》图版 242。
[22] 此依杜文解释。
[23]《集粹》图版 447。
[24][25][40] 国家科技部等:《早期中国——中华文明起源》,165 页,文物出版社 2009 年。
[26] 朱凤瀚:《中国青铜器综论》,上海古籍出版社 2009 年。
[27] 宋建忠:《龙现中国——陶寺考古与华夏文明之根》,山西人民出版社 2006 年。
[28] 图一二之 1—4 分别采自《报告》图 22 之 1;《集粹》图版 43;《集粹》彩版 15 右;《报告》图 169 之 7、8。
[29] 此器编号与上文复原的 V·ⅡT107③∶2 有重复之嫌,附注于此。
[30] 中国社科院考古所二里头队:《河南偃师市二里头遗址宫城及宫殿区外围道路的勘察与发掘》,《考古》2004 年 11 期。
[32] 杨晓能:《另一种古史:青铜器纹饰、图形文字与图像铭文的解读》,生活·读书·新知三联出版社 2008 年。
[33] 图十四之 4、5 分别采自信阳地区文管会等:《罗山天湖商周墓地》,《考古学报》1986 年 2 期;转引自注[31]图 5 之 67。
[34] 中国社科院考古所二里头队:《1987 年偃师二里头遗址墓葬发掘简报》,《考古》1992 年 4 期。
[35] 图十四之 3 采自《集粹》图版 415。图十四之 6 采自《集粹》图版 415,《报告》图版 114。
[37] 洛阳市文物工作队:《洛阳皂角树:1992—1993 年洛阳皂角树二里头文化聚落遗址发掘报告》,科学出版社 2002 年;郑州市文物考古研究所:《郑州大师姑(2002~2003)》,科学出版社 2004 年。
[38] 顾问等:《论二里头文化与夏家店下层文化中的龙、蛇》;《二里头遗址与二里头文化研究——中国·二里头遗址与二里头文化国际学术研讨会论文集》,科学出版社 2006 年。
[39] 中国社科院考古所河南二队:《1984 年春偃师尸乡沟商城宫殿遗址发掘简报》,《考古》1985 年 4 期。
[41][44] 王青:《镶嵌铜牌饰的寓意诸问题再研究》,《东方考古》(第 9 集),科学出版社 2012 年。
[42] 杨杰:《二里头遗址出土动物遗骸研究》,《中国早期青铜文化:二里头文化专题研究》,科学出版社 2008 年。该文注明:经鉴定的动物遗骸中,鳖可分为大小两种,背甲分别厚约 5.1、2.3 毫米。这对上文提出的鼋、龟(鳖)之分或有帮助。
[43]《墨子·公输》、《庄子·外篇》、《荀子·王制》等文献也有"鼋鼍鱼鳖"的类似记载,可见已是东周以来流行的成语。

[45] 郭郛等:《中国古代动物学史》,科学出版社 1999 年。
[46] 苟萃华:《我国古代的动植物分类》,《科学史文集》(第 4 辑),1980 年,收入《中国古代科技成就》,中国青年出版社 1995 年。
[47] 谢青山、杨绍舜:《山西吕梁县石楼镇又发现铜器》,《文物》1960 年 7 期;刘敦愿:《饕餮(兽面)纹样的起源与含义问题》,《美术考古与古代文明》,人民美术出版社 2007 年。
[48] 注[45]郭郛等《中国古代动物学史》第三章为李约瑟先生撰写,专论《说文解字》中的动物学知识,惜未及许氏对先秦两大动物分类观念的继承。
[49][51] 杜文曾指出,ⅤT210④B:3 和ⅤT212⑤:1 拼合透底器上的龙神像属细线阴刻的辅助纹饰,其主题纹饰为侧视全身龙两侧用粗线阴刻的两个神像。这一意见值得重视,虽然他属意这两个神像也是龙或饕餮(龙之特殊形象),但在笔者看来它们与龙或饕餮差异均较明显,本文图一六有所复原。二里头 1975 年清理的墓葬 K4 曾出土一件玉柄形器,上饰头戴高羽冠的臣字眼、阔口神像,与商代饕餮有相似之处,发掘简报见《考古》1976 年 4 期。装饰类似神像的陶片近年又有出土。另外,二里头 M4:5 铜牌饰的寓意笔者认为应是东夷文化传统鸟崇拜的反映,参见注[18]拙文。这都说明,夏人的神界中还应有非"鳞虫"神灵。另,本文复原的一首双体龙上部有"兔子"形象,杜文认为代表"月宫",此亦非"鳞虫"。看来关于夏人想象的神界以及龙在此神界中的具体地位,还有待更多出土资料来充实和验证。
[50] 朱乃诚:《二里头文化"龙"遗存研究》;李德方:《二里头遗址的龙纹与龙文化》;蔡运章:《绿松石龙图案与夏部族的图腾崇拜》,均收入《二里头遗址与二里头文化研究——中国·二里头遗址与二里头文化国际学术研讨会论文集》,科学出版社 2006 年。

(原载《玉魂国魄:中国古代玉器与传统文化学术讨论会文集(六)》,浙江古籍出版社 2014 年,原题为《二里头遗址出土雕刻类神灵形象的复原研究》)

# 释 龙 二

## ——二里头遗址出土的镶嵌绿松石牌饰

镶嵌绿松石铜牌饰是夏代前后的珍贵遗宝,早在20世纪50年代以前就有出土,惜已流失海外,详细的出土信息已荡然无存,直到1981年,社科院考古所二里头队在偃师二里头遗址的一座墓中发现了1件铜牌饰,随后几年又陆续出土和发表了2件铜牌饰。在目前已知收藏于国内外相关机构的16件这种铜牌饰中,二里头遗址经考古发掘的3件均出自墓葬,较为完整的墓葬资料及出土场景,为分析这种牌饰蕴藏的历史信息,进而考察该遗址在"早期中国"发展进程中的实际地位,都提供了非常重要的第一手资料。以此为基础,李学勤、李德芳、杜金鹏、朱乃诚、杨美莉等先生都曾做过专门研究[1],但相关问题仍有不少,而且笔者在梳理资料过程中发现,该遗址已出土的铜牌饰应不止3件,已发表的铜牌饰线图有的还不太准确,而没有铜质依托的镶嵌绿松石牌饰也已经出过不少,这些过去都不为人注意,致使研究受到很大制约。有鉴于此,本文拟在仔细梳理该遗址出土资料的基础上,就各种镶嵌牌饰的相关问题展开有针对性的讨论,谬误之处还请方家批评指正。

## 一、镶嵌铜牌饰的资料梳理

依据笔者所见资料,二里头遗址迄今为止已出土和发表的镶嵌绿松石铜牌饰共计3件,已出土但尚未发表的铜牌饰有2件,还有5件左右流失海外的铜牌饰原本应出自该遗址,该遗址还出土了四五件可能是没有铜质依托的镶嵌绿松石牌饰,以及1件可能是仿制铜牌饰的陶制品。这里根据发表或报道资料一并进行介绍和梳理。

V M4[2],1981年秋清理,位于圪垱头村西北、遗址宫城外东北的墓葬集中区。此墓为南北向,长2.5、宽1.16米,墓底距地表2.1米,底铺一层朱砂,厚达8厘米。未发现人骨,可能有朱漆葬具。填土为花夯土,夯打坚硬。随葬品较为丰富,计有铜牌饰1、铜铃1、玉铃舌1、玉柄形器1、绿松石管2、漆器5(钵2、鼓1等)、陶盉1、圆陶片2件。简报只发表了部分器物。其中玉铃舌简报称为"玉管状物",出土位置紧靠铜铃下方,有论者已指出为玉铃舌[3]。铜牌饰则在铜铃的左侧,位处整个墓室的中部偏北,发掘者从整体情况综合判断,它应放在墓主的胸部略偏左。此墓年代简报断在二里头文化二期偏晚(图一)。

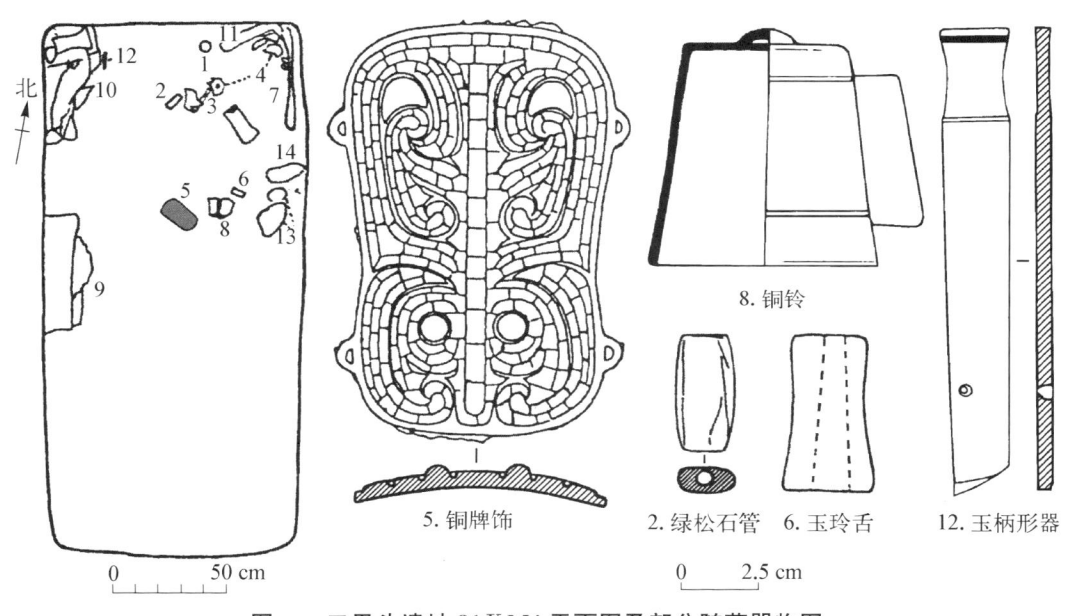

**图一 二里头遗址 81ⅤM4 平面图及部分随葬器物图**

(器物前缀的数字为器物编号;平面图中其他随葬器物有:1、7. 圆陶片 3. 绿松石管 4. 陶盉 9—11、13、14. 漆器)

此件铜牌饰(81ⅤM4∶5)长 14.2、宽 9.8 厘米(按应为上方两钮间宽度),先用青铜铸出束腰圆角长方体作牌饰的基座(外缘带两对环钮),再在基座上镶嵌 300 多片细小的绿松石片,镶的过程中对主纹饰所在纹路特意让出较大的缝隙,就是说其稀疏弯转的主纹饰是"衬"出而非铸出来的,所以镶嵌的绿松石小片与主纹饰基本是平行的,由于是平行镶嵌,绿松石小片需要事先切割成不同形状,这在已发表的 3 件铜牌饰中镶嵌环节是最复杂的。其主纹饰可分为上下两部分,下部是以圆形眼为中心的"兽面"(实则为鸟面),上带一对粗壮的弯月眉,下为一对向上弯曲的獠牙;上部为高羽冠,由一对相向的"〚 〛"形组成,上端还有一对很醒目的半月形大绿松石片,应代表孔雀之类神鸟特有的长尾羽上的眼状斑。因此,这件铜牌饰表现的应是一只头戴高羽冠的神鸟,绿松石平行镶出的辅助纹饰表现的则是羽毛(图二)。

ⅤM4:5　　　　ⅥM57:4　　　　ⅥM11:7　　　　ⅥM11:7出土现场

图二　二里头遗址已发表铜牌饰及出土现场照片

ⅥM11[4]，1984年秋清理，位于二里头村南、遗址宫城以北的墓葬及祭祀遗存区。南北向(345°)，长2、宽0.95、残深0.6米。人骨已朽，只余几枚牙齿。从发表的彩色现场照片看，墓底很可能铺有朱砂。随葬品较丰富，计有铜爵1、牌饰1、铜铃1、玉铃舌1、戚璧1、圭1、刀1、柄形器1、绿松石管2、陶盉1、爵1、圆陶片6件，另有漆盒1、海贝58、大扇贝1件(枚)。简报只发表了部分器物。其中玉铃舌简报称为"玉管状器"，出土位置毗邻铜铃左侧，有论者已指出为玉铃舌[5]。铜牌饰则在玉铃舌的左侧，位处整个墓室的中部，尽管此墓人骨已朽，发掘者从整体情况判断应放在墓主的胸前。此墓年代简报断在二里头文化四期(图三)。

此件铜牌饰(84ⅥM11:7)长16.5、宽8—11厘米，青铜铸造方式是基座与主纹饰同时铸出，与上述ⅤM4:5牌饰有很大不同，绿松石镶嵌的方式也差异较大，不是平行镶嵌，而是上下镶嵌，即只是把绿松石片切成200多片长条形，然后上下排列这些小片，填充在主纹饰间的空白地上(表现的应是鳞甲)，做工相对比较简单。经仔细比较简报发表的这件牌饰照片和线图，笔者发现线图对青铜铸出的主纹饰描绘有偏差，主要有三处：一是照片显示牌饰腰部向内伸入的两条主纹饰与牌饰外缘的交汇比较直接，不是线图描绘的弯弧状缓接；二是线图把双眼绘成梭形，而照片显示为比较明显的臣字眼；三是照片显示牌饰下部边缘有一对内切的短小獠牙，线图对此没有绘出(见图四左图之A、B、C)。经过相应校正和修改后，此件牌饰的主纹饰可如此描述：主纹饰可分为上下两部分，下部是以臣字眼为中心的兽面，上有一对弯曲很大的角，下为一对表示吻部轮廓的弯弧线，弯弧线外侧为口含一对小獠牙的阔口；上部为表现歧尾下垂的大T形(代表两条龙身)，其上另有一个可能是表现獠牙的长弯弧线。由此，这件铜牌饰整体表现的应是身披鳞甲的一

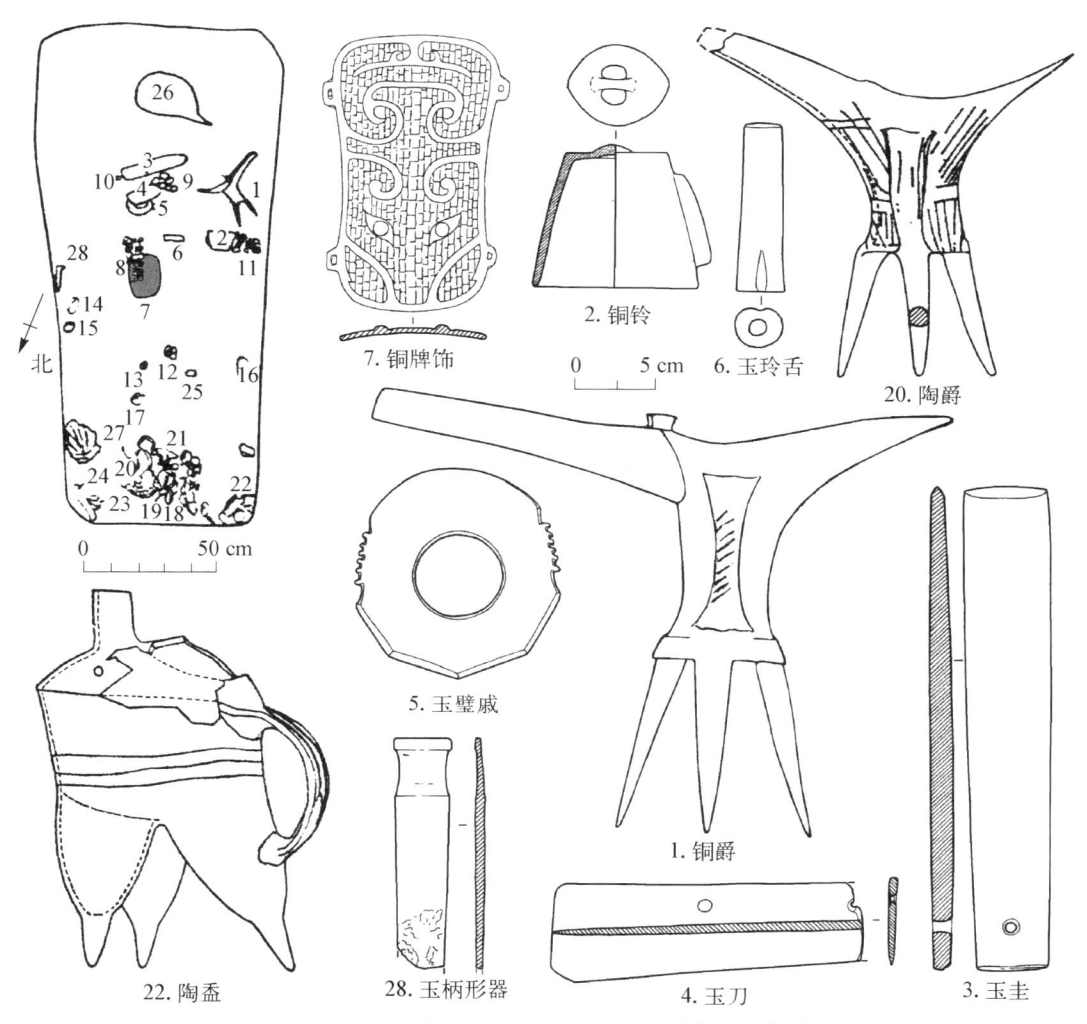

·释龙二——二里头遗址出土的镶嵌绿松石牌饰·  · 265 ·

**图三　二里头遗址 84ⅥM11 平面图及部分随葬器物图**

1. 铜爵　2. 铜铃　3. 玉圭　4. 玉刀　5. 玉璧戚　6. 玉玲舌　7. 铜牌饰　20. 陶爵　22. 陶盉　28. 玉柄形器

(平面图中其他随葬器物有：8、9. 海贝　10—13. 贝　14—18、23. 圆陶片　19、24. 玉柄形器　21. 陶盉　25. 绿松石珠　26. 漆盒　27. 大扇贝)

首双体龙(见图二、图四)。

ⅥM57[6]，1987年清理，应在二里头村南、遗址宫城以北的墓葬及祭祀遗存区。南北向，从发表的平面图看，此墓长2、宽1米左右。墓底铺朱砂，厚2—3厘米。人骨已朽，只余牙齿1枚，发掘者推测墓主头向北。有木质葬具。随葬品丰富，计有铜爵1、牌饰1、铃1、刀1、玉刀1、戈1、月牙形器1、柄形器2、铃舌1、绿松石珠2、陶盉1、簋1、盆1、罐1、圆陶片5、石铲1、贝壳5件，可能还有漆觚。简报只发表了部分器物。铜牌饰出在靠近东壁中段位置，附近有铜铃(及玉铃舌)、铜刀、玉戈和漆器等。此墓年代简报断在二里头文化四期(图五)。

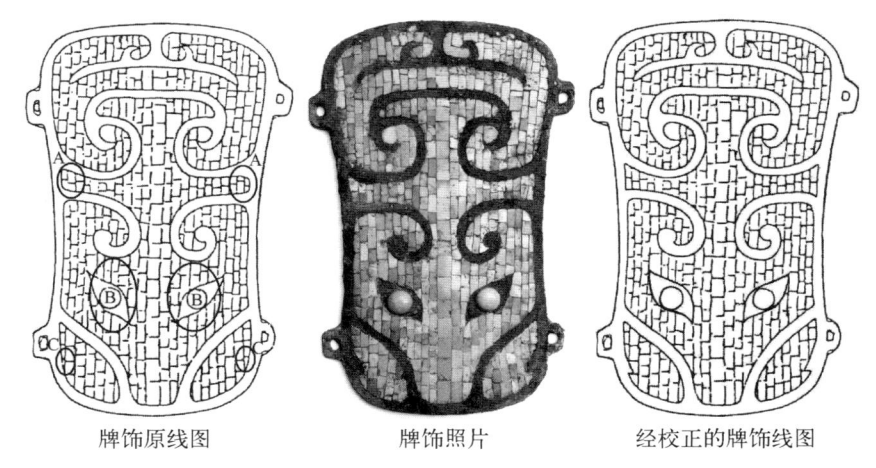

| 牌饰原线图 | 牌饰照片 | 经校正的牌饰线图 |

**图四　84ⅥM11∶7 铜牌饰线图校正**

此件铜牌饰(87ⅥM57∶4)长15.9、宽7.5—8.9厘米,青铜铸造方式与上述两件牌饰又有不同,虽然牌饰的外轮廓和主纹饰是铸出来的,但没有同时铸出基座,主纹饰实际是镂空铸造的,这样就使得400余片绿松石小片只能架空镶嵌,工艺水平更高。绿松石小片的镶嵌方式与上述ⅥM11∶7相同,也是做成长条形上下镶嵌,填充在主纹饰间的空白地上,表现的也应是鳞甲。近年杨美莉指出,绿松石片架空镶嵌不太合理,可能是在一层薄木片上铺裱一层或多层织物,再在织物上镶绿松石片。这一见解有一定道理,详情待考。此件牌饰的主纹饰可做如下描述:主纹饰可分为上下两部分,下部是以圆形眼为中心的兽面,上有一对粗壮的弯月眉(与81ⅤM4∶5相似),下为口含长獠牙或龙须的阔口;上部为表现鳞甲的12个半月形,上下排列成三排。由此,这件铜牌饰整体表现的应是一条身披鳞甲的鳄鱼即鼍龙(见图二)[7]。

除了以上3座出土并发表铜牌饰的墓葬资料,还有2座墓也出土了铜牌饰,唯资料尚未发表。据发掘者郑光先生报道,1995年在Ⅸ区发掘时,于一片祭祀区(C14)清理了4座墓葬,其中1座二里头文化二期晚段墓中出土了1件镶嵌绿松石牌饰[8]。据杨美莉后来转述,这是1件铜牌饰,并与铜铃和玉铃舌等同出。但此墓资料迄今未正式发表,详细情况尚不得而知。另据报道,1980年秋在二里头遗址Ⅲ区清理了1座被盗的较大墓葬M4,南北向(358°),长2.15、宽1.3、残深0.64米。墓底铺朱砂厚1—2厘米,可能有漆棺。墓室已被严重破坏,西北有一长方形盗坑,偏北上部被一晚期灰坑打破。在盗坑和晚期坑中发现有陶盉、陶爵残片,绿松石片和绿松石管200余件,以及1件青铜尖状器,此器上面镶有数排绿松石小片。发掘者判断这些遗物也应是M4的随葬品,并将此墓断在二里头文化三期[9],但此墓资料迄今没有详细发表。据后来在该遗址发掘的陈国梁推测,这件"青铜尖状器"应是镶嵌绿松石的铜牌饰(编

·释龙二——二里头遗址出土的镶嵌绿松石牌饰·

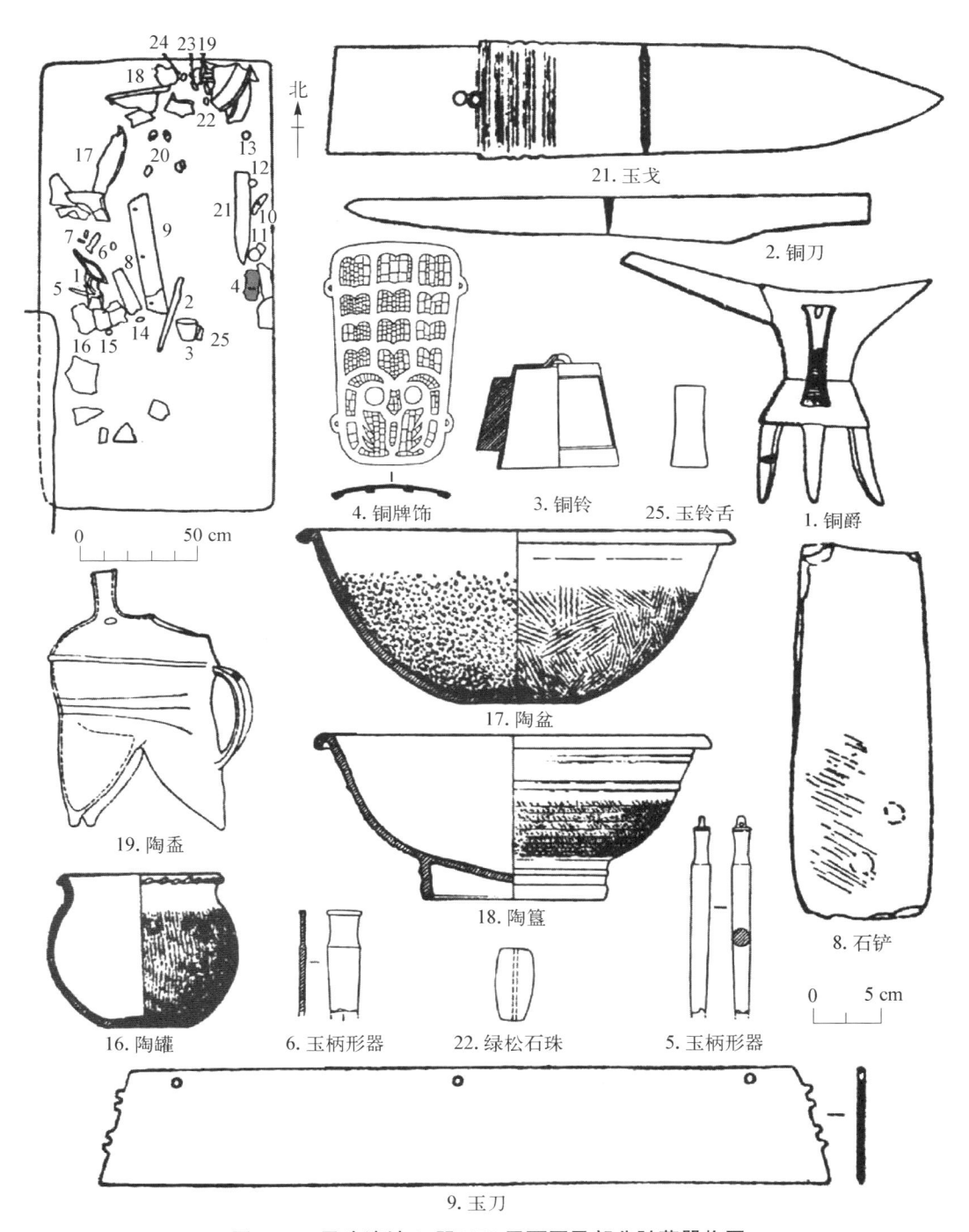

21. 玉戈
2. 铜刀
4. 铜牌饰
3. 铜铃
25. 玉铃舌
1. 铜爵
17. 陶盆
19. 陶盉
18. 陶簋
8. 石铲
16. 陶罐
6. 玉柄形器
22. 绿松石珠
5. 玉柄形器
9. 玉刀

**图五 二里头遗址 87ⅥM57 平面图及部分随葬器物图**

(平面图中其他随葬器物有：7. 小玉器　10. 月牙形玉器　11—15. 圆陶片　20、24. 贝壳　23. 绿松石珠)

号 80Ⅲ M4：2)[10]。我们看现存海外的诸多此类铜牌饰中,赛克勒博物馆藏第 3 件铜牌饰就有一个很突出的圭首形,证明了这种"尖状"铜牌饰的实际存在,因此笔者同意陈氏的意见。

除此之外,早年流失海外的 9 件铜牌饰中约有 5 件与上述已发表铜牌饰有很大相似性,它们分别是美国保罗·辛格医生藏第 1、2 件、赛克勒博物馆藏第 1 件、1991 年伦敦流散品和日本 MIHO 博物馆藏品等(图六),其中前 4 件与 84ⅥM11：7 在纹饰构图和表现寓意上相通,最后 1 件与 87ⅥM57：4 的构图和寓意相通,所以笔者曾推测这 5 件铜牌饰可能原本出自二里头遗址[11]。另据报道,1972 年二里头工作队曾在圪垱头村老社员中做过一次深入调查,得知在该村北及西北(按即宫城东北的墓葬集中区一带)中华人民共和国成立前曾多次发现玉器,其中有刀、戈、圭、琮和镶嵌绿松石的铜容器等,出土时都裹在朱砂里[12]。而目前所知至少 MIHO 博物馆收藏的那件铜牌饰是"传为河南所出"[13],保罗·辛格所藏第 2 件铜牌饰则与 1 件铜铃共出[14]。所以我们推断,中华人民共和国成立前在圪垱头村附近挖出或盗掘的所谓

保罗·辛格第2件　　赛克勒第1件　　保罗·辛格第1件

1991年伦敦流散品　　日本MIHO藏品

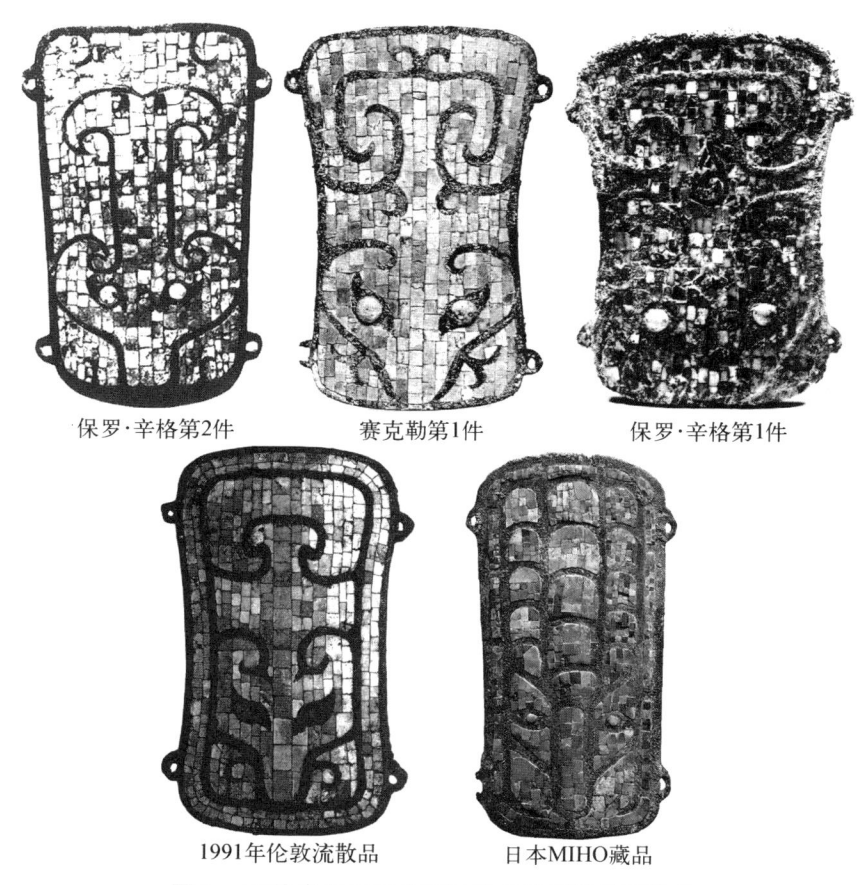

**图六　可能出自二里头遗址的 5 件铜牌饰流散品**

"镶嵌绿松石的铜容器",很可能就是镶嵌铜牌饰,早年流失海外的这5件铜牌饰有些应出在这里。

## 二、其他材质镶嵌牌饰的资料梳理

根据相关资料的梳理,二里头遗址还出土了四五件可能是没有铜质依托的镶嵌绿松石牌饰。据郑光氏报道,1995年Ⅸ区的发掘在另一片祭祀区(C12)还发现了另外一座随葬牌饰墓(并说明墓主为小孩),属二里头文化四期[15]。2000年夏,杨美莉得郑氏帮助,在二里头工作站见到此件牌饰,据云这是没有青铜作依托的牌饰,绿松石小片应镶在皮革或木质的有机物基底上;小片中还有一对褐黄色的臣字眼(杨氏称为"杏仁眼")玉片,镶出的纹饰可能与上述84ⅥM11∶7接近;另外,此墓没有铜铃伴出。这些都是非常重要的信息,但遗憾的是,这座墓的资料同样至今也未发表,详情不得而知。尽管如此,此墓透露的信息启发我们,该遗址还存在另一类镶嵌牌饰。经过对已发表资料的仔细甄别,笔者又发现了几座可能随葬无铜托镶嵌牌饰的墓葬。

1975年秋在二里头村东南、1号夯土基址北约550米(按应在宫城以北的墓葬及祭祀遗存区)发掘了一座规模较大的墓ⅥKM3,此墓长2.3、宽1.26、残深约0.36米,南北向(357°)。西、北、东三面有较宽大的二层台,高10余厘米,墓底铺满朱砂,厚5—6厘米。推测有木棺,但未见人骨。随葬品非常丰富,共24件分上下两层摆放,其中上层摆放高度大致与二层台相平(按或即棺顶),主要有铜器4件、陶器2件、石磬1件等,另在西北有一片范围整齐排列着绿松石片,面积有25×6厘米。绿松石片的形状、大小不一,大的如指甲,小的如芝麻,都很细小,显然是为了组成某种图案(图七)。发掘者将此墓断在二里头文化三期[16]。从此墓平面图看,这片绿松石范围约呈狭长梯形,与常见的铜牌饰形状有相似之处,而赛克勒博物馆藏第3件牌饰的长度为26余厘米,与这片绿松石范围的长度大致相同。从报告文字描述看,这片绿松石范围应没有铜质框架或基座,又与上述1995年Ⅸ区C12那座墓出土的镶嵌牌饰相似。因此笔者推测,这片绿松石范围很可能也是镶在皮质或木质基底上的非铜托镶嵌牌饰。

1984年秋,与上述ⅥM11同时发掘的还有M6,此墓长1.5、宽0.8—0.9、残深约0.6米,南北向(347°)。底铺朱砂,未见人骨。随葬有铜爵1、玉柄形器1、陶盉1、圆陶片1、绿松石串饰1(150枚)件。发掘者将此墓断在二里头文化四期。从发表的墓葬

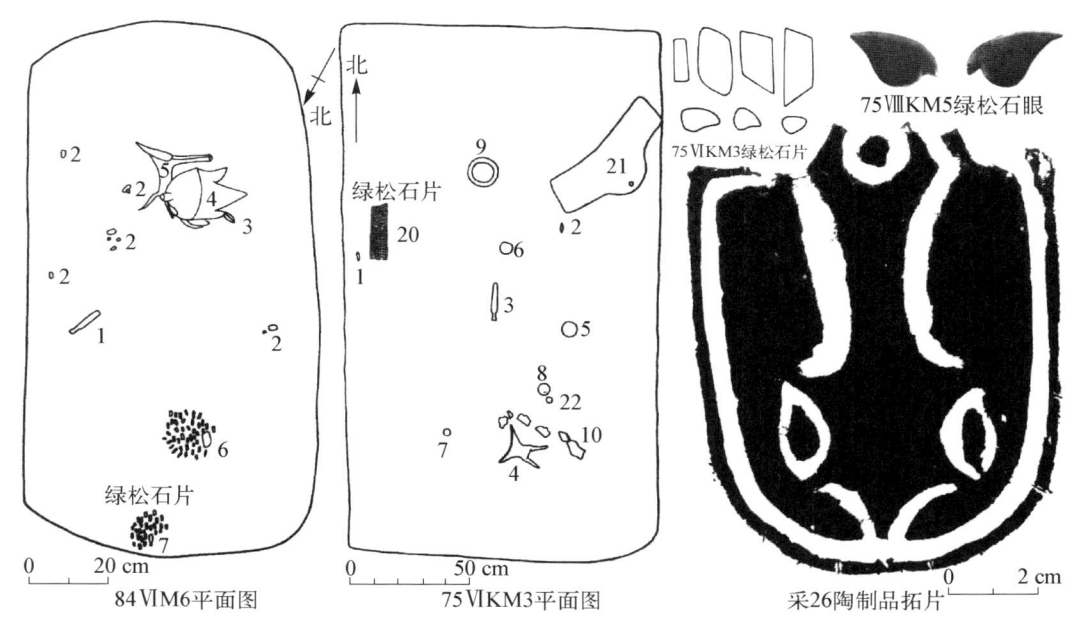

**图七　二里头遗址出土可能与镶嵌牌饰有关的遗存**

84ⅥM6随葬品：1.玉柄形器　2.绿松石块　3.圆陶片　4.陶盉　5.铜爵　6.绿松石串珠　7.绿松石片
75ⅥKM3(上层)随葬品：1.战斧(原称铜钺)　2.铜戈　3.玉柄形器　4.铜爵　5—8、22.圆陶片　9.铜圆形器　10.陶盉　20.绿松石片　21.石磬

平面图看,此墓靠近北壁还有一小片由绿松石片组成的范围,大约有10余厘米见方(见图七)。尽管报道极为简略,考虑到此墓没有随葬可以镶这些绿松石片的其他器物,参考上述两例情况,我们推测这也可能是无铜托的镶嵌绿松石牌饰。上述1987年在Ⅵ区清理的ⅥM57,还同时出土了几件精巧小玉饰和大量绿松石小片,发掘者推测,它们原来应镶或粘在有机物上组成某种图案,后因有机物朽坏而散乱。故也可能是无铜托的镶嵌绿松石牌饰。上述1975年与ⅥKM3同时清理的还有ⅧKM5,因已被盗,只残留1件玉璧戚(早先的简报称为玉钺)和一对绿松石臣字眼薄片(见图七)。发掘者将此墓断在二里头文化三期。这对臣字眼薄片与上述95Ⅸ区C12那座墓中的臣字眼玉片应属同类,而目前所见10件有臣字眼的铜牌饰,其臣字眼都是铸出来的,只是用圆形绿松石珠镶出眼珠。这种工艺上的差别也表明,单独存在的绿松石或玉质臣字眼应该是无铜托的兽面牌饰上的镶片。

1975年前后清理的几座二里头文化三期墓出土了若干小绿松石片,如ⅢKM1出土"若干"片、ⅢKM2出土26件、ⅤKM11出土172件[17]。这3座都是规模较大的墓,但大都早年被盗掘或受乡民取土破坏,原报告对这些绿松石片报道很简略,也没有发表墓葬平面图,无法做出准确判断,不过从种种迹象推测,其中有的可能是无铜托的镶嵌牌饰,甚至属于镶嵌铜牌饰的可能性也不能排除(如ⅤKM11就同时残留"铜块"2件)。本文对此暂不统计在内。另外,1975年夏在四角楼村南发现了几件出自墓葬的铜器和玉器,主要包括铜爵1、玉钺1、玉刀1、牙璋1、玉柄形器1、圆陶片1件,还采集到几十个小绿松石片,石片有的雕成"小动物"形[18],现在看来这种形状像是臣字眼,可能与镶嵌有关。后来的发掘报告将它们定为一墓所出,编为75Ⅶ M7[19]。1980年秋在Ⅲ区还清理了1座较大的墓葬M2,从平面图看在靠近墓室东壁处有一小片绿松石范围,很像是镶嵌所为,但简报对此无文字介绍[20]。这2座墓的详情也不明,本文也暂不做统计。

除此之外,二里头遗址还出土了可能是仿制铜牌饰的陶制品。1978年以前曾在该遗址采集过1件陶制品(采26),1999年发表了此物拓片,并断在二里头文化四期(见图七)[21]。近年笔者曾在二里头工作队驻地见到这件标本,其个体较大较厚重,残高超过10、宽近10、厚约2厘米,周边可见明显的切割和塑形痕迹,中部上下贯穿一个大圆孔,显然是一件有意为之的作品,惜顶端凸出的部分已残失。平面上用稀疏粗壮的线条雕出一个兽面形象,以一对臣字眼为中心,之下是一对相背弯曲的獠牙,之上是一对长勾状线条(可能表示弯角),这种构图与上述铜牌饰的主纹饰比较近似,其顶端凸出的部分则与赛克勒第3件铜牌饰上端圭首形有相通之处。再加上尺寸大小也相仿,握在手中或佩挂起来都比较合适,所以推断它可能是一件铜牌饰实物的仿制品(并且可能是1件二里头早期的仿制品)。其实二里头遗址已出过少量仿铜陶器,如陶四足方鼎及四足小方杯等,可知当时确有仿制贵重铜礼器(或互相仿制)之风。

## 三、构图方向和佩戴方式问题

由上文梳理可知,二里头遗址出土的各种镶嵌绿松石牌饰远不止已发表的3件铜牌饰,总数应在10—15件以上,资料的增加使深入研究具备了更加坚实的基础。以下将以这批资料及2002年出土的镶嵌绿松石龙形器为基础,并参考其他墓葬资料和铜牌饰流散品等,对相关问题展开讨论。铜牌饰主纹饰的构图方向问题,涉及如何解释此类牌饰的寓意,尽管多数研究者对此并无多大分歧,但仍有少数人将牌饰倒置过来解读,造成了一些不确切的说法。所以有必要做一申论。起初发表这3件铜牌饰的发掘简报,都将牌饰的兽面或鸟面置于下方,身躯或羽冠在上方。最早对这种牌饰进行解读的李学勤先生也是如此看法,他把兽面或鸟面视为

"饕餮面",并认为饕餮顶上的纹饰是冠部[22]。显然,这是以商周青铜器上饕餮纹的构图方向来解读的,事实上这也是多数人看待铜牌饰的共同认识,因为商周饕餮纹都是兽面在下、羽冠和角在上,就目前资料很少有例外的。另外,这3座墓的平面图也能透露出这一信息。87ⅥM57:4这件牌饰虽然已滑落到墓壁一侧,还仍保留着兽面朝下的样子;81ⅤM4:5铜牌饰虽然略有倾斜,也能看出鸟面在下方;84ⅥM11:7尽管平面图画得比较简略,但显然基本没有移位,大致也应是兽面朝下的(见图一、三、五)。

2002年春,二里头遗址ⅤM3随葬的大型镶嵌绿松石龙形器面世,为了解铜牌饰的构图方向提供了更直接的证据[23]。这件龙形器出土时局部(尤其面部)有些散乱,不过经李存信和笔者的复原,已经基本可见其原貌了,这是一条长达60多厘米、有着梯形兽面和扭动身躯的神龙,其用工之巨、制作之精、体量之大、形象之生动,都是该遗址迄今出土的所有绿松石镶嵌作品所仅见的(图八)[24]。经比较,与这条神龙最相像的铜牌饰,是美国收藏家保罗·辛格医生收藏的第2件牌饰,只不过前者是一首单体龙,后者为一首双体龙[25],但都是兽面在下、身躯在上的构图方向。以此,与辛格这件牌饰主纹饰最相近的赛克勒博物馆第1件牌饰,尤其上述二里头84ⅥM11:7牌饰等,也都可如是观。赛克勒博物馆第3件铜牌饰尽管上面多出了一个圭首形,但牌饰主体部分的构图仍是兽面在下、身躯在上。至于二里头81ⅤM4:5这件铜牌饰虽然是鸟面而非兽面,但其与台北故宫收藏的一件玉圭上雕刻的头戴高羽冠神像非常相像,这个高羽冠神像诸家都认为是表达神鸟崇拜的产物[26],即应是鸟面在下、高羽冠在上,81ⅤM4:5牌饰无疑也应如此(图九),87ⅥM57:4铜牌饰的构图方向则应与81ⅤM4:5相同。上述那些无铜托镶嵌牌饰可能有一部分的纹饰构图与铜牌饰类似,但因为资料未发表,对其细节尚不宜遽断[27]。

关于铜牌饰的佩戴方式问题,也可以通过墓葬出土场景来分析。这3座墓尽管人骨无存,但都出土了绿松石管或海贝串成的项饰,可以借此大致推测头向位置。从墓葬平面图看,81ⅤM4随葬的2件绿松石管在墓室北部,墓主应头向北,其牌饰尽管有所倾斜,但基本在墓室中部一带,也就是墓主胸前位置,与铜铃(及铃舌)靠得很近。84ⅥM11在墓室南部玉圭、玉刀附近出有一些海贝,墓主应头向南,其牌饰也在墓室中部,并且上面压了一串海贝项饰,可以确定基本没有移位,即在墓主胸前(铜铃则滑落到西侧)。87ⅥM57在墓室北部出有一些贝壳和绿松石管,墓主应头向北,但其牌饰出在靠近墓壁位置,所以有人认为铜牌饰应是挂在腰间使用的,而此墓平面图显示铜铃仍在墓室中部,可知铜牌饰现在的位置应是埋藏过程中移位所致,其原位仍应在墓主胸前。以上这些发掘者在简报中已有所说明。根

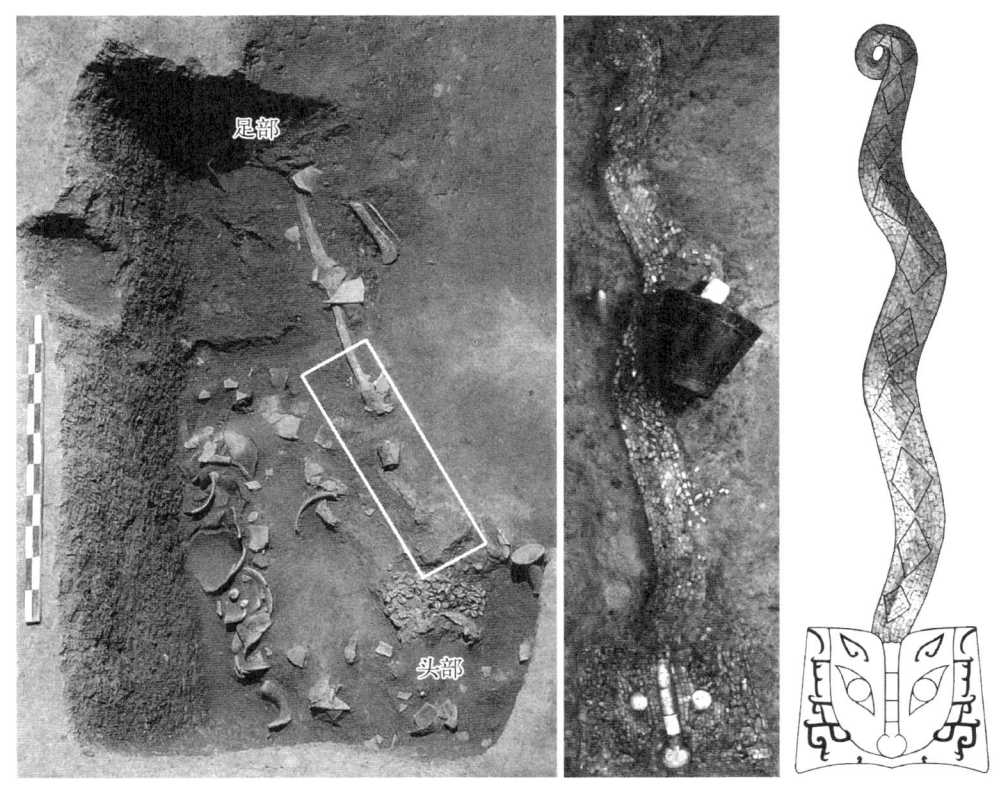

·释龙二——二里头遗址出土的镶嵌绿松石牌饰·　　　　　　　　　　　　　　　　　　　　　·273·

02ⅤM3镶嵌龙形器出土场景(左、中)及笔者与李存信复原结果(右)

02ⅤM3龙形器的兽面底部绿松石镶嵌(左)及李存信复原结果(右)

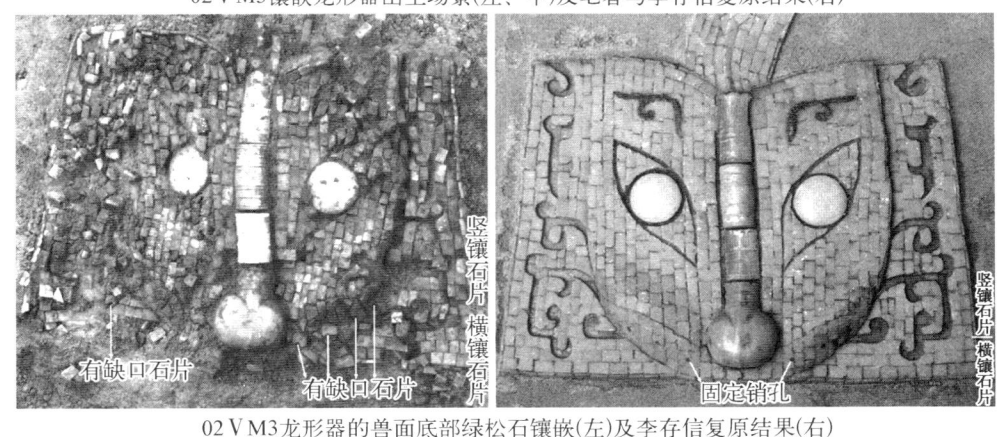

图八　02ⅤM3镶嵌绿松石龙形器的出土场景及复原

据这些证据，一般都认为铜牌饰应是墓主生前佩戴在胸前衣物上使用的，佩戴的具体方式从牌饰周缘的两对环钮看，很可能是绕线穿过环钮缝缀在衣物上的。杨美莉近年提出了一种新观点，她通过比对简报发表的84ⅥM11平面图和此墓铜牌饰的出土场景照片(见图二、三)，发现两者提供的信息不一致，照片显示牌饰出在"墓

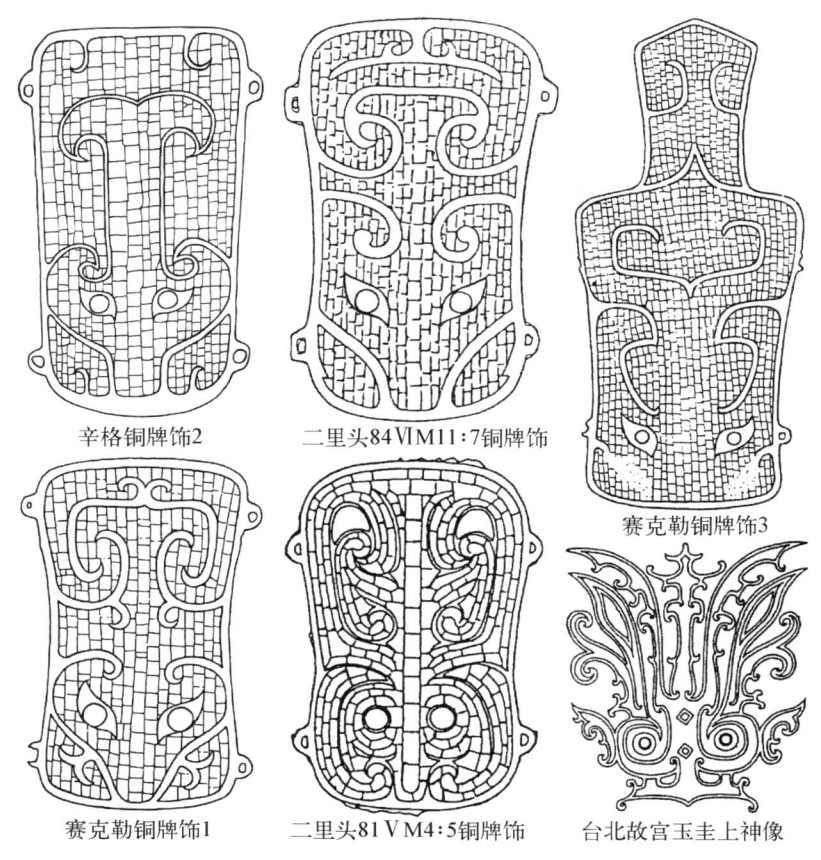

|辛格铜牌饰2|二里头84VIM11:7铜牌饰|赛克勒铜牌饰3|
|赛克勒铜牌饰1|二里头81VM4:5铜牌饰|台北故宫玉圭上神像|

**图九 铜牌饰构图方向及佩戴方式举例**

室的东侧边上",而墓葬平面图显示出在墓室中部,遂以照片提供的线索推测牌饰是出在墓主腕部位置,进而认为铜牌饰应是系在手臂或手腕上使用的。这一观点实际上是对照片产生的一种误解,因为照片其实是此墓清理完一半面积时拍摄的,由此造成了牌饰靠在墓边的假象,真实的位置还应以墓葬平面图为准,即出在墓室中部。

铜牌饰应是墓主生前佩戴在胸前使用、下葬时仍应缝缀在胸前衣物上(可能另有织物包裹),这一点02VM3随葬的龙形器也能提供相关证据。按照发掘者的描述,这件大型器被放在墓主的肩部到髋骨部位,龙头朝西北,龙尾向东南,所以下葬时很可能是斜放在墓主右臂之上而呈拥揽状,铜铃则位于手的附近[28]。其实就整体而言,这件龙形器的中心仍应在墓主胸前,近似于"怀抱",尤其铜铃就在龙身中部,彼此靠在一起,与铜牌饰和铜铃的位置关系相一致。不过仔细观察又能发现,龙形器的龙头(兽面)是朝向墓主头部、龙身朝向墓主脚部的(见图八),看似与上述铜牌饰兽面(或鸟面)在下、身躯(或羽冠)在上的佩戴方式相反。但这不意味着龙形器使用时也是如此,因为笔者在复原龙形器的兽面纹饰时发现,兽面底部的三排小绿松石片是横向错缝镶嵌的,这与其他多数部位的纵向顺缝镶嵌很不一样,有些石片的一侧还开有半圆形缺口,这些镶嵌方式应是为了承托整个面部的石片重量对底缘造成的压力,开缺口的石片则可以插销某种圆形小物,以进一步固定住底部石片防止松动。李存信先前已对此做了比较准确的复原(见图八)[29]。这说明龙形器应是龙头朝下竖立起来使用的,如果是平置(或其他方式)使用,恐怕不会如此费尽心思[30]。可见这件龙形器还是头朝下竖置使用比较合理,只不过在下葬时被摆成头朝上与墓主头向一致,冯时先生认为这种安排应是助死者灵魂升天的意念使然[31],笔者认为是很有道理的。

由此可以附带讨论一下铜牌饰下葬时的佩戴方向问题,这个问题与铜牌饰应有的佩戴方式有点差异。从上述分析中不难看出,铜牌饰在下葬时有两种佩戴方向,一是如81ⅤM4和87ⅥM57所见,为鸟面或兽面朝下,与墓主的头向相反,即铜牌饰是以观者的"正方向"下葬的,与铜牌饰应有的佩戴方式一致;二是如84ⅥM11所见,为兽面朝上,与墓主的头向一致,即铜牌饰是以观者的"反方向"下葬的,与铜牌饰应有的佩戴方式不一样。第一种情况与构图方向相一致,反映的应是铜牌饰使用时的正常状态,比较好理解;第二种情况则与铜牌饰的使用状态相反,看似不太好理解,但这种情况却与02ⅤM3那件龙形器下葬时的状态一致,所以还应该像冯时解释的那样,是助死者灵魂升天的意念使然。

## 四、定名和功用问题

近年,冯时曾撰长文详细讨论了02ⅤM3随葬龙形器的定名、功用和墓主身份问题,认为此器是先秦文献所载的"大常之旜",即三代早期天子之木质旌旗"大常"上的徽识(章)"旜"[32]。这一考证对我们颇具启发意义。但正如上文所言,这件龙形器应是龙头朝下竖立起来使用比较合理,而如果像冯文所引诸多金文资料显示的,先秦旌旗应是横置使用的,其上的徽识则是头朝上竖立的(图一〇,右),那么理应龙形器兽面的顶部应横镶绿松石片,并在相应部位做出销孔以便进一步固定石片(龙尾也应如此),但实际情况并非如此。这说明,这件龙形器很可能并非先秦的"大常之旜"。其实,早年安阳殷墟的发掘曾在西北冈M1001商王陵中清理出1件木雕交龙,长1.36米余,两条剪刀状相交的龙身略微凸起,并雕以菱形纹和三角纹,再涂上朱红彩绘,制作非常精细生动(图一〇,左)。它错刻龙纹、设色彩绘,可能更接近于先秦木质旌旗

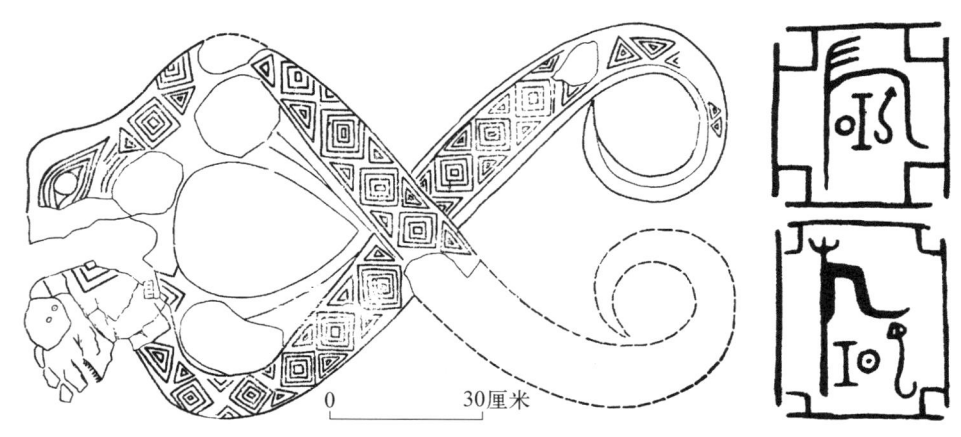

图一〇 殷墟 M1001 商王陵出土的木雕交龙彩绘(左)及商代金文资料(右)

图一一 北美洲西北印第安人(海达部落)的铜牌

上的徽识(画章),发掘者已推测为仪仗性用具(或乐器)[33]。龙形器与之相比既近似又有很大不同,尤其浑身镶满绿松石片比较厚重,还要头朝上使用,都不太合乎情理,于周制的旌旗也不太相合。据有关资料报道,北美洲西北部的印第安人中曾流行一种高达1米的铜牌,上面刻满持有者家族的图腾动物(如水獭)形象(图一一),并在类似"夸富宴"场合摆出来炫耀,作为自己拥有财富和身份地位的象征[34]。虽然二里头遗址还没有发现过类似的铜制品,但是印第安人的铜牌启发我们,像龙形器这样的大型器物用作旌旗以外的其他仪仗性用具还是很有可能的。

冯氏以其对龙形器的考证为基础进一步提出,现今二里头遗址已发表的3件铜牌饰可能也是旗旝上的画章(徽识),即81ⅤM4∶5为龙章、84ⅥM11∶7为熊章、87ⅥM57∶4为鸟章。其具体理由除了《诗经·周颂·载见》"龙旂阳阳,和铃央央"、《尔雅·释天》"有铃曰旂"等文献记载的旗铃往往配伍使用外,来自考古实物的理由主要有:铜牌饰的四钮应是出于在旗旝上固定画章的需要,若佩戴于胸前则只需一两个钮即可,四钮颇显多余;铜牌饰及其同出的铜铃往往表面遗有织物朽痕或残片,表明旗旝似已以织品为之,但此时的织锦工艺还无力织出纹饰复杂的画章,遂以绿松石镶嵌的铜牌饰(及龙形器)作为旗帜上的徽识。这里需要说明的是,诸多文献记载及金文显示的旗铃配伍应多为西周以降的制度,能否推到夏商则在两可之间,譬如殷墟现已发现的350多件铜铃就多数系于狗颈上,少数也是系在马项或象项之下[35],与夏、周均不相同,可见制度变化之大。至于考古实物方面,设想相对比较沉重的铜牌饰佩戴于胸前需要四钮才能固定在衣物上似也合乎情理,而以现在的考古发现说夏时的纺织工艺织不出纹饰复杂的织品固然未尝不可,但像上述殷墟商王陵随葬的木雕交龙那样,通过雕刻和彩绘来做出纹饰复杂的旌旗和画章也是有可能的,例如二里头遗址就已发现了几十件漆木器[36],其中有些从墓葬平面图看残存的面积较大,形状似长条形,只不过因发掘技术有限未能辨识为何物(参见图一)。

《左传·宣公三年》记载:"昔夏之方有德也,远方图物,贡金九牧,铸鼎象物,百物而为之备,使民知神奸。故民入川泽山林,不逢不若,螭魅罔两,莫能逢之。用能协于上下,以承天休。"杜预注"远方图物"为"图画山川奇异之物而献之",注"百物而为之备,使民知神奸"为"图鬼神百物之形,使民逆备之",可见杜氏概以"山川鬼神"释"物"。《周礼·春官·司常》曰:"掌九旗之物名,各有属,以待国事。"郑玄注:"物名者,所画异物则异名也。属,谓徽识也。"受这些启发,林巳奈夫先生认为甲骨金文中的图像文字应是族徽,亦即先秦典籍记载的"物"或神灵[37]。后来张光直先生又提出《宣公三年》的"物"应是"牺牲之物",亦即"助巫觋通天地之动物",并由此引申认为,商周青铜器上的动物纹样应是助理巫觋沟通天地的各种动物反映在青铜器上的形象[38]。笔者以为,这些都是目前解读商周青铜器(当然包括夏代青铜器)装饰纹样的一个重要基础,但以此来推断二里头铜牌饰(及龙形器和其他非铜质镶嵌牌饰)的原本定名,在目前资料下还是比较困难的,所以暂可把它们所装饰的纹饰笼统视为先秦相关文献所言的"物"的一种,反映的是神祖或"鬼神"形象,都是当时为祭祀神祖、沟通人神服务的用具。这可能是比较稳妥的做法。

冯时根据02ⅤM3墓主颈上戴海贝串饰的现象,并联系诸多殷商金文资料,提出墓主应为主河宗或河神祭祀的倗氏族长(河巫)。此说可能与不出龙形器或镶嵌牌饰的墓有时也有海贝串饰随葬不太相符(如84ⅥM9,见附表一),但是冯氏引"龙为水物"为证甚有道理,祭祀河神也确是古来盛行的做法。笔者以前曾在李德芳等人的基础上提出,铜牌饰应是当时祭司们在祭祀神祖时沟通人神的道具,在其他场合则是权力和身份的象征,总体来说就是社会显贵们维系传统和获取权力维护统治的一种重要礼器,其功用和同出的铜、玉礼器是相通的[39]。现在看来这一提法未免过于笼统和粗陋,最近笔者在复原二里头遗址出土残陶片上的神灵形象时发现,当时刻饰在陶器(主要有透底器、大口尊、盆等)上的神灵远比铜牌饰丰富,主要包括龙和鼍、龟

(鳖)、鱼等,都是身披鳞甲的"鳞虫"类神灵(图一二),再加上 87ⅥM57∶4 铜牌饰上同样身披鳞甲的鳄鱼(鼍),与《国语·晋语》记载的"鼋鼍鱼鳖,莫不能化,唯人不能"颇有些相合,也就是说,夏人可能正是因为在实际生活中不断接触这些自然界中带鳞甲的动物,认识到它们都能在水中生存这一"唯人不能"之特性,才将它们当作神灵加以顶礼膜拜——夏人想象的神界应主要是水中诸神的世界,而龙作为"鳞虫之长"在诸神中应居于崇高地位,表现的应是以夏人的始祖神和祖先神(简称神祖)为中心的神界系统[40]。此前诸家已引诸多文献史料证明,夏人以龙为崇拜神或图腾神[41],笔者的复原与之相合。这样看来,夏人的祭祀对象很可能就是以龙为中心的水中诸神。因此我们首先可以推断,各种镶嵌牌饰和龙形器以及其他装饰"鳞虫"的陶器如透底器、大口尊、盆等,应主要是用在隆重祭祀这些水中诸神的仪式上的器物,这些器物也正是通过自身装饰的神秘的神祖形象,而成为祭祀神祖仪式上沟通人神、祈福人间的法器。

鼍　　　　　龙　　　　　鱼

**图一二　二里头遗址出土陶器上的神灵形象复原举例**

## 五、墓主身份问题

笔者此前提出当时存在祭司集团依据的主要是3座已发表的随葬铜牌饰墓,现在通过上文的梳理已经知道,二里头遗址实际已有不下10座墓出土了各种镶嵌牌饰,其中20世纪80年代以前发现的有七八座,占当时已发现的18座中型墓的将近一半(附表一)[42],再加上1995Ⅸ区发现的2座墓、2002年发现的ⅤM3随葬龙形器墓,以及早年流失海外的5件铜牌饰(可能一墓一件),数量已相当可观,而且随着以后的发掘还会增加。这些墓葬的面积一般都在2平方米以上,墓底多铺朱砂,多有葬具,随葬较丰富的铜器、玉器、漆器和陶器,与其他三四百座墓室狭小、随葬品很少的小型墓形成鲜明对照,所以我们可以确定,这些随葬各种镶嵌牌饰(及龙形器)的墓主,以及不随葬镶嵌牌饰的其他中型墓墓主,已能构成一个特殊的阶层——高级贵族阶层。从已发表的中型墓信息和该遗址重要遗存分布图看(附表一,图一三)[43],随葬或不随葬镶嵌牌饰的中型墓在分布格局上没有明显差别,它们都在宫城外东北及北面的墓葬和祭祀遗存区等地混杂分布(有论者认为这是以家族为单位居住和埋葬造成的[44]),看似差别不大,但问题并不止于此。

仔细分析这些中型墓我们发现,除了是否随葬镶嵌牌饰是明显的区别,其他随葬品的种类也存在一些差别:一是随葬镶嵌牌饰的墓不出玉牙璋,不随葬镶嵌牌饰的墓则出玉牙璋,后者如保存较好的80ⅤM3[45],已被盗扰的75ⅦKM7和76ⅢKM6也是如此[46];二是随葬镶嵌牌饰的墓出玉璧戚而不出玉钺,不随葬镶嵌牌饰的墓则出玉钺不出玉璧戚,后者如保存较好的80ⅢM2[47]和80ⅤM3,已被盗扰的75ⅦKM7也是如此(附表一)[48]。按照《周礼·典瑞》的记载,"牙璋以起军旅,以治兵守。"尽管这是后起的说法不一定正确,但牙璋与明确属于祭祀用器的镶嵌牌饰不出一墓,应意味着二里头时期的牙璋和镶嵌牌饰在功用上是不同的。玉璧戚和玉钺在形制上有一定相似,如前者都有扉牙和齿刃,后者有些也有;但差别也很明显,如前者的顶端和刃部外弧程度很大,戚身中间的圆孔也很大,整体形如玉璧(所以夏鼐先生主张称为"璧戚"[49]),后者在这几点上都不如前者(图一四)[50]。一般认为,三代的玉钺(及铜钺)代表的是军权[51],而据《吕氏春秋·仲夏纪》载,在"有司为民祈祀山川百原"的仪式上,需要"执干(按指盾牌)戚戈羽",林沄先生根据甲骨文有"奏戚"祈雨的记录进一步推测,商代已有执干戚的乐舞(戚舞)[52]。可见,璧戚在三代更多用于祭祀仪式上的乐舞,它与钺的功用应是不同的。也就是说,当时佩戴镶嵌牌饰的人有些还要手执装

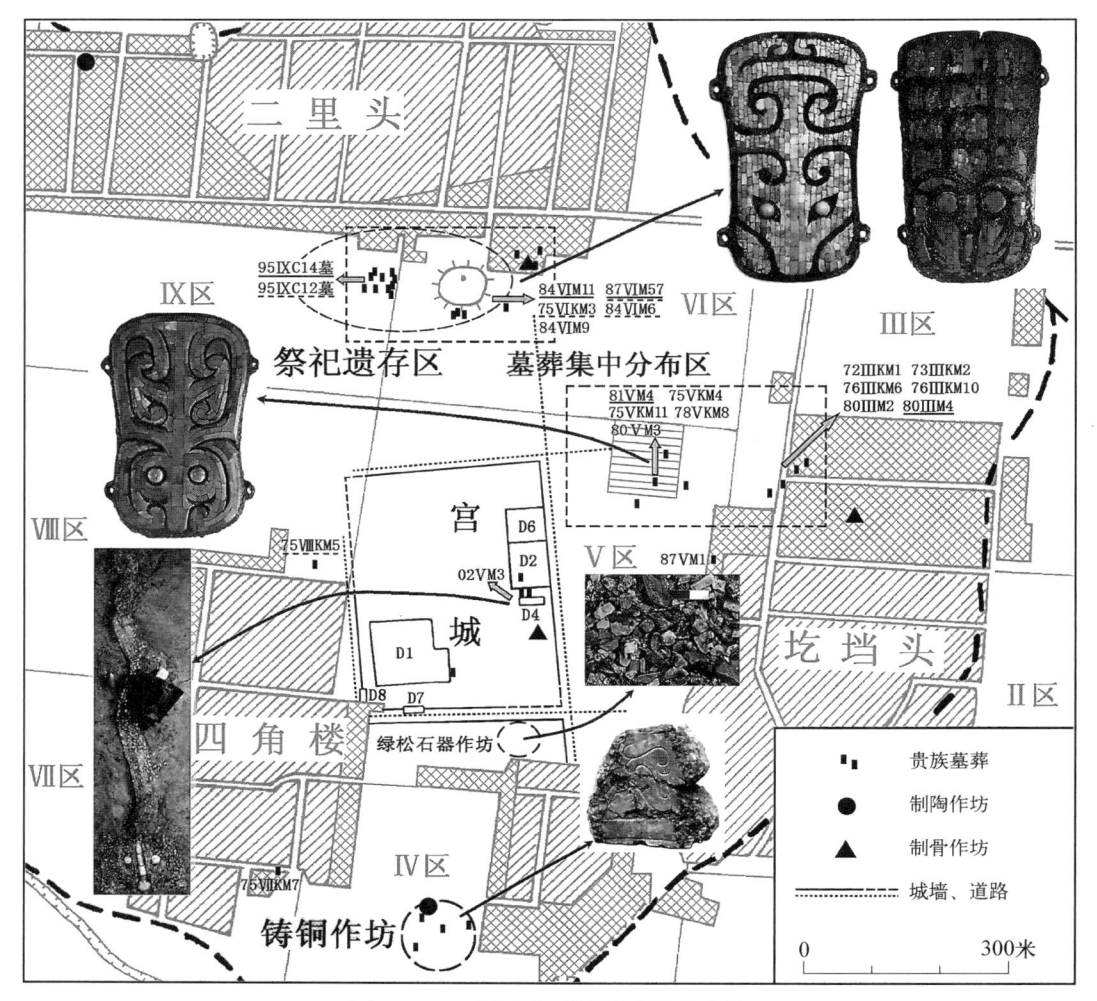

**图一三 二里头遗址重要遗存分布图**

（墓号下带横实线者为随葬铜牌饰墓，墓号下带横虚线者为随葬非铜质牌饰墓，墓号下无标识者应为不随葬镶嵌牌饰墓）

好秘的壁戚舞蹈，这在隆重的祭祀神祖仪式上是颇为相合的。同理，使用玉钺及牙璋的人因为其司职不同而不随葬镶嵌牌饰也是很自然的。由此我们可以做出进一步的判断：在二里头的高级贵族阶层中，那些随葬镶嵌牌饰（及龙形器）的中型墓墓主其生前司职与祭祀神祖是密切相关的，换言之，他们应是专守祭祀神祖、沟通人神活动的祭司集团。

再进一步分析又能发现，那些随葬各种镶嵌牌饰的墓葬，其随葬品的种类也存在较明显差别，一是铜牌饰与铜铃（及玉铃舌）同时随葬的墓，如保存较好的 81ⅤM4、84ⅥM11、87ⅥM57、95ⅨC14 墓等；二是随葬无铜托牌饰的墓不随葬铜铃（及玉铃舌），如保存较好的 95ⅨC12 墓、75ⅥKM3、84ⅥM6 等（附表一）；三是无铜托牌饰的出土

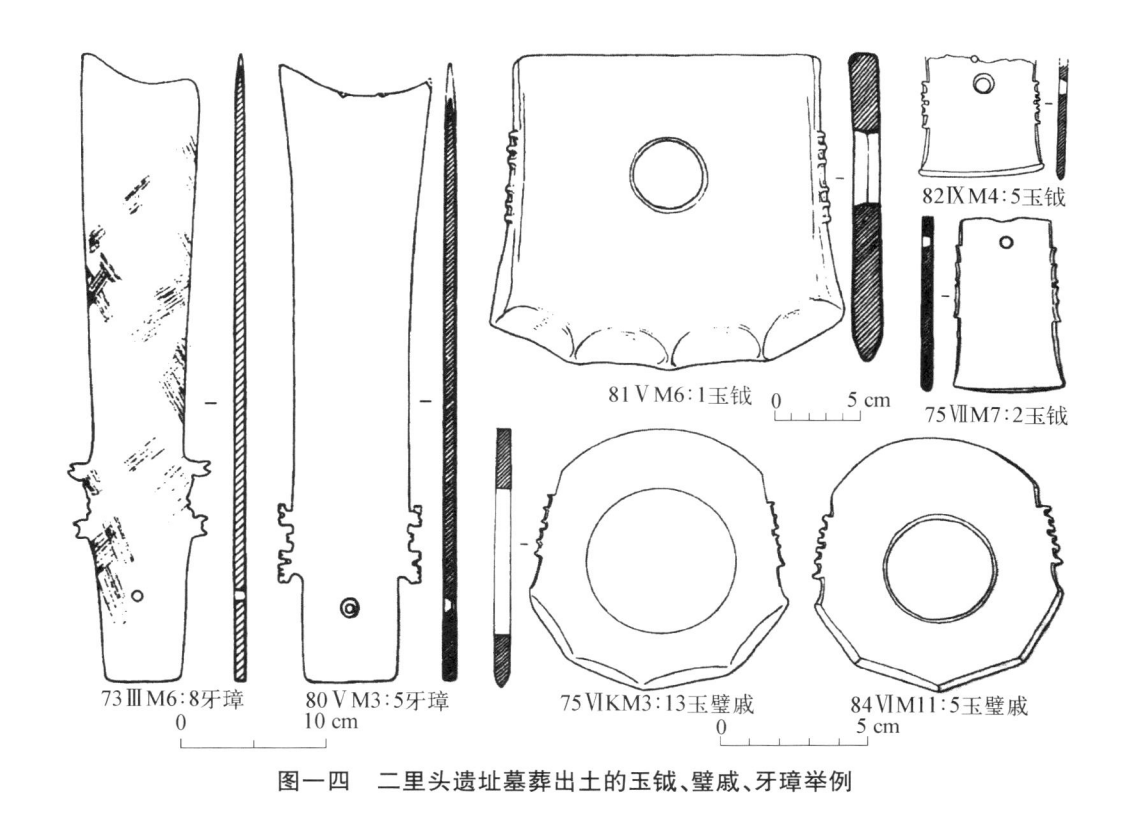

73ⅢM6:8牙璋　80ⅤM3:5牙璋　81ⅤM6:1玉钺　82ⅨM4:5玉钺　75ⅦM7:2玉钺　75ⅥKM3:13玉璧戚　84ⅦM11:5玉璧戚

**图一四　二里头遗址墓葬出土的玉钺、璧戚、牙璋举例**

位置往往不在墓主胸前。只有87ⅥM57除外,此墓的铜牌饰、铜铃可能与无铜托牌饰同出,对这个例外笔者尚无法做出合理解释,只能暂时搁置[53]。很多学者都已注意到铜牌饰与铜铃伴出的现象,02ⅤM3的镶嵌龙形器与铜铃紧靠在一起出土更加验证了这一点,而随葬无铜托牌饰的墓不随葬铜铃又从另外的角度加深了这一点。近年朱乃诚曾以此为前提,并联系《左传·昭公二十九年》那段有关虞夏时期豢龙氏和御龙氏会驯养龙的记载,认为当时似有驯养龙的专门人才,铜铃的功用之一就可能与驯龙的工具有关。此论可备一说,不过从本文的分析出发,既然龙形器和镶嵌牌饰都是祭祀神祖仪式上的法器,铜铃不如视为这隆重仪式上使用的乐器亦即法器更加稳妥,它与璧戚(还应有漆鼓、石磬等)配合所呈现的乐舞正能渲染仪式的神秘气氛,也与我国古代素有"乐以娱神"的说法相合。也就是说,是否拥有铜铃这种法器很可能是祭司之间身份差别的表现之一,使用铜铃的祭司可能身份更高一些。

　　进一步设想,那些有铜质依托的牌饰可能会因为工艺较复杂而成为更贵重的法器之一,那些无铜托的牌饰则因为工艺略显简单而可能属于低一等级的法器,进言之,各种镶嵌牌饰有无铜质依托也应是祭司们显示身份差别的另一个表现。而这一差别又是与有无铜铃的差别相对应的,恐怕不会事出偶然。当然,在这些祭祀法器中,那件镶嵌绿松石的大型龙形器无疑是最令人瞩目的法器之一,其工艺和体量上的优势已无需多言,随葬此器的02ⅤM3埋在宫城内3号基址的庭院中也格外特殊,与那些埋在城外的中型墓明显不同(见图一三)。根据近年的考古发掘已知3号夯土基址很可能与其上叠压的2号基址一样,也属于宗庙一类建筑,杜金鹏曾据此推测,02ⅤM3墓主的生前职司应是宗庙的日常管理者和祭祖活动的参与者。我们可以进一步推断,此墓以其埋于宗庙的特殊处理方式和随葬龙形器等非同一般的祭祀法器[54],表明墓主的身份应高于那些随葬各种小型镶嵌牌饰的墓主[55]。

基于这些分析我们认为,作为当时在宗庙举行的祭祀神祖仪式的主角,祭司们的身份也应有主次或高低之分,02ⅤM3墓主那位使用仪仗性法器镶嵌龙形器的祭司很可能是这隆重仪式的主祭,而使用各种小型佩挂式法器镶嵌牌饰的祭司很可能是仪式的辅祭,其中使用铜牌饰的祭司身份比使用无铜托牌饰的祭司又要高一些,后者还可能因此不使用演奏式法器铜铃[56]。如此,随葬各种镶嵌牌饰、铜铃和龙形器的墓主,很可能就是通过这样的身份差异组成了整个祭司集团,他们以使用各种独具一格、能沟通人神的法器而有别于其他高级贵族,他们与其他高级贵族的身份差别还表现在使用表演式法器玉璧戚等方面(表一)。当然,无论这些高级贵族的身份有多少差异,他们都应是祭祀神祖仪式的积极参与者和维护者,以达到维系传统、加强统治的根本目的,而作为国君的"夏后"应是祭祀神祖仪式的最高主持者和最大受益者,这几乎是可以肯定的了。

**表一　二里头遗址高级贵族身份差异概览表**

| 身　　份 | | 随葬品 | | 埋葬位置 | 典型墓例 |
| --- | --- | --- | --- | --- | --- |
| 祭司集团 | 主　祭 | 祭祖法器 | 镶嵌龙形器、铜铃等 | 宫城内宗庙中 | 02ⅤM3 |
| | 辅祭一 | | 镶嵌铜牌饰、铜铃、玉璧戚等 | 宫城外东北和北面的墓葬及祭祀遗存区等地 | 81ⅤM4、84ⅥM11、87ⅥM57、95ⅨC14 墓 |
| | 辅祭二 | | 非铜质镶嵌牌饰、玉璧戚等 | | 95ⅨC12 墓、75ⅥKM3 |
| 其他高级贵族 | | 非祭祖法器 | 玉钺、玉牙璋等 | | 76ⅢKM10、80ⅤM3、80ⅢM2、84ⅥM9 |

注:1. 本表以二里头遗址已发表的保存较好中型墓资料为基础;2. 本表仅从是否随葬本文所论祭祀用法器角度划分;3. 典型墓例中并非每墓都随葬了标识各自身份的全部器物。

综上所述,二里头遗址目前能确定出土的各种镶嵌绿松石牌饰已有10件左右,其中铜牌饰和非铜质牌饰大约各占一半。而早年流失海外的镶嵌绿松石铜牌饰中有5件左右原本也应出自二里头遗址,另有几座墓的情况本文暂未统计在内。但遗憾的是，该遗址迄今正式发表的只有3件铜牌饰，其余因未正式发表或资料报道不全，无法做出更详细的梳理和分析。尽管如此，现在已看得很清楚，二里头遗址是"早期中国"阶段生产和使用各种绿松石制品最多的两个都邑遗址之一（另一个是殷墟），这些绿松石制品也正是反映和表达"早期中国"文化传统的重要载体之一，其无可替代的研究价值不言而喻，因此希望更多资料能尽快发表。

**注释：**

[1] 李学勤：《论二里头文化的饕餮纹铜饰》，《中国文物报》1991年10月20日，收入《走出疑古时代》（修订本），辽宁大学出版社1997年；叶万松、李德方：《偃师二里头遗址兽纹铜牌考识》，《考古与文物》2001年5期；杜金鹏：《中国龙，华夏魂——试论偃师二里头遗址"龙文物"》，《二里头遗址与二里头文化研究——中国·二里头遗址与二里头文化国际学术研讨会论文集》，科学出版社2006年；朱乃诚：《二里头文化"龙"遗存研究》，《中原文物》2006年4期，收入《中华龙：起源和形成》，生活·读书·新知三联书店2009年；杨美莉：《中国二里头文化的嵌绿松石铜牌》，（日）《Miho Museum研究纪要》3号，2002年。以下凡引诸文不再注出。

[2] 中国社科院考古所二里头队：《1981年河南偃师二里头墓葬发掘简报》，《考古》1984年1期。

[3][10] 陈国梁：《二里头文化铜器研究》，《中国早期青铜文化——二里头文化专题研究》，科学出版社2008年。

[4] 中国社科院考古所二里头队：《1984年秋河南偃师二里头遗址发现的几座墓葬》，《考古》1986年4期。

[5] 朱乃诚：《二里头文化"龙"遗存研究》，《中原文物》2006年4期，收入氏著《中华龙：起源和形成》，三联书店2009年。陈国梁：《二里头文化铜器研究》，《中国早期青铜文化——二里头文化专题研究》，科学出版社2008年。

[6] 中国社科院考古所二里头队：《1987年河南偃师二里头遗址墓葬发掘简报》，《考古》1992年4期。

[7] 本文对上述3件铜牌饰寓意的解释，详见拙文《镶嵌铜牌饰的寓意诸问题再研究》，《东方考古》（第9集），科学出版社2012年。

[8][15] 郑光：《偃师二里头遗址》，《中国考古学年鉴（1996）》，文物出版社1998年。

[9][45][47] 中国社科院考古所二里头队：《1980年秋河南偃师二里头遗址发掘简报》，《考古》1984年1期。

[11] 王青：《镶嵌铜牌饰的寓意诸问题再研究》，《东方考古》（第9集），科学出版社2012年。这5件牌饰的基本情况参见王青：《国外所藏五件镶嵌铜牌饰的初步认识》，《华夏考古》2007年1期；《镶嵌铜牌饰的初步研究》，《文物》2004年5期。

[12] 中国社科院考古所二里头队：《河南偃师二里头遗址三、八区发掘简报》，《考古》1975年5期。

[13] 杨美莉：《中国二里头文化的嵌绿松石铜牌》，（日）《Miho Museum研究纪要》3号，2002年。

[14] 此信息承蒙林沄先生告知，在此表示感谢。林先生1986年到美国开会时曾在辛格家中亲见此件牌饰和铜铃。

[16] 中国社科院考古所：《偃师二里头：1959年~1978年考古发掘报告》，中国大百科全书出版社1999年。小绿松石片线图见中国社科院考古所二里头队：《河南偃师二里头遗址新发现的铜器和玉器》，《考古》1976年4期。

[17][19][21][46] 中国社科院考古所：《偃师二里头：1959年~1978年考古发掘报告》，中国大百

[18] 偃师县文化馆：《二里头遗址出土的铜器和玉器》，《考古》1978 年 4 期。

[20] 中国社科院考古所二里头队：《1980 年秋河南偃师二里头遗址发掘简报》，《考古》1984 年 1 期。上述诸墓出土的镶嵌用小绿松石片，笔者近年曾在社科院考古所洛阳工作站初步调研过，其中多数都做成长方形，有些还可见圆形或臣字眼石片。

[22] 李学勤：《论二里头文化的饕餮纹铜饰》，《中国文物报》1991 年 10 月 20 日，收入氏著《走出疑古时代》（修订本），辽宁大学出版社 1997 年。

[23][28] 中国社科院考古所二里头队：《河南偃师市二里头遗址中心区的考古新发现》，《考古》2005 年 7 期。

[24][29] 李存信：《二里头龙形器的清理与仿制复原》，《中原文物》2006 年 4 期。

[25] 王青：《记保罗·辛格医生所藏第二件镶嵌铜牌饰》，《中国文物报》2010 年 9 月 17 日 7 版。

[26] 邓淑苹：《雕有神祖面纹与相关纹饰的有刃玉器》，《刘敦愿先生纪念文集》，山东大学出版社 1998 年。

[27] 承蒙栾丰实先生告知，山东日照两城镇遗址在 2000 年发掘的 1 座龙山文化中期墓葬，于手腕部位有一片小绿松石片范围，后取回清理。据笔者所见约有 30 厘米长，绿松石小片多有散乱，局部排列较为整齐，应镶在已朽有机物基底上，整体似一条扭动的龙，与二里头 02ⅤM3 镶嵌龙形器有相似之处。旁边还有一堆小石子，大约是装在袋子里做"响器"用的。另外，1998 年在山西临汾下靳发掘了陶寺文化墓地，其中有的墓在人骨腕部戴有绿松石镶嵌牌饰，但镶得比较杂乱，看不出纹饰规律。见下靳考古队：《山西临汾下靳墓地发掘简报》，《文物》1998 年 12 期。这些发现提示我们，二里头遗址出土的无铜托牌饰镶出的纹饰可能不一定都和铜牌饰一样。

[30] 王青：《浅议二里头镶嵌龙形器的面部纹饰复原》，《早期夏文化与先商文化研究论文集》，科学出版社 2012 年。

[31][32] 冯时：《二里头文化"常旜"及相关诸问题》，《考古学集刊》（第 17 集），科学出版社 2010 年。

[33] 梁思永、高去寻：《侯家庄第二本·1001 号大墓》，"中研院"史语所 1962 年。

[34] 高小刚：《图腾柱下——北美印第安文化漫记》，生活·读书·新知三联书店 1997 年。

[35] 中国社会科学院考古研究所：《殷墟的发现与研究》，科学出版社 2001 年。

[36] 中国社科院考古所：《中国考古学·夏商卷》，中国社会科学出版社 2003 年。

[37] ［日］林巳奈夫：《殷周时代的图像记号》，《东方学报》第 39 册 1968 年。

[38] 张光直：《商周青铜器上的动物纹样》，《中国青铜时代》，台北联经出版事业公司 1983 年。

[39] 王青：《镶嵌铜牌饰所见中国早期文明进程问题》，《东方考古》（第 3 集），科学出版社 2004 年。

[40] 王青：《二里头遗址出土雕刻类神灵形象的复原研究》，《玉魂国魄：中国古代玉器与传统文化学术讨论会文集（六）》，浙江古籍出版社 2014 年。

[41] 朱乃诚：《二里头文化"龙"遗存研究》；李德方：《二里头遗址的龙纹与龙文化》；蔡运章：《绿松石龙图案与夏部族的图腾崇拜》，均收入《二里头遗址与二里头文化研究——中国·二里头遗址与二里头文化国际学术研讨会论文集》，科学出版社 2006 年。

[42] 中国社科院考古所：《中国考古学·夏商卷》，99—101 页表 2-1，中国社会科学出版社 2003 年。

[43] 本文图一一以许宏《二里头遗址及其周边地域的聚落考古学研究》图三为基础制成，《中国考古学与瑞典考古学——第一届中瑞考古学论坛文集》，科学出版社 2006 年。此图公布的"贵族墓"有 30 余座，其中部分墓葬尚未发表。

[44] 李志鹏：《二里头文化墓葬研究》，《中国早期青铜文化——二里头文化专题研究》，科学出版社 2008 年。

[48] 1982 年秋在二里头遗址Ⅸ区清理的 1 座二里头二期墓 M4，随葬有铜铃和玉铃舌各 1 件，同时

还有玉钺1件(图见本文图一一),这与本文的有关论断好像有些矛盾,但简报已说明此墓(及M5)已被乡民取土扰乱。特此说明。见中国社科院考古所二里头队:《1982年秋偃师二里头遗址九区发掘简报》,《考古》1985年12期。还要说明的是,二里头随葬各种镶嵌牌饰的墓有些还随葬了铜"战斧"和铜戈、玉戈等(如75ⅥKM3、87ⅥM57等,详见附表一),这些器物与玉钺、牙璋的功用有何异同,还需要进一步研究。

[49] 夏鼐:《商代玉器的分类、定名与用途》,《考古》1983年5期。
[50] 本文图一二采自郝炎峰:《二里头文化玉器研究》277页图一、280页图三、283页图五,《中国早期青铜文化——二里头文化专题研究》,科学出版社2008年。
[51] 林沄:《说"王"》,《考古》1965年6期。
[52] 林沄:《说戚、我》,《古文字研究》17辑,中华书局1989年。本文引用的玉璧戚与林先生对玉器"戚"的界定有差异,特此说明。
[53] 如果用"助葬"行为来解释,则可能是与87ⅥM57墓主生前关系密切的人把自己的无铜托牌饰献给死者做了陪葬品。但目前二里头出土的无铜托牌饰都未详细发表,无法做进一步分析,只能暂时搁置不议。
[54] 此墓还随葬有鸟首玉饰1件,一组3件的斗笠状小白陶器等。其中后者位于墓主头骨上方,可能是头饰或冠饰组件。这些都是罕见的发现,当与墓主的祭司身份有关。中国社科院考古所二里头队:《河南偃师市二里头遗址中心区的考古新发现》,《考古》2005年7期。
[55] 许宏先生也有类似看法,见氏著:《最早的中国》154页,科学出版社2009年。
[56] 本文在这里将各种身份的祭司描述为"同时共存"的人物,但现有中型墓资料表明,他们实际上分属于二里头文化二至四期的不同时段。看来还有待更多发现来充实这一"共存"的场景。

### 附表一　二里头遗址中型墓及随葬绿松石制品统计表

| 墓葬 | 分期 | 面积及方向 | 位置 | 镶嵌龙形器、牌饰、铜铃及玉铃舌 | 其他随葬品 | 备注 |
| --- | --- | --- | --- | --- | --- | --- |
| 02ⅤM3 | 二期 | 2.24×1.1米,356° | 宫城东部3号夯土基址内 | 龙形器、铜铃1、玉铃舌1 | 玉器、绿松石珠、白陶器、漆器、陶器和海贝等上百件(枚) | 局部被打破 |
| 81ⅤM4 | 二期偏晚 | 2.5×1.16米,南北向 | 宫城东北的墓葬集中区 | 铜牌饰1、铜铃1、玉铃舌1 | 玉柄形器1、绿松石管2、陶盉1、圆陶片2、漆器(钵、鼓等)5 | 保存较好 |
| 95ⅨC14墓 | 二期偏晚 | 未知 | 宫城以北的祭祀遗存区 | 铜牌饰1、铜铃1、玉铃舌1 | 未知 | 此墓未发表 |
| 80ⅢM4 | 三期 | 2.15×1.3米,358° | 宫城东北的墓葬集中区 | 铜牌饰(铜尖状器)1,其他不明 | 陶盉及陶爵残片,绿松石片及绿松石管200余,其他不明 | 早年被盗 |
| 84ⅥM11 | 四期 | 2×0.95米,345° | 宫城以北的墓葬及祭祀遗存区 | 铜牌饰1、铜铃1、玉铃舌1 | 铜爵1、玉圭1、刀1、璧戚1、柄形器1、绿松石管2、陶盉1、爵1、圆陶片6、漆盒1、海贝58、大扇贝1 | 保存较好 |

续　表

| 墓　葬 | 分期 | 面积及方向 | 位　置 | 镶嵌龙形器、牌饰、铜铃及玉铃舌 | 其他随葬品 | 备　注 |
|---|---|---|---|---|---|---|
| 87ⅥM57 | 四期 | 约 2×1米,南北向 | 宫城以北的墓葬及祭祀遗存区 | 铜牌饰1、铜铃1、玉铃舌1,非铜质牌饰1(绿松石片) | 铜爵1、刀1、玉刀1、戈1、月牙形器1、柄形器2、绿松石珠2、陶盉1、簋、盆1、罐1、圆陶片5、石铲1、贝壳5、漆器(觚?) | 保存较好 |
| 75ⅥKM3 | 三期 | 2.3×1.26米,357° | 宫城以北的墓葬及祭祀遗存区 | 无铜托牌饰1(绿松石片范围) | 上层:铜爵1、战斧1、戈1、圆泡形器1、玉柄形器1、陶盉1、圆陶片5、石磬1;下层:铜圆形器2、玉圭1、戈1、璧戚1、绿松石三角形器2、骨串饰1、海贝若干 | 保存较好 |
| 75ⅧKM5 | 三期 | 不明 | 宫城以西数十米 | 无铜托牌饰1(绿松石眼1对) | 玉璧戚1,余不明 | 乡民取土破坏 |
| 95ⅨC12墓 | 四期 | 未知 | 宫城以北的祭祀遗存区 | 无铜托牌饰1,无铜铃(及铃舌) | 未知 | 此墓未发表 |
| 84ⅥM6 | 四期 | 1.5×0.8—0.9米,347° | 宫城以北的墓葬及祭祀遗存区 | 无铜托牌饰1(绿松石片范围) | 铜爵1、玉柄形器1、绿松石串饰1、陶盉1、圆陶片1 | 保存较好 |
| 72ⅢKM1 | 三期 | 不明 | 宫城东北的墓葬集中区 | "绿松石若干"暂不计 | 玉圭1、刀1、戈1、镯1、板1、残器3、圆陶片5、绿松石片、蚌珠若干,其他不明 | 乡民建窑破坏 |
| 73ⅢKM2 | 三期 | 2.9×2.07米,南北向 | 宫城东北的墓葬集中区 | "绿松石片26件"暂不计 | 玉柄形器1、陶盉1、圆陶片5、蚌镞1、绿松石片26,其他不明 | 已被盗扰 |
| 75ⅤKM11 | 三期 | 1.9×0.94米 | 宫城东北的墓葬集中区 | "绿松石片172件"暂不计 | 残铜块2、绿松石珠484、绿松石片172,其他不明 | 已被盗扰 |
| 80ⅢM2 | 三期 | 2.55×1.2米,357° | 宫城东北的墓葬集中区 | "绿松石片"暂不计 | 铜爵2、刀2、玉圭1、玉钺1、陶爵1、盉1、盆1、圆陶片4、漆器、绿松石片 | 保存较好 |
| 75ⅦKM7 | 四期 | 不明 | 宫城外西南近300米 | "绿松石片数十件"暂不计 | 铜爵1、玉刀1、牙璋1、钺1、柄形器1、圆陶片1、绿松石片数十件 | 已被扰乱 |

续 表

| 墓 葬 | 分期 | 面积及方向 | 位 置 | 镶嵌龙形器、牌饰、铜铃及玉铃舌 | 其他随葬品 | 备 注 |
|---|---|---|---|---|---|---|
| 75ⅤKM4 | 三期 | 不明 | 宫城东北的墓葬集中区 |  | 镶嵌绿松石圆形铜器1、玉柄形器1,其他不明 | 乡民取土破坏 |
| 76ⅢKM6 | 三期 | 2.3×1.38米,南北向 | 宫城东北的墓葬集中区 |  | 铜爵1、玉牙璋1、陶盉1、圆陶片6、漆器,其他不明 | 已被盗扰 |
| 76ⅢKM10 | 三期 | 2.26×1.46米,南北向 | 宫城东北的墓葬集中区 |  | 圆陶片3、漆器、绿松石珠2、绿松石管2 | 保存较好 |
| 80ⅤM3 | 三期 | 2.15×1.2米,358° | 宫城东北的墓葬集中区 |  | 玉钺1、牙璋2、坠饰1、陶爵1、盉1、罐1、瓮1、盆1、圆陶片1、绿松石珠2 | 保存较好 |
| 78ⅤKM8 | 三期 | 不明 | 宫城东北的墓葬集中区 |  | 铜爵1、圆陶片1,其他不明 | 平整土地破坏 |
| 84ⅥM9 | 四期 | 2.4×0.8—0.9米,347° | 宫城以北的墓葬及祭祀遗存区 |  | 铜爵1、斝1、玉柄形器1、陶盉1、簋1、大口尊1、罐1、器盖1、圆陶片3、漆觚1、海贝70、鹿角1 | 保存较好 |

注:1. 此表以《中国考古学·夏商卷》第99—101页之表2-1为基础制作;2. 此表的墓葬位置多数可见于图一一。

(原载《夏商都邑与文化(二)》,中国社会科学出版社2014年,原题为《二里头遗址出土镶嵌绿松石牌饰的初步研究》)

# 移 植 汇 聚

## ——镶嵌铜牌饰的起源和传布

镶嵌绿松石铜牌饰是夏代前后的珍贵遗宝,自从1981年偃师二里头遗址首次科学发掘出土1件完整铜牌饰以来[1],此类牌饰逐渐引起学界的关注,针对海内外陆续收集和公布的16件此类铜牌饰,学者们已就其年代、寓意和功用等方面做了深入研究[2]。但受已有资料的限制,对此类牌饰的起源和传布问题的研究相对较少,只有陈小三和陈国梁两位年轻学者近年做了专门讨论[3]。随之,相关的新发现材料又有公布,主要包括山东日照两城镇遗址出土的龙山时期镶嵌绿松石器,以及甘肃天水、广河出土的2件镶嵌绿松石铜牌饰等。新资料的增加,为讨论提供了更加有利的条件,使我们能从更广阔的背景来考察此类牌饰的起源和传布问题,再结合近年学界涌现的新成果,从宏观上思考东方沿海地区、西北地区以及中西方早期交往在早期中国文化传统形成过程中扮演怎样的角色,这些问题都是事关早期中国形成机制的某些带全局性的问题。以下就此展开讨论,不妥之处请批评指正。

## 一、起源问题

随着可比资料的增多和研究的不断深入,现在看铜牌饰的起源问题可能比较复杂,这种集铸造和镶嵌于一身的器物为此前所未见,开我国历史上很有特色的"金镶玉"传统之先河,应是当时制作工艺最为复杂的青铜器种类之一,充分反映了它处于新石器时代晚期向青铜时代过渡的时代特点。在这种情况下,分析此类牌饰的起源就不应笼统言之,而应至少区分出铸造工艺、镶嵌工艺、纹饰寓意等三个方面,从不同角度来分别追溯其来源,陈国梁新近的研究就是从这一思路进行的,反映了研究不断深入的趋势。笔者认为,此类牌饰的铸造工艺应来自西北地区(详见下节),而镶嵌工艺、形象寓意等关键文化因素则应源自东方地区的良渚文化、大汶口文化和龙山文化。以下从日照两城镇遗址的一次新发现展开讨论。

2000年,山东大学中美联合考古队在日照两城镇遗址一座墓(M33)中发掘出土了1件镶嵌绿松石器,并将其套箱运回山东大学博物馆。2004年的发掘简报对此墓做了简要介绍,近年出版的发掘报告全面发表了此墓资料,发掘者科杰夫博士等随后对这件镶嵌绿松石器做了专门研究[4]。此墓面积4平米余,墓主为成年男性,一棺一椁,随葬陶器近30件,应属于龙山文化中期墓,是该遗址历年发掘的最大一座龙山文化墓葬(图一)。镶嵌绿松石器(编号M33:38)位于墓主左手腕之上,由210多片绿松石片组成,集中分布范围长约24、宽约4—5厘米,少量石片散布稍远,可能是埋藏过程中移位所致(图二)。石片个体都较小,多在1厘米左右,少数大者1.7、小者0.2—0.5厘米,厚度0.1厘米左右。石片经切割及打磨较好较规整,形状各有不同,规则或不规则四边形为多,还有六边形、五边形、三角形、扇形等,另有至少1件圆形小片,少量石片还有穿孔或半穿孔(图三,1)。另在绿松石片分布范围的内侧有一堆浅黄色小石子和一段兽骨,石子(编号M33:39)约有35颗,呈圆球状集中分布,分布直径约2.8厘米,石子个体较小,一般直径只有0.4—

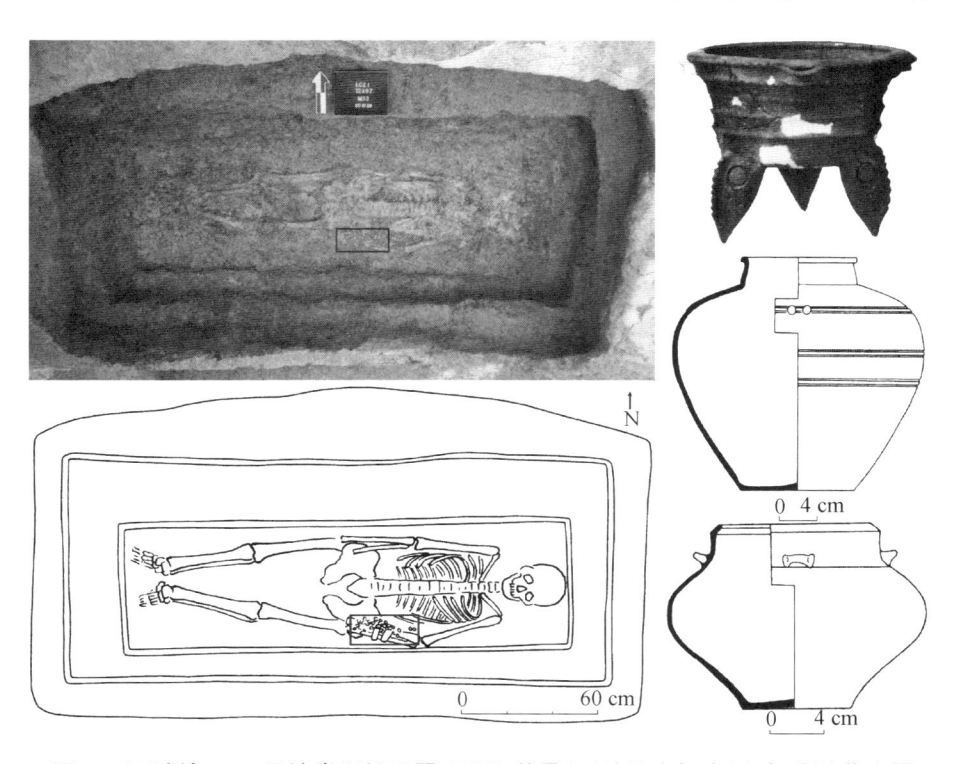

**图一　两城镇M33及镶嵌绿松石器、石子、兽骨(手腕处方框内)和部分随葬陶器**

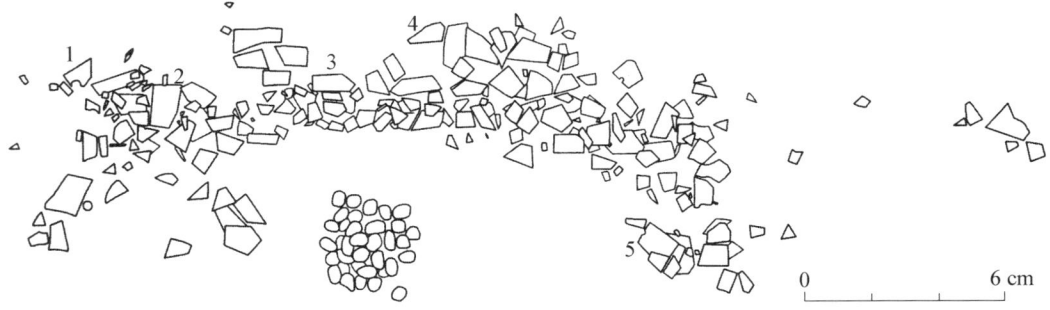

**图二 两城镇 M33 镶嵌绿松石器及石子、兽骨的出土场景**
(上为北;下图中 1—5 序号为科杰夫提取和分析的绿松石片,见图三之 1)

0.5厘米;兽骨(编号 M33：40)已严重腐朽,仅剩下黄褐色长条形朽痕(见图二、彩版三之上、中)。

  根据发掘报告的描述,这件器物的绿松石片之下没有发现明显的有机质类遗存。但仔细观察实物不难发现,绿松石片集中分布范围的整体轮廓呈现较为明显的弯弧状,石片的排列也相对比较规整,这意味着很可能是要表现某种图案或形象。我们推测,要使这个形象保持完整和持久不变形,应需要将这些石片镶嵌在某种较硬的承托物上。科杰夫通过室内对实物的检查发现,至少 3 件石片之下有黑色外皮,并据此推测石片应经过了"一些表面处理或胶粘的处理"。所以我们认为,这些绿松石片应是使用某种粘合剂镶嵌在木板之类承托物上的,亦即这些石片应是用于镶嵌的嵌片,只不过粘合剂和承托物因年久多已腐朽无存。这些嵌片中约有 5 件带穿孔或半穿孔(其中 4 件科杰夫已做了提取和分析,见图三,1),数量很少,推测应是穿孔坠饰残破后的再利用。这些嵌片之间的间隙较大,显得比较松散,推测可能是埋藏过程中粘合

**图三  两城镇 M33、西朱封 M202、二里头 03Ⅲ M3 出土的绿松石嵌片标本**
(1. 两城镇 M33   2、4. 西朱封 M202   3. 二里头 03Ⅲ M3)

剂失去效力和棺内填土挤压导致了嵌片松动和移位,小型动物或微生物的活动很可能也是重要原因。

这件镶嵌绿松石器呈现出一定的形状,很可能是要表现某种图案或形象。科杰夫也这样认为,他把这件器物和内侧的那堆小石子联系起来考虑,并结合红山文化、石家河文化的鹰或鸟形玉器的有关发现,认为表现的是鸟形象,小石子代表鸟或鸡摄入的用于辅助消化的"胃石"或"砂囊石"(图四,上)[5]。笔者认为还有进一步分析的余地。从绿松石嵌片集中分布的范围和形状看,其一端明显较大,其中还可见 1 件圆形小嵌片,另一端则较小,并有向内弯曲的趋势,整体显露出一个扭动身躯的动物形象,较大的一端应代表头部,那件圆形小嵌片很可能是眼睛,较小的一端代表尾部(图四,下;彩版三之下)。值得注意的是,早年在临朐西朱封遗址一座龙山文化大墓 M202 中曾出土了 1 件精美玉簪,近年对这件玉簪已有专门介绍[6]。其簪头以浅浮雕技法雕出 3 个神面形象,其中上部 2 个连为螺旋形的卷身,面部类似人面,但长身卷曲又非人类所有,显然要表现的是一个卷身神灵形象(图五)。这座大墓同属龙山文化中期,玉簪雕刻的卷身神灵形象与两城镇 M33 这件镶嵌绿松石器表现的形象和寓意具有可比性,其间的相通之处不可忽视,很可能是龙身(或蛇身)的神灵形象[7]。

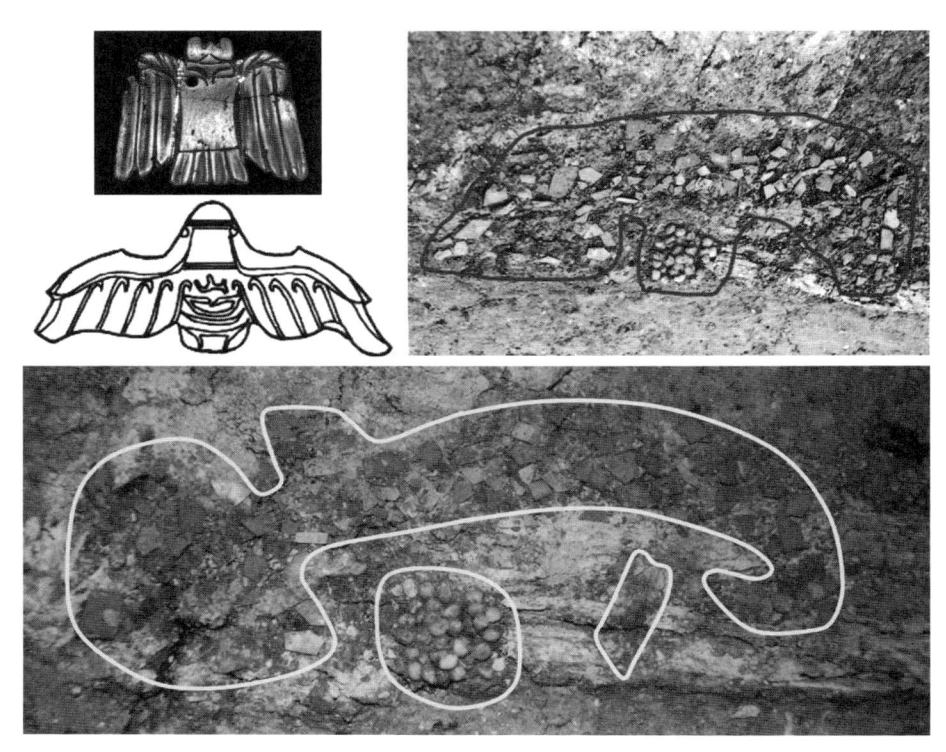

**图四　两城镇 M33 镶嵌绿松石器及石子的两种形象寓意解释**
（上为科杰夫勾勒及其对比玉器标本，下为笔者勾勒）

两城镇这件镶嵌绿松石器是一次重要发现，目前在史前考古遗存中尚无同类器发现，能与之相比的只有二里头遗址 2002 V M3 出土的镶嵌绿松石龙形器，这件龙形器局部的嵌片有些位移，尤其面部形象有所不清，李存信和笔者曾做过仿制或复原（图六，3、4）[8]。这件龙形器长近 0.7 米，镶嵌了 2 000 余片绿松石片，石片的加工工艺和形状都与两城镇这件相似，唯尺寸两城镇的稍大，可能工艺还比较原始（见图三，3），并且也有大脸、卷尾和扭动身躯，应为龙（蛇）类神灵形象，与两城镇这件比较近似。不仅如此，与这件龙形器同出有铜铃和玉铃舌，组成一套可以演奏的响器。另外值得注意的是，日照东海峪遗址曾出土了 1 件黑陶蚌形响器，内有 7 个小泥丸，摇动能发出清脆悦耳的声响[9]。这都启发我们，两城镇 M33 与这件绿松石器同出的那堆小石子和条形骨器的用途，很可能也是某种响器，譬如可以用布袋盛装小石子，通过与条形骨器的撞击发出声响，如此也能组成一套可以演奏的响器。由此可以合理推测，两城镇 M33 和二里头龙形器一样，都应是祭祀仪式上的通神法器，属于广义的礼器范畴[10]。此外，这两座墓的墓主都是随葬品丰富的男性，应该都是主持祭祀仪式的高级贵族。

•移植汇聚——镶嵌铜牌饰的起源和传布•

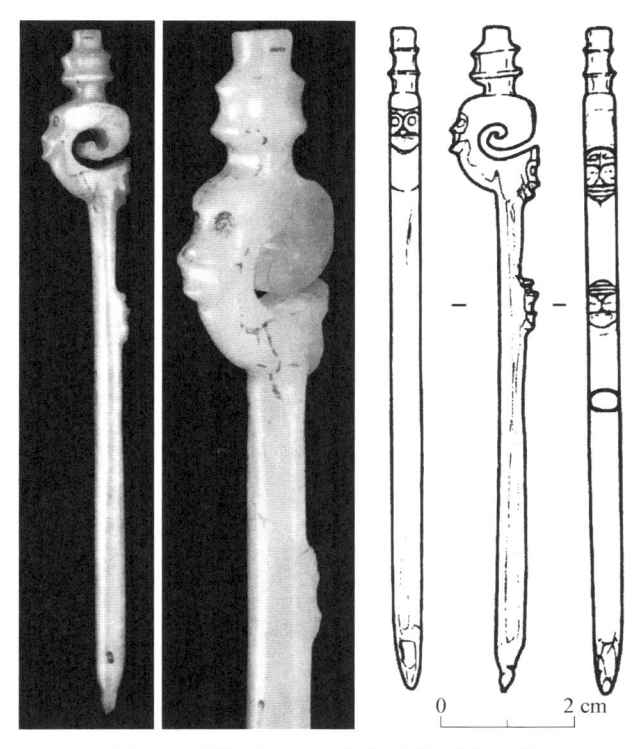

**图五　西朱封 M202 出土的浅浮雕玉簪**

由此可以推断,无论镶嵌工艺和形象寓意,两城镇这件绿松石器都应是二里头 02 V M3 龙形器的直接源头。而二里头这件龙形器又与镶嵌铜牌饰具有相通性,如保罗·辛格收藏的第 2 件镶嵌铜牌饰约在二里头文化二期,是目前所知年代最早的此类牌饰之一(图六,1),其镶嵌工艺和形象寓意就与二里头 02 V M3 龙形器非常近似,是龙形器的进一步抽象和浓缩[11]。而且二里头还有四五件无铜托的镶嵌绿松石牌饰没有发表,其镶嵌工艺和形象寓意与已发表的镶嵌铜牌饰基本相同[12]。由此可知,两城镇 M33 这件绿松石器也应是镶嵌铜牌饰的来源,其发展脉络可以这样勾勒:两城镇 M33 无铜托镶嵌绿松石器→二里头 M3 无铜托镶嵌绿松石龙形器→二里头无铜托镶嵌绿松石牌饰→二里头镶嵌绿松石铜牌饰。

检核考古资料不难发现,山东地区史前时期比较流行绿松石镶嵌工艺,如大汶口文化中晚期的泰安大汶口、邹城野店等遗址都曾发现过镶嵌绿松石圆饼的骨质或象牙雕筒[13],尤其是在莒县陵阳河遗址曾出土过 7 件小玉片,是早年从大汶口文化晚期大墓中采集而来,实际数量当不知此数[14]。年代稍早或同时的良渚文化墓葬中这种小玉片出土更多,如上海福泉山、浙江遂昌好川等地的大墓中都有出土[15],良渚古城的反山、瑶山大墓中还出过大量用于镶嵌的小玉粒[16],可见良渚文化的镶嵌技术更

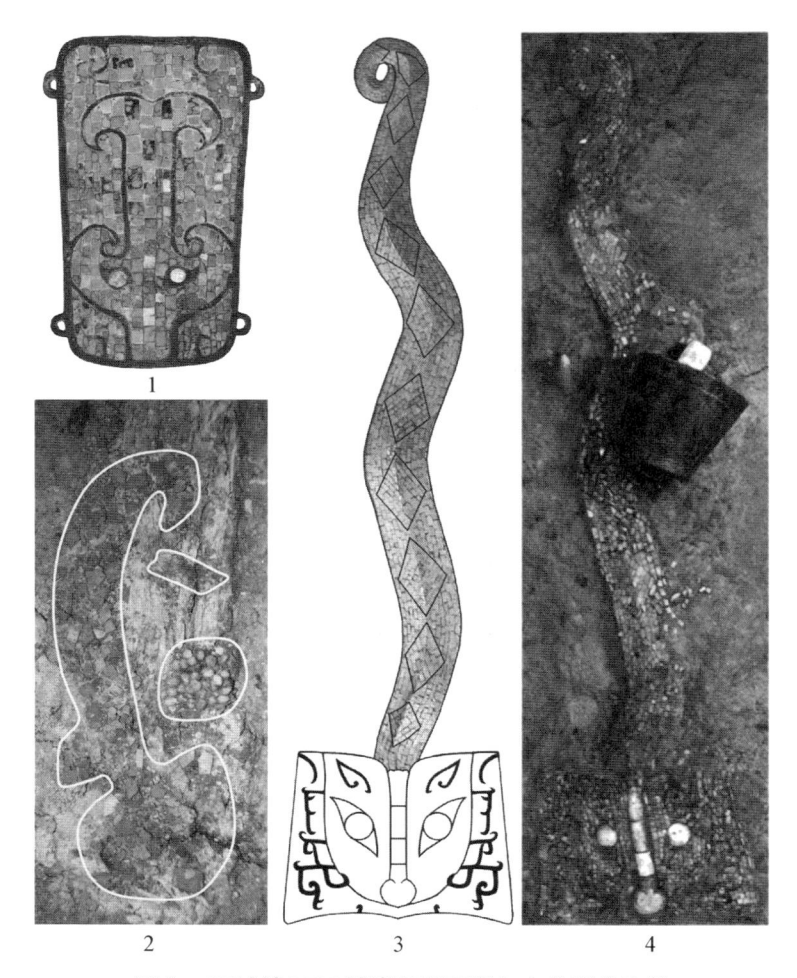

**图六　两城镇 M33 镶嵌绿松石器与有关器物比较**

(1. 保罗·辛格藏镶嵌铜牌饰　2. 两城镇 M33 镶嵌绿松石器　3、4. 二里头 03ⅢM3 镶嵌绿松石龙形器及其复原)

早更发达。地处苏北的新沂花厅遗址的一座大墓中也出土了这种小玉片[17],与上述三地的小玉片很相似(图七)。从好川小玉片的出土场景看,应是镶嵌在某种圆形漆器上,有学者已做了复原(图八)[18]。鉴于花厅遗址还发现了良渚人北上征服当地大汶口人的考古证据[19],可以认为,应是良渚文化的小玉片镶嵌工艺传入了陵阳河所在的鲁东南一带。

到龙山时期,这种小玉片镶嵌工艺又进一步发展出了加工更小更薄的镶嵌绿松石工艺。对此除了前述两城镇 M33 的镶嵌绿松石器,还有两例也能说明这一点。一是 1936 年两城镇遗址的发掘曾在一座随葬品丰富的墓葬中发现有"绿松石

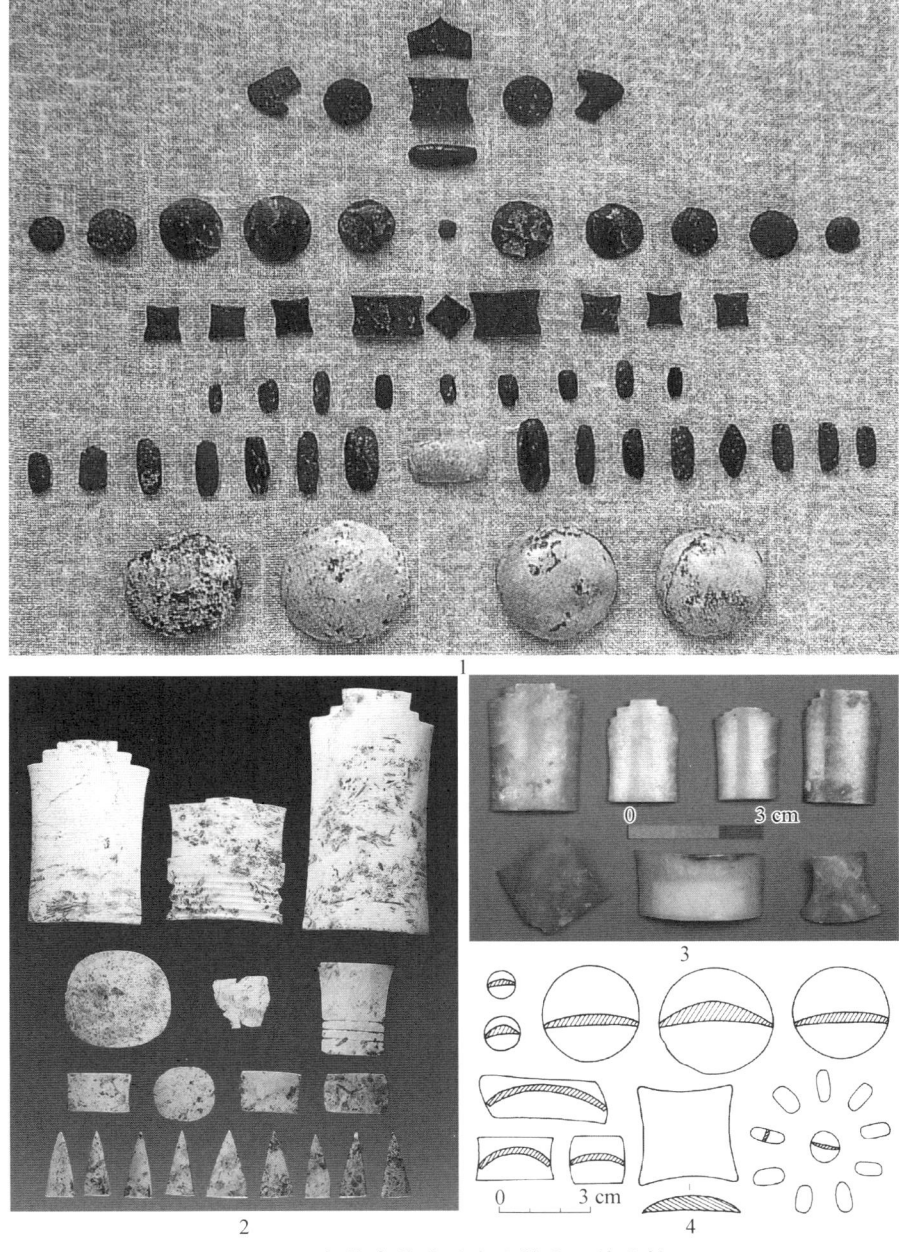

**图七　有关史前遗址出土的小玉片比较**

(1. 福泉山出土　2. 好川出土　3. 陵阳河出土　4. 花厅出土)

凑成的东西",发掘者推测可能是头部的装饰品[20];二是1989年发掘的临朐西朱封M202大墓在玉冠饰和玉簪附近出土了近千件绿松石小片(见图三,2、4),M203大墓也出土了近百片[21],有学者认为是镶在头冠或头巾上的[22],但笔者认为M202的近千件绿松石小片很可能是镶嵌在玉冠饰上,构成某种神灵形象[23]。两城镇

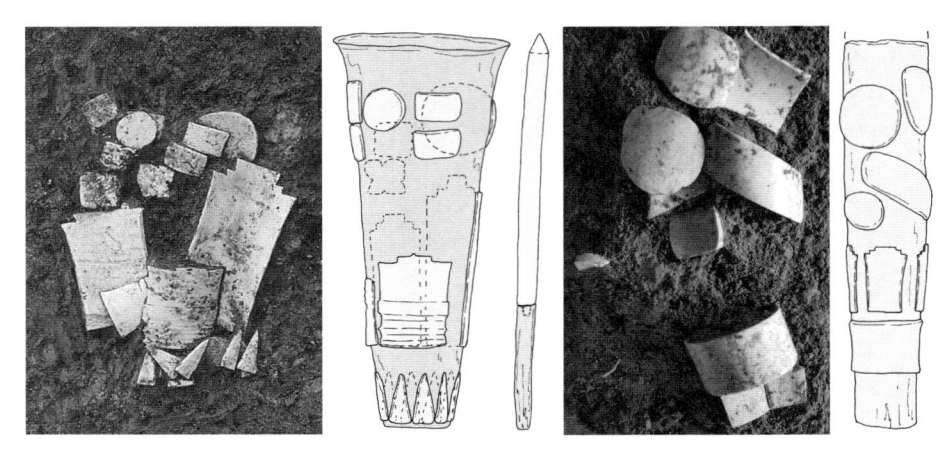

图八 好川 M60(左)、M62(右)小玉片出土场景及其镶嵌复原图
（M60 包括棒状物的镶嵌复原）

M33 镶嵌绿松石器的发现从侧面支持了这一判断。这三例证明,龙山时期山东地区的镶嵌绿松石工艺是同时期最发达的,这应该是进一步传入中原二里头文化的必要的工艺基础。

形象寓意方面也可如是观。学术界早已认识到,商周饕餮纹的源头可追溯至良渚文化的神人兽面纹,二里头镶嵌铜牌饰的纹饰形象则是其中间环节[24]。现在,出土资料进一步增多,使得其中的中间环节看得更加明显。目前所知,良渚文化的神人兽面纹应是当时崇拜的最高神灵形象,以反山 M12"琮王"所饰最为形象逼真,为一个头戴高羽冠的大兽面形象(图九,1)[25],其简化的形式如余杭瑶山大墓 M12 出土者,上层仍可见倒梯形神人面(图九,2)[26]。有学者注意到这种简化形式,认为与陵阳河等地大汶口晚期大墓出土的一种陶文属于同类[27],这种陶文也可见两层倒梯形,外有两对羽毛(图九,3),只不过陶文过于简化抽象,倒梯形里的兽面已省略,但与良渚神人兽面纹反映的信息是相通的。

到龙山时期,这种神灵形象进一步发展,线条更加抽象流畅,也更加遒劲有力,如日照尧王城遗址出土陶器盖、两城镇遗址出土玉圭上,都装饰有这种头戴高羽冠的兽面形象,都是东夷人鸟崇拜的反映(图九,4—6)[28]。这种形象传入中原后,在新密新砦遗址出土的残器盖上仍可见到类似者(图九,7)[29],二里头镶嵌龙形器的面部形象也是这种兽面(图九,8),只不过兽面以上已换成了地域传统的蛇形身躯,反映了夏人的龙崇拜。镶嵌铜牌饰(如赛克勒藏品[30])、商代饕餮纹(如郑州小双桥出土者[31])则是在此基础上的进一步发展,线条高度抽象概括并渐趋繁缛(图九,9、10)。如此,从良渚神人兽面纹到商代饕餮纹的演化链条,尽管还有某些缺环和有待明晰之处,但兽

**图九 镶嵌铜牌饰之形象寓意起源有关资料比较图**

1. 反山 M12 琮王饰纹  2. 瑶山 M12 玉琮饰纹  3. 陵阳河陶文  4. 尧王城器盖及其饰纹  5、6. 两城镇玉圭饰纹  7. 新砦器盖饰纹（经笔者复原）  8. 二里头镶嵌龙形器面部饰纹（经笔者复原）  9. 赛克勒藏镶嵌铜牌饰  10. 郑州小双桥铜构件饰纹

面作为基本的构图要素并无本质变化，只不过兽面由倒梯形逐渐演变成了扇形或正梯形。由此可知，镶嵌铜牌饰的形象寓意也应是从东方沿海地区的良渚、大汶口和龙山文化继承发展而来的，表现的应是以兽面为母题的神灵形象。

根据目前的考古发现和研究成果，中原地区的冶铜技术很可能源自西北地区。年代上限超过距今 4 000 年、相当于龙山晚期的齐家文化和四坝文化分布于西北地区的河湟谷地至河西走廊一带，历年出土的早期冶铜遗存较多，铜器已达数百件，主要包括四羊首权杖头、空首斧、人面匕首、镜、环首刀、矛、镞、凿、刀、锥、耳环、指环、手镯、扣饰等（图一〇，4—6）[32]。此外，在河西走廊以西的新疆哈密天山北路等地曾出土大批早期铜器,近年来陆续有所披露,主要有圆形牌饰、方形镂孔牌饰、剑、斧、刀、镞、铃、臂钏、耳环、珠、管等(图一○,1—3)[33]。以上铜器种类以工具、武器和装饰品为主,还有铜镜和权杖头等,铜镜和各种牌饰为合范铸造,其余多为锻打而成。其种类之多、数量之多、工艺之进步,为中原和山东地区所不能比,所以近年有学者主张冶铜技术可能在龙山时期即已传入中原地区[34]。但值得注意的是,这些铜器的装饰纹样多是写实的自然物,如太阳、兽皮、林木或角星纹、叶脉纹等各种几何形,缺乏抽象纹样,应属于欧亚草原史前至青铜时代的文化传统,与上述东部沿海和中原地区悠久的兽面神灵崇拜传统迥异。至于羊首权杖头,据研究也是中亚或西亚文化传统,与中原以斧钺为权杖的文化传统迥异[35]。总之,二里头文化青铜器包括镶嵌铜牌饰的铸造技术应是在西北地区基础上发展起来的,但镶嵌铜牌饰的形象寓意则与西北地区无关。

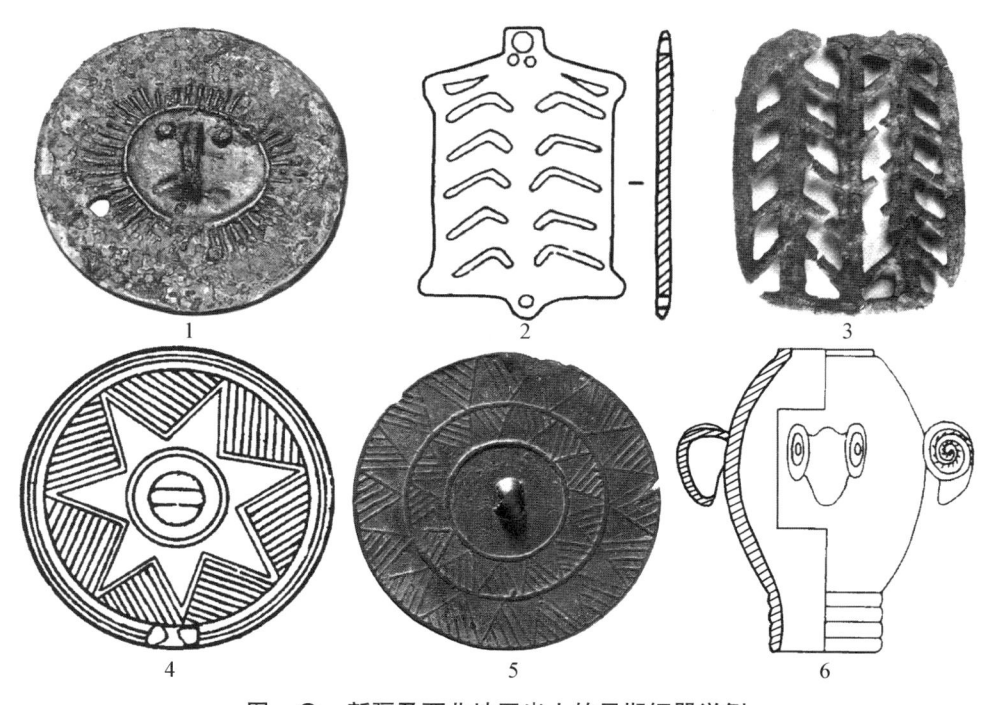

图一○ 新疆及西北地区出土的早期铜器举例

1、3.哈密天山北路出土牌饰 2.哈密腐殖酸厂出土牌饰 4、5.青海贵南尕马台出土、国博藏传出甘肃临夏铜镜 6.甘肃玉门火烧沟出土四羊首权杖头

另外,西北地区的齐家文化还发现了绿松石镶嵌作品,绿松石片或嵌于骨筒上成为腕饰,或嵌于陶器上作为独特醒目的饰品,如青海同德宗日、宁夏固原店河等遗址所见(图一一,4、5)[36]。在中原靠近西北地区的晋南一带也发现了绿松石镶

嵌作品,绿松石片或嵌于骨器上成为腕饰或手镯,或嵌于骨笄或玉笄上作为头饰,如襄汾陶寺、临汾下靳等遗址所见(图一一,1—3)[37]。从镶嵌方式看不难发现,绿松石片加工不规整,嵌得也非常不规整,只是在外轮廓的范围内填充和堆砌,加工及镶嵌工艺显得比较原始和粗犷,远不如上述山东龙山文化的镶嵌作品,反倒与大汶口晚期的镶嵌风格有些近似。再加上这些作品的年代多在距今4 300—4 000年间,所以有研究者认为,应是龙山时期从山东地区传入的镶嵌工艺[38]。从晋南的芮城清凉寺及陶寺、下靳等地大墓表现出的厚葬、棺椁及随葬品玉钺、背壶等浓厚的大汶口文化色彩看[39],很可能大汶口文化晚期的镶嵌绿松石工艺已经从山东传入了晋南地区,西北地区的镶嵌绿松石工艺则可能是从晋南传入的。再加上无论齐家文化、四坝文化或更早的马家窑文化,西北地区迄今并未发现类似两城镇那样的镶嵌绿松石器,所以可以排除二里头铜牌饰的镶嵌工艺源自西北地区的可能性。

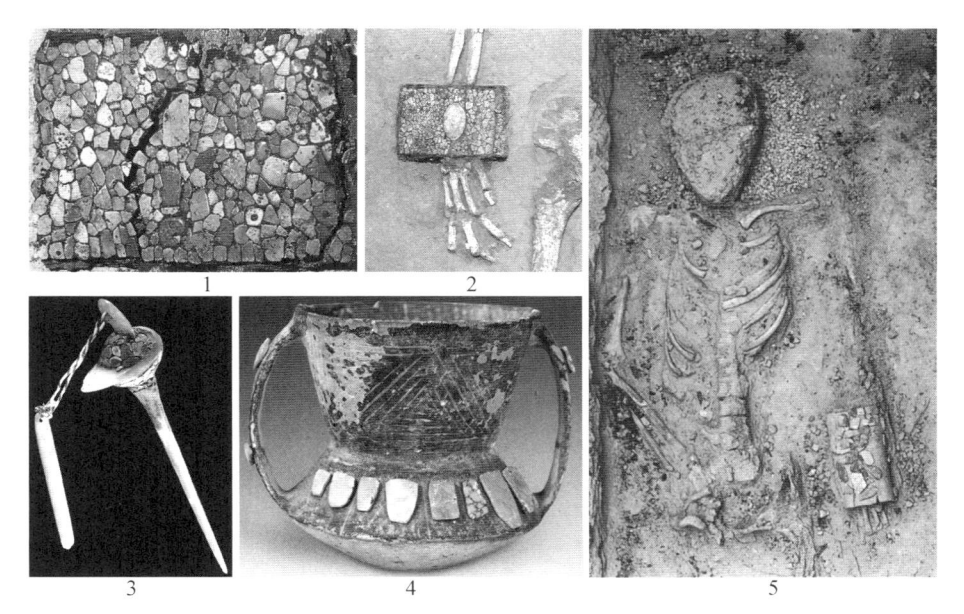

**图一一　晋南及西北地区出土的早期绿松石镶嵌作品举例**

1、3. 陶寺出土腕饰和玉笄　2. 下靳出土腕饰　4. 火烧沟出土彩陶罐　5. 宗日 M322 腕饰出土场景

## 二、传布问题

近些年来,西北地区陆续出土了几件镶嵌铜牌饰,进一步扩大了此类牌饰的分

布范围,同时也促使人们关注早期中西文化交往问题以及铜牌饰的起源及传布问题。陈小三近年曾以新疆出土的早期铜器及甘肃等地出土的铜牌饰,主张此类牌饰应起源于西北地区,再辗转影响中原地区,才出现了二里头遗址所见的此类牌饰[40]。他将新疆出土的早期铜牌饰视为此类牌饰的"原始形态",但本文已讨论了新疆及西北的早期铜器流行写实性自然物装饰纹样,缺乏抽象的兽面神灵纹样,因此不会是二里头铜牌饰的形象寓意的源头。而他列为中间形态和成熟形态的镶嵌铜牌饰中,相互之间缺乏形制演变的明确轨迹,如将原属二里头文化二期的二里头81ⅤM4∶5铜牌饰列为成熟形态,而将原属二里头文化四期的二里头87ⅥM57∶4铜牌饰列为原始形态向成熟形态过渡的中间形态,再如将一般认为属于商代的三星堆遗址出土的铜牌饰列为中间形态的较早阶段,都反映出年代早晚的矛盾和形制演变的矛盾(图一二)。笔者认为,这些相关的镶嵌铜牌饰都应属于二里头文化四期及其以后,因此他所谓的起源问题实际上应是传布问题。以下就从甘肃近年新公布的2件铜牌饰入手,针对有关牌饰的所在年代及传布背景展开讨论,考察此类牌饰的传布过程。

目前所知,甘肃共出土2件镶嵌铜牌饰。其中天水秦城区早年出土的1件张天恩已做过报道,并通过与二里头84ⅥM11∶7的比较,将这件牌饰断在二里头文化四期[41]。这件牌饰的绿松石嵌片大多脱落,但基本轮廓保持完整,其上半部是一个很简洁的锚形羊角纹,下半部为臣字眼的兽面,面积占到整个牌饰的一半余,在铜牌饰演化轨迹中属于较晚者(详后),与属于二里头文化四期的二里头84ⅥM11∶7确实非常近似,反映出相同的年代特征,与属于四期偏晚的伦敦1991年流散品[42]相比有所不同,年代可能略早,所以断在四期偏早较适宜(图一三,1—4)。另一件据闻是早年出自广河县齐家坪遗址,2016年10月笔者在参加齐家文化与华夏文明研讨会期间,对这件牌饰实物做了观察,有的论著同时披露了图片资料[43]。这件牌饰保存不佳,仅存青铜框架,绿松石嵌片已全部脱落(并予采集),不过整体轮廓尚大致可见,其下半部为圆形眼兽面,面积约占整个牌饰的一半,上半部为三排半月形鳞甲纹上下布列,整体纹饰结构与属于二里头文化四期的二里头87ⅥM57∶4很相似,唯二里头者的兽面面积不及整个牌饰的一半,半月形鳞甲纹略宽扁,年代可能略早,则齐家坪者应在四期偏晚。相比之下,与日本美秀博物馆藏的1件铜牌饰更像[44],如外轮廓都较窄长,内侧都有一周长条形环绕,半月形鳞甲纹都较为窄长,圆形眼兽面的形态也很像,且面积约占整个牌饰的一半,都是较晚的特征(图一三,5—8)。

四川广汉三星堆遗址共出土铜牌饰3件,其中高骈和真武各出土的1件镶嵌

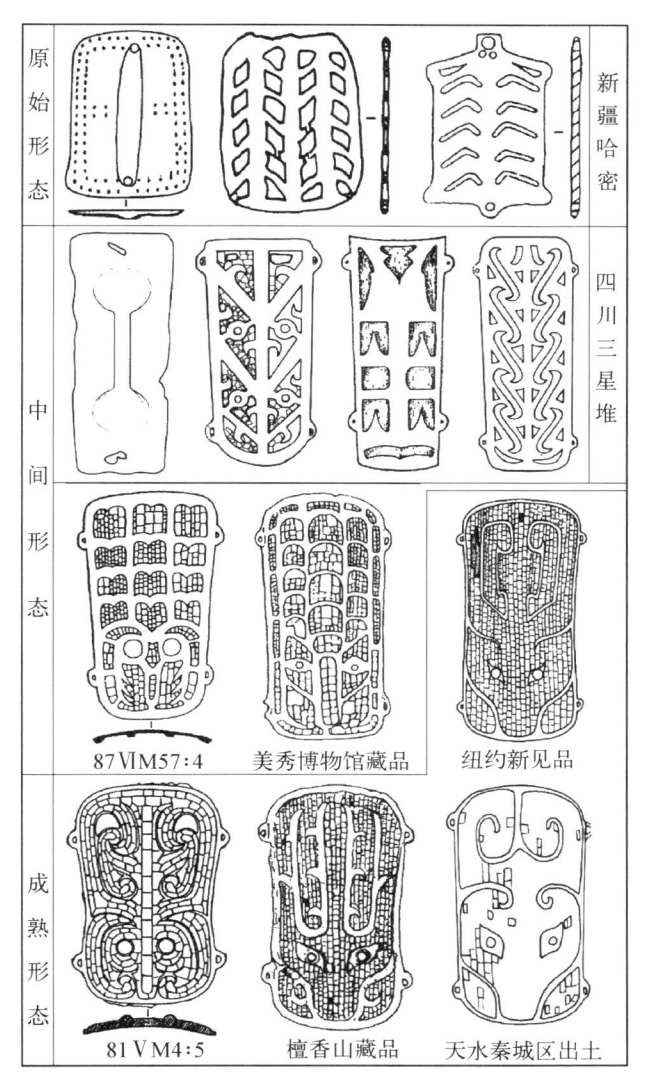

图一二 陈小三关于镶嵌铜牌饰演化的
排序图(据注[40]图六改制)

绿松石片,真武出土的另1件不镶绿松石[45]。这3件都有同出的其他器物,包括玉璋、玉钺(高骈)和玉石璧(真武)等(图一四)。关于这几件牌饰的年代,或通过与其他牌饰的比较断在夏商之际,或结合三星堆出土的玉璋和陶盉等笼统断在商代,或结合同出玉器断在商代后期至西周时期[46]。总之,这3件的年代都要晚于二里头已出土的3件铜牌饰。真武祭祀坑还同出了1件长方形薄铜片,素面不镶绿松石,外轮廓上没有对称分布的四个小系纽,背面却有一个长把手(见图一二"中间形态"上栏之左),应该与铜牌饰不属一类。近年有的研究认为这件铜片与新疆哈密天山北路出土的1件铜牌饰(见图一二"原始形态"之左)相似,因而主张

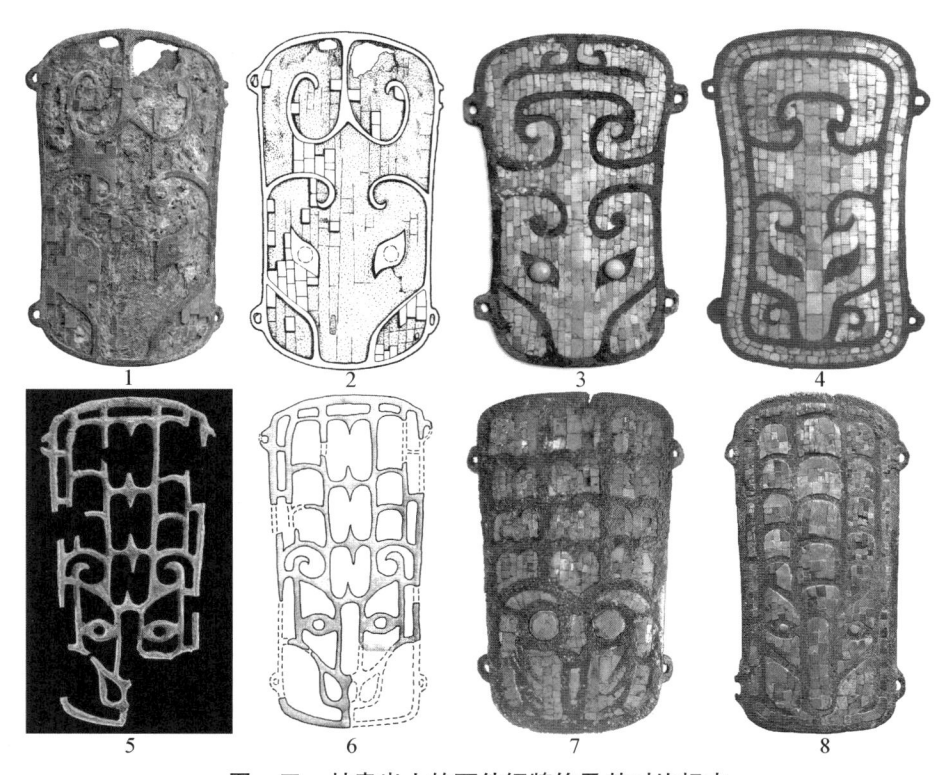

**图一三　甘肃出土的两件铜牌饰及其对比标本**

1、2. 天水秦城区出土牌饰及笔者线描图　3. 二里头 84ⅥM11∶7 牌饰　4. 伦敦 1991 年流散品　5、6. 广河齐家坪出土牌饰（邓聪摄）及笔者复原图　7. 二里头 87ⅥM57∶4 牌饰　8. 美秀博物馆藏品

此类铜牌饰源自西北地区[47]。但本文通过上节的分析已将这种可能性排除。此外，现存美国赛克勒博物馆的 2 件镶嵌铜牌饰[48]，笔者此前曾断在商代，并对比三星堆遗址出土有关陶器上的饰纹[49]，认为这 2 件可能原本出自三星堆遗址（见图一四）[50]。

除了二里头遗址已出土的 3 件镶嵌铜牌饰，以及上述甘肃 2 件采集品和三星堆 3 件出土品之外，还有早年出土已流失海外的 9 件，这些牌饰的年代笔者此前多有分析[51]，其中辛格第 2 件可能在二里头文化二期，余者多断在二里头文化三四期。这样，目前已刊布的镶嵌铜牌饰共计 17 件（含广河新见 1 件），我们按照年代先后综合列为图一五。由此图可知，有两类牌饰的演化轨迹比较有规律，一类是辛格第 2 件藏品→赛克勒第 1 件藏品→二里头 M11∶7→辛格第 1 件藏品→1991 年伦敦流散品，另一类是二里头 M57∶4→日本美秀藏品→甘肃广河采集品。这两类牌饰的下半部都是兽面，上半部的纹样则有区别，但是演化轨迹都是下半部的面积

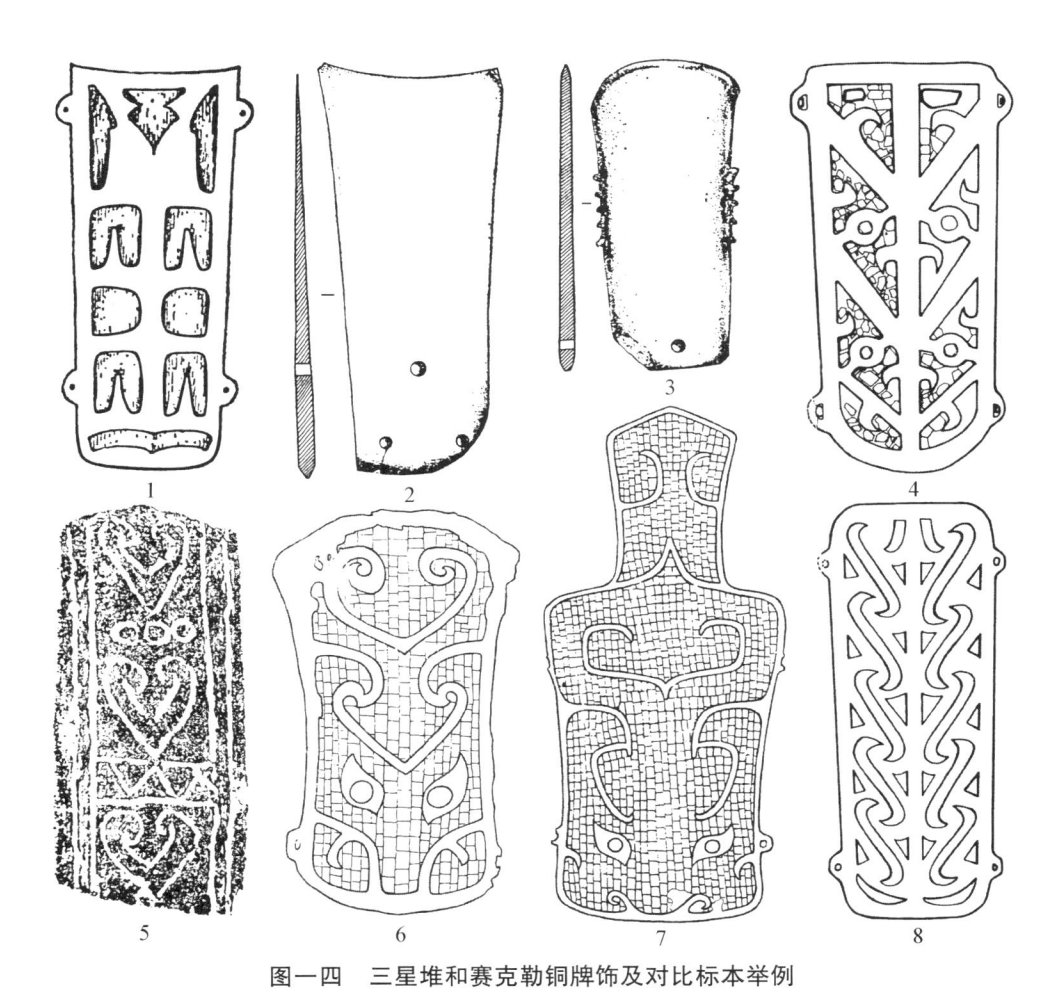

图一四　三星堆和赛克勒铜牌饰及对比标本举例
1—3. 高骈出土铜牌饰和玉璋、玉钺　4、8. 真武祭祀坑出土铜牌饰　5. 三星堆出土陶器饰纹
6、7. 赛克勒博物馆藏铜牌饰

占整个牌饰的面积由小渐大,上部纹样占的面积则由大渐小,以二里头的2件出土品的年代为参照,这种演化从二里头文化二期延续到四期一直比较清晰。对照这一演化轨迹,笔者此前曾认为3件年代不好判断的牌饰,即高骈出土品、1999年伦敦流散品和檀香山美术馆藏品,现在看,高骈出土品根据同出玉器可断在商代或者更晚,伦敦和檀香山这2件的下部兽面所占面积较小,上部面积却较大,与二里头M4∶5这件牌饰有相似之处,将其年代断在二里头二期或三期可能较为适宜(见图一五)。

以上对有关铜牌饰年代的分析,为讨论此类牌饰传布的时代背景提供了必要基础。自从三星堆遗址两个祭祀坑发现以来,关于中原夏商王朝与西南地区相互交往一直是学界关注的重点,但有关研究多将两地笼统视为"关系密切",近年有学者经过

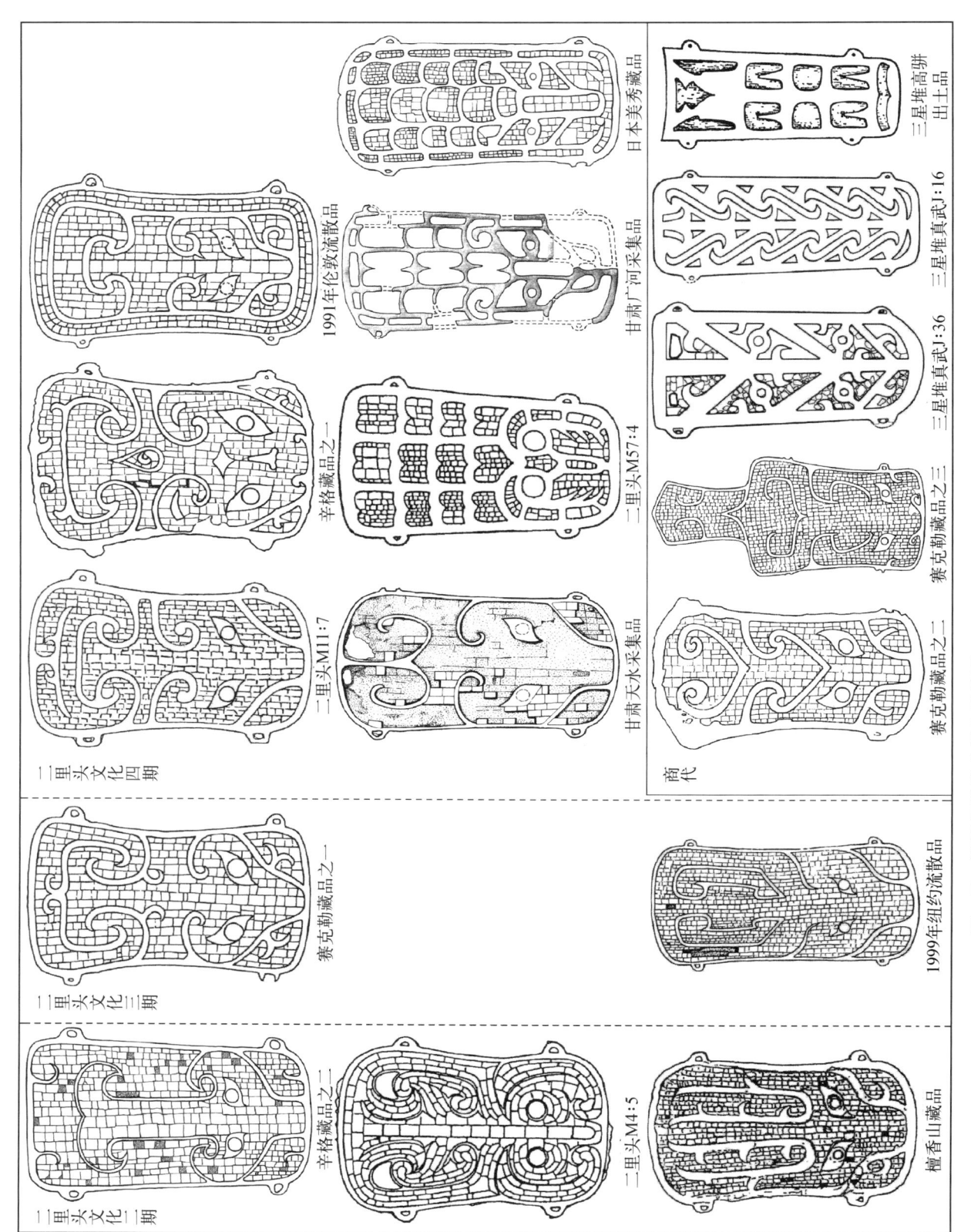

图一五 镶嵌铜牌饰分期年代简图（辛格两件及甘肃两件为此次据清晰照片新绘）

细致甄别分析,认为三星堆文化中以小平底罐、鸟头柄勺、圈足盘、瓶、壶等为代表的陶器群,是源于鄂西三峡等地的文化因素,以陶盉、觚、高柄豆、鬲型器、铜牌饰等为代表则是夏文化因素,进而主张三星堆文化不是成都平原土生土长的文化,而应是夏文化与三峡地区土著文化联盟进入成都平原征服当地原有文化后形成的,同时西迁的还有鄂西川东峡区的土著民族[52]。根据考古资料,陶盉、玉璋等礼器是中原与西南交往中数量较多的,在河南洛阳矬李、登封王城岗、孟津小潘沟和偃师二里头、淅川下王岗、湖北郧县大寺、天门石家河及四川三星堆等地都有出土,年代从龙山晚期到二里头时期,器物形制非常相似并有逐渐演化的趋势,是两地交往的典型例证(图一六)[53]。在这一背景下,有学者认为真武出土的商代两件铜牌饰"为夏末入川的夏遗民及其子孙制作的"观点[54]就比较合理了,而赛克勒博物馆所藏两件镶嵌铜牌饰也可如是观,并且是年代比真武两件还要早的牌饰,很可能是夏末入川的夏遗民在当地制作的。

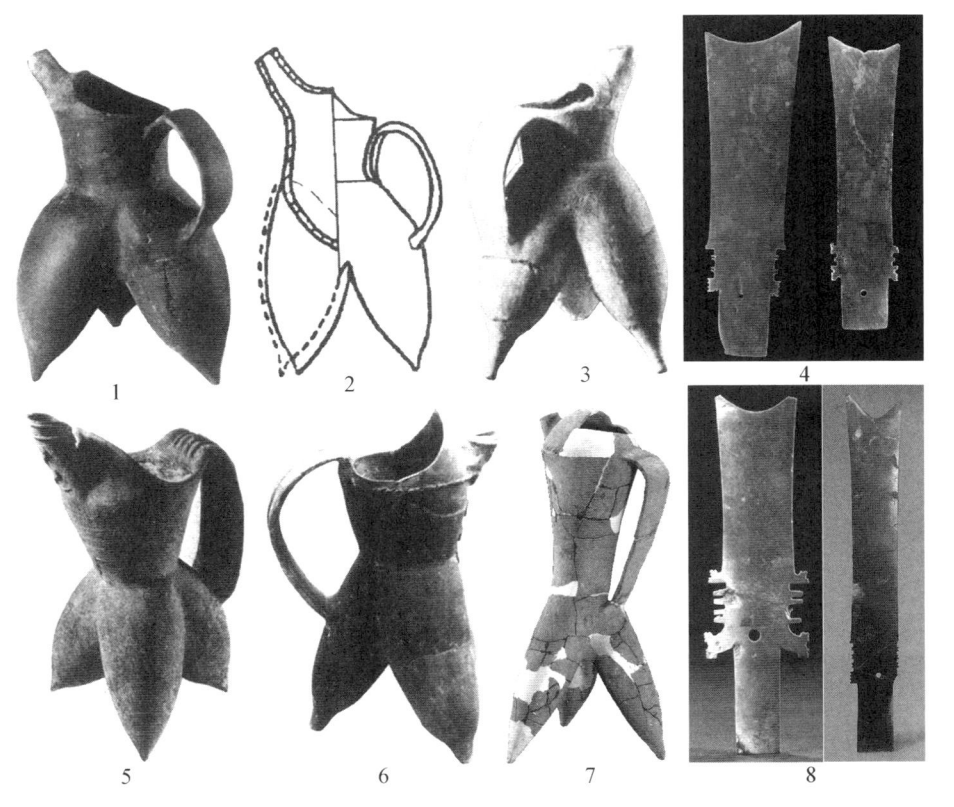

**图一六 中原与西南地区交往有关的陶盉及玉璋举例(4、8.玉璋,余为陶盉)**
1. 登封王城岗 2. 洛阳矬李 3. 孟津小潘沟 4. 偃师二里头 5. 郧县大寺 6. 淅川下王岗 7、8. 广汉三星堆

另据学界研究,中原地区和北方长城地带的联系也比较频繁。目前所知,北方地区龙山晚期至二里头和早商时期的考古学文化主要有两支,即分布于河套地带的老虎山文化,及分布在长城东段燕山南北的夏家店下层文化,这两个文化都发现了来自中原龙山晚期和二里头文化的器物。老虎山文化的陕西神木石峁遗址以出土大批玉器和发现大型城址而著称[55],其中玉器大多与中原如陶寺遗址出土的形制相似,包括钺、刀、璋、戈等礼器,可见关系非同一般。有学者研究认为,从这些玉器在当地没有发展源头推断,多数应来自山东地区[56]。夏家店下层文化的内蒙古敖汉大甸子墓地[57],是目前所知出土与中原器物相似度最高的,其中尤以陶礼器鬶、爵(角)等最多最显著,在二里头遗址已多有出土[58],而且在两地之间交通要道的豫北鹤壁刘庄遗址也有发现[59]。据研究,中原与北方燕山南北的交往从龙山晚期就已开始,到二里头时期发展迅速,并很可能存在人口迁徙和移动[60]。在这一背景下就不能不注意檀香山美术馆这件铜牌饰,有学者曾主张这件牌饰的上部纹样似鹿类动物[61],而北方地区先秦时期流行的岩画中鹿类动物是重要题材,在老虎山文化、朱开沟文化和夏家店下层文化分布范围内都有鹿类岩画发现[62],而且在大甸子墓地出土的彩绘陶纹样中也有类似鹿的形象,与檀香山这件牌饰的纹饰和形象寓意有相通之处,所以不能排除檀香山这件出自北方地区(尤其大甸子)的可能性(图一七)。

西北地区在中西早期交往中占有主要地位,也是学界多年研究的热点。根据考古发现和有关研究成果,先秦时期来自西亚或中亚、经河西走廊传入中原的主要有冶铜、小麦种植、羊毛纺织、养马和造车以及冶铁等技术[63]。另外,近年的有关工作显示,可能制瓦等建筑技术也随之传入中原。在河西走廊一带,与中原发生相互交往的主要是齐家文化,相关器物主要是陶礼器盉及玉礼器刀、璧、琮、璋等,出土数量多而且遗址也多,年代相当于龙山晚期至二里头时期。如甘肃武山县、广河齐家坪等地曾出土了陶盉,与二里头文化的陶盉很相似[64];在甘肃积石山县新庄坪等地曾出土了玉璋,在青海喇家等地则发掘出土了玉刀,形制与二里头者也很相似[65];另外,二里头遗址曾出土了铜环首刀和战斧[66],研究认为应属于北方系青铜器[67],与甘肃岷县杏林、康乐商罐地等遗址出土的同类器相似[68](图一八)。从这些考古发现看,齐家文化时期中西交往是很活跃的,并可能存在人口的迁徙,有学者因此主张,齐家文化出现大量中原器物与"舜窜三苗于三危"和"禹兴于西羌"的文献记载有关[69]。在这一背景下,甘肃出土的两件镶嵌铜牌饰来自二里头文化就是合理的推断,并且是人员之间直接交往的产物。

以上我们着重分析了二里头遗址已出土3件牌饰之外的其他牌饰的所在年代及传布背景,可知有关牌饰出现在西北、西南及可能的北方地区并不是孤立和偶然

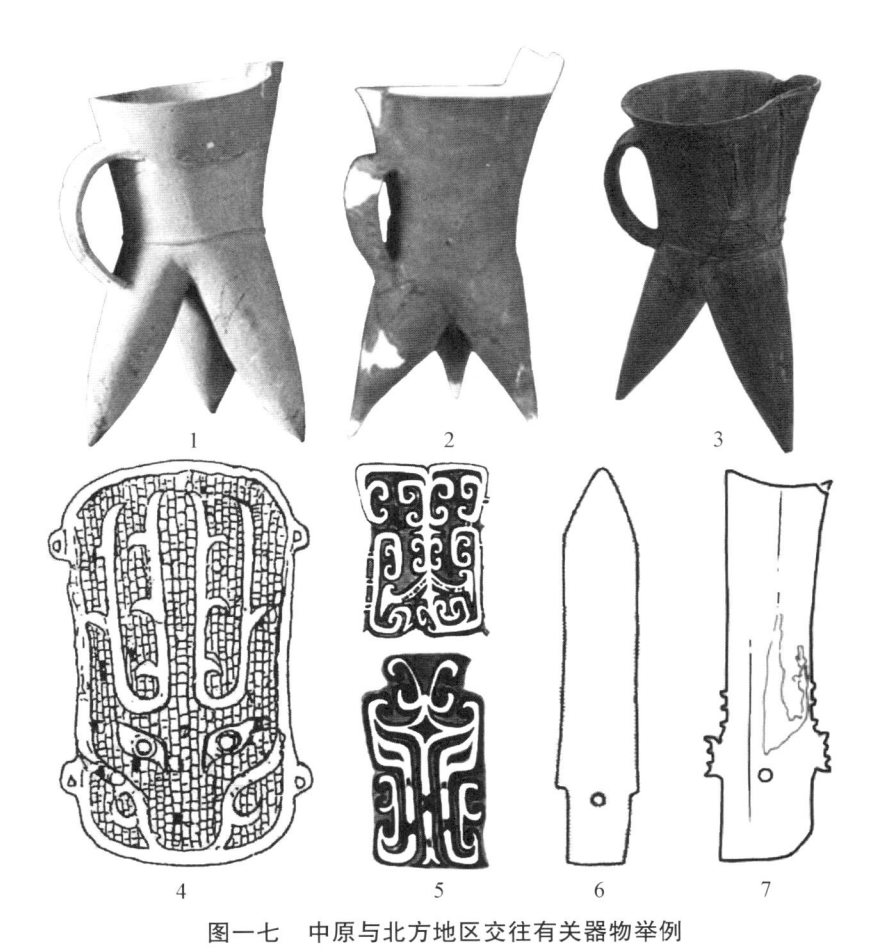

图一七　中原与北方地区交往有关器物举例

1. 二里头陶鬶　2. 刘庄陶鬶　3. 大甸子陶鬶　4. 檀香山铜牌饰　5. 大甸子彩绘陶纹样　6、7. 石峁玉戈和玉璋

的,而是还有不少同时出现的玉礼器和陶礼器,主要包括陶盉、鬶、爵及玉璋、璧、钺、刀、戈等,它们与铜牌饰共同组成了一套来自中原地区龙山至二里头文化的礼器群。"器以载礼",显然这套礼器代表着中原地区的礼制在向周边地区扩展影响。有学者曾根据三星堆遗址两个祭祀坑出土的大批璋、戈、琮、璧、瑗、环等玉器,与二里头文化玉礼器种类基本相同,提出三星堆文明使用的应是"夏礼",夏人应是其社会上层集团的主体[70]。我们认为有一定道理。《左传·隐公十一年》载:"礼,经国家,定社稷,序民人,利后嗣者也。"可见,礼制是维护社会秩序的等级制度和行为规范,它是古华夏族经过长期探索和实践所形成的重要政治发明,也是早期中国在长期发展过程中所酝酿形成的独具自身特色的重要文化传统。而通过本文上节对铜牌饰起源的剖析从一个侧面可知,礼制当中以礼仪和宗教为主的精神生活领域的

图一八　中原与西北地区交往有关的器物举例

1. 武山县陶盉　2. 齐家坪陶盉　3. 二里头陶盉　4. 杏林铜斧　5. 二里头铜斧　6. 商罐地铜环首刀　7. 二里头铜环首刀　8. 喇家玉刀　9. 二里头玉刀　10. 新庄坪玉璋

内容应主要来自东方沿海地区,在良渚文化和大汶口文化、龙山文化中大批精美陶玉礼器可以得到明确反映,也说明礼制的发展历史已经历数千年,并对中原等地影响深远。

与此相反,在龙山—二里头时期来自周边地区传入中原的基本是工艺或技术层面,目前主要见有来自西北地区的冶铜、小麦种植、羊毛纺织、养马和造车以及冶铁等技术。应该承认,这些工艺技术的传入极大提高了生产力水平,对推动中原地区的社会发展和早期中国的文明演进具有重要作用,但是与礼制和礼器相比,这些工艺技术并非古华夏族经过长期探索和实践所产生的发明,也就不能单独构成早期中国的自身文化内涵,而是通过制作成为有形的礼器并反映早期中国在礼仪和宗教等方面的礼制和规定,才显现出这些工艺技术的存在价值。就这一角度而言,来自东方地区的礼器和礼制与来自西北地区的工艺和技术,应分别是早期中国的"体"与"用",这可以说是发生在距今4 000年前后中国历史上最早的"中体西用"变革。这一变革进程实际上反映出一条移植与汇聚之路,这条道路应该是早期中国形成机制中一个带全局性的特征。

此外我们注意到,在西北地区有关中西方早期交往的考古发现近年不断增多的同时,东部沿海地区如山东章丘焦家遗址最近也有大汶口文化中晚期城址和随葬丰富玉器大墓的重大发现[71],这是山东近20年来最重要的史前考古发现之一,再次证明了山东在史前文化发展格局中的重要历史地位,对此已有学者指出:"最近,在更广大的欧亚大陆青铜世界体系的视角下观察中国文明起源的研究日渐流行,但似乎有强调以青铜冶炼技术为标志的外来影响的作用。焦家的发现再一次提示我们,中国相互作用圈内部的互动才是中国文明形成的基础","必须在中国相互作用圈这一广大的背景下,东西合璧,才能理解距今5 000年至4 000年大汶口、良渚、龙山、陶寺和二里头诸文化的递进兴衰发展,及其在中华文明形成中的位置"[72]。我们认为这是十分中肯的意见,值得充分重视。

从这一背景出发,笔者进一步认为,目前已知公布的17件镶嵌铜牌饰中,除了三星堆出土的3件和赛克勒所藏2件为夏人及其后裔在当地制作的以外,其余12件基本都应是由夏人在二里头遗址或其他都邑性遗址制作的,理由主要有三点:一是12件中9件(即甘肃2件和流散海外7件)基本都能在二里头遗址已发表的3件上找到形制结构相似乃至基本相同者,具体可参见图一五;二是目前的考古发现证明当时只有二里头遗址具备生产这种集铸造与镶嵌于一身的高科技产品的能力,包括铸铜作坊和绿松石作坊及相关生产废料等遗存都在二里头遗址有大量发现,并可以组成一条铸造和镶嵌的生产工艺链条[73],而包括西北地区和东方地区等地的其他遗址目前还缺乏这样的考古发现和证据,应该是不能生产这种高科技产品的;三是当时只有夏王朝具有将镶嵌铜牌饰向外输送和扩散的政治需求和能力,正如上文所述,与铜牌饰同时出现在西北和西南及可能的北方地区的还有玉礼器和陶礼器,这套礼器群证明夏王朝在向外大力推行"夏礼",其原因背景应与相关区域社会实体的政治结盟有关,是夏王朝的对外扩张和政治交往的反映[74]。因此可以推测,中原以外地区的铜牌饰很可能是夏王朝按照结盟对象的文化传统和接受水平制作的,用以"贿赂"当地的社会上层人物。显然,包括铜牌饰在内的这套礼器群在当时应是最为复杂和先进的,其出现在中原以外的相关地区,应是"夏礼"被当地社会上层贵族接受和认同的反映,对当地社会的复杂化进程应有重要的推动作用,尤其出土铜牌饰的有关遗址很可能是当时的中心聚落,值得以后进一步关注。

近年有学者通过对早期中国阶段玉石牙璋的综合考察,认为距今约 4 500 年前后牙璋首先出现于山东地区,到距今约 4 000 年前后牙璋由东而西从黄河下游向中游和上游扩散,到二里头时期牙璋则由西而东逆向扩散,尤其二里头遗址出土的大型牙璋已成为夏王朝成熟的王室礼仪道具,折射国家政治制度的存在,夏商时期牙璋又向西南和东南大力扩散,一直到达四川盆地和环珠江口一带乃至越南红河三角洲。这一起源和传布态势展示出东亚地区到二里头时期,在政治文化上开始出现了以二里头为中心的中国世界秩序的雏形(图一九)[75]。而通过本文以上分析我们可以做出铜牌饰的起源和传布态势图(图二〇,彩版四),两相比较不难发现,铜牌饰与牙璋的起源和分布态势是基本相同的,反映的历史发展进程也应是基本相同的。亦即牙璋和铜牌饰向中原以外地区的扩散和传布,也是早期中国文化传统向外扩展并逐渐得到认同的历史进程,它们都是"早期中国"形成阶段的重要物证和标识物,同时也使得早期中国文化传统具有浓厚的东方文化底质和气质。

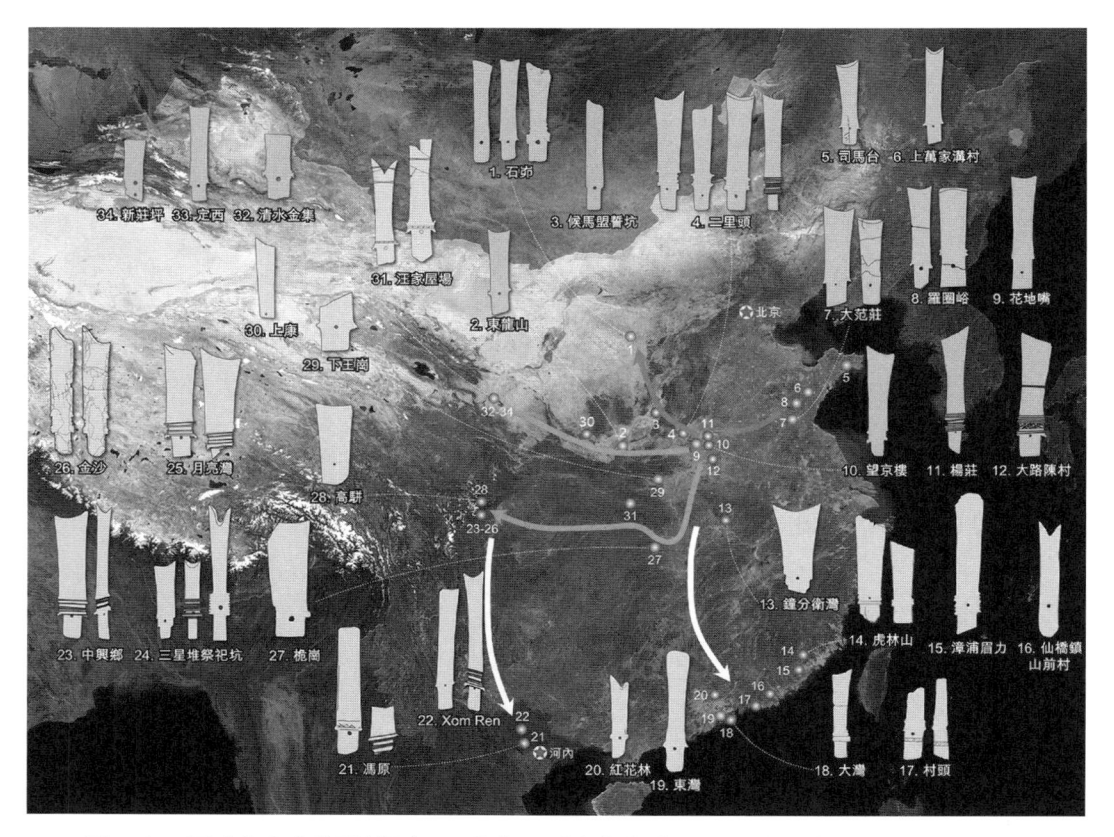

图一九　牙璋分布态势图(据注 75 邓聪《牙璋与初期中国世界秩序的雏形》文插图改绘)

图二〇　镶嵌铜牌饰起源和传布态势图

## 三、结　　语

综合本文以上分析，笔者首先注意到2000年日照两城镇遗址发掘的一座龙山文化墓葬M33，其随葬的一件绿松石镶嵌龙形器和下方包有一堆小石子的"响器"的组合，与二里头02VM3出土的镶嵌绿松石龙形器和铜铃的组合惊人地相似，是迄今为止发现的探讨龙形器和铜牌饰起源的最重要材料。本文从分析此墓入手，将镶嵌铜牌饰的起源分为铸造工艺、镶嵌工艺、纹饰寓意等三个方面，认为铜牌饰的绿松石镶嵌和纹饰寓意等关键文化因素应来源于东方沿海地区，历经良渚、大汶口、龙山文化的不断发展进步再传入中原，并由夏人借助从西北地区传入的铸铜技术，创造出镶嵌铜牌饰这种全新的礼器。这一历史进程反映了早期中国形成机制的移植与汇聚之路。

关于镶嵌铜牌饰的传布,本文通过分析甘肃和四川的有关出土品,认为年代都在二里头文化四期及其以后,铜牌饰从中原向西北和西南等地传布的时代背景,应与夏王朝的对外扩张和政治交往密切相关,铜牌饰是"早期中国"文化传统形成的重要物证和标识物。在这一过程中发生的中西方早期交往是以工艺技术为先导的,包括冶铜和小麦种植等工艺技术的传入,对中原地区的生产力发展和早期中国文化传统的形成都产生了重要推动作用,但决定早期中国自身文化传统的关键文化因素应来自东方沿海地区,这也使得"早期中国"文化传统具有浓厚的东方文化底质和气质。

**注释:**

[1] 中国社科院考古所二里头队:《1981年河南偃师二里头墓葬发掘简报》,《考古》1984年1期。

[2] 李学勤:《论二里头文化的饕餮纹铜饰》,《中国文物报》1991年10月20日;杨美莉:《中国二里头文化的嵌绿松石铜牌》,(日)《Miho Museum研究纪要》3号,2002年;王青:《镶嵌铜牌饰的初步研究》,《文物》2004年5期;王青:《镶嵌铜牌饰的寓意诸问题再研究》,《东方考古》(第9集),科学出版社2012年。

[3] 陈小三:《试论镶嵌绿松石牌饰的起源》,《考古与文物》2013年5期;陈国梁:《二里头文化嵌绿松石牌饰的来源》,《三代考古》(七),科学出版社2017年。

[4] 中美两城地区联合考古队:《山东日照市两城镇遗址1998—2001年发掘简报》,《考古》2004年9期;中美联合考古队栾丰实等:《两城镇——1998—2001年发掘报告》,文物出版社2016年;科杰夫等:《两城镇遗址绿松石的使用及仪式重要性研究》,《龙山文化与早期文明——第22届国际历史科学大会章丘卫星会议文集》,文物出版社2017年。

[5] 科杰夫等:《两城镇遗址绿松石的使用及仪式重要性研究》,《龙山文化与早期文明——第22届国际历史科学大会章丘卫星会议文集》,文物出版社2017年。

[6] 梁中合:《山东临朐西朱封龙山文化玉器的发现与研究》,《临朐西朱封龙山文化玉器研究》,科学出版社2015年。

[7] 目前,学术界多认为山东是盛行鸟崇拜的东夷人的主要分布地区,但从已有的考古发现来看,山东西南部古湖沼地带的汶上东贾柏、兖州王因、泗水尹家城等史前遗址都出土了较多的扬子鳄遗骸,再联系此古湖沼地带西侧的濮阳西水坡发现的仰韶文化以鳄鱼为原型的蚌塑龙图像,有学者认为龙崇拜在史前时期已经产生。详见高广仁:《"濮阳龙"产生的环境条件和社会背景》,《龙文化与中华民族学术讨论会论文集》,中州古籍出版社1999年,收入《海岱区先秦考古论集》,科学出版社2000年。最近又公布了山东临朐西朱封M203龙山大墓棺椁彩绘的清理结果,很可能也有龙的形象。详见中国社科院考古所等:《临朐西朱封》,图版三九,文物出版社2018年。这说明,史前时期的山东地区可能不仅有鸟崇拜,龙应该也是重要的崇拜神灵。

[8] 中国社科院考古所二里头队:《河南偃师市二里头遗址中心区的考古新发现》,《考古》2005年7期;李存信:《二里头龙形器的清理与仿制复原》,《中原文物》2006年4期;王青:《浅议二里头镶嵌龙形器的面部纹饰复原》,《早期夏文化与先商文化研究论文集》,科学出版社2012年;中国社科院考古研究所:《二里头(1999—2006)》,文物出版社2014年。

[9] 日照市图书馆等:《山东日照龙山文化遗址调查》,《考古》1986年8期。图像参见日照市文化广电新闻出版局等:《日照文物古迹》"东海峪遗址"条,中国文史出版社2015年。另外,青岛胶南大寺遗址也出土了龙山文化黑陶蚌形响器,现藏胶南博物馆。

[10][12] 王青：《二里头遗址出土镶嵌绿松石牌饰的初步研究》，《夏商都邑与文化》（二），中国社科出版社 2014 年。
[11] 王青：《记保罗·辛格医生所藏第二件镶嵌铜牌饰》，《中国文物报》2010 年 9 月 17 日。
[13] 山东省文物管理处等：《大汶口》，文物出版社 1974 年；山东省博物馆等：《邹县野店》，文物出版社 1985 年。
[14] 王青等：《关于莒县陵阳河遗址出土的小玉片》，《中国文物报》2004 年 12 月 3 日。
[15] 黄宣佩：《福泉山——新石器时代遗址发掘报告》，文物出版社 2000 年；浙江省文物考古研究所等：《好川墓地》，文物出版社 2001 年。
[16] 浙江省文物考古研究所：《反山》，文物出版社 2005 年；浙江省文物考古研究所：《瑶山》，文物出版社 2003 年。
[17] 南京博物院：《花厅：新石器时代墓地发掘报告》，文物出版社 2003 年。
[18] 方向明：《好川和良渚文化的漆觚、棒状物及玉锥形器》，《华夏文明》2018 年 3 期。
[19] 严文明：《碰撞与征服——花厅墓地埋葬情况的思考》，《文物天地》1990 年 6 期。
[20] 尹达：《新石器时代》，生活·读书·新知三联书店 1979 年。
[21] 中国社科院考古所山东队：《山东临朐朱封龙山文化墓葬》，《考古》1990 年第 7 期；杜金鹏：《论临朐朱封龙山文化玉冠饰及相关问题》，《考古》1994 年第 1 期。
[22] 邵望平：《海岱系古玉略说》，《中国考古学论丛》，科学出版社 1993 年版。
[23] 王青：《临朐西朱封龙山文化大墓玉神徽饰纹的复原研究》，《刘敦愿先生纪念文集》，山东大学出版社 1998 年。王青：《朱封玉神徽纹饰的再复原》，《中国文物报》2004 年 1 月 16 日。
[24] 李学勤：《论二里头文化的饕餮纹铜饰》，《中国文物报》1991 年 10 月 20 日；[日] 林巳奈夫：《所谓饕餮纹表现的是什么》，《日本考古学研究者考古学研究论文集》，香港东方书店 1990 年。
[25] 浙江省文物考古研究所：《反山》，文物出版社 2005 年。
[26] 浙江省文物考古研究所：《瑶山》，文物出版社 2003 年。
[27] 山东省考古研究所等：《山东莒县陵阳河大汶口文化墓葬发掘简报》，《史前研究》1987 年 3 期；杜金鹏：《论临朐朱封龙山文化玉冠饰及相关问题》，《考古》1994 年 1 期。
[28] 刘敦愿：《记两城镇发现的两件石器》，《考古》1972 年 4 期。尧王城遗址出土的龙山文化刻纹陶器图像参见日照市文化广电新闻出版局等：《日照文物古迹》"尧王城遗址"条，中国文史出版社 2015 年。
[29] 顾万发：《试论新砦陶器盖上的饕餮纹》，《华夏考古》2000 年 4 期；王青：《浅议新砦残器盖纹饰的复原》，《中原文物》2002 年 1 期。
[30][42][44][48][51] 王青：《镶嵌铜牌饰的初步研究》，《文物》2004 年 5 期。
[31] 河南省文物研究所等：《1995 年郑州小双桥遗址的发掘》，《华夏考古》1996 年 3 期。
[32] 中国社科院考古所：《中国考古学·夏商卷》，中国社会科学出版社 2003 年；白云翔：《中国的早期铜器与青铜器的起源》，《东南文化》2002 年 7 期。
[33][34][43] 参见刘彦堂：《彩陶与青铜的对话》，商务印书馆 2016 年。
[35] 李水城：《权杖头：古丝绸之路早期文化交流的重要见证》，《中国社会科学院古代文明研究中心通讯》2005 年 4 期；钱耀鹏：《中国古代斧钺制度的初步研究》，《考古学报》2009 年 1 期。
[36] 青海省文物管理处等：《青海同德县宗日遗址发掘简报》，《考古》1998 年 5 期；宁夏文物考古研究所：《宁夏固原店河齐家文化墓葬清理简报》，《考古》1987 年 8 期。
[37] 中国社科院考古研究所：《襄汾陶寺——1978—1985 年发掘报告》，文物出版社 2015 年；山西省文物考古研究所：《山西临汾下靳墓地发掘简报》，《文物》1998 年 12 期。

[38] 王强：《试论史前玉石器镶嵌工艺》，《南方文物》2008年3期。
[39] 山西省文物考古研究所等：《清凉寺史前墓地》，文物出版社2016年。
[40] 陈小三：《试论镶嵌绿松石牌饰的起源》，《考古与文物》2013年5期。
[41] 张天恩：《天水出土的兽面铜牌饰及有关问题》，《中原文物》2002年1期；中国社科院考古研究所：《考古中华》，科学出版社2010年。
[45] 四川省文物考古研究所：《三星堆祭祀坑》，文物出版社1999年；敖天照等：《四川广汉出土商代玉器》，《文物》1980年9期；四川省文物考古研究所三星堆工作站等：《三星堆遗址真武仓包包祭祀坑调查简报》，《四川考古文集》，四川人民出版社1998年。
[46] 杜金鹏：《广汉三星堆出土商代铜牌浅说》，《中国文物报》1995年4月9日；孙华：《四川盆地的青铜时代》27页，科学出版社2000年；王永波：《耜形端刃器的起源、定名和用途》，《考古学报》2002年2期；赵殿增：《三星堆与二里头铜牌饰研究》，《殷商文明暨纪念三星堆遗址发现七十周年国际学术研讨会论文集》，社会科学文献出版社2003年。
[47] 陈小三：《试论镶嵌绿松石牌饰的起源》，《考古与文物》2013年5期；张天恩：《天水出土的兽面铜牌饰及有关问题》，《中原文物》2002年1期。
[49] 四川省文物管理委员会等：《广汉三星堆遗址》，《考古学报》1987年2期。
[50] 王青：《镶嵌铜牌饰的寓意诸问题再研究》，《东方考古》（第9集），科学出版社2012年。
[52] 向桃初：《三星堆文化的形成与夏人西迁》，《江汉考古》2005年1期。
[53] 本文图一六中1—3、5—7陶盉分别引自河南省文物考古研究所：《登封王城岗》，文物出版社1992年；洛阳博物馆：《洛阳矬李遗址试掘简报》，《考古》1978年1期；洛阳博物馆：《孟津小潘沟遗址试掘简报》，《考古》1978年4期；中国社科院考古研究所：《二里头陶器集萃》，中国社科出版社1995年；中国社会科学院考古研究所：《青龙泉与大寺》，科学出版社1991年；河南省文物考古研究所：《淅川下王岗》，文物出版社1989年；四川省文物考古研究所：《三星堆祭祀坑》，文物出版社1999年。4、8玉璋分别引自中国社科院考古所：《偃师二里头：1959年～1978年考古发掘报告》，中国大百科全书出版社1999年；四川省文物考古研究所：《三星堆祭祀坑》，文物出版社1999年。
[54] 杜金鹏：《广汉三星堆出土商代铜牌浅说》，《中国文物报》1995年4月9日。
[55] 戴应新：《神木石峁龙山文化玉器》，《考古与文物》1988年5—6期；戴应新：《神木石峁龙山文化玉器探索》，《故宫文物月刊》1993年8期与1994年1期；孙周勇等：《关于石峁玉器出土背景的几个问题》，《玉魂国魄——中国古代玉器与传统文化学术讨论会文集》（六），浙江古籍出版社2014年。
[56] 参见栾丰实：《简论晋南地区龙山时代的玉器》，《文物》2010年3期。
[57] 中国社科院考古研究所：《大甸子——夏家店下层文化遗址与墓地发掘报告》，科学出版社1996年。
[58] 中国社科院考古所：《偃师二里头：1959年～1978年考古发掘报告》，中国大百科全书出版社1999年；中国社科院考古研究所：《二里头陶器集萃》，中国社科出版社1995年。
[59] 河南省文物局：《鹤壁刘庄——下七垣文化墓地发掘报告》，科学出版社2012年。
[60] 王立新等：《夏家店下层文化渊源刍论》，《北方文物》1993年2期；杜金鹏：《试论夏家店下层文化中的二里头文化因素》，《华夏考古》1995年3期。
[61] 朱凤瀚：《中国青铜器综论》（上），上海古籍出版社2009年。
[62] 田广林：《内蒙古赤峰市阴河中下游古代岩画的调查》，《考古》2004年12期。
[63] 水涛：《中国西北地区青铜时代考古论集》，科学出版社2001年；梅建军：《关于中国冶金起源及早期铜器研究的几个问题》，《古代文明研究》（第一辑），文物出版社2005年。

[64] 本文图一八中甘肃武山县和广河齐家坪出土的2件陶盉图像转引自黄铭崇：《迈向重器时代——铸铜技术的输入与中国青铜技术的形成》，图三，《"中研院"史语所集刊》2014年；图一八中二里头陶盉图像见于中国社科院考古研究所：《二里头陶器集萃》，中国社会科学出版社1995年。

[65] 朱乃诚：《齐家文化玉器所反映的中原与陇西两地玉文化的交流及其历史背景的初步探索》，《2015中国广河·齐家文化与华夏文明国际学术研讨会论文集》，文物出版社2016年；叶茂林等：《青海民和县喇家遗址出土齐家文化玉器》，《考古》2002年12期；偃师县文化馆：《二里头遗址出土的铜器和玉器》，《考古》1978年4期；中国社科院考古所二里头队：《1980年河南偃师二里头遗址发掘简报》，《考古》1983年3期。

[66] 中国社科院考古所二里头队：《偃师二里头遗址新发现的铜器和玉器》，《考古》1976年4期；中国社科院考古所二里头队：《1980年河南偃师二里头遗址发掘简报》，《考古》1983年3期。

[67] 林沄：《早期北方系青铜器的几个年代问题》，《内蒙古文物考古文集》（第1辑），中国大百科全书出版社1994年；林沄：《夏代的中国北方系青铜器》，《边疆考古研究》（第1辑），科学出版社2002年。

[68] 甘肃岷县文化馆：《甘肃岷县杏林齐家文化遗址调查》，《考古》1985年11期。

[69] 杨建芳：《"窜三苗于三危"的考古学研究》，《东南文化》1998年2期；韩建业等：《禹征三苗探索》，《中原文物》1996年2期。

[70] 向桃初：《三星堆文化的形成与夏人西迁》，《江汉考古》2005年1期。

[71] 山东大学考古文博系等：《济南市章丘区焦家新石器时代遗址》，《考古》2018年7期。

[72] 李新伟：《在广阔背景下理解中华文明特质》，《人民日报》2018年7月11日。

[73] 中国社科院考古所：《中国考古学·夏商卷》，中国社会科学出版社2003年；中国社科院考古研究所：《二里头（1999—2006）》，文物出版社2014年。

[74] 关于早期中国阶段贵重礼器出于政治原因用于远距离交换的案例，学者已有关注和研究。如史前玉礼器制作于少数几个中心聚落，并被上层贵族控制用于远距离交换的分析，参见李新伟：《中国史前社会上层远距离交流网的形成》，《文物》2015年4期；赵辉：《从"松泽风格"到"良渚模式"》，《权力与信仰：良渚遗址群考古特展》，文物出版社2015年。又如东周时期秦国曾专门制作一种金柄铜短剑，用来贿赂戎人部落首领与之结盟的分析，参见张天恩：《再论秦式短剑》，《考古》1995年9期。

[75] 邓聪等：《东亚最早的牙璋——山东龙山式牙璋初论》，《玉润东方：大汶口、龙山、良渚玉器文化展》，文物出版社2014年；邓聪：《牙璋与初期中国世界秩序的雏形》，《盱古衡今——郑德坤教授百十诞辰纪念》，香港中文大学中国考古艺术研究中心2015年。

[原载于《三代考古》（八），科学出版社2019年]

# 后　　记

呈现在大家面前的是一部论文集性质的著作,以神灵考古为主题共收入论文20篇,其中大多数已经发表,只有《象形转喻——早期中国玉礼器创作的思维模式》和《移植汇聚——镶嵌铜牌饰的起源和传布》是新近写成的。全书以玉器和铜牌饰为中心分为上、下两编,每编的论文大致以写作和发表的先后排序。各篇论文整体保持原貌,只是题目依照编辑的意见适当做了通俗化处理,并对原文中的错别字和明显错误之处做了必要订正与完善。全书所讨论的年代范围集中在早期中国这一阶段,即上起距今5 000多年的良渚文化,下至东周时期,公元前221年以后的秦汉时期基本没有涉及。为了便于读者阅读和理解这本书,也为了鞭策我自己今后的研究工作,有必要对与本书主题有关的三个问题做一简要梳理和解说。

一是个人研究的大致历程。我在上世纪八十年代后期上大学时,曾听刘敦愿先生讲过日照两城镇遗址龙山文化玉圭发现和发表的一些事情,通过查阅刘先生报道这件玉圭的文章,开始对圭上刻饰的兽面纹感兴趣。这种兽面纹与商周时期的饕餮纹存在着一望便知的渊源关系,因此一经公布就引起了学界极大关注。1994年又拜读了杜金鹏先生讨论临朐西朱封大墓出土玉冠饰的文章,才知道原来流散到海外的兽面纹玉器已有很多。受这些资料和二里头遗址出土镶嵌铜牌饰的启发,就写了复原这件玉冠饰镶嵌纹饰的文章,2002—2003年我在伦敦大学学院(UCL)访学时,又系统收集了近10件流失海外的镶嵌铜牌饰资料。由此开始了我对早期中国装饰神灵形象的有关玉器和铜牌饰的研究。至今已经持续了二十多年,期间发表的这方面论文基本都收入本书。可以预见,此类玉器和铜牌饰今后会继续出土,因此我的研究也会持续下去。

二是对书中"早期中国"的说明。在早期中国概念从国外传入之前,我国学术界曾长期使用"先秦时期"这一提法,现在一般语境下先秦时期多指历史阶段的划分,不涉及从史前到国家形成这一特定历史进程的本质,所以早期中国这一概念和提法在十多年前传入后,比较快地为学术界所接受,近年韩建业又在此基础上提出了早期中国文化圈的观点。在此之前,学界曾从不同角度提出了各种意见,如中国相互作用圈、原始中国、龙山时代、文明起源多元论、酋邦和早期国家等,这些意见和提法也大都出现在本书的有关论文之中。按照我个人的初步理解,作为政治文化(文明)层面的早期中国主要有三项内容,即以礼器和礼制为中心的社会复杂化进程,以神灵崇拜为中心的宗教信仰和艺术传统的形成过程,以天下之中为中心的地缘政治观念的形成过程。那么,作为一个历史进程的早期中国主要就是"天下"对"中国"政治文化传统的逐渐融成与认同过程。这一进程发展到距今4 000年前后,可能还要辅以天下洪水和大禹治水为代表的环境灾变作为"催化剂",对此我以前也有所研究,相关论文已在2014年集结出版(科学出版社《环境考古与盐业考古探索》),现在这本书则是我对第二项内容研究和思考的集结。

　　三是对书中"神灵考古"的说明。本书的各篇文章曾使用了兽面、神面、神像、始祖神和祖先神等不同名词,总之都是当时人们顶礼膜拜的神灵形象,正是因为装饰了神灵形象,那些器物才被赋予了通神法力,成为祭祀场合神圣的法器。显然,对神灵的崇拜属于精神信仰的重要组成部分,在早期中国阶段甚至还是意识形态和精神文化的重要组成部分。随着研究的不断深入和认知考古在十多年前从国外传入,对精神文化的研究日益增多,何驽近年已有论述专著出版。所以,在我向几位年轻学者征询书名时,他们都积极出主意,我在这些建议的基础上决定采用"神灵考古"这一名称,因为本书的论文基本都是围绕神灵形象和神灵崇拜这两个重点写的,而这两个重点也应该是神灵考古的基本内涵。另外,按照我的理解,神灵考古作为一个研究领域,应该属于精神文化考古的分支,其他像宗教考古(汉代以后)、美术考古、文字考古等也应如此。我个人还比较钟意《左传·宣公三年》的一段话:"昔夏之方有德也,远方图物,贡金九牧,铸鼎象物,百物而为之备,使民知神奸。"张光直先生主张其中的"物"是"牺牲之物",即协助巫觋沟通天地民神的神话动物。那么,"图物"就是描画各种神话动物即成神灵形象。这段话准确点出了早期中国对神灵崇拜的基本动因,所以我就选了"远方图物"作为书名的正标题,副标题再加上"神灵考古"就名正言顺了。

　　说到神灵形象,这些年我还有几点很深的体会。在收入本书的论文中,至少有6篇是以复原神灵形象为主题的,复原的神像约有30个,这些神像大都残缺不全或面目不清,需要进行适当复原才能显露出原来面貌,也才能避免因不做复原而产生的各种不同解释甚至误解。中央美院的郑岩教授近年在一篇西安汉墓壁画的书评中曾有精彩点评:"这位画工并不只是在被动地工作,他面壁而立,端详,沉思,推敲……这时候,他就不再是一位仅仅为稻粱谋的普通工匠,而是一位富有自觉意识的艺术家了。"

## ·后 记·

我通过复原早期中国的神灵形象也有这样的切身体会,那些在陶器、玉器和青铜器上"图物"的工匠也不会是"仅为稻粱谋的普通工匠",而一定是对神灵满怀虔诚之心的艺术家!因此,有必要重申我在《释龙———二里头遗址出土雕刻类神灵形象的复原》文末的一段话:"笔者在复原过程中仍有两个切身感受可视为最大的收获:一是对这些神像进行复原的工作本身非常重要,它相当于对这些出土资料的重新发现,因而其复原难度也可想而知;二是这批资料本身是非常重要的,现在已看得很清楚,这些神像应是夏人王室贵族艺术母题的主要形式,而王室贵族艺术母题又是'早期中国'文化传统的重要象征,值得我们花大力气去进一步研究和开掘。"希望这三点体会能为今后深入开展神灵考古和精神文化考古有所裨益。

二十多年来,在本书论文的资料收集和写作过程中,曾得到很多业内同仁的无私帮助,尤其是中国社科院考古所杜金鹏、许宏、严志斌、赵海涛、陈国梁,山东大学栾丰实、方辉,以及山西大学陈小三、河南大学韩鼎等师友,他们对本书的贡献尤多,杜金鹏先生还在身体抱恙的情况下为本书赐序,邓聪先生惠赐封面图片,这些都使我感激不尽。本书收入的论文写于2005年以前的大都没保留电子版,这次由我的学生朱莹和张文涛两位帮忙录入,文稿送交出版后又承上海古籍的吴长青和贾利民两位精心编辑和加工。在这里谨对提供帮助的所有人表示衷心感谢!

王 青

2019年2月7日识于济南鹿鸣轩